타이완의 근대문학 1

운동 · 제도 · 식민성

지은이

천팡밍 陳芳明, Chen, Fang-Ming 타이완 국립정치대학國立政治大學 타이완문학연구소 교수

장룽즈 張隆志, Chang, Lung-Chih 타이완 중앙연구원中央研究院 타이완역사연구소 부연구원

황메이어 黃美娥, Huang, Mei-E 타이완 국립타이완대학國立台灣大學 타이완문학연구소 교수

팡샤오첸 方孝謙, Fong, Shiaw-Chian 타이완 국립정치대학國立政治大學 신문학과 교수

최말순 崔末順, Choi, Mal-Soon 타이완 국립정치대학國立政治大學 타이완문학연구소 조교수

스수 施淑, Shih, Shu-Nu 타이완 담강대학淡江大學 중문과 명예교수

옮긴이

장동천 張東天, Zang, Dong-Chion 고려대학교 중문과 교수

고점복 高點福, Ko, Jum-Bok 서울대학교 중어중문학과 박사후 연구원

김종석 金鍾碩, Kim, Jong-Seok 고려대학교 BK21 중일언어문화교육연구단 연구교수

이현복 李賢馥, Lee, Hyun-Bok 고려대학교 강사

성옥례 成玉禮, Sung, Ok-Rye 한림대학교 강사

김희경 金熙敬, Kim, Hee-Kyoung 고려대학교 중일어문학과 박사과정 수료

엮은이

최말순 崔末順, Choi, Mal-Soon 타이완 국립정치대학國立政治大學 타이완문학연구소 조교수

타이완의 근대문학 1 운동 · 제도 · 식민성

초판 인쇄 2013년 2월 25일 **초판 발행** 2013년 2월 28일

지은이 천팡밍 · 장룽즈 · 황메이어 · 팡샤오첸 · 최말순 · 스수 **엮은이** 최말순

펴낸이 박성모 **펴낸곳** 소명출판 **출판등록** 제13-522호

주소 서울시 서초구 서초동 1621-18 란빌딩 1층

전화 02-585-7840 **팩스** 02-585-7848 **전자우편** somyong@korea.com **홈페이지** www.somyong.co.kr

값 28,000원

ISBN 978-89-5626-822-4 94890

ISBN 978-89-5626-821-7 (세트)

이 책은 타이완 교육부의 지원을 받아 출판되었음(2011.11 ~ 2013.2, 『日據時期台灣文學研究論文集』 韓文出版計畫).

Modern Taiwanese Literature 1

타이완의 근대문학 1

Movement · Institution · Colonization

운동 · 제도 · 식민성

최말순 엮음

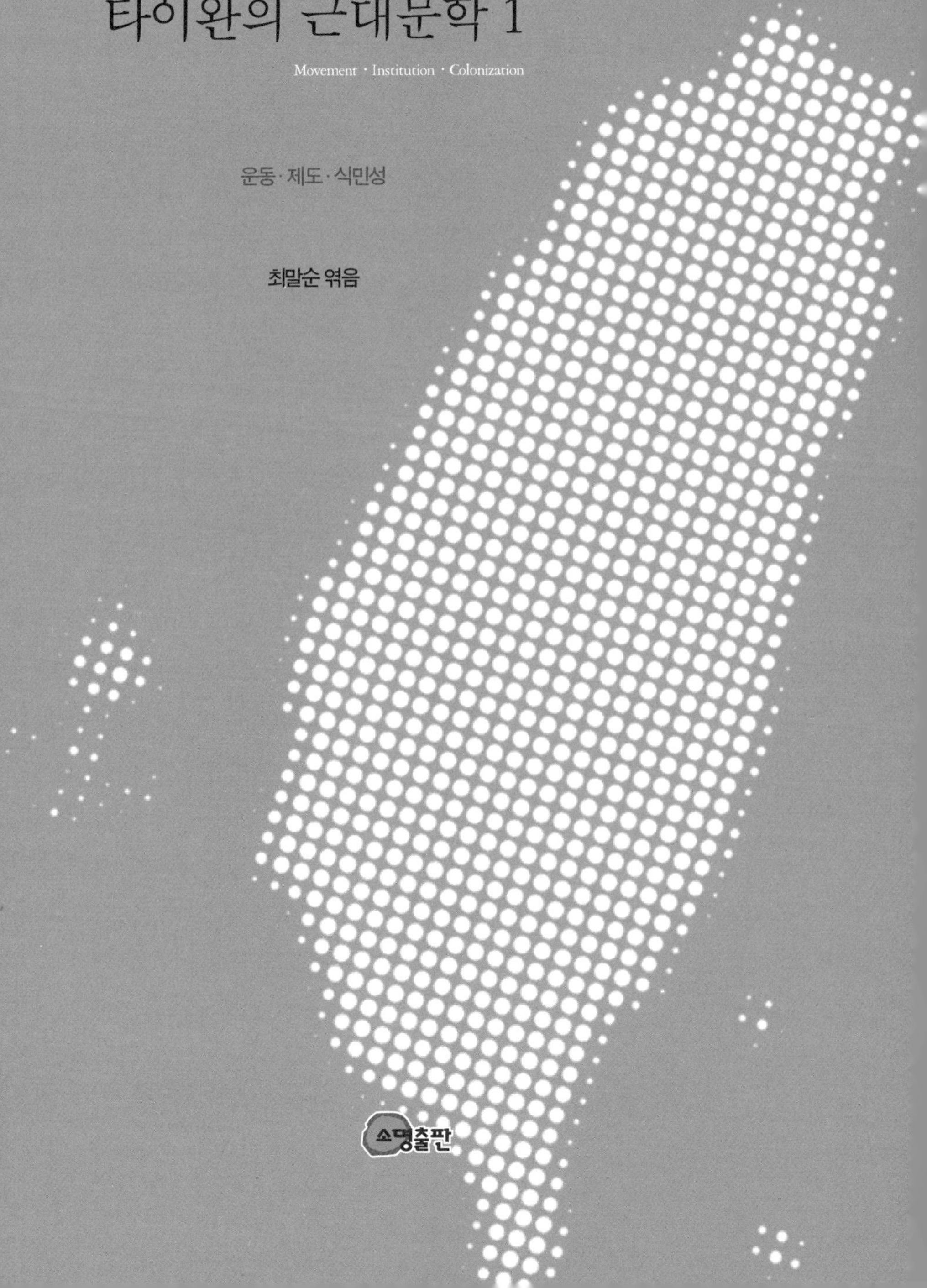

소명출판

책머리에

이 책은 타이완 교육부의 지원을 받아 진행한 '타이완 문학 · 역사 · 예술 국제교류계획'의 성과물이다. 2007년부터 5년에 걸쳐 진행된 이 계획은 2000년대 초부터 타이완의 각 대학에서 시작된 이른바 '타이완학'의 성과를 대외에 소개하고 학술적 대화와 교류의 분위기를 마련하기 위해 기획되었다.

'타이완학'은 1945년 이후 오랜 기간 다양한 경로를 통해 진행된 타이완인의 자아 찾기 과정의 일환으로 형성되었다. 사회민주화에 대한 타이완인들의 열망은 38년간 지속된 계엄통치를 종식시켰다. 그 와중에서 타이완인의 정체성을 내세운 정당이 집권하게 되었고, '타이완학'은 비로소 기존의 타이완 학술과 교육의 제도권 안으로 진입할 수 있었다. 1987년 계엄해제 이후 20여 년이 지난 현재 23개 대학에 '타이완학' 관련학과와 대학원과정이 생겨났고, 타이완문학 및 타이완역사 연구에 투입되는 인원만도 연간 오륙백 명에 달하고 있다.

타이완문학에 대한 연구도 이러한 흐름 속에서 본격화되었다. 1960년대 중반부터 식민지시기 문학 자료와 작품이 발굴되기 시작하였고, 1970～1980년대에는 타이완 문학사의 초보적인 구도가 세워졌다. 1990년대에 들어와서는 '중국문학'과는 다른 '본토문학' 내지 '타이완문학'의 개념 정립이 이루어졌으며, 2000년 이후 각 대학에 '타이완문학과'와 대학원 과정이 설치되었다. 이로써 타이완문학에 대한 연구는 타이완 아카데미즘의 일부로 공식적인 인정을 받게 된 것이다. 최근 5년간 타이완문학 관련 학술회의는 한 해 평균 약 20여 차례가 개최될 정도로 활발한 상황이다.

이러한 역사적 배경으로 인해 타이완문학의 연구는 '타이완성'의 문제, 예컨대 중국과 구별되는 타이완의 특수한 경험과 지역성을 규명하는 것에 초점을 두게 되었다. 타이완은 경제성장과 민주화 성취를 바탕으로 냉전체제에서 벗어나 다족군사회多族群社會에 기초한 독립적인 주권국가를 지향하고 있으며 이를 위해 학술, 교육, 문화 등 각 분야에서 '타이완적인 것'에 대한 해명이 점점 더 중요한 사회적 의미를 갖게 된 것이다.

일제강점기의 문학이 연구자들의 각별한 주목을 받은 것은 이 때문이었다. 1920년대에 들어와 성장세를 보이기 시작한 타이완 근대문학은 근대적 문학어의 확립, 계몽의 문학적 방식, 문학과 대중미디어의 관계, 전통문학과 근대문학의 충돌과 연대, 식민지배에 대한 반발과 비판, 자본주의의 수용과 인간소외 문제, 사회변혁의 문학적 형상화, 황민화 수용여부를 둘러싼 내면 갈등과 같은 다양한 쟁점들을 생산했다. 이 책에 수록된 28편의 논문은 그러한 식민지기 타이완문학의 다양한 면모를 드러낸다.

1권 1부는 '타이완문학사'의 추이를 개괄한 천팡밍 교수의 글을 포함해 근대지식의 관점에서 본 타이완의 풍속문제, 전통문인들의 서구문명과 근대문학에 대한 시각, 식민성과 근대성 문제에 대한 1920년대 작가들의 이해방식, 황민화에 대한 이질적 태도를 다룬 소설 분석 등의 논문을 묶어 식민지시기 타이완문학 전체를 일별할 수 있게 했다. 1권 2부는 좌익문학운동의 형성과정과 변화 맥락, 작가와 작품으로 본 좌익문학의 계보, 소설 속의 좌익청년 형상, 타이완 좌익문학이론과 비평 등 좌익문학운동을 집중 조명한 논문으로 구성했다.

2권 1부는 식민지기 타이완문학의 주요쟁점이던 전통과 근대, 문학어의 선택, 황민화 문제를 둘러싸고 전개된 신구문학논쟁, 타이완화문논쟁, 현실주의논쟁을 분석한 논문들을 통해 신문학의 성과와 전통(문학)에 대한 평가, 언어 선택으로 본 타이완문학의 특수한 국면, 창작방법의 갈등과 대립으로 드러난 제국정치와 식민지문단의 관계 등을 조감하고자 했다. 2권 2부는 근대문학 형성의 터전이던 『타이완민보』 계열 신문의 입장변화와 20~30년대 주요 소설을 대상으로 식민성의 의미를 해석한 논문들을 모았다.

3권 1부에서는 감각적 세계와 퇴폐의식, 그리고 30년대 모더니즘 시의 기원과 내용을 논의한 글을 통해 현실비판의 경향과는 다른 차원에서 타이완인의 내면세계에 대한 탐구를 보여주고자 했으며, 3권 2부는 제국주의 전쟁 이데올로기인 황민담론으로 인한 타이완인들의 정체성 혼란과 심리적 갈등을 드러내고자 했다.

논문집이라는 어쩔 수 없는 한계로 인해 식민지기 타이완문학에 대한 체계적이고 일관성 있는 내용을 갖추지는 못했다. 수록된 논문이 2008년 이전에 나온 것이어서 최근의 연구 성과를 보여주지 못한 점도 편자로서는 매우 아쉽다. 하지만 한국의 독자들이 이 책을 통해 타이완문학의 역사성을 어느 정도 이해하게 되리라는 희망도 없지 않다. 특히 타이완문학 연구가 한국에 소개됨으로써 한국 근대문학 연구와의 대화 가능성이 생겨날 수 있다는 점에 각별한 주목을 하고 싶다. 이 책의 출판을 계기로 보다 심도 있는 식민지문학 비교연구가 타이완과 한국의 학계 안에서 함께 일어날 수 있게 되기를 기대해 본다.

이 책에 실린 논문의 한국어 번역은 고려대학교 중어중문학과 선생님들과 박사과정 연구생들이 맡아 주었다. 번역팀을 꾸리고 직접 번역에 참여해주신 장동천 교수께 특별한 감사의 말씀을 올린다. 고점복, 김종석 선생과 이현복, 성옥례, 김희경, 진혜정 동학께도 우정어린 인사를 드린다. 논문집 체제 구성에 대한 조언을 해주고 타이완문학과 한국문학 비교연구의 필요성을 일깨워준 성균관대학교 동아시아학술원 한기형 교수께도 고마움을 전한다. 끝으로, 한국학계에 생소한 타이완문학 연구서 출판을 흔쾌히 허락해 준 소명출판 박성모 사장님과 책을 만드느라 수고한 편집부 여러분께 깊은 사의를 표한다.

2013년 새해 첫날
타이베이에서
최말순

차례

2부 좌익문학운동

제 1 부

타이완 근대문학의 추이

100년 이래의 타이완문학과 타이완적 특징
'관습'에서 '민속'으로—일본의 근대 지식생산과 식민지 타이완의 문화정치
문학 근대성의 이식과 전파—타이완 전통문인의 세계문학 수용, 번역과 번안
근대성과 일제시기 타이완 제일세대 작가
일제 말기 본도인의 두 가지 정체성—서민소설과 지식청년 텍스트의 분석

100년 이래의 타이완문학과 타이완적 특징*

천팡밍陳芳明

1. 타이완문학사의 해석 문제

100여 년 동안 타이완문학의 발전은 식민지사회와 포스트 식민사회라는 두 개의 시기를 거쳐 왔다. 이른 바 식민지사회란, 1895년에서 1945년까지 일본 제국주의의 통치를 받은 시기를 말한다. 포스트 식민사회란 1945년 국민당 정부가 해방된 타이완을 접수한 후부터 현재까지의 시기를 말한다. 시간적 길이로 보아 거의 동일한 이 두 시기에 정치체제, 경제기초, 사회구조, 그리고 문화가치 등에서 모두 상당한 변화가 일어났다. 그렇지만 이 두 시기에 얼마나 상이한 사회적 굴곡이 있었든지 간에, 타이완문학이 늘 주변적인 위치에 놓여 있었음은 거의 변하지 않았다.

* 이 글은 장동천이 번역하였다.

일제강점기 동안 타이완문학은 '외지문학'으로 간주되었다. 전후의 포스트 식민시기에 타이완문학은 '변강邊疆문학'으로 인식되거나 또는 '중국문학의 지류'라는 꼬리표가 붙었다. 외지문학, 변강문학, 지류문학 등의 호칭에서 알 수 있듯이 하나의 예외 없이 지배와 압제의 뉘앙스가 담긴 말들이 따라붙은 것이다. 이런 어휘의 배후에는 세밀하고도 빈틈없는 세계 질서가 도사리고 있다. 타이완문학에 비해 일본문학은 제국의 문학이었고 중국문학은 상국上國의 문학이었다. 그것은 정치권력과 권위적 문화의 확장을 의미하였다. 통치자들은 그 우월감을 합리화하기 위해 정치력을 행사함에 있어 그 권력의 배후가 되는 문화를 주류, 또는 중심에 놓았다. 주류적 담론의 지배하에서 피통치자의 문학은 자연 굴종적이고 아류적이며 특별히 중시받지 못하는 처지로 전락할 수밖에 없다.

타이완문학의 역사에 대한 해석권은 이러한 지배자와 피지배자 사이의 관계적 맥락 속에서 만들어졌다. 오랫동안 식민주의의 속성에 길들여진 타이완의 지식인 가운데 어떤 이들은 마침내 아무런 자각도 없이 그런 세계질서를 받아들였다. 1940년대 전반기의 '황민화운동'과 1970년대 중반의 '향토문학논전'이 진행될 때 제국체제와 상국체제를 옹호하는 언설들이 등장했다. 그들은 일본을 떠받들거나 중국을 신봉했지만 타이완 본토에서 잉태한 문학작품에 대해서는 경멸과 천시를 감추지 않았다. 식민지 지식인의 굴종적인 태도는 식민체제의 승리를 선포하는 것이나 다름없는 것이다.

타이완문학이 식민지 시절에 정당한 지위를 얻지 못했던 것을 전혀 이해 못할 바는 아니다. 일본 통치자들이 자기 가치관을 확고하게 피식민자들의 사고에 주입한 상황에서 타이완에서 생산된 문학이 주류적인 위치를 차지하기는 힘들었을 것이다. 타이완 작가의 사고와 작품은 1920년대에 그 맹아가 형성되어 1930년대 성숙기를 거쳐 1940년대에 만개하기까지 감시와 압제의 운명에서 벗어나기 어려웠다. 타이완 작가들이 엄혹한 환경을 극복하고 마침내 문학의 번영을 일궈내기까지는 물론 고난의 여정이 뒤따랐다. 일본 식민문화 시스템의 발전 상황과 비교해서 말하자면 그러한 성과는 근본적으로 눈여겨 볼만한 것이 못될 지도 모른다. 그렇기 때문에 타이완문학에 기대를 거는 지식인이라면, 누구라도 일본문학사 속에서 타이완 작가의 족적을 찾고자 할 것이고 또한 실망과 공허감을 금치 못하게 될 것이다.

해방 후 타이완으로 건너와 군림한 국민당 정부 역시 일본 식민주의자들과 크게 다르지 않았다. 한편으로 그들은 군사적 무장을 통해 타이완 민중이 그 통치를 받아들이도록 종용하였고, 다른 한 편으로는 강렬한 한漢문화 중심주의를 통해 그 우월성을 지탱하고자 했다. 이러한 위협적인 수용과정은 일본이 남겨놓은 식민적 시스템을 말소시키지 못했을 뿐 아니라, 정신적으로 감금당해 온 타이완 민중의 피식민적 심성을 해방시키지도 못했다. 그것은 오히려 식민문화가 형태만 바뀐 채 지속되도록 했을 뿐이다. 전후 세계사의 상황에서 볼 때 포스트 식민문화란 식민지에서 독립한 뒤 정부조직이 현지인으로 구성되었더라도 현지의 지식인과 주민들의 사고와 행위가 여전히 식민문화의 통제를 받아 제국주의와 토착문화 사이의 종속관계를 구별하지 못하고 외래 가치관을 고유한 전통으로 착각하는 것을 가리킨다. 이런 상황은 타이완에서도 발생했을 뿐 아니라 더욱 악화된 상태로 나타났다. 타이완을 접수한 국민당정부는 독립적인 문화를 창출하려는 노력을 보이지 않았고 일본 식민정부가 남겨놓은 제도와 정책을 그대로 받아들였다. 권력을 잡은 국민당 인사들은 일본식의 야마토민족주의를 중화민족주의로 대체한 것을 제외하고는 건강하고 실질적인 문화적 가치를 전혀 만들어내지 못했다.

타이완의 지식인들이 해방 후에 처한 정치적 상황은 일제 시기보다 오히려 더 열악해졌다. 그들은 국민당 정부가 자신의 통치 이익을 변호하기 위해 날조한 우월문화와 민족주의와 대면하게 되었고 국민당 정부에 의해 연장된 식민적 시스템을 받아들여야만 했다. 권위적 통치의 확산과 함께, 국민당 정부는 난폭한 무력과 계엄조직을 통해 지식인들의 저항행위를 차단하였다. 사상경찰의 감시망에 걸려든 일부 문화인들은 백색테러의 공포에 전율해야 했으며, 스스로 만들어낸 역사를 왜곡함으로써 자기에게 지워진 죄명에서 벗어나고자 했다. 이렇게 해서 계엄시대에 타이완문학에 대한 역사적 해석은 심각한 왜곡 현상이 나타나게 된다. 혹자는 일제시대 타이완문학에 중화민족주의의 가면을 덧씌움으로써 과거의 식민경험을 희석하고자 했다.

타이완문학은 근 1세기 동안의 성장 역사 속에서 종종 그 식민경험이 간과되곤 했다. 제국적인 야마토민족주의건 봉건적인 중화민족주의건 타이완문학이 식민지 문학이란 사실을 부인하고 자신을 본국 문화의 지류로 간주했다. 식민지 작가가 느낀 저항과 좌절감은 주류문화의 맥락 속에 포함되기 어려웠다. 설사 포함된다 하더라도 가장 먼 경계에 놓임으로써 이른 바 본국문화의 쇼윈도 장식품으로 전락하였다. 식민지 사회에서 성장해온 타이완의 작가들이 피억압적인 사회 환경을 어떻게 바라보았는지, 질시 받은 자신들의 주관적

여망을 어떻게 표현하였는지 하는 점은 식민 또는 포스트 식민시기의 통치자들과 그 하수인들의 관심 밖의 문제였다.

근 100년 이래의 타이완문학을 식민문화와 포스트 식민문화의 맥락 속에서 관찰해야 하는 것은 1990년대 타이완문학사가가 정면으로 대응해야 할 중요한 과제일 것이다. 만약 타이완문학의 식민적 성격과 포스트 식민 성격을 완전히 거세한 채 100년 이래 타이완 작가들이 만들어낸 저항의 문화를 희석해버린다면 타이완 섬의 문학 역사에 관한 어떤 고찰도 강압적인 제국주의와 허구적인 민족주의의 종속에서 벗어나지 못할 것이다.

2. 언어의 단절과 도전

타이완이 1895년 식민지로 전락한 뒤 지식인들은 곧바로 언어 사용에서 커다란 난관에 직면했다. 일본의 강점 이전에 한문의 전통은 깊이 뿌리를 내리며 발전하고 있었다. 식민 초기에 구문인의 저항정신이 있었다는 것은 부인할 수 없는 사실이다. 그러나 일본 제국주의가 공고화 되면서 전통적인 한시漢詩의 언어들은 격변의 시대에 대한 대응 역량에서 한계를 드러냈다. 한문문학은 타이완에서 1920년대까지 지속되다가 두 개의 강력한 세력의 도전에 직면하게 된다. 하나는 일본에서 도래한 자본주의체제였고 또 다른 하나는 타이완 내부의 신흥 지식인 세력이었다.

자본주의의 타이완 도래는 대략 1900년 타이완 제당 주식회사의 설립을 그 기점으로 한다. 자본주의의 왕성한 성장은 봉건사회의 붕괴를 재촉하였으며 또한 민중의 생활수준과 사유방식을 바꿔놓았다. 서로를 대접하기 위해 주고받는 형식의 한시 문학은 더 이상 객관적인 환경의 변화를 반영할 수 없었으며 특히 격변에 처한 민중의 목소리를 담아낼 수 없었다. 타이완 사회 안팎에 급격한 기복이 발생하고 있을 때 도시의 신흥 지식인 그룹이 그 모습을 드러냈다. 그들은 일본의 근대식 교육제도를 받아들였으며 혹자는 식민 본국으로 유학을 가는 기회를 잡기도 했다. 현대적인 사조의 세례를 받은 지식인들은 문학적 소양과 미학적 관념 면에서 전통적인 구문인들과 현격한 차이를 보였다. 구시대와 구별되는 신사회의 도래와 걸맞는 새로운 가치는 새로운 언어에 의해 표현되어야만 했다. 신흥 지식인들은 한시의 형식과 내용에 만족하지 못했을 뿐 아니라 심지어 분노를 품기까지 했다. 그들은 한시가 가진 의의에 대해 회의하기 시작했다. 그 때문에 자본주의가 성장하기 시작하던 1924년을 기점으로 신문학운동이 일어나면서 한문문학 전통에 대해 전에 없는 비판이 쏟아지기 시작했다.

그러나 전통언어를 폐기한 식민지 지식인들은 신문학운동을 전개하면서 무엇으로 새로운 언어로 삼을 것인가 하는 극히 곤혹스런 문제에 직면하게 되었다. 말하자면 그 당시 중국에서 한창 실험 중이던 백화白話로 할 것인가, 아니면 타이완 사회에 존재하고 있던 토착어로 할 것인가, 그것도 아니면 일본이 국어교육을 통해 보급하고 있던 일본어로 할 것인가 하는 문제였다. 타이완 작가들이 다른 식민지 사회의 지식인들과 달랐던 점은 바로 그들이 식민언어와 토착어 간의 선택에서 곤혹을 느껴야 했을 뿐 아니라, 또 다른 문화적 모국의 언어에 대한 부담에서 자유로울 수 없었다는 사실이다.

신문학운동의 기점이 된 1920년대 초기에 이미 백화문, 타이완 토착어, 그리고 일본어라는 세 언어를 사용하는 작가들이 나타났다. 셰춘무謝春木의 일본어 작품, 장워쥔張我軍의 중국어 작품, 그리고 라이허賴和의 타이완 토착어 작품 등은 타이완 작가들이 직면한 언어문제의 복잡성을 여실히 보여준다. 언어는 작가가 사고하는 무기이자 미학적 표현의 가장 긴요한 수단이다. 그런데 세 언어가 병존한다는 것은 기교에 대한 작가의 실험에 장애가 될 수밖에 없었다. 지금까지의 문학사 연구자들은 이러한 타이완 지식인들의 곤경에 주목하지 않았다. 뿐만 아니라 언어의 사용에서 작가들이 직면한 한계의 근본적인 원인은 생각지 않고, 겉으로 드러난 작품의 성과만을 따졌을 뿐이다. 이것은 지나치게 단순하고 피상적인 판단이라고 할 수 있다. 이렇게 언어의 격리와 단절현상은 근 100여 년에 걸친 타이완문학사의 주요한 특징 중 하나를 만들어냈다.

그러나 식민지사회는 작가가 자유롭게 가장 알맞은 언어를 선택해서 사용하도록 허용하지 않았다. 언어문제는 사실상 정치문제와 떼어놓고 생각할 수 없는 부분이다. 1930년대 이후 타이완 작가의 한어 전통은 그것이 중국의 백화문이건 타이완의 민남어 방언福佬語이건 모조리 소외되어 갔다. 이는 일본의 관용 언어가 이미 정치권력에서 우세한 지위를 차지했기 때문이며 민중의 삶과 행위에서 지배적인 영향력을 공고히 했기 때문이다. 타이완 민중들은 자의적이건 타의적이건 식민체제를 받아들일 수밖에 없었으며, 일본어의 통제로부터 벗어날 수가 없었던 것이다. 특히 1937년 일본제국주의자들이 대외적인 침략전쟁을 일으키면서 이미 쇠진할 대로 쇠진한 중국어는 더욱 강경한 검열을 받아들여야 했다. 타이완 작가들은 토착어와 중국 백화문을 사용할 자유를 상실하고 유일한 관용어인 일본어만을 강요받게 된 것이다.

식민지 통치가 가장 정점에 달했던 1940년에서 1945년까지 태평양전쟁 기간 동안 황민화운동은 일본 제국주의자들의 군사적 행위에 부응하여 철저하게 추진되었다. 식민체제는 타이완 작가들의 일어 사용을 더욱 치밀하게 압박했다. 그 결과 1930년대 이후 유명 소설가와 시인들 가운데 일어를 사용하지 않는 사람이 없게 되었다. 소설 방면에서 양쿠이楊逵, 주뎬런朱點人, 뤼허뤄呂赫若, 그리고 신시 방면에서 우신룽吳新榮, 궈수이탄郭水潭, 왕덩산王登山, 좡페이추莊培初 등『염분지대鹽分地帶』시인그룹 같은 가장 비판적인 좌익작가들조차 중국어에 대한 활용능력을 잃어 갔다. 식민지 사회의 마지막 10년 동안 일군의 타이완 출신 일어작가가 등장하는데 일어를 유일한 표현수단으로 삼았던 이들 작가들을 두고 일본의 황민화운동에 협력한 것이라고 지탄만 한다면 이는 그들에 대한 심각한 모독이다. 그러나 만약 그들이 여전히 중화민족주의의 정신을 포기하지 않았다고 한다면, 이는 그들을 더욱 왜곡시키는 것이다.

타이완 작가들이 일어를 능숙하게 활용할 줄 알았다는 사실이 그들이 식민지체제에 굴종했음을 의미하지는 않는다. 이와 반대로 그들은 식민자의 언어를 통해 식민자의 체제를 비판함으로써 그 문학적 자주성을 유지했다. 황민화운동이 벌어지고 있을 때 양쿠이, 뤼허뤄, 룽잉쭝龍瑛宗은 군국주의의 감시하에서 황민 작품을 쓸 수밖에 없었지만 그들의 미학 정신 속에는 여전히 풍자와 비판이 스며들어 있었다. 그러나 이 작품들을 중화민족주의로만 재단한다면 그 역시 제대로 보는 것이 아니다.

1940년대에 등장한 일어 작가는 태평양전쟁의 포연 속에서 활동하였지만 머지않아 시대의 격변이 도래할 것임을 예견하지는 못했다. 그들이 일어를 통한 사고에 익숙해질 무렵, 식민체제는 1945년 일본 천황의 무조건 항복 선언과 함께 일순간에 완전히 와해되었다. 이들 타이완 작가에 대한 가장 큰 타격은 다름 아닌 1946년 국민당정부가 일어사용을 전면 금지한 것이었다. 1940년에 중국어사용을 금지 당하고 전쟁이 끝난 바로 이듬해에 다시 일어를 금지 당하기까지 고작 6년밖에 걸리지 않았다. 언어정책의 이러한 급작스런 변화는 다른 어느 식민지에서도 발생하지 않았다. 이 두 가지의 언어정책 사이에는 강렬한 민족주의가 끼어있다. 태평양전쟁 기간에 야마토 민족주의는 황민화운동의 주요한 동력이었다. 전후의 중화민족주의는 그것을 반공과 반일로 바꾸었다. 더욱 불행한 점은 이 두 개의 민족주의가 서로 적대적이란 사실이었다.

중화민족주의의 도래를 받아들여야 했던 타이완의 작가들은 그들에게 이미 익숙한 일어를 포기해야 했다. 언어의 포기는 곧 글쓰기와 사고의 포기를 의미했다. 이것은 전후 초기에 왜 그토록 많은 작가들이 절필을 해야 했는지 설명해주기에 충분하다. 그들이 새로운 언어정책을 받아들이는 것은 새로운 민족주의를 받아들이는 것과 같았다. 즉 타이완 작가들은 지나간 자신들의 문학적 생애 모두를 부정하고 비판해야 했다. 타이완 작가에 대한 집요한 언어정책은 한마디로 말하면 타이완 작가들에게 자아비판과 처벌을 강요하는 것과 마찬가지였다.

그러나 새로운 언어를 수용한다는 것은 결코 간단한 일이 아니었다. 타이완 작가들이 일어를 폐기하고 바로 중국어로 창작을 할 수는 없었다. 중국어의 사고방식에 익숙해지기 위해서는 긴 시간의 연마와 성숙의 과정이 필요했기 때문이다. 그리하여 해방 후의 최초 20년간은 중리허鍾理和와 홍옌추洪炎秋처럼 일찍이 중국을 경험한 소수의 타이완 작가만이 글쓰기를 지속할 수 있었다. 절대다수의 타이완 지식인들은 결국 반벙어리가 되거나 이른 바 조국의 언어라는 것을 배우기 위해 침묵 속에서 발버둥을 쳐야 했다. 1950년대에서 1960년대까지 모든 주류 담론 영역은 외성外省 출신 작가들에 의해 장악되었다. 확고부동한 포스트 식민 문화가 이렇게 해서 형성되기 시작했다.

언어는 지극히 민감한 문제가 되었다. 그것은 한편으로 반공의 정치적 임무를 띠고 있었고 다른 한편으로는 타이완 사람들의 심령을 개조해야하는 역사적인 사명을 띠고 있었다. 언어정책을 순조롭게 추진하기 위해 국민당정부는 사상경찰과 정보요원을 동원하여 타이완 사회 전체에 대해 주도면밀한 통제를 실시했다. 관료의 승진 시스템이나 교육제도의 네트워크에서 언어는 일종의 판결을 위한 무기가 되었다. 그것은 출신지역省籍에 따른 대립을 조장하였고 향후의 통일 / 독립 논쟁을 촉발시켰다. 타이완 사회는 포스트 식민 문화가 강제적으로 확산되는 가운데 또한 가장 분열이 심한 곳으로 전락해갔다. 전후 타이완 작가들이 가치관에서 사분오열되는 현상을 보인 것은 사실상 국민당의 포스트 식민 체제와 떼어놓고 생각할 수 없는 것이다.

1960년대 초기 타이완 출신의 작가들이 가까스로 중국어로 작품을 발표하게 되었을 때 그들은 이미 백색공포와 계엄문화로 인해 근

20여 년에 걸쳐 정신적인 영어囹圄 상태였다. 그들은 근본적으로 완벽하고 만족스럽게 자기들의 목소리를 표현하지 못했다. 이는 중국어가 그들에게 낯설었던 탓도 있지만 객관적인 정치적 상황이 그들의 사고를 제약했기 때문이었다. 기억의 억압과 사유상의 실어증은 전후의 타이완 작가들을 그같이 어색하고 자신감이 없는 사람들처럼 보이게끔 했다. 타이완 출신 작가들이 상당한 정도로 중국어를 구사하게 되었을 때 타이완은 농업에서 제조업 중심의 사회로 전환되고 있었고 중국 체제 또한 국제적 위상이 흔들림으로써 점차 와해의 징후를 드러내고 있었다. 그것은 벌써 1970년대의 역사가 되어버렸다. 언어의 감옥에서 벗어나기 위한 타이완 작가들의 몸부림은 탁월하고도 절대 간과될 수 없는 한 페이지를 써내려갔다.

3. 저항문화, 그 첫 번째—소극적인 유배정신

언어시스템의 분열과 언어적 전통의 단절도 타이완 작가들의 식민체제와 포스트 식민 체제에 대한 저항적 의지를 와해시키지는 못했다. 언어의 주도권 장악에 실패했기 때문에 타이완 작가들은 더욱 뼈저리게 문화적 주체의 회복에 대한 중요성을 절감하고 있었다.

일본의 통치체제는 정치중심지인 도쿄, 즉 식민지 모국에 의존하여 지탱되었다. 그와 비교해보면 국민당의 권력이 작동되는 배후에는 구체적인 식민지 모국의 협력이 존재하지 않았다. 정치 중심인 난징南京을 상실한 뒤, 국민당은 타이완에 와서 허구적이고 과장된 중국 체제를 만들어냈다. 전술한 것처럼 지식인들이 식민문화의 잔재에서 벗어나지 못한 점 외에 해방 후의 타이완이 여타 식민지와 가장 다른 점은 통치자들이 또 다른 환상 속에서 날조한 식민지 모국을 통해 사회전반을 통제하려고 했다는 점이다. 일본의 식민체제와 국민당의 중국체제는 모두 타이완을 착취와 약탈의 시장으로 간주했다. 이 목적을 달성하기 위해 통치자들은 스스로를 정통적이고 권위적인 지도자로 가장하고 피식민자들이 기꺼이 모욕을 받아들이고 희생양이 되도록 내몰 필요가 있었다.

식민지 사회에 살던 지식인들은 부화뇌동하는 도구가 되기를 거부하고 정신적, 사상적으로 저항행동을 전개했다. 가장 방대한 저항행동은 전통적인 농민운동이 실패한 뒤 문화운동의 형식으로 추진되었다. 그중에도 신문학운동은 문화운동의 중요한 축이 되었다. 타이완 작가들은 언어의 속박을 초월하여 문학작품 속에 저항정신을 불어넣었으며 통치자들이 내세우는 정통성의 권위에 대해 비판 전선을 구축하였다.

타이완 작가들의 저항문화 가운데 하나인 소극적 저항방식은 지속적인 유배의 길을 개척하는 것이었다. 또 다른 소극적 저항방식은 스스로의 생각을 무장하고 사실주의적 미학 또는 좌익운동의 입장에서 통치체제에 대해 비판의 날을 세우는 것이었다. 작가들의 저항이 소극적이건 적극적이건 그들의 행동은 식민자와 피식민자 사이의 명확한 구분을 만들었다. 이런 관점에서 100여 년 동안 타이완문학사의 또 다른 주요한 특징은 저항문화의 구축이라고 할 수 있다.

추방과 유배는 타이완문학 작품의 영원한 모티프 중 하나였다. 비록 그것이 소극적인 저항행위라 할지라도 그런 방식은 불가침의 영역인 개인의 존엄성을 지키고 인격의 손상을 막기 위해, 식민지 지식인들이 택할 수 있는 최후의 돌파구였다. 자아유배self-exiled는 또한 두 가지 유형으로 나눠볼 수 있다. 그 하나는 내부적 유배internal-exiled이고 또 다른 하나는 외부적 유배external-exiled이다. 전자는 작가가 자기의 땅을 떠나지 않고 그가 생존하는 사회에 존재하는 정치체제에 동의하지 않는 것이다. 통치자들이 강요하는 문화관과 가치관이 작가의 인정을 받지 못하는 것이다. 이런 작가들은 문학작품을 통해 통치자에 대한 비판과 거부 의사를 표현하고 그 자신과 사회 사이의 거리와 고독함을 표현한다. 일제강점기의 작가들은 대부분 내부적 유배 작가들에 포함된다. 외부적 유배는 작가가 통치체제를 인정하지 않는 것 때문에 정부에 의해 강제로 추방되는 경우가 아니라도 작가가 스스로 자기 고향을 떠나 이역에서 문학창작에 종사하는 쪽을 택하는 것이다. 전후의 적지 않은 작가들이 바로 이 외부적 유배를 택했다. 내부적 유배는 말 그대로 정신적인 망명이고 외부적 유배는 정신 뿐 아니라 육신까지도 실제로 망명을 떠나는 것이다.

유배가 타이완문학사에서 간과할 수 없는 모티프라고 한다면 작가는 어떤 형식으로 그것을 작품 속에 묘사했을까? 신문학운동이 탄생시킨 작품 가운데 주목할 만한 현상은 타이완 작가들이 식민지의 답답한 현실에서 죽음, 실종, 자살, 가출, 실망, 발광發狂 등등의 소재를 즐겨 다루었다는 점이다. 이런 소재들은 일제강점기의 문학작품 속에서 지속적으로 반복된다. 1930년대의 양서우위楊守愚, 양화楊華, 주뎬런 등 뛰어난 작가들은 죽음을 결말로 하는 적지 않은 소설을 썼다. 하나의 세계에서 또 다른 세계로 도주하는 것은 유배 정서의 보편적인 상징이기도 하다. 실종, 가출, 발광 등 모티프의 구성은 도주의 방식으로 돌파구를 찾고자 하는 것이다. 작가들은 결혼관습의 불합리성을 비판할 수도 있고, 자본주의 제도의 불공정함에 대해서 불만을 표현할 수도 있고 사회제도의 왜곡에 대해 좌절감을 노정할 수도 있다. 어찌할 도리가 없는 선택의 여지가 없는 심리상태에서 작가들은 늘 소설인물을 죽거나 미치게 만들었는데 이는 소리는 없지만 오히려 거대한 저항을 드러낸 것이다.

이러한 유배의 모티프는 해방 후의 작가들에게서 더 빈번하게 나타났다. 우줘류吳濁流는 『아시아의 고아亞細亞的孤兒』 끝부분에서 주인공인 후타이밍胡太明이 결국 정신발작을 일으키도록 하는데, 이것은 자아유배의 전형적인 예라고 할 수 있다. 중리허의 「고구마의 비애白薯的悲哀」의 모티프는 리덩후이李登輝도 말한 적이 있는 '타이완 사람의 비애'에 상응하는 것이다. 중리허의 실망감은 전후 지식인들이 겪은 심각한 좌절감에 다름 아니다.

타이완문학사에 출현한 가장 방대한 유배의 파노라마는 1960년대의 소설에서 나타난다. 1937년생 동갑으로 함께 외국어학과를 졸업한 천잉쩐陳映眞과 바이셴융白先勇은 타이완 본토 출신과 외성外省 출신 작가의 정신적 방랑과 유배의 상황을 각각 대표한다. 중국체제의 구속을 받아야 했던 계엄시대에 지식인들은 출신지역에 관계없이 하나의 고립되고 폐쇄된 공간을 만들어냈다. 타이완 작가들은 허위적 중국체제의 국민당에 찬동할 수 없었으며 또한 중국체제를 진짜로 대표하는 대륙의 사회주의 정부에도 공감할 수 없었다. 유일한 유배의 방식은 서구문화를 좇아 타이완을 벗어나는 길 뿐이었다. 천잉쩐의 단편소설 「시골 교사鄕村的教師」, 「장군족將軍族」, 「내 동생 캉슝

我的弟弟康雄」, 「고향」 등은 죽음의 분위기가 가득하다. 가족과 뿌리를 상실한 인물들이 등장하는 이 작품들은 가장 절망적인 상황을 보여주는 유배문학의 대표작들이다. 바이셴융의 작품 「시카고에서의 죽음芝加哥之死」과 「적선기謫仙記」는 단순히 개인들의 사망에 대한 묘사에 그치지 않고 온 중국의 사망을 강렬하게 암시한다. 이런 작품들을 유배문화의 대표작이라 한다면 천잉쩐과 바이셴융이야말로 포스트 식민사회에서 가장 강렬한 저항의 목소리를 남긴 사람들이라고 할 수 있다. 그들은 각각 내부적 유배와 외부적 유배를 받아들인 지식인들의 심리적 좌절을 묘사했다. 그들과 같은 시기의 어우양쯔歐陽子, 위리화於梨華, 왕원싱王文興 등 또한 그 같은 정신적인 상황을 그려냈다.

4. 저항문화, 그 두 번째–적극적인 비판정신

소극적 저항의 또 다른 측면으로 타이완 작가들은 논쟁거리를 제공할 수 있는 비판적인 문학 여정을 개척하였다. 문학작품에서의 유배정신이 현실에 대한 일종의 도피라면 비판정신의 구체적인 현현은 현실, 즉 일본과 허위적 중국을 포함하는 기존의 패권적 체제에 용감하게 맞서 항의의 입장을 취하는 것이다. 비판정신을 가진 작가는 대부분 사실주의의 창작기법에 의존하였다. 더욱 급진적인 사람들은 조금도 주저하지 않고 좌익성향적인 사상과 정신을 표출하였다. 이같이 대담한 저항적 작가들은 문학사의 오랜 전통 속에서도 찾아볼 수 있다. 한문문학이 아직 사라지기 전에 구문인들은 가치 있는 시 작품들을 통해 이를 입증해보였다. 단지 그들은 의식과 표현 수법 면에서 신문학운동 진영의 작가들을 따라잡지 못했을 따름이다.

적극적인 비판정신의 궁극적인 목표는 타이완문학의 주체성을 구축하는 것이었다. 타이완 사회에서 식민체제와 허위적 중국체제가 전횡할 수 있었던 까닭은 통치자의 폭력 즉 정부, 법률, 경찰, 밀정 등이 연합한 권력의 그물망 때문이었다. 이뿐 아니라 통치자는 또한 통치세력에 협력하는 어용문인 또는 매판적 지식인들까지 동원했다. 문학작품과 교육시스템, 그리고 매스미디어 등 패권적 문화담론을 통해 통치자들은 순조롭게 피통치자들에 대한 세뇌와 선전, 정신개조의 목적을 달성할 수 있었다. 조금이라도 자각이 있는 식민지 지식인이라면 이러한 집요한 공세에 경계심과 저항심을 가지게 되었다. 이렇게 통제와 반통제 세력 사이의 충돌은 비판문학의 중요한 모티프로 자리 잡게 된다.

사실주의문학과 좌익문학은 1920년대에 문학운동이 일어났을 때부터 이미 상당한 영향력을 보여주었다. 사실주의의 주요한 특색은 몽매함을 타파하고 식민자의 통치 본질을 밝혀냄으로써 피식민자의 공포와 두려움, 좌절감을 없애는데 있었다. 좌익문학은 한 걸음 더 나아가 저항의 문학을 구축하였다. 작품창작을 통해 타이완 민중의 약소민족적인 입장을 대변하고 통치자의 제도가 가진 함정과 오류를 비판함으로써 오염된 성정을 정화시키고자 했다. 좌익문학은 심지어 저항행동을 암시하기도 했는데 특히 스트라이크, 사보타지, 중매결혼 거부, 보복 등등의 소재를 집중적으로 묘사했다. 그것은 독자들에게 암암리에 적극적인 저항의 방법을 제시한 셈이다. 만약 죽음에 대한 묘사가 출현한다면 그것은 절대로 추방과 연계되는 것이 아니라 지주와 자본가, 폭력배 등의 필연적인 결말 또는 저항자의 죽음과 영생을 부각시키기 위한 것이었다.

타이완 사실주의의 탄생은 1920년대 라이허賴和의 손에서 잉태되었다. 사실주의가 구축된 이후, 타이완문학사의 성장 방향은 더 이상 편파적이지 않게 되었다. 라이허 이래 양쿠이, 왕스랑王詩琅, 뤼허뤄, 우신룽, 궈수이탄 등은 사실주의문학의 창작과 확산을 통해 긍지를 갖기에 충분한 성과를 거두었다. 그중 라이허는 또한 신문학운동 가운데 비판정신의 모델을 만들어냈고 양쿠이는 그것을 더욱 발전시켰다. 특히 양쿠이가 1930년대에 발표한 「신문배달부送報伕」는 식민사회의 각종 문제의식을 소설 한 편에 모두 녹여냈다. 자본가의 추악한 형상, 착취당하는 노동자의 딱한 상황, 자본주의와 제국주의가 결탁한 이후의 초국가적 약탈, 지식인과 일본 학생들이 연합한 국제적인 저항운동, 타이완인들의 귀향 여정 등이 생동감 있게 그의 작품 속에 등장한다.

1940년대 태평양전쟁 중에 일어난 황민화운동 기간과 1950년대 반공정책이 고조된 시기에 사실주의는 심각하게 위축되었다. 20여년에 걸친 이 두 기간에 관방의 예술정책은 작가들의 사고 위에 군림하였다. 이러한 가공할 정치적 간섭은 식민 통치자들의 우월의식을 드러냈다. 그들의 시각 속에서 작가는 침탈의 대상이 되는 자원에 불과했으며 주체적인 사고를 할 수 없는 생물이자 정서와 의지가 없는 도구에 지나지 않았다. 니시카와 미쓰루西川滿, 장다오판張道藩, 펑거彭歌 등 예술정책의 집행자들은 국가기구를 신성불가침의 경지로 끌어올렸으며 통치자의 주관적인 의지를 민중의 뜻인 양 합리화시켰다. 민중의 지위는 전도되었고 문학예술의 신성함은 완전히 바닥에 떨어졌으며 타이완 사실문학은 이전에 없었던 능욕의 시기로 빠져들었다.

비판정신의 회복은 1970년대 향토문학운동의 발생과 함께 이루어졌다. 추방된 타이완 작가들이 이 기간에 본토정신을 좇아 돌아올 수 있었던 주요한 원인은 모든 허위적인 중국체제가 국제사회의 도전과 공격에 직면했기 때문이다. 타이완에서 중국체제의 괴멸은 지식인들이 총체적으로 전후의 정치적 공과를 재검토하도록 촉구하였다. 타이완 작가들은 바로 이러한 역사적 성찰의 조류 속에서 전도된 민중의 지위를 원상태로 회복시켰다. 1960년대의 추방문학은 마침내 퇴장을 선언한다. 타이완 사회의 회복과 재생은 또한 이 시점에서 새로운 전기를 마련했다. 타이완 사람들의 생명의 부활을 가장 잘 대표하는 작품으로 황춘밍黃春明이 쓴 「바다를 보러간 날看海的日子」과 왕전허王禎和가 쓴 「샤오린, 타이베이에 오다小林來台北」를 꼽는 것에 아무도 이의를 달지 않을 것이다. 그들은 가장 평범한 인물을 통해 매우 비범한 주제를 표현했는데 절망과 실망, 미망, 혼돈에 빠진 타이완 사람의 심성에 완전히 새로운 긍정적 의미를 찾아줌으로써 전환기 역사적 격변에 대한 당당한 증거를 써내려갔다.

1970년대 작가들의 노력과 향토문학논전의 세례를 거치면서, 사실주의는 정식으로 그 웅대한 기초를 잡았다. 훙싱푸洪醒夫, 쑹쩌라이宋澤萊, 중옌하오鍾延豪 등 신생대 작가들의 출현은 풍성한 사실주의 시대를 예고했다. 괄목할 만한 진전은 1980년대 황판黃凡의 정치소설과 리앙李昂의 여성소설에서 이루어지는데 그들은 비판정신에 더욱 광대한 상상의 공간을 마련했다. 특히 리양의 소설이 이끌어낸 페미니즘 논쟁은 타이완의 저항문화에 더욱 선명한 의미를 부여했다.

일찍이 식민과 포스트 식민을 경험한 타이완 지식인들은 권위적 문화의 강압적인 지배를 체험을 통해 알 잘고 있었다. 장기간 지속된 권력의 통제는 타이완 작가들에게 '약소민족'의 정체성을 갖도록 했고 또한 작품 속에서 부단히 '고난의 이미지'를 만들어내도록 했다. 그러나 페미니즘 사조가 1980년대에 유입되면서 작가들의 사고에 완전히 새로운 돌파구가 생겨났다. 이른바 '패권적 담론', '권위적 문화', '쇼비니즘' 등등의 존재는 사실 그 배후에 가부장적 의식이 내재되어 있기 때문이다. 제국주의와 자본주의의 권력 팽창은 가부장적 권력이 여성의 신체에 가하는 약탈과 유린, 능욕 등과 유사한 공포감을 조장했다. '약소민족'과 '고난 이미지'가 타이완문학작품에 넘쳐났던 것은 바로 그러한 수난의 문화에서 잉태된 것이다.

학대받고 방치되고 추방당함을 그려낸 사실주의문학을 페미니즘 담론의 시각으로 재해석하면 타이완문학사의 특성을 더욱 분명하게 알 수 있다. 약소자, 주변인, 힘없는 자는 바로 제국주의적 통치자들이 식민지 민중에게 각인시키려 했던 형상들이다. 주도면밀한 통치 전략하에서 약소자는 우세한 세력에 의존하기 마련이고, 주변인은 중심에 있는 자에게 굴복하기 마련이며 무력한 자는 힘 있는 자의 눈치를 보기 마련이다. 그리하여 한 점 빈틈없는 통제시스템이 너무나 당당하게 그 존재를 과시하게 된 것이다. 권력을 가진 통치자들은 문학작품 속에서 늘 남성성이 충만하고 강건하며 방대하고 두려움이 없는 모습으로 나타난다. 타이완 작가들은 고아의식, 시련의 어머니, 버려진 양녀 등의 모티프를 강조하는 습관이 있는데 이는 바로 이러한 문화권력이 만들어낸 전형적인 결과물이다. 식민적 경험을 비판하고자 한다면 이 같은 구속적인 문화적 통제부터 먼저 전복해야 한다. 페미니즘은 사고 면의 혁명이자 또한 정신적인 무장이기도 했다.

좌익문학이 주체성을 추구했던 것에 비해 페미니즘은 풀뿌리부터 시작함으로써 패권적 담론을 뒤흔드는 가장 유효한 무기가 되었다. 좌익문학은 근본적으로 억압에 저항하는 문학이며, 계급적 입장을 강조한다. 그러나 페미니즘 문학은 이보다는 과거의 억압적 문화의 근원을 파헤쳐냈다. 인류역사상 남성의 여성에 대한 억압은 자본가의 농민과 노동자에 대한 억압보다 더 오래되고 공고했다. 약소자의 정서를 이해할 수 있는 열성적인 좌익작가라면 여성이 가부장적 지배로부터 겪은 고통을 충분히 발견할 수 있을 것이다. 일본 제국주의자들과 중화주의자들의 쇼비니즘이 가한 모욕을 알아보는 타이완 의식을 가진 작가라면 남성적 쇼비니즘이 여성에 가한 침탈을 깨달을 수 있을 것이다. 리앙이 1980년대에 완성한 소설 『남편 죽이기殺夫』는 부권의 오만과 폭력, 그리고 남발에 대해서 지극히 생동적인 묘사를 보여준다. 『남편 죽이기』는 그 표현법을 차치하고라도 타이완 페미니즘 소설 가운데 의심의 여지없이 하나의 경전이 되기에 충분하다. 페미니즘 문학은 1980년대에 그 기초가 다져졌고 1990년대에 확산되어 타이완의 저항문학을 한 발 더 앞으로 추진시키는 동력이 되었다.

5. 나가며 – 문학사의 재구성

1980년 이후, 중국대륙의 문학사가와 타이완의 관료 문인들은 약속이나 한 듯이 타이완문학의 존재에 대해서 주목하기 시작했다. 그러한 관심은 결코 그들이 타이완신문학운동의 성과를 인정하기 시작했음을 의미하지는 않는다. 그것은 순전히 정치적인 필요성에서 비롯된 것이다. 그들의 정치적 해석은 타이완이 아직 포스트 식민사회의 단계에서 벗어나지 못했음을 새롭게 증명하였다. 중국대륙에서 출간된 타이완문학사에 관한 방대한 량의 연구서들은 그들의 정치적 목적을 그대로 드러냈다. 그것은 100여 년 동안의 타이완문학의 발전을 단지 '중국의식' 또는 '중국 콤플렉스'라는 어휘만으로 규정하려는 것이다. 그들이 타이완문학의 성과에 환호하는 것은 타이완을 접수했던 국민당의 태도와 조금도 다르지 않다. 모든 영광은 결국 중국으로 귀결되는 것이다.

100여 년 이래의 타이완문학은 이제 타이완 지식인들에 의해, 타이완적 시각과 열정에 기대어 타이완에 대한 역사적 해석을 건립해야 한다. 원전과 텍스트를 정독하고 그 안에 담긴 특징을 섬세하게 발견해내야만 비로소 타이완문학사의 기승전결을 찾아낼 수 있을 것이다. 타이완 작가들이 가진 분열된 언어와 내재된 저항정신이야말로 문학사가들이 절대로 넘겨버려서는 안 되는 중요한 특징이다. 타이완문학사를 다시 쓰기 위해서 무엇보다 필요한 것은 식민문화를 전복하고 타이완 사람들의 마음을 다시 일으켜 세우는 일이다.

'관습'에서 '민속'으로*

일본의 근대 지식생산과 식민지 타이완의 문화정치

장룽즈張隆志

1. 들어가며

유럽에서 시작된 민속연구Folklore studies는 특수한 역사·문화적 맥락에서 진행되었다. 민속연구는 문화제국주의와 식민통치의 수단인 동시에 민족국가가 문화적 정체성을 형성하는 방법이기도 했다. 이러한 민속학은 근대화와 민족국가 구성과정에서 '발명된 전통'이라 할 수 있다. 주목할 점은 동아시아 민속학의 전통이 19세기 후반 이후 제국주의·민족주의 역사와 밀접한 관련을 맺으며 형성되었다는 사실이다.

일본 식민당국이 주도했던 동아시아 지역의 민속연구는 식민화와 근대화라는 두 가지 맥락에 놓여 있었다.[1] 본고는 일본 통치기(1895~

---

* 이 글은 성옥례가 번역하였다.

1945) 타이완 민속조사와 관련하여 다음과 같은 문제들을 검토하고자 한다. 첫째, 식민지 타이완이 어떻게 제국 일본의 연구대상이 되었는가? 둘째, 타이완 민속 연구는 일본의 식민담론과 근대적 지식생산 과정에서 어떠한 역할을 담당했는가? 셋째, '민속'이 일본의 식민지 문화정치의 장으로 들어오면서 어떠한 정치적・사회적 효과가 발생했는가?

본고의 연구대상은 1900년대 타이완의 구관습 조사사업 및 1940년대의 타이완 민속 보존 운동이다. 『타이완 관습기사台灣慣習記事』와 『민속타이완』 등 대표적인 간행물과 인물, 언론 등에 대해서는 학계에서 약간의 연구가 진행되었다.[2] 필자는 식민지식의 유형을 분석하는 한편 문화정치의 일환으로 조사된 '구관습'과 '민속'을 비교하고자 한다. 그리고 양자를 대조하여 식민지식 생산과 권력 관계의 변화를 살펴볼 것이다. 그럼으로써 '문화'가 식민 정치의 관리대상이 되는 과정을 설명할 것이다.

이 글의 가설은 타이완 민속 연구가 일본 통치 초기 식민지 문화통

1 Eric Hobsbawm, Terence Ranger, *The invention of Tradition,* Cambridge University Press, 1983; Stephen Vlastos, *Mirror of Modernity-Invented Traditions of Modern Japan,* University of California Press, 1998.

2 구관습 조사 방면 선행연구는 Timothy Tsu, "Japanese Colonialism and the Investigation of Taiwanese 'old customs'", Jan van Bremen and Akitoshi Shimizu eds., *Anthropology and Colonialism in Asia and Oceania,* London : Curzon, 1999, pp.197~218; 鄭政誠, 「臨時台灣舊慣調査會之研究(1896~1922)」, 國立台灣師範大學歷史研究所 博士論文, 2002. 『민속타이완』 방면 선행연구는 王昭文, 「日治末期台灣的知識社群(1940~1945)－『文藝台灣』『台灣文學』及『民俗台灣』三雜誌的歷史研究」, 台灣清華大學歷史研究所 碩士論文, 1991; 陳豔紅, 「領台時代の台灣と日本－『民俗台灣』を中心に」, 東吳大學日本語文學系 博士論文, 1997; 戴文鋒, 「日治晚期的民俗議題與台灣民俗學－以『民俗台灣』爲分析場域」, 國立中正大學歷史研究所 博士論文, 1999; Tsu Yun-Hui, "For Science, Co-prosperity, and Love-The Re-imagination of Taiwanese Folklore and Japan's Greater East Asian War", in Jan van Bremen and Akitoshi Shimizu eds, *Wartime Japanese Anthropology in Asia and the Pacific,* Osaka, Japan : National Museum of Ethnology, 2003, pp.189~207 등이 있다.

치와 식민 담론 성격을 지닌 '구관습' 조사로부터 전쟁동원 시기 향토 동일화와 문화 보존을 위한 '민속' 연구로 이행하였다는 것이다. 이 과정은 근대 타이완의 식민지 학술사와 문화정치의 변화를 반영하고 있다. 다른 한편으로 중국・일본・한국 등 동아시아 지역 민속학의 독립적인 성장과 타이완 민속학을 비교해 볼 것이다. 식민지 학술 환경에서 형성된 타이완 민속학은 해방 후 탈식민화 과정을 겪으며 과거의 민속학과 단절되었다. 이로 인해 해방 후 타이완 민속 연구는 전통의 단절과 비연속적 계승이라는 특수한 발전궤적을 보여 준다.

2. 식민담론, 문화정치, 그리고 타이완 민속연구

타이완은 유라시아 대륙과 태평양 해역이 만나는 지점에 위치한 섬으로 17세기 이후 네덜란드, 스페인, 명, 청, 일본 등의 통치를 받았다. 타이완의 주민은 중국 서부평원과 구릉지대에 분포한 복건성, 광동성에서 이주해 온 한인 외에, 중앙산맥에 살고 있는 남도南島 원주민과 한인사회에 섞여 들어간 핑푸족平埔族이 있다.[3] 청제국의 변방이었던 타이완은 1860년 개항한 이래 세계 자본시장으로 편입되었고 1875년 중국의 양무 현대화에 있어 중요한 지역이 되었다.[4] 1895

3 曹永和, 『台灣早期歷史研究』, 台北 : 聯經, 1979; 陳紹馨, 『台灣的人口變遷與社會變遷』, 台北 : 聯經, 1979; 陳其南, 『台灣的傳統中國社會』, 台北 : 允晨, 1987.

4 林滿紅, 『茶,糖,樟腦業與台灣之社會經濟變遷(1860～1895)』, 台北 : 聯經, 1997; 李國祁, 『中國現代化的區域研究, 閩浙台地區, 1860～1916』, 台北 : 中央研究院近代史研究所, 1982; 戴

년 시모노세키조약으로 일본에 할양되었던 타이완은, 일본제국주의 아래서 자본주의화 과정과[5] 함께 식민지 근대화라는 정치사회적 변천을 겪었다.[6] 이 같은 사회 구성원의 다양성과 역사 경험의 복잡성은 타이완 근대사 연구의 중요한 전제이다.[7] 다종족 사회와 다중적 식민사라는 타이완의 특성에 근거하여 본고의 연구 가설과 방법론에 대해 설명하도록 하겠다.[8]

식민주의와 그 문화에 관한 연구는 중요한 학술영역으로 발전하였다.[9] 민족주의와 탈식민 연구자들은 하나같이 군사, 외교적 정복이나 정치, 경제적 지배 외에 문화지식의 건립이 19세기 후기 제국주의의 확장과 민족국가 건설 과정에서 중요한 역할을 담당했음을 지적한다.[10] 갖가지 새로운 전통과 담론의 발명 그리고 전파는 근대화 과정에서 상상적 공동체와 민족적 동일화를 이루는 중요한 방법이었다. 학자들은 그중 식민지 인류학, 식민담론 그리고 제국 통치 사

國煇, 「晚清期台灣的社會經濟」, 『台灣史研究－回顧與探索』, 台北 : 遠流, 1985, 27～88면.

5 矢內原忠雄, 『帝國主義下の台灣』, 東京 : 岩波書店, 1988; 涂照彦, 『日本帝國主義下の台灣』, 東京 : 東京大學出版會, 1975; Chin-ming Ka, *Japanese Colonialism in Taiwan-Land Tenure, Development, and Dependency, 1895～1945*, Boulder, Colo : Westview Press, 1995.

6 吳密察, 『台灣近代史研究』, 台北 : 稻鄉, 1990; 吳文星, 『日據時期台灣社會領導階層之研究』, 台北 : 正中, 1992; 翁佳音, 『台灣漢人武裝抗日史研究, 1895～1902』, 台北 : 台灣大學, 1986.

7 吳密察, 「台灣の植民地型近代化への再認識」, 『黑船と日清戰爭』, 東京 : 未來社, 1996, 289～298면.

8 張隆志, 「殖民現代性分析與台灣近代史研究」, 若林正丈, 吳密察 主編, 『跨界的台灣史研究－與東亞史的交錯』 論文集, 台北 : 播種子文化有限公司, 2004, 133～160면; 張隆志, 「後殖民觀點與台灣史研究－關於台灣本土史學的方法論反思」, 柳書琴, 邱貴芬 主編, 『後殖民的東亞在地化思考－台灣文學場域』, 台南 : 國家台灣文學館籌備處, 2006, 359～383면.

9 Nicolas Dirks ed., *Colonialism and Culture,* Ann Arbor : The University of Michigan Press, 1992; Bernard Cohn, *Colonialism and its Form of Knowlege*, Princeton : Princeton University Press, 1996; Timothy Mitchell, *Colonising Egypt*(Berkeley and Los Angeles : University of California Press, 1991.

10 Edward Said, *Orientalism*, New York : Vintage, 1979; *Culture and Imperialism*, New York : Knopf, 1993; Benedict Anderson, *Imagined Community-Reflections on the Origin and Spread of Nationalism*, London : Verso, 1991.

이의 복잡한 관계에 주목하였다.[11] 또한 그들은 탈근대・탈식민 관점에서 서구 중심적 근대화를 비판하고 다원적 근대성의 관점에서 아시아・아프리카・라틴 아메리카 등의 비서구 세계가 근대를 마주한 복잡한 역사를 새롭게 탐구하고 있다.[12]

비교 역사적인 관점에서 보자면 민속학은 유럽 근대학술의 한 영역으로 독일 낭만주의 등에서 유래했다는 특수한 사회・문화적 맥락을 가진다. 동아시아 지역 민속학의 발전은 19세기 후반에서 20세기 초반에 이르는 일본 제국주의의 확장과 밀접한 관계를 가진다. 유일한 비서구 식민제국인 일본은 군사・외교・ 정치・경제적 방법으로 확장과 지배를 계속하는 한편, 동양사와 식민학 등 근대적 학술을 동원하여 동아시아에서 식민담론의 주도권과 문화적 패권을 유지하고자 했다.[13]

동아시아 근대화 과정에서 '만들어진 전통'인 민속연구는 중국, 한국 등 각국이 민족 정체성을 형성하고 민족을 계몽하기 위한 수단이었을 뿐만 아니라 일본의 식민담론과 문화통치의 지식적 기반이기도 했다. 이와 같은 역사적 배경은 동아시아 지역의 민속연구가 서구의 계몽적 근대성과 근대화론이 지닌 문제점을 비판하도록 하면서[14]

11 Jan van Bremen and Akitoshi Shimizu eds., *Anthropology and Colonialism in Asia and Oceania*, Surrey : Curzon 1999; Nicholas Thomas, *Colonialism' Culture-Anthropology, Travel and Goverment*, Princeton : Princeton University Press, 1994; Peter Pels, "The Anthropology of Colonialism-Culture, History, and the Emergence of Western Governmentality", *Annual Review of Anthropology* 26, 1997, pp.163~183.

12 Stuart Hall et al. eds., *Modernity-An Introduction to Modern Societies*, Oxford : Blackwell, 1996; Dipesh Chakrabarty, *Provincializing Europe-Postcolonial Thought and Histoical Difference*, Princeton : Princeton University Press, 2000.

13 Stefan Tanaka, *Japan's Orient-Rendering pasts into History*, Berkeley : University of California Press, 1993; 姜尙中, 『オリエンタリズムの彼方へ－近代文化批判』, 東京 : 岩波書店, 1996.

14 Alan Christy, *Representing the Rural-Place as Method in the Formation of Japanese Native Ethnology,*

식민주의와 근대성의 복잡한 결합 방식 또한 드러나게 했다.[15] 아래에서는 일본 통치 초기의 타이완 '구관습' 조사와 전쟁 말기의 '민속' 연구를 예로 들어 일본 식민담론의 전개양상을 설명하고 이를 통해 식민지 문화 정치의 내용을 살펴보도록 하겠다.

3. 신영토 통치와 식민지 조사
—'타이완관습연구회'와 『타이완 관습기사』

타이완의 지방민속에 대한 기록과 묘사가 일본 식민지기에 처음 시작된 것은 아니다. 명청시대 중국의 지방지와 문인의 필기인 17세기 위융허郁永河의 『비해기유裨海紀遊』와 18세기 황수징黃淑璥의 『대해사차록台海使槎錄』 그리고 19세기 천성윈陳盛韻의 『문속록問俗錄』에는 타이완의 '풍속'과 '원주민풍속番俗'에 관한 묘사가 있다. 서구의 문헌에도 네덜란드 점령기 타이완 남부인 시라야 평포 원주민에 대한 보고가 있으며 19세기 후반 타이완 열도와 거주민에 대해 서구 여행자가 남긴 글과 영상기록도 있다. 이들은 모두 타이완 사회 문화사의 중요한 자료들이다.[16]

1910~1945; Ph.D.Dissertation, University of Chicago, 1997; Marilyn Ivy, ***Discourse of the Vanishing-Modernity, Phantasm, Japan***, Chicago : The University of Chicago, 1995.

15 Tani E. Barlow ed., ***Formations of Colonial Modernity in East Asia***, Durham : Duke University Press, 1997; Gi-Wook Shin and Michael Robinson eds., ***Colonial Modernity in Korea***, Cambridge, Mass : Harvard University Asia Center, 1999; Prasenjit Duara, ***Sovereignty and Auhtenticity; Manchukuo and the East Asia Modern***, Lanham : Rowman & Littlefield Publishers, 2003.

최근 명청 중국사 연구자들이 '풍속'이라는 개념과 상응하는 서구의 개념을 비교 연구하기 시작했다.[17] 일본 근대사의 맥락에서 전통적인 '풍'속 연구는 근대 이래로 '민'속 연구로 바뀌었는데 이는 근대 국가의 개입에 의한 것이었다. 일본 민속 연구는 메이지 중후기에 지방의 풍속과 민정을 보존·기록한다는 목표 아래 이루어졌다. 그러다가 다이쇼大正 연간에는 문명·국민 문화논쟁의 초점이 되었으며 이후 전시에는 일본의 국가주의를 강화하는 밑거름이 되었다.[18]

근대학술의 한 영역인 민속연구가 일본 식민통치와 식민학술이라는 두 가지 맥락에서 전개되었다는 사실은 주목할 만하다. 일본 통치 초기 타이완의 식민지 조사사업과 지식생산은 문명 계몽의 색채를 띤 '구관습', '미신' 등의 어휘를 주요한 개념적 범주로 삼고 있었다.[19] 지금부터 일본 식민지 조사의 주요한 기구와 성과를 소개하고 타이완의 관습 연구와 식민지 정치학술의 관련성을 살펴보도록 하겠다.

---

16 張隆志, 『族群關係與鄉村台灣－一個清代台灣平埔族群史的重建和理解』, 台北 : 國立台灣大學, 1991; 林玉茹·李毓中, 『戰後台灣的歷史學研究, 1945～2000－台灣史』, 台北 : 行政院國家科學委員會, 2004.

17 岸本美緒, 「'風俗'與歷史觀」, 『新史學』 13-3, 2002, 1～21면; E. p. Thompson, *Customs in Commom-Studies in Traditional Popular Culture*, New York : The New Press, 1993.

18 瀬川清子·植松明石 편, 『日本民俗學のエツセンス－日本民俗學の成立と展開』(增補版), 東京 : ベリカン社, 1994.

19 李季樺, 「他者の視線からみだ 19世紀末から 20世紀初頭の台灣における「迷信」の生成-台灣の舊慣, 民俗誌史料の分析を中心として」, 『現代台灣研究』 18, 1999, 33～50면; 李桂樺, 「文明と教化－19世紀台灣における道德規範の構築と變容」, 東京大學博士論文, 2006.

1) 일본 관방의 식민지 조사
—'타이완관습연구회'와 '임시타이완구관습조사회'

1900년 10월에 설립된 '타이완관습연구회'는 코다마 겐타로兒玉源太郞 총독과 민정장관 고토 신페이後藤新平(1857~1929)를 정, 부회장으로, 복심법원覆審法院 법원장 스즈키 소우겐鈴木宗言을 간사장으로 하여 기관지 『타이완 관습기사』를 발행하였다. 이 모임은 회원제 민간단체였지만 사실상 주요 구성원은 타이완 총독부와 법원 및 각급 지방 관리였다. 그 밖에 민간 변호사와 교사, 의사 및 금융계 인사들로 구성되었다. 회원이 가장 많았을 때가 2천여 명이었다. 일본 내지의 인사도 참여했으며 1907년 8월에 해산하였다.

1901년 10월, 타이완 총독부는 제196호의 칙령을 발표하여 '임시타이완구관습조사회'를 설립하였는데, 회장은 민정장관인 고토 신페이가 맡았다. 제1부는 오카마츠 타로岡松參太郞와 오다 요로즈織田萬가 법률제도 조사를 맡았고, 제2부는 아이쿠자와 나오야愛久澤直哉와 모치지 무사부로持地六三郞가 경제제도에 관한 조사를 맡았다. 1909년 이후에는 번족과가 증설되었고 타이완 원주민의 고유습관에 관한 조사가 착수되었다. 그러다가 1919년 해산하였다.

임시 '타이완구관습조사회'의 출판물로는 『타이완 사법과 부록 참고서台灣私法與附錄參考書』(1903~1911), 『청나라 행정법 淸國行政法』(1902~1915), 『'임시타이완구관습조사회' 제일차 번족 조사보고서臨時台灣舊慣調查會第一部蕃族調查報告書』(1913~1921), 『'임시타이완 구관습조사회' 제1차 번족 조사보고서』(1915~1920), 『타이완 번족 관습 연구台灣番族慣習硏究』(1921) 등이 있다.[20]

'타이완관습연구회'의 기관지인 『타이완 관습기사』는 1901년 1월에 창간되어 1907년 정간하기까지 총 7권 80책이 발행되었다. 여기에는 청대의 타이완 제도, 구관습, 민속 등과 관련된 글 그리고 법령과 실례가 수록되어 있다. 글의 출처는 첫째, 임시 타이완 구관 조사회의 조사와 보고, 둘째, 타이완 한인의 풍속과 습관에 관한 회원 개인의 조사와 보고, 셋째, '생번生蕃(개화되지 않은 원주민)'에 대한 회원 개인의 연구논저 등 세 종류가 있다. 그 내용으로는 타이완의 역사와 지리, 동식물, 교육언어, 종교민속, 원주민, 인구와 호구 조사, 구관습 조사, 법제관습, 경제관습, 공문계약, 인보印譜서적 등의 항목이 있으며 특히 법제와 경제, 구관습이 주축을 이루었다.[21]

구성원과 활동내용을 보면 '타이완관습연구회'는 '임시타이완구관습조사회'의 보조기구였다고 할 수 있다. 양자를 비교하면 '임시타이완구관습조사회'는 타이완의 경제와 법률제도 연구를 중시했고 '타이완관습연구회'의 조사는 족군族群 간의 싸움 분류, 민간신앙, 세시절기, 관혼상제, 민속기물 등을 대상으로 한인의 생활관습과 풍속을 조사하면서, 타이완 원주민에 대한 조사와 보도도 함께 다루었다.

2) 일본 식민지 인류학과 타이완 원주민 연구

타이완 총독부의 관방 조사사업 외에 일본 식민 초기에 행해진 타

20 山根幸夫, 「臨時台灣舊慣調查會の成果」, 『論集－近代中國と日本』, 東京 : 山川出版社, 1976, 79~122면.

21 賴永祥 編, 「'台灣慣習記事'類目(一)(二)(三)」, 『台灣風物』 12권 3·4·5기, 1962, 25~39·15~30·33~35면.

이완 조사연구에 참여한 또 다른 중진으로 도쿄제국대학과 도쿄인류학회의 학자들이 있었다. 일본 식민지 인류학의 전개는 이노 가노리伊能嘉矩(1867~1925), 도리이 류조鳥居龍藏(1870~1953), 타시로 야스사다田代安定, 모리 우시노스케森丑之助 등의 타이완 학술탐방을 기점으로 한다. 1884년 일본에서는 도쿄인류학회가 성립되었는데, 1895년 일본이 타이완을 점령하자 도쿄제국대학 인류학 교수이며 도쿄인류학회 대표였던 쯔보이 쇼우고로우坪井正五郎(1863~1913)는 식민지 연구조사와 신영토의 인종, 체질, 풍속, 습관에 대한 연구가 일본 인류학자들의 급선무라고 주장하였다.[22]

같은 해, 일본 인류학자인 이노 가노리와 타시로 야스사다는 타이완에서 현지조사를 시작하였다. 그들은 타이베이에 타이완인류학회를 만들어 타이완 인종의 체질·풍속·습관을 주로 연구하였으며, 지나인, 숙번熟蕃(교화된 원주민), 생번으로 나누던 기존의 종족 분류법을 수정하였다. 1900년 이노 가노리와 아와노 덴노조오우粟野傳之丞의 『타이완 번인 사정台灣番人事情』이 처음으로 타이완 원주민 분류틀을 제시하였다. 그리고 1902년 도쿄 제국대학의 도리이 류조가 출판한 『홍두서 토속조사 보고서紅頭嶼土俗調查報告書』는 최초의 타이완 인류학 민족지가 되었다.

관방의 조사 연구로는, 1898년 총독부 식산국의 국장을 맡은 키무라 키요木村匡와 야나기모토 미쯔요시柳本通義가 중심이 되어 발기한 '번정蕃情연구회'가 있다. 다치미 나오부미立見尚文 남작이 명예회장

22 黃智慧, 「日本對台灣原住民族宗教傳統的研究取向－殖民地時期官學竝行傳統的形成與糾葛」, 徐正光·黃應貴 主編, 『人類學在台灣的發展－回顧與展望篇』, 台北 : 中央研究院 民族學研究所, 1999, 143~195면; 吳文星, 「東京帝國大學與台灣「學術探險」之展開」, 王富三 等編, 『台灣史研究一百年－回顧與研究』, 台北 : 中央研究院 台灣史研究所籌備處, 1997.

을 맡았으며 60여 명의 회원이 13개 분야에서 조사계획을 실행하여 『번정연구회지蕃情研究會誌』를 발행하였다. 이 잡지는 1900년까지 총 4기를 발행했다. 1913년 타이완 총독부의 원주민 업무부서 내에 '생번연구회'가 세워졌다. 민정장관이 회장을 맡았고 기간지 『번계蕃界』를 총 3기 발행하였다. 이노 가노리는 총독부 식산국에서 『타이완 번정지台灣蕃政志』(1904)를 출판하였을 뿐만 아니라 『타이완총독부이번지고台灣總督府理蕃誌稿』(1911) 편찬에도 참여하였다.[23]

3) '생물학적 정치'와 '구관습 입법'—식민지 통치와 타이완 관습연구

1898년 3월, 타이완의 4대 총독 코다마 겐타로와 민정국장 고토 신페이(1857~1929)가 새로 취임하였다.[24] 타이완 내부의 토비, 생번, 전염병, 언어장애, 교통 불편 등 여러 문제에 직면한 고토는 코다마에게 총독부 시정방침 예행연설을 취소하고 '무방침을 타이완 통치 방침'으로 건의하면서 구체적인 정책을 제시하기 전에 상술한 여러 문제에 대해 철저한 조사와 연구가 필요하다고 주장하였다.

오늘날 과학의 진보라는 상황하에서 식민 경영의 대요는 반드시 생물학적

---

23 陳偉智, 『殖民主義, 「蕃情」知識與人類學』, 台大歷史所 碩士論文, 1998; 松田京子, 「領台初期における台灣先住民調査ー伊能嘉矩を中心に」, 『台灣史研究』 14, 日本台灣史研究會, 1997, 135~148면; Paul Barclay, *Japanese and American Colonial Projects-Anthropological Typification in Taiwan and the Philippines,* Ph.D.dissertation, University of Minnesota, 1999.

24 張隆志, 「後藤新平ー生物學政治與台灣殖民現代性的構築, 1898~1906」, 國史館 主編, 『二十世紀台灣歷史與人物』, 台北 : 國史館, 2002, 1235~1259면; 小林道彦 著, 李文良 譯, 「後藤新平與殖民地經營ー日本殖民政策的形成與國內政治」, 『台灣文獻』 48권 3기, 1997, 101~121면.

인 기초를 세워야 합니다. 생물학적 기초란 무엇입니까? 식산 · 흥업 · 위생 · 교육 · 교통 그리고 경찰과 같은 과학적인 생활방식의 증진을 의미합니다. 이러한 기초의 개척이 생존 경쟁의 전장에서 적자생존의 법칙을 실현하는 것입니다. 동물들이 한서寒暑와 기아 등의 환경에 적응하는 것처럼 인간들도 때와 장소에 맞추어 적응하여야 합니다. 그래야 갖가지 곤경을 극복하고 알맞은 조치를 추진해나갈 수 있으며 타이완을 경영하는 데 있어 빛나는 미래를 이룰 수 있을 것입니다.[25]

'생물학적 정치'라는 구호 아래 고토는 일본의 식민지 조사 규모를 확대하는 한편 조사 사업에 새로운 정책적 기능과 학술적 의의를 부여하였다. 그는 3대 조사사업을 타이완에서 추진하였는데, 1898~1904년의 토지조사, 1901~1919년의 구관습조사, 그리고 1905년의 인구조사가 그것이다.[26] 그중 구관습조사사업은 그 기간이 가장 길고 성과 역시 가장 풍부했던 사업이었다. 고토의 주도하에 타이완 총독부는 1900년에 『타이완 구관습 조사의 일부분台灣舊慣調查一斑』을 출판하였으며 '타이완구관습연구회'와 '임시타이완구관습조사회'와 같은 주요한 관방 및 민간 기구를 세웠다.

구관습 조사사업과 타이완 통치의 관계에 대해서 고토는 1901년 도쿄의 『마이니치신보』와 인터뷰하면서 조사사업과 식민지 법률 및 경제 개혁의 필요성에 관한 자신의 논리를 상세하게 설명하였다.[27]

---

25 鶴見祐輔, 『後藤新平』 3권, 東京 : 勁草書房, 1965, 24~39면.

26 北岡伸一, 『後藤新平－外交とヴィジョン』, 東京 : 中央公論社, 1988; Edward I. Chen, "Goto Shimpei, Japan's Colonial Administrator in Taiwan-A Critical Reexamination", *American Asian Review* 13(1), 1995, pp.29~59.

27 『台灣慣習記事』 제5권, 1901.5, 24~38면; 제6권, 1901.6, 25~35면.

"만약 우리가 토착 관습과 지방 제도를 이해하지 못한다면 지금 타이완을 통치함에 있어서 새로운 영토가 요구하는 법률제도와 경제에 대한 개혁을 제시할 수 없을 것입니다." 고토는 또한 타이완 구관습 조사사업의 구성원과 집행방법의 경우, 지방관원의 간헐적인 관찰에만 기대서는 불가능하다는 자신의 견해를 내비쳤다. 그리고 전문학자의 노력이 필요하며, 체계적인 분석과 종합이 진행되어야 한다고 했다.

고토의 타이완 구관습 조사사업은 생물학 정치론에 근거하여 제기한 '구관 입법'의 주장을 실현하는 데 목적이 있었다. 이는 바로 타이완을 일본 내지와 다른 '특수법역特殊法域'[28]으로 보려는 것이었다. 타이완 구관 조사사업에서 중요한 역할을 맡았던 학자는 교토 제국대학의 법학 교수인 오카마츠 타로(1871~1922)였다. 오카마츠는 민족법학 및 비교법제사의 시각으로 타이완의 구관 조사사업을 이끈 사람이며 고토가 제창한 '타이완 통치법'의 초안자이기도 하다.[29]

'타이완관습연구회'의 간사장인 스즈키 소우겐은 『타이완관습기사』의 발간사에서 식민지 법제개혁과 통치정책에 대한 구관 조사의 중요성을 다음과 같이 강조하였다.

> 민속과 관습은 국가 사회가 겪은 수차례의 변혁과 역사발달의 결과물이다. 그러므로 고금, 동서, 남북을 막론하고 각 나라들은 서로 다른 습속을 갖기 마

28 春山明哲, 「明治憲法體制と台灣統治」, 大江志乃夫 等 編, 『岩波講座近代日本と支配の論理』, 東京 : 岩波書店, 1993, 31~50면.

29 春山明哲, 「台灣舊慣調査と立法構想－岡松參太郎による調査と立案を中心に」, 『台灣近現代史研究』 第6號, 1988, 81~114면; 吳豪人, 「ドイツ人種學的法學と『台灣私法』の成立」, 『台灣史研究』 제14호, 1997, 92~93면.

련이다. 이러한 역사적 필연은 이웃지역도 그럴진대 하물며 타이완이야 어떻겠는가? 법률은 습관이 아니고, 정사는 인정이 아니다. 하지만 법률은 옛 습속에서 비롯되지 않으면 안 되고, 정사는 인정을 바탕으로 하여야만 한다. (…중략…) 영국이 신영토인 인도를 지배한 경험에 귀기울여보자. 석학을 먼저 현지로 보내어 현지의 습속을 조사한 뒤, 정책을 펴지 않았던가. 이는 민속과 관습을 중시했기 때문이며 그랬기에 영국의 식민 정책이 성공을 거두어 오늘날의 대국이 될 수 있었다. 신영토를 경영하려는 자는 당연히 이를 모델로 삼아야 한다.[30]

고토가 타이완을 떠나고 단계적인 목표가 완성되자 식민지 법제 개혁을 추진하던 타이완 관습 연구회 역시 1907년에 해산하였다. 그리하여 『법원월보法院月報』 등의 간행물이 그러한 조사와 보도 업무를 이어가게 되었다.[31]

타이완의 입법 준비사업이 이미 법전조사 쪽으로 진행되고 있음을 오늘날 관습을 기초로 제정된 수많은 특별법에서 발견할 수 있다. 그러므로 본회가 추구했던 관습과 토속을 연구하고 법제 자료를 수집하는 데 전력하던 목적은 대부분 완성되었다고 할 수 있다. 이미 목표가 비슷한 『법원월보』가 발행되었으므로, 관습을 연구하고 법제를 조사하는 『타이완 관습기사』는 『법원월보』에 합병되어 완수하지 못한 사업을 이어나가야 할 것이다.

이와 같이 타이완 구관습 조사사업의 전개가 타이완의 전통적 풍

30 「發刊の辭」, 『台灣慣習記事』 1-1, 1901, 1~3면.
31 『台灣慣習記事』 7-8, 1907, 4~5면.

속과 제도를 존중하고 보존하기 위한 것이 아님을 간파할 수 있다. 그것은 '특별 통치주의'라는 입장에서 식민지 법률 개혁과 경제 변화를 이루기 위한 사전작업에 불과했던 것이다. 『타이완사법台灣私法』 등 구관습 조사사업은 식민지 법제 개혁이라는 정책적 기능 외에도 유럽 대륙법을 위주로 하는 식민지식체계와 해석의 전범을 건립하는 성과를 거두었다.[32] 다른 한편 타이완은 일본의 식민지 관료와 내지 학자들을 주축으로 한 연구에서 기록되고 분류되는 지식의 대상이 되었다. 『타이완 관습기사』의 한인 사회의 풍속과 원주민 생활 습관에 대한 조사와 보도는 일본 식민권력의 '타자'에 대한 관찰과 이국적 정서의 담론으로 가득했다.[33]

요컨대 일본 통치 초기의 타이완 민속 연구는 관방 식민지 조사와 식민지 인류학의 정치적, 학술적 맥락에서 생겨난 것이었다. 일본 식민 관료와 법원, 경찰 관계자들이 주체가 된 타이완의 '구관습' 조사는 일본 통치 시기 관방 타이완 민속 연구의 주요 내용을 이루었다. 이러한 흐름은 관습 연구회 등의 기관 출판물 외에도 다음과 같은 연구로 이어졌다. 사쿠라 마고조佐倉孫三의 『타이완 풍습잡기台風雜記』(1903), 고바야시 리헤이小林里平의 『타이완 세시기台灣歲時記』(1910), 테지마 헤이지로手島兵次郎의 『타이완 관습 대요台灣慣習大要』(1913), 마루이 케이지로丸井圭次郎의 『타이완 종교조사보고서台灣宗敎調査報告書』(1919), 가타오카 이와오片岡巖의 『타이완 풍속지台灣風俗誌』(1921), 시바타 렌柴田廉의 『타이완 동화책론台灣同化策論』(1923), 시바 키치타로志波吉太

---

32 王泰升, 『台灣日治時期的法律改革』, 台北 : 聯經, 1999.

33 張隆志, 「知識建構,異己再現與統治宣傳－『台灣統治志』(1905)和日本殖民論述的濫觴」, 梅家玲 編, 『文化啓蒙與知識生産－跨領域的視野』, 台北 : 麥田出版社, 2006, 233～259면.

郞의 『타이완 민족성과 지도교화台灣的民族性與指導敎化』(1927), 야마네 유조山根勇藏의 『타이완 민족성 백담台灣民族性百談』(1930), 스즈키 세이치로鈴木淸一郞의 『타이완 구관습의 관혼상제와 연중기사台灣舊慣冠婚喪祭與年中記事』(1934) 그리고 히가시카타 타카요시東方孝義의 『타이완 습속台灣習俗』(1942) 등이 그 예이다. 이들 연구는 식민통치원리의 기초지식이 되었으며 일본 식민담론의 중요한 부분이 되었다.[34]

4. 전쟁동원과 지방문화—식민지 지식인과 『민속타이완』

1940년대에 출현한 『민속타이완』과 1900년대의 『타이완 관습기사』는 서로 다른 시대적 배경과 학술적·정치적 맥락을 지닌다. 식민지 정치사의 측면에서 보면, 첫 문관 총독이었던 덴 겐지로田健治郞는 1919년 타이완에 온 뒤 내지정책의 연장선상에서 여러 가지 정책을 실행하였다. 1915년 시라이안西來庵에서 일어난 타이완 한인의 항일운동 사건 이후 전통적인 무장봉기는 의회청원운동 위주의 근대적 정치투쟁으로 변하였다. 타이완 원주민에 대한 일본의 통치는 1930년 우서사건霧社事件 이후 원주민을 관리하는 방향으로 바뀌었다.[35]

식민지 문화사의 측면에서 타이완 유학생과 식민지 엘리트 지식

34 林美容, 「殖民者對殖民地的風俗記錄－佐倉孫三所著『台風雜記』之探討」, 『台灣文獻』 55卷 3期, 2004, 7～24면.

35 向山寬夫, 『日本統治下の台灣民族運動』, 東京 : 中央經濟硏究所, 1987.

인들이 1920년대에 '타이완문화협회' 등의 단체를 조직하여 문화계몽운동을 적극적으로 펼쳐나갔다.[36] 식민지 학술사의 경우는 1928년 타이베이 제국대학이 세워져 초기에 타이완 총독부 관료를 위주로 행해진 식민지 조사연구를 대신하게 되었다.[37] 그리고 1930년대는 중일전쟁의 발발과 전개로 인해 전쟁동원 체제와 황민화운동이 이루어진 시기이다.[38] 아래에서 타이베이 제국대학의 타이완 연구를 소개하고 아울러 『민속타이완』의 시대적 의의와 학술적 특색에 대해 논하도록 하겠다.

1) 타이베이 제국대학과 타이완 원주민 연구

앞서 언급했듯 일본 식민지 인류학은 결코 타이완 한인을 유일한 연구 대상으로 삼지 않았다. 핑푸족과 고산족 등 타이완 원주민에 대한 조사와 분류는 식민지 초기 타이완 총독부의 원주민 관리정책의 주요 과제였다. 1930년의 우서사건은 타이완 총독과 고위관료를 교체하도록 했을 뿐만 아니라 일본 식민정부로 하여금 원주민 관리방침을 다시 검토하도록 하였다. 타이완 총독부의 이번과理番課는 1931~1936의 기간 동안 대규모의 '번지 개발 조사'를 실행하였고, 『번인 소요지 조사蕃人所要地調査』, 『번인조사蕃人調査』 그리고 『고사족 조사서

36 駒込武, 『植民地帝國日本の文化統合』, 東京 : 岩波書店, 1996; 陳培豐, 『同化の同床異夢－日本統治下台灣の國語教育史再考』, 東京 : 三元社, 2001.

37 鄭麗玲, 『帝國大學在殖民地的建立與發展－以台北帝國大學爲中心』, 國立台灣師範大學歷史系 博士論文, 2001.

38 近藤正己, 『總力戰と台灣－日本植民地崩壞の研究』, 東京 : 刀水書房, 1996; 周婉窈, 『海行兮的年代－日本殖民統治末期台灣史論集』, 台北 : 允晨文化, 2003.

高砂族調査書』(1939) 등의 자료를 출판하였다.

1928년 타이베이 제국대학이 설립된 후 문정학부의 토속 인종학 연구실은 우츠카와 마부치移川子之藏, 미야모토 노부토宮本延人 그리고 마부치 도이치馬淵東一 등을 핵심으로 식민지 인류학 연구를 진행하였다. 우츠카와 등이 주요한 학술대상으로 삼은 것이 타이완 한인사회가 아니라 원주민 연구였다는 사실은 주의할 만하다. 1930~1932년 동안, 타이베이 제국대학의 토속인종학 연구실과 언어학 연구실은 전총독인 우에야마 만노신上山滿之進의 도움을 받아서 장기간의 현지조사를 진행하였다. 그리하여 1935년 우츠카와 마부치, 미야모토 노부토, 마부치 도이치의 『타이완 고사족 계통 소속 연구台灣高砂族系統所屬の硏究』와 오가와 나오요시小川尙義, 아사이 에린淺井惠倫의 『원어에 의한 타이완 고사족 전설집原語による台灣高砂族傳說集』이라는 대작 두 편이 출판되어 각각 일본학술원상과 공로상을 받았다.

토속인종학 연구실은 1931년부터 『남방토속南方土俗』을 발행하기 시작하여 1942년까지 모두 6권 24기를 출판하였다. 마지막 권은 『남방민족南方民族』으로 명칭을 바꾸었다. 타이베이 제국대학에는 토속인종학과 언어학이라는 두 연구실 외에도, 사회학연구실의 오카다 켄岡田謙, 농업경제 연구실의 오쿠다奧田彧와 마스다 후쿠다로增田福太郎 등과 같은 학자가 있었다. 이들은 모두 타이완 원주민 연구에 투입되었다. 이 밖에 타이베이 고등학교 출신의 가노 다다오鹿野忠雄 등이 타이완 난다오南島 민족지와 동남아 민족학 연구에서 큰 역할을 하였다.[39]

39 劉斌雄, 「日本學人之高山族研究」, 黃應貴 主編, 『台灣土著社會文化研究論文集』, 台北 : 聯經, 1986, 69~81면.

2) 『민속타이완』과 황민화 시기의 타이완 민속 연구

『민속타이완』이 간행된 시기는 일본이 타이완에서 시행한 황민화 운동으로 인해 타이완 민속이 급속도로 소멸해가던 때이다. 1936년 총독 고바야시 세이조小林躋造가 추진한 '국민정신 총동원 운동'의 내용에는 신문의 한문란 폐지, 국어 상용의 추진, 신사참배의 강제, 사묘寺廟정리, 거실正廳 개선운동 추진, 중국식 풍속 습관의 폐지, 일본식 일상생활 실행, 일본식 성명으로의 개조 등 사회동원과 동화정책이 포함되어 있었다. 1940년 7월, 고노에 후미마로近衛文麿의 2차 내각이 구성되고, 10월에 다이쇼 익찬회가 설립되어 기존의 정부 관청과 병존하는 전국적인 동원체계가 갖추어졌다. 타이완 식민지 역시 11월 하세가와 기요시長谷川淸가 타이완 총독으로 취임하면서 황민봉공회가 설립되었다.

1941년 총독부 기관지인 『타이완 시보台灣時報』는 1월호에 「황민화 재검토 특집皇民化的再檢討特輯」을 출판하였는데, 이 글에서는 황민화 정책하의 개명・경제생활・언어・가옥건축・사묘・농촌과 농민 문제를 각각 검토하고 있다. 또한 나카무라 사토루中村哲의 총론인 「문화정책으로서의 황민화 문제作爲文化政策的皇民化問題」에서는 황민화정책이 반드시 타이완의 특수한 황상을 고려해야 하며 내지의 다이쇼익찬회 문화부의 지방 문화운동과 상응해야 한다고 주장하고 있다.[40]

『민속타이완』은 1941년 7월에 창간되어 전쟁기 물자가 부족했던

---

40 吳密察, 「『民俗台灣』發刊の時代背景とその性質」, 『台灣大東亞戰爭－文學, 文化』, 東京 : 東京大學出版會, 2002, 231～265면.

때에도 계속 발행되어 1945년 1월까지 모두 43기(44기는 미출간)가 나왔다. 잡지 간행의 주요인물로 타이베이 제국대학 의학부의 해부학 교수인 가나세키 다케오金關丈夫와 타이완 총독부 정보부의 이케다 토시오池田敏雄가 있다. 이 잡지를 발행하기 전에 오카다 켄, 스도우 도시이치須藤利一, 가나세키 다케오, 천사오신陳紹馨, 황더스黃得時, 만조우지 류우萬造寺龍 등 일본과 타이완의 민간 지식인들이 잡지 발행의 취지에 관한 글을 공동으로 발표하였다. 그들은 타이완의 구관습이 곧 소멸할 것이라는 위기감을 언급하며 민속 기록 연구의 중요성을 다음과 같이 주장하였다.

> 본도의 오래된 낡은 풍습은 머지않아 없어질 것이고 도민島民은 근대문화의 큰 혜택을 누리게 될 것이다. 이는 마땅히 환영해야 하는 바이다. 그러나 동시에 전혀 폐해가 없는 옛 관습마저도 이러한 흐름과 더불어 희생되어 사라지게 될 것이다. (…중략…) 기록과 연구의 능력을 이미 갖춘 문명국의 국민은 모든 현상을 기록, 연구할 의무를 갖고 있다. 낡은 풍속은 낡은 풍속으로, 폐습은 폐습으로 기록 연구하는 것은 우리 국민의 의무이다. 뿐만 아니라 오늘날 우리의 국력이 남방으로 확대되고 있는 시점에서, 화남華南이든 남방南方이든 제휴의 기회와 필요성을 가진 것은 바로 중국민족이다. 그들을 정확하게 알기 위해서는 먼저 타이완 본도인들을 이해해야 한다. 이것은 바로 우리가 타국민에 대해 절대적 우세를 갖는 일이기도 하다.

같은 시기 타이완에 살던 일본인인 니시카와 미쓰루西川滿가 주관한 『문예타이완文藝台灣』과 비교해보면, 『민속타이완』의 집필자는 당시 타이베이 제국대학의 학자들, 타이완 주재 일본 문화인과 타이완 본토의 지식인들이 포함되어 있었다. 그중 타이완인 작자로는 지방의 신사・의사・변호사・기자 그리고 작가와 몇몇 여성들이 있었다. 집필 내용은 타이완의 풍속과 관습에 대한 연구와 소개인데 이들을 아래 세 가지 유형으로 나눌 수 있다.[41]

① 투고문

민속에 대한 연구 기록, 문헌 소개, 서평 문답 등과 관련된 것. 내용에는 일상생활의 예속, 가요와 통속적 속담, 민간 전설, 민간 공예, 향토 역사, 언어 문자, 사회제도 등의 유형을 포함하며, 고고 발굴과 자연지 그리고 원주민 습속과 관련된 보도도 포함한다.

② 전문 칼럼

권두어(가나세키 다케오 등), 영상집, 민간예술 해설松山虔三, 민속회화立石鐵臣, 문헌서평, 각지의 통신, 그리고 자유로운 의견개진이 가능한 '亂彈'과 '點心'란 등 시사단평을 포함한다.

③ 특집

스린士林, 타이난台南과 베이먼北門 등의 지방과 신년 풍속 그리고 통속적 속담 등과 민며느리제도 등에 관한 전문적 보도와 토론 등이다.

41 池田麻奈, 「『民俗台灣』執筆者別作品一覽」, 『民俗台灣』 第5卷, 索引, 台北 : 南天, 1998 복간판, 1～40면; 「『民俗台灣』第一至五卷總目錄」, 『台灣風物』 12卷 2期, 1962, 15～32면.

3) '연구와 사랑'—『민속타이완』과 타이완 지식인

황민화 시기 지방문화를 보존하던 민간 학술지였던 『민속타이완』은 총독부의 출판검열을 받았을 뿐 아니라 일본에서 온 식민자들의 질의에도 늘 맞닥뜨려야 했다. 이케다 토시오는 전후의 회고담에서 상당한 지면을 할애하여 당시 『민속타이완』이 관방과 황민화론자들의 강한 압력을 받았음을 설명하였다. 그리고 잡지 편집진과 작가가 타협해야만 했던 시국관련 글쓰기의 고충에 대해서도 설명하였다.[42]

『민속타이완』을 창간하기 전인 1941년 5월, 타이완 지식인인 양윈핑楊雲萍은 「연구와 사랑」이라는 글에서 가나세키 다케오 등이 발표한 『민속타이완』의 취지서를 논평하였다. 타이완인의 입장에서, 그는 가나세키 등이 소멸위기의 타이완 민속을 '기록'하는 데에만 몰두하고 있다고 비판하였다.

> 별 관심을 받지 못하던 『민속타이완』이 최근 새로운 기운을 보이고 있다. '문학', '민속' 등에 대해서 나는 좋아하는 편이지만 불만도 없지 않았다. 그것은 그들이 냉담하고 고압적인 자태와 기계적인 태도와 방법으로 연구에 착수하기 때문이다. '백화문'이나 '타이완어'조차도 모르면서 '백화문' 작품은 '대부분 모방이다'거나 이후 '타이완 구관'의 연구는 '소멸되어도 되는' 것이라고 말한다. (…중략…) 바라건대 이들 '학자'와 '연구자' 제씨가 좀 따뜻한 이해와 사랑, 그리고 겸손을 보여주길 바란다.[43]

42 池田敏雄, 「植民地下台灣の民俗雜誌」, 『台灣近現代史研究』 4, 1982, 121~151면; 池田麻奈, 「『植民地下台灣の民俗雜誌』解題」, 『台灣近現代史研究』 4, 1982, 109~120면.

43 金關丈夫, 「卷頭語」, 『民俗台灣』 1, 1941, 1면; 楊雲萍, 「研究と愛」, 『民俗台灣』 2, 1941, 43면; 「民俗への愛－楊雲萍君に答ふ」, 『民俗台灣』 2, 1941, 43~45면.

양원핑의 평론은 가나세키의 직접적 반응을 일으켰다. 그는『민속타이완』의 발행이 타이완 구관습의 소멸을 방지하고자 할 뿐 아니라 타이완 민중에 대한 사랑과 민속을 이해하고자 하는 적극적 의의에서 간행된다고 강조하였다. 이 논쟁은 타이완 민속연구에 있어서의『민속타이완』의 동기와 목표를 정리해주었을 뿐만 아니라 일본과 타이완의 민간 지식인들의 협력과 교류의 방향을 확립해주었다. 전쟁이라는 어려운 시국과 황민화론자들의 반대에 맞서,『민속타이완』의 주요 성원들은 민속이 장차 사라질 것이라는 위기감과 함께 적극적으로 문화를 구원하려는 사명감을 드러냈다. 다른 한편으로 대동아전쟁이 격화됨에 따라『민속타이완』역시 일본의 남진정책에 협력해야 했다.

4)『민속타이완』과 대동아 민속학

1942년 일본은 대동아성을 설치하였다.『민속타이완』10월호부터 표지의 '타이완과 관련 지방의 풍속과 습관에 대한 연구 소개'를 '남방문화의 연구소개'로 바꾸어 싣기 시작했다. 그러면서 원래 아마추어 민속 애호가들로 구성된 민간 잡지가 일본의 민속학자인 야나기다 쿠니오柳田國南의 참여로 인해 일본 내지 민속학계의 주목을 받게 되었다. 야나기다와 타이완 연구자인 이노 가노리가 가까운 벗이었던 관계로 이노의 고향인 일본의 이와테岩手현 토노遠野시의 풍속에 관해 공동작업을 한 적이 있었다. 이노의 사후에는 그들의 대표작인『타이완문화지台灣文化志』를 공동 출판하였다.[44] 야나기다는 전 타이완 총독인 안도 테이비安東貞美와는 숙질 관계로 1917년 타이완을 방문했었고 중부의 원주민 지역인 우서霧社와 시라이안 사건의 유적지를 탐방한 적이 있었다.[45]

1943년 10월, 야나기다 쿠니오와 『민속타이완』의 핵심인물인 가나세키 다케오, 나카무라 사토루 그리고 오카다 켄 등이 도쿄에서 좌담회를 개최하였다. 이 좌담회의 토론 내용은 '대동아 민속학의 건설과 『민속타이완』의 사명'이라는 제목으로 1943년 『민속타이완』 12월호에 실려 있다. 야나기다는 좌담회에서 공동조사가 가능한 세 개의 주제를 제시하였다. 그것은 이방인에 대한 접대, 선조 관념, 결혼 도덕이었다. 그리고 공동으로 할 수 있는 민속 채집・조사 항목을 열거하였는데, 동아시아 각지의 조사를 진행한 뒤 그 조사 결과를 다시 비교하자는 것이었다.[46] 1944년 1월 가나세키 다케오도 참여한 전국적인 '야나기다 쿠니오선생 고희기념회'에서 「국제공동연구과제의 제안國際共同硏究課題的提案」을 발표하였다. 그 내용은 야나기다 쿠니오가 제시한 세 개의 주제를 16개 항목으로 구체화시킨 것이다. 대동아 각지에서 일본어로 수집・분류・분석한 '민속학'을 세우고 이를 '일본 민속학'과 비교 대조하는 것을 연구 대상으로 삼자는 것이었다.[47]

전쟁 후기 『민속타이완』의 방향전환은 아래 두 편의 글을 대조해보면 알 수 있다. 하나는 1941년 7월의 창간호에 실린 「편집후기」이다.

---

44 岩崎敏夫, 『柳田國男と遠野物語』, 遠野市立博物館, 1985; 伊能嘉矩, 『台灣文化志』, 東京 : 刀江書院, 1928.

45 池田敏雄, 程大學 譯, 「柳田國男與台灣－西來庵事件的挿曲」, 『台灣文獻』 32卷 3期, 1981, 180～202면.

46 「座談會－柳田國男氏を圍みて」, 『民俗台灣』 30, 1943, 2～15면.

47 「柳田國男氏古稀紀念會」, 『民俗台灣』 34, 1944, 43면; 柳田國男先生古稀紀念會, 「國際共同研究課題の提案」, 『民俗台灣』 35, 1944, 25면.

연구 잡지 즉 Academic한 민속잡지로는 이미 본도의 『남방민족』이 있다. 본 잡지는 학술이 아닌 다른 사명을 달성하고자 만든 것이다. 즉 비교적 가볍고 편안한 분위기에서 자연스럽게 본도의 민속에 대한 세인들의 관심을 높이고자 하는 것이다. 우리는 이러한 가벼운 분위기의 원고를 환영한다. 이번 호의 내용은 모두가 역작들이라 우리의 이런 취지를 충분히 나타내지 못한 것 같다. (…중략…) 우리는 각지에 숨어있는 뜻있는 자들이 일어나서 다음과 같이 견해를 피력하기를 바란다. 우리 이 지방에는 이런 게 있다! 는 것이 있으면 이를 기록하여 투고하기를 바란다. (…중략…) 본 잡지의 특수한 사명을 감안하여 각지의 뜻있는 분들이 적극적으로 투고해 주기를 간절히 바라며, 지역 구분 없이 농촌・산촌・어촌 어디든지 좋으니 투고해 주기를 바라마지 않는다.

창간호는 아마추어 민속 애호가들의 무대가 될 수 있기를 기대하고 있다. 이것이 1943년 12월호의 「편집후기」에는 '대동아 민속학'에 대한 사명으로 바뀌어 있다.

대동아성 설립 보도를 접하니 우리의 '동아시아는 하나'라는 신념이 이미 동요될 수 없는 것이 되었다는 사실을 깨닫게 된다. (…중략…) 오늘날 더 이상 설명할 필요 없이 타이완의 민속연구는 타이완의 문제에 국한되는 것이 아니다. 타이완의 민속을 연구해야만 대동아 민속학을 완성시키는데 공헌할 수 있기 때문이다. 비록 여태껏 본도의 민속학 연구와 도민의 황민화 사이에 약간의 괴리가 없었다고는 할 수 없지만, 대동아의 맹주인 우리 일본인은 타이완 민속뿐만 아니라, 중국민속, 남양민속, 인도민속, 오스트레일리아 민속 등 공영권 내의 민속을 밝혀야만 한다. 타이완의 민속연구를 이런 광대한 작업의 일부로 여기고 중요한 임무의 일단을 완성하는 일은 우리 타이완 도민의 당연한 직무이다.

『민속타이완』의 방향전환과 일본제국의 '대동아 민속학'의 연관성은 식민지 인류학사의 중요한 연구과제였다.[48] 일본 통치 초기 식민지 문화통치와 식민담론 성격을 지닌 '구관습' 조사와 비교하면, 『민속타이완』은 황민화운동기에 향토 동일화와 문화 보존에 대한 일본과 타이완 지식인의 중요한 사안이었다. 또한 이는 일본의 전쟁동원 체제하에서 타이완 총독부, 타이베이 제국대학, 타이완 민간 지식인 그리고 일본 내지 학계로 구성된 특수한 문화정치생태를 반영한다.

5) 해방 후 타이완 민속학 전통의 단절과 뒤섞임

일본 식민 후기에 싹을 틔운 타이완 민속연구는 해방 후 독립된 주류 학과로 발전하지 못했다. 비록 당시에 『민속타이완』의 조사와 보도에 참여한 양윈핑, 천사오신, 황더스, 다이옌후이戴炎輝 그리고 차오융허曹永和 등과 같은 타이완 지식인들이 해방 후 타이완 역사와 사회문화연구의 주요한 인재가 되었음에도 말이다. 그리고 1953년 출판한 『계간 민족학연구季刊民族學研究』의 '타이완 연구특집'(제18권 1, 2기 합간)에서는 민속학을 일본 식민시기의 타이완 사회문화 연구에 관한 주요 성과에 포함시키지 않고 있다.[49] 『민속타이완』 시기의 조사와 보도의 전통은 지방의 문헌회 등과 같은 기구 외에 『공론보公論

48 三尾裕子,「以殖民統制下的「灰色地帶」作爲異質化之談論的可能性」,『台灣文獻』55卷 3期, 2004, 26~61면; 川村湊,『「大東亞民俗學」の虛實』, 東京 : 講談社 1996; 國分直一,「民俗台灣の運動は何であつか—川村湊氏の所見を巡つて」,『シニカ』8-2, 1997, 122~127면.

49 타이완연구 특집의 제목과 작자는 다음과 같다. 高砂族的分類(馬淵東一), 言語學(淺井惠倫), 宗敎生活(古野淸人), 物質文化(宮本延人), 生業(瀨川孝吉), 先史考古學(金關丈夫, 國分直一), 民族學(宮本延人), 社會人類學(馬淵東一), 및 體質人類學(金關丈夫)

報』의 타이완 풍토판 등의 신문 칼럼(1948년 발행하여 1955년 정간, 총 195기)과 『타이완풍물』 등의 민간 간행물(1951년 창간되어 오늘날에 이름) 등에 의해 겨우 그 명맥을 유지하고 있을 뿐이다.[50]

다른 한편으로 동아시아 지역의 중국・일본・한국 등의 민속학의 연속적 발전과 비교해 보면 해방 후 타이완 민속연구의 전통은 교차 전승과 이식 혼융의 현상이 나타나고 있다. 5・4운동 시기 베이징 대학의 '가요연구회'를 비롯하여 1920년대 후기 광저우 중산대학의 '민속학회', 그리고 항저우 '중국민속학회'의 학술적 전통이 대륙학자의 타이완 망명과 더불어 타이완에 소개되었다.[51] 중국의 민속학자인 러우쯔쾅婁子匡과 주제판朱介凡 등은 타이완의 향토 전설과 가요, 통속 속담 등을 수집하는데 전력을 기울이면서 구미 한학자인 에버하드Wolfram Eberhard 등과 합작하여 '아시아 민속・사회생활 특집' 등과 같은 자료총서를 출판하였다.[52] 1970년대의 '줘다濁大 계획'(台灣省濁水大肚兩溪域自然與文化史科技研究計畫) 기간 동안, 인류학자 왕쑹싱王崧興 같은 이는 중국의 사회인류학과 일본의 민족학 그리고 구미의 지역연구의 이론적 전통을 결합하여 타이완의 한인 사회문화를 전체적으로 연구하고자 하였다.[53] 하지만 타이완의 지방종교,[54] 민간문학,[55] 그리

50 阮昌銳, 「台灣民俗研究的過去與未來」, 『台灣文獻』 36卷 第3~4期, 1985, 25~51면.

51 張紫晨, 『中國民俗學史』, 吉林 : 吉林文史出版社, 1993; 王文寶, 『中國民俗學史』, 成都 : 巴蜀書社, 1995.

52 婁子匡・朱介凡 編, 『五十年來的中國俗文學』, 台北 : 正中書局, 1987; 艾伯華Wolfram Eberhard, 『台灣唱本提要』, 台北 : 東方文化供應社, 1970.

53 黃應貴, 葉春榮 編, 『從周邊看漢人的社會與文化－王崧興先生紀念論文集』, 台北 : 中央研究院 民族學研究所, 1997.

54 林美容 編, 『台灣民間信仰研究書目增訂本』, 台北 : 中央研究院 民族學研究所, 1997.

55 胡萬川, 「台灣民間文學的過去與現在」, 『台灣史料研究』 제1기, 1993, 23~30면; 胡萬川, 「民族・語言・傳統與民間文學運動－從近代的歐洲到日治時期的台灣」, 胡萬川・呂興昌・陳萬益 總編輯, 『民間文學與作家文學研討會論文集』, 新竹 : 清華大學中國文學系, 1998, 1~22면.

고 민속 곡예曲藝 등의 과제에 대한 토론[56]은 오래도록 중국의 속문학과 중국 지방사, 한인 사회 연구 등의 다른 학과 영역에 속해 있었다.

1980년대에 이르러 타이완 본토 연구가 활발해지기 시작했다. 민간학자인 류환웨劉還月 등이 평포족과 상민常民 문화에 대한 현지 조사에 뛰어들었고,[57] 인류학자인 린메이룽林美容 등이 타이완의 촌락사와 민간 신앙을 연구하는 한편, 류즈완劉枝萬 등의 민속 연구가 재평가되면서[58] 타이완의 주체적인 본토 민속학 연구가 진행되었다.[59]

5. 나가며

본고에서는 1900년대의 타이완 구관 조사사업과 1940년대의 타이완 민속 보존운동을 살펴봄으로써 일본의 근대지식 생산과 식민지 타이완 문화정치의 관련성을 설명하고 전후 타이완 민속연구의 특수한 발전 궤적을 짚어보고자 하였다. 민속연구는 유럽 근대학술의 일환으로 19세기 후반 이후, 제국주의 및 민족주의 역사와 밀접한 연관을 지닌다. 동아시아 지역의 민속연구는 특히 근대 일본제국의 확장과 식민통치를 배경으로 한다. 때문에 식민주의와 근대성을 함께

56 王秋桂 編, 『民族與民俗』, 台北 : 稻鄉, 1994.

57 劉還月, 『台灣民俗田野行動入門』, 台北 : 常民文化, 1999.

58 陳美容, 「民俗 · 信仰與宗教－劉枝萬先生專訪」, 『台灣史料硏究』 第6期, 1995, 142～152면.

59 林美容, 「台灣民俗學史料硏究」, 『慶祝建館八十週年論文集』, 台北 : 國立中央圖書館 台灣分館, 1995, 625～645면.

고려한 분석을 요한다. 일본 통치기 타이완 민속연구는 근대화 과정 속에서 '만들어진 학술 전통'이다. 이는 일본의 문화 제국주의와 식민 통치의 지식 활동인 동시에 식민지 타이완의 엘리트 중심 문화였다. 또한 타이완 땅과 사람을 일체화하여 민족 정체성을 형성하는 중요한 과정이기도 했다.

필자는 타이완 민속연구가 일본 식민통치와 근대적 지식생산이라는 두 가지 맥락에서 만들어진 역사적 산물이라고 생각한다. 그리고 20세기 초, 일본과 타이완의 식민지식과 권력관계의 변화로 인해 문화가 타이완 식민화의 주요 수단이 되었다고 본다. 이 과정에서 '구관습'과 '민속'을 두 가지의 식민지식과 실천유형으로 보고 비교 대조하고자 하였다. 식민 초기에는 식민관료 주도로 식민지 문화통치와 식민담론 성격의 '구관습' 조사가 이루어졌다. 이는 일본이 식민지 문화통치를 정밀화하고 식민담론의 주도권을 장악하는 계기로 작용했다. 그리고 전쟁 동원 시기에는 일본과 타이완의 민간 지식인이 합작하여 향토 동일화와 문화 보존을 목표로 아마추어 '민속연구'를 진행하였다. 상술한 일본 통치기 타이완 민속 연구사는 근대 타이완의 식민지 학술사와 문화정치의 맥락을 반영하고 있다.

다른 한편으로, 해방 후 타이완에 중국 지방 역사, 민간 종교 그리고 통속문학 등에 대한 개별적 연구가 있었지만, 일본 식민지기에 싹튼 타이완 민속학은 아직 독립적인 민속학으로 발전해나가지 못했다. '왜 해방 후 타이완에는 향토사와 민속 연구만 있을 뿐, 타이완 민속학은 없었던 것일까?' 필자는 식민지기 타이완 민속 연구와 전후 타이완 학술 전통의 단절이 이러한 현상의 주요요인이라 생각한다. 일본의 패전으로 대동아 민속학이 붕괴되면서 일본 민속학의 전통은 타이완에서 연속적으로 발전하지 못했다. 또한 1949년 국민당 정부가 옮겨오면서 중국 민속학의 전통이 타이완에 전파되었지만 정치 계엄 등의 요인으로 타이완 연구는 오래도록 학술 주변을 맴돌았을 뿐이다. 이처럼 중국, 일본, 한국 등에서 민속학이 연속적으로 발전한 것과 달리 타이완 민속연구의 전통은 교차전승과 이식혼융의 특징을 보여준다. 이는 해방 후 타이완 정권의 교체와 학술 문화 변천에서 말미암은 특수한 역사적 산물이라 할 수 있다. 필자는 앞으로 대표적인 인물의 개별 작품 분석을 통해, 그리고 동아시아 지역 학술 전통의 비교를 통해 타이완 역사 및 민속 연구와 본토 학술사에 대한 체계적인 연구를 진행할 것이다.

문학 근대성의 이식과 전파*

타이완 전통문인의 세계문학 수용, 번역과 번안

황메이어黃美娥

1. 들어가며

'문학'이란 무엇인가? 문학이란 단어는 타이완문학의 역사적 문맥하에서 다음의 두 가지 담론을 포함하고 있다. 하나는 한학 / 한문화와 서로 중첩되는 전통적 문학관이고, 다른 하나는 서양문학 관념의 영향을 받아 생산된 근대적 문학관이다. 그리고 이들 두 문학관은 1920년대의 신구문학논쟁을 통해 격렬하게 충돌하였다. 논쟁 후 서구적 정의에 편향된 문학 관념이 점차 받아들여졌고 이어 근대문학도 확립되었다. 그러나 근대성에서 배태된 신문학관과 근대문학은 도대체 어떻게 타이완에 이식되고 전파되었는가? 특히 근대화 / 근대성 / 서구화라는 언어적 경계를 넘어서는 구조하에서 새로운 문학

---

* 이 글은 이현복이 번역하였다.

관념과 창작 체제는 어떠한 문화적 편제와 수용을 통해 타이완의 사회적 공간에 주입되었는가?

과거에는 문언과 백화의 상호충돌성에 치중하는 신구문학논쟁이 이러한 문제를 탐구하는 데 있어 중요한 초점이 되었다. 그러나 충돌이 심화되고 강조될수록, 타이완의 사회적 경험을 바탕으로 한 소재와 서구적 문학 형식 간에는 융합하기 어려운 경계의 패러독스가 왜 존재할 수 없는지를 설명할 길이 없었고, 타이완인들이 문학의 근대성을 접했을 때 문화 영역에서 조정과 재구성이 일어나고 담론 시스템의 중심이 전이되는 것을 지각하는 과정에 대한 해답 역시 얻을 수 없었다. 따라서 '신'문학관과 '근대'문학이 타이완에서 어떻게 '기원'했는가를 다시금 탐색하고 아울러 그 생성의 과정을 파악하는 것은 잘못된 실타래를 푸는 데 있어 중요한 열쇠가 된다고 할 수 있다.

그렇다면 문학 근대성은 타이완에서 어떠한 과정을 통해 생성되었는가? 과연 누가 그것을 타이완으로 가져와서 이식하였으며 누가 그것을 중개하였는가? 문학 근대성은 근대성에서 출발하였기 때문에 시간에 따라 진화한 '근대인'은 분명 중개자의 필요조건이라 할 수 있을 것이다. 그러나 도대체 누가 '근대인'이란 말인가? 오로지 한결같은 마음으로 신문학 관념을 옹호했던 근대문학가는 물론 '근대인'으로서 근대를 소비하고 근대를 상상했다고 말할 수 있겠다. 그러나 당시 여전히 고전문학의 형식을 빌려 글을 썼던 '전통문인'들은 '근대인'의 행렬에 포함시킬 수는 없는 것일까? 그리고 문언문으로 쓰인 '전통문학'[1]

1 특히 1920년대 타이완신문학 탄생 이전의 전통문학 작품을 말한다. 이 시기 타이완에서는 아직 신문학가들이 나타나지 않았다. 문언문으로 쓰인 소설과 시문은 당연히 '전통문인'이 쓴 '전통문학' 작품으로 보아야한다.

작품은 근대성을 이식하는 매개가 될 수는 없는 것일까?

과거 타이완문학의 연구에서 기존의 일부 논저는 신문학 발생학의 관점에 근거하여 근대문학이 타이완에서 일어난 원인과 현상, 그리고 경과에 대해 설명했다.[2] 그러나 그들은 신시대를 맞아 전통문인들도 일정 정도는 '중개자'로서의 역할을 했었다는 것까지는 생각하지 못했다. 필자는 이미 이점에 대해 유럽 사조의 동점 시대에 전통문인 중 일부가 시대적 조류의 영향을 받아 문학 개량에 대한 관념을 갖추고 문학 개조에 뛰어들었으며 실제 구문학이 신문학을 향해 나아가도록 촉진하는 역할을 맡았음을 지적했다.[3] 그 글에서 필자는 문학의 근대성이 타이완에서 생성되는 과정을 온전히 분석하기 위해서는 당시 전통문인들의 역할을 경시할 수 없다는 점을 밝혀보려고 했다. 때문에 1924년 제1차 신구문학논쟁이 발발하기 전 신구문학 간의 계승과 과도의 상황을 드러내는 데 치중하여 서술하였다. 전통문인은 서점을 경영하거나 신문・잡지를 간행하였기 때문에 어느 정도는 세계문학을 소개할 수 있었고 독자들이 문학 소비를 통해 근대문학을 상상할 수 있게끔 도움을 주었다. 게다가 그들은 실제로 창작과 번역에 참여하였기 때문에 서구의 언어 환경에 놓여있던 언어와 사상의 모델을 읽고 흡수하여 타이완인들의 텍스트 속에 운용할 수 있었다. 그러나 1차 논쟁이 종결되고 신문학이 일정한 지위를 점한 후 나타난 전통문인의 서양문학에 대한 수용과 반응[4]의 양상에 대

---

2 梁明雄,『日據時期台灣新文學運動研究』, 台北 : 文史哲, 1996; 莊淑芝,『台灣新文學觀念的萌芽與實踐』, 台北 : 麥田, 1994 참고.

3 이에 대한 상세한 내용은 黃美娥,『重層現代性鏡像』, 台北 : 麥田出版社, 2004, 43~68면 참조.

4 서양 혹은 근대를 접하고서 전통문인들이 그것과 어울리지 못하고 심지어는 저항적인 태도를 취했다는 것은 당연한 일이었다. 그러나 본문에서는 수용과 대응에 초점을 맞추고 있기 때문에 배척이나 부적응에 대해서는 더 논의를 진척시키지는 않을 것이다.

해서는 아직은 한 층 더 깊은 탐구를 진행하지 못했다.

이상 언급한 의문점을 해결하기 위해서 필자는 전통문인의 세계문학에 대한 접촉 경험을 선택하여 이것들을 관찰의 중심으로 삼으려고 한다. 이것은 타이완 밖에서 발생한 세계문학이 새로운 글쓰기와 표현 방식으로 인해 타이완인들에게 이국적 분위기의 근대적 상상을 불러일으키기에 충분했고, 문학적 근대성의 매력이 어디에 있는지를 가장 잘 보여주었기 때문이다. 필자는 전통문인들이 세계문학을 접하고 수용하는 과정, 그리고 그것을 번역하고 베끼는 과정을 살펴봄으로써 그것으로부터 발생하는 문화 / 심리 / 미학적 감각을 한층 심도 있게 설명하고자 한다. 이 밖에도 타이완의 문학 영역에서 전통문인은 어떻게 외국 언어를 접하고 어떠한 방식을 통해 관련 지식 시스템에 진입했는지, 그리고 어떻게 그것에 대한 일련의 이식과 전파를 추진했는지를 파악하고자 한다. 당연히 이러한 작업에는 번역 / 인용을 통한 이데올로기의 교류를 다루고 다른 사상 혹은 언어 간의 문화적 여행 속으로 들어가려고 하는 의도가 담겨 있다.

2. 세계문학, 타이완에 이르다

일본 통치기의 타이완은 낡은 시대로부터 새로운 시대를 향해가는 전환기였다. 소리, 빛, 화학, 전기 등 물질문명이 적극적으로 수입되면서 사람들의 눈과 정신은 혼미해졌고 그들은 이에 놀라 벌린 입을 다물지 못했다. 그것은 사회생활의 형태에 있어서도 변화를 야기했을 뿐 아니라 정신과 감각에 있어서도 역시 전대미문의 변화를 가져왔다. 대중적인 전파와 신식교육, 해외여행 등의 통로를 통해 타이완 사람들은 새로운 세계와 만났으며 이를 통해 복잡하고 다원적인 문화적 사유가 배태되었다. 이와 같이 '신세계'로부터 도래한 모던의 기운이 던져준 충격으로 인해 전통문화를 고수하는 것을 하늘의 소임으로 알던 전통문인까지도 신선하고 활기 넘치는 근대성의 분위기를 직시하지 않을 수 없게 되었다. 그래서 거침없이 밀려드는 근대성의 조류 속에서 타이완인들은 세계문학을 맞이하기 위해 대문을 활짝 열어젖히지 않을 수 없었다. 심지어 전통문인들은 그 선봉에 서기까지 했다.

1) 신학문 시스템의 맥락에서 세계문학을 추구하다

타이완인들은 외부 세계의 문명으로부터 불어온 바람을 접하기 시작하면서 그것에 대한 호기심과 궁금증을 가지게 되었다. 기본적으로 '신학문'(혹은 實學이라 칭함)의 지식 시스템이 전파되고 도입되어서야 이러한 호기심이나 궁금증은 해소될 수 있었다. 신학문과 구학문 간 충돌의 변증법적 관계는 당시 사람들 사이에서 인기 있는 토론의 주제가 되었다.[5] 그러나 이 모든 것은 사실 신학문이 확산되는 데 전혀 장애가 되지 않았다.

---

5 관련 상황은 黃美娥,『重層現代性鏡像』, 제1장과 제2장을 참조.

그 가운데 비교적 유명한 것으로 1906년 리한루李漢如와[6] 일본인 이토 마사시게伊藤政重가 창립한 '신학회'가 있었다. 당시 공동발기자였던 그들과 나중에 참여한 훙이난洪以南, 왕칭중王慶忠, 뤄슈후이羅秀惠, 셰쉐위謝雪漁, 리롄비李聯璧, 옌윈녠顏雲年, 쉬쯔쌍許梓桑 등은 상당한 지명도를 가진 한시漢詩 작가였다.[7] 타이완인이 문명에 접근하고 개화하도록 한다는 명목으로 리한루 등은 "동서학자의 저서를 두루 모아 그 정수를 찾고 원뜻을 번역하며, 사물과 지식을 분류하고, 그것들을 동포들에게 소개하려고 하였다."[8] 그들은 월간으로 『신학총지新學叢誌』를 발행하였다. 이 잡지는 신학계新學界(법학, 경제, 격치, 종교, 지리, 정치), 국문계國聞界(내외 소식), 신사계新史界(세계 고금의 위인전), 사학계詞學界(詞章의 모델 및 우수한 학자들의 기고), 평론계評論界(학술 신간에 관한 단평), 신지계新智界(새로운 지식을 재미있는 이야기로 해설한 해이록解頤錄 여러 편을 첨부), 소설계小說界(최신 번역과 단편 필기), 국문계國文界(日漢 대역)[9] 등의 전문적인 칼럼을 갖추었다. 『신학총지』의 내용을 보면 타이완인들이 다방면에 걸쳐 세계의 신지식을 접하였음을 알 수 있다. 정치, 경제, 종교, 지리, 격치, 시사, 역사뿐 아니라 최신 번역 소설 역시 신학문과 더불어 소개되어 타이완인들은 세계문학과 친해질 수 있는 기회를 가질 수 있었다.

이와 같이 신학문은 집단적이자 조직적인 계획을 바탕으로 추진

---

6 李黃海, 자는 漢如이고 호는 耐儂이다. 또다른 필명으로 少潮가 있다. 澎湖 사람으로서 일본인들이 타이완을 점거한 지 10년 전후로 타이베이에 왔다. 후에 중국에 가서 신문사에서 일했다.

7 李漢如, 「新學叢誌敍」; 伊藤政重, 「新學叢誌發刊詞」 참조. 글은 曾迺碩 總纂, 「台北市志·文化志·文學篇」, 台北 : 台北市政府, 1991, 140~143면에 수록.

8 李漢如, 「新學叢誌敍」, 141면 참조.

9 『漢文台灣日日新報』 제2447호, 1906.6.28 참조.

되었다. 신학회의 입회 성원이 천오백여 명에 이르렀다고[10] 하니 그 영향력이 상당했다고 할 수 있다. 이렇게 신학문을 추구하는 경향을 우리는 '역사櫟社' 3걸의 하나인 린츠셴林癡仙(1875~1915)을 통해서도 확인할 수 있다. 전통문인이었던 린츠셴은 1906년 3월 30일 일기에서 당시 구입도서 목록을 기록했다.

① 만청시사晩淸時事, 신문잡지, 소설 : 『20년간 목도한 괴현상廿年目睹怪現狀』, 『혈사血史』, 『무술정변기戊戌政變記』, 『신민총보新民叢報』 제3년 분

② 세계사와 지리 : 『한역 서양통사漢譯西洋通史』, 『세계근세사世界近世史』, 『한문판 러일전쟁기漢文日俄戰記』, 『중서위인전中西偉人傳』, 『신대륙여행기新大陸遊記』, 『유럽 11국 여행기歐洲十一國遊記』

③ 과학 방면 읽을거리 : 『한역사카이물리학교과서漢譯酒井物理學教科書』, 『일청대역 산수 교과서日淸對譯算數教科書』, 『한문판 논리학 강의漢文論理學講義』

④ 기타 : 『일본어 독본東語讀本』 한 권 및 한문판 지구의 한 개[11]

이 목록을 통해서 리한루가 『신학총지』에서 '소설계'를 중시한 것처럼 린츠셴 역시 만청 소설을 구독하였음을 알 수 있다. 사회적 풍조가 교체되는 역사적 시기에 타이완 전통문인들은 신학문을 추구함으로써 점차 서구와 중국 혹은 일본의 사상, 과학, 역사 및 관련 문학 작품을 접하였다. 바꿔 말해 타이완인들이 세계문학을 접하고 가까이 두었던 것은 처음에는 신학문을 갈구하고 신학문을 열독하던

10 文瀾, 「從揚文會談到新學研究會」, 『台北文物』 8卷 4期, 1960 참조.

11 이상의 자료는 廖振富, 「櫟社三家詩研究－林癡仙, 林幼春, 林獻堂」, 台北 : 國立台灣師範大學國文研究所博士論文, 1996, 43면에서 인용.

당시 풍조하에서 수반된 행동이었다. 『신학총지』 같은 경우는 단편적으로 소개하는 방식의 보도에 지나지 않았기 때문에 지식의 누적 역시 연속적이지 못했지만 린츠센은 완질의 서적을 열독함으로써 더 많은, 그리고 완전한 정보와 지식을 파악하려 하였다는 차이가 있다. 이것은 전면성과 계통성을 갖추어 지식을 추구하고 연구하려는 태도가 도래했음을 보여주는 것이었다.

신학문 시스템의 맥락하에서 세계문학을 추구하는 풍조가 점차 부상하는 상황에서 타이완문학은 어떠한 충격을 받게 되었을까? 전통문인들이 신학문 저작을 읽었다는 것은 이미 과거의 이데올로기가 동요하고 일종의 새로운 인식과 관점이 생산되었음을 보여준다. 그것을 통해 전통문인 스스로가 외부세계와 완전히 새로운 소통을 하게 되었던 것이다. 주의할 것은 이들 신학문의 사상적 자원이 이식되고 전파된 것이 오로지 문학적 내용만을 포함하고 있는 것은 아니지만 어찌됐든 타이완문학 창작에 영향을 끼쳤다는 것이다. 왜냐하면 인용과 번역, 전유와 흡수의 과정은 '변화'로 일컬을 수 있는 어떤 것을 만들어내기에는 충분했기 때문이다. 이것에 대해 타이난台南 문인인 쉬쯔원許子文은 「숭문사문집서崇文社文集序」에서 다음과 같이 말하였다.

> 사상이 변하면 문의 추세 역시 변한다. 옛날에는 항성과 행성을 관찰하는 것은 성광星光을 살피거나 운세를 점치기 위한 것이었다. 오늘날에 이것은 방향을 찾고 항해에 이용하기 위한 것으로 바뀌었다. 즉 별의 작용을 측량하거나 이에 비추어 지구의 운명을 살피는 것으로 변한 것이다. 가상에서 추상으로 추상에서 과학으로 나아갔으며 그에 따라 사상 또한 변했다.[12]

인류의 사상이 변화하면서 인간들이 사물을 대하고 가리키는 방식은 심각한 영향을 받았다. 가상으로부터 추상으로, 추상에서 과학으로 나아가게 되었던 것이다. 사상적 자원이라고 할 수 있는 신학문 총서를 읽음으로써 사람들이 사물을 관찰하고 사물을 묘사하는 방식은 변화할 수밖에 없었다. 세계문학을 읽고 가까이 하는 것이 이러한 변화에 더욱 직접적인 영향을 끼쳤을 것임은 자명하다.

이를 통해 짐작할 수 있듯이 앞서 신학문을 접했던 전통문인들이 신학문 / 세계문학의 수용자에서 하루아침에 그것의 창작자로 신분이 바뀌면서 번역과 모사를 통해 이역의 색채에 물든 새로운 경험적 시야를 이식하고 전파할 수 있었던 것이다. 그들은 타이완문학에 세계문학이 제공한 양분을 공급할 수 있었던 것이다. 이것이 또한 신학문의 시스템하에서 전개되었던 세계문학 추구의 중요한 의의라고 할 수 있다.

2) 세계문학의 전시판매와 소비—광고, 서점과 전통문인의 지식 취향

신학문의 지식 계보하에 있던 세계문학에 대한 타이완인들의 선호가 증가하던 상황에서 타이완인들은 어떠한 방법으로 그것에 관한 더 많은 자원을 획득할 수 있었을까? 신식 교육, 도서관, 순회문고 혹은 서점 등이 독자의 일정 정도의 수요를 만족시킬 수 있었다. 그 가운데서 신식교육은 특히 세계문학의 지식을 계몽하는 중요한 수

---

12 黃茂盛 編,『崇文社文集』卷1, 嘉義 : 蘭記圖書部, 1927.

단이었다. 일어를 할 줄 안다면 직접적으로 일본문학 및 세계문학의 일본어 번역본을 읽을 수 있었다. 그렇다면 약간의 신학문적 배경을 갖추었던 전통문인들은 어떤 종류의 세계문학을 읽었을까?

공식화된 학교교육에서의 학과 교재를 통해 그들이 습득할 수 있던 문학 관련 지식은 일본 통치기의 타이완 공립학교 국어독본을 보면 알 수 있다. 그들이 접할 수 있었던 주요 문학관련 지식은 일본의 우언, 동화, 민간고사 예를 들어 「모모타로桃太郎」, 「우라시마 타로浦島太郎」, 「하늘의 암실天之岩屋」(天照大神의 이야기), 「뱀을 죽이다除莽蛇」(아마테라스 오미카미의 동생인 素箋嗚尊의 이야기), 「쿠마소 정벌征伐熊襲」(日本武尊의 젊은 시절의 이야기) 등이었다.[13] 초보적인 언어능력을 습득하고 나면 중학생은 대개 학과 외의 독서 활동을 통해 세계문학에 관한 더 많은 지식을 얻을 수 있었다. 전통문인들이 중학교 시절 독서를 통해 자기 학습의 경험을 보여주는 관련 자료들은 아직 발견되지 않고 있기 때문에 각각의 상황을 그려내기에는 어려움이 있다.

그러나 예스타오葉石濤(1925~2008)는 일본 국적의 교사로부터 지식 계몽을 받았으며 또 열심히 과외 독서 자료를 읽은 덕분에 중학교 2학년 이전에 이미 일본문학 작품, 예를 들어 나츠메 소세키夏目漱石, 아쿠타카와 류노스케芥川龍之介, 시라카바파白樺派, 신감각파에서 노농파의 좌익작가까지 모두 읽었다고 회고했다. 또 중학교 5학년 때는 프랑스문학, 러시아문학, 독일문학, 영미문학 등을 읽었으며, 졸라, 투르게네프, 도스토예프스키, 디킨스, 헤세 등 세계 중요작가의 작품에다 기존의 중국 신구소설까지 섭렵했다고 말했다.[14] 이것은

13 周婉窈, 「『公學校用國語讀本』的內容分類介紹」 참조. 吳文星 외編, 『日治時期台灣公學校與國民學校國語讀本解說・總目次・索引』, 台北 : 南天, 2003, 71~73면.

특수한 예이기 때문에 다른 전통문인의 경험과 함께 논의하기에는 무리가 있지만 신식 교육과 세계문학 간의 관련성을 이해할 수 있게 해주며 적어도 일제 통치기의 타이완도 세계문학의 힘이 미치는 범위에 들어 있었음을, 그리고 중요 서적들을 어느 정도 구입 가능했음을 증명해준다.

그렇다면 교육 이외의 다른 길은 어떠했을까? 도서관과 순회문고의 설치와 이를 통한 도서의 공급은 종종 관방의 역량과 이데올로기적 강제력이 개입돼야 하는 문제였기 때문에 전반적인 상황이 잘 드러나지 않는다. 그러나 개인적인 서적 판매와 구매, 선택 등의 행위가 당대 독자들의 보편적인 독서 취미와 심미적 경향을 반영한다고 볼 수 있다. 따라서 아래에서는 서점의 판매 상황을 가지고 논의를 전개하려 한다. 즉 전통문인들이 어느 서점을 통해 더 많은 세계문학을 접하였는가? 또 관련정보와 소식을 어떻게 유통시켰는가? 그들은 서점을 통해 어떤 세계문학 도서를 구매하고 읽었는가? 등의 문제에 초점을 맞추고자 한다.

1) 자이嘉義의 난기서국蘭記書局을 예로 들어보자. 이 서점은 일제강점기 상당한 명성을 갖고 있었다. 『타이완일일신보台灣日日新報』, 『타이난신보台南新報』, 『타이완민보台灣民報』, 『삼육구소보三六九小報』, 『시보詩報』 등에 자주 도서광고를 게재하였다. 특히 『삼육구소보』에 가장 많은 광고를 실었는데 이는 이 신문의 주요 구독자들이 '남사南社'의 전통문인집단에[15] 속해 있었기 때문이다. 타이완 전통문인들은 이

14 葉石濤, 『一個台灣老朽作家的五〇年代』, 台北 : 前衛, 1992, 12~13・36면 참조.

15 柯喬文, 「『三六九小報』古典小說硏究」, 嘉義 : 南華大學文學硏究所碩士論文, 2003, 51면 참조.

서국을 잘 알고 있었고 호감을 갖고 있었다. 난기서국은 당시 전통문인들이 주로 관계를 맺던 서국 중 하나라고 하겠다.

난기서국은 자이의 황마오성黃茂盛에 의해 1916년경에 세워졌으며 처음에는 '난기도서부蘭記圖書部'로 불렸지만 중일전쟁 발발 전에 '난기서국'으로 바뀌었다. 서국은 중국 대륙의 도서를 전문으로 수입했는데 때로는 황마오성이 직접 도쿄에 가서 책을 구해오기도 했다. 서적의 종류는 다양했고 매장에서 직접 판매하기도 했지만 우편 구입 서비스도 제공했다.[16] 그래서 소비자들은 타이완 전체에 퍼져있는 편이었다. 그렇다면 '난기도서부'가 판매한 서적에는 어떤 것들이 있었을까? 그리고 이 서국은 타이완인들이나 전통문인들에게 얼마나 많은 세계문학에 관한 자료와 소식을 전해주었을까? 이에 대해 『삼육구소보』에 실렸던 갖가지 광고 내용을 통해 약간의 분석을 하도록 하겠다.

'일한서적-난기도서부'(3호, 1면)라는 광고를 통해 우리는 이 서점이 일문 도서와 중문 도서를 함께 취급했음을 알 수 있다. 그러나 '중화서적 전문 염가 판매-상세 서목 비치. 주문 즉시 발송'(371호, 1면)이라는 광고 문구를 보면 중국에서 들여온 도서가 주요 상품이었다는 사실이 드러난다. 또 '중화 전국 각 대형서국 출판의 고금 서적 — 경사자집經史子集, 시문필기詩文筆記, 자전, 서보법첩書譜法帖, 불경, 역술, 점성, 의학, 농공상업 참고서, 신구소설 총망라. 미술도서 다종구비. 상세목록 비치. 주문 즉시 발송'(16호, 1면)이라는 문구는 중국에서 들여온 서적에 무엇이 포함되었는지를 보여주고 있다. 이런 사실로

16 이상 蘭記書局 관련 자료는 柯喬文, 「黃陳瑞珠女史(黃茂盛媳婦)訪問稿」, 嘉義：南華大學文學研究所碩士論文, 2003, 258～259면 참조.

볼때 취급 서적의 종류가 상당히 다양했으며 본격과 통속, 실용과 사상성이 겸비되었고 그 규모가 상당히 컸음을 알 수 있다. 그렇다면 세계문학과 관련 있는 서적들은 어떠했을까?

'신식 표점서標點書 70% 세일, 유명 신소설 60% 세일, 상세목록, 주문 즉시 발송'(432호, 1면)이라는 광고는 난기에서 신식 표점서와 유명한 신소설을 판매했다는 사실을 보여준다. 특별 판촉 광고에서 『홍련사방화火燒紅蓮寺』, 『천운사방화火燒雲天寺』, 『용도호략전龍韜虎略傳』, 『공동기협崆峒奇俠』, 『강호이협江湖異俠』, 『동방신협東方神俠』, 『무당검협武當劍俠』(394호, 1면) 등 무협소설과 『미친 사랑狂戀』, 『사랑의 불꽃愛火』, 『연인의 귀환戀人的歸』, 『처녀의 봄處女的春』, 『사랑의 변화愛的變化』, 『한밤의 회고午夜的回憶』, 『사랑의 파문波紋的愛』(397호, 1면) 등의 애정소설 목록을 볼 수 있다. 이들 서적 중 무협소설은 중국에서 들여온 것이지만 애정소설은 중국 작품 외에 다른 나라 작품의 번역본이 있는지 알 수 없다. 다른 작품으로 『셜록 홈즈의 자살福爾摩斯自殺』(50호, 1면)이라는 광고가 보이는데 이것은 난기가 영국 탐정소설(이 책은 원래 상하이 中西書局에서 출판한 번역서로 판단된다)을 판매하였음을 말해 준다. 상술한 광고를 통해 난기도서부가 타이완인들에게 제공할 수 있었던 문학작품은 여전히 중국소설 위주였고 간혹 외국의 창작물이 있기는 했지만 대중 오락물의 성격을 띠는 작품에 편중되어 있었다는 상황을 짐작할 수 있다.

중국에서 들여온 통속적 읽을거리들은 타이완인들이 근대적 문학관을 키우는 데 도움을 주었을까? 또 어떤 영향을 끼쳤을까? 다시 난기서국이 제작한 신서 판매 광고를 가지고 설명해 보자. 독자들이 난기에서 판매하는 도서가 무엇인지 파악하고 읽도록 하기 위해서 난기서국은 때때로 '신서광고'를 게재하였다. 이들 광고는 특정한 서적의 판촉을 위한 것이었는데 문학관련 서적들은 지금 알 수 있듯이 통속오락소설에 속하는 것이었다. 청루잔程廬瞻의 『호해영웅전湖海英雄傳』(266호, 1면), 리한추李涵秋의 『거울 속의 그림자鏡中人影』(266호, 1면), 스한石函의 『품화보감品花寶鑑』(119호, 1면) 등이 그것들이다. 그런데 이목을 끄는 것은 그 가운데 독서지도의 성격을 띠는 광고 카피가 있다는 사실이다. 천허아생天虛我生이 펴낸 『누주연淚珠緣』에는 작자의 경력 및 작품의 특징이 간략히 소개되고 있다.

> 신문에 글을 쓰는 사람으로 일찍부터 신구문학에 모두 능하였으며 소설의 묘사에 있어 입신의 경지에 이르렀다. 특히 언정言情소설에 능하였다. 본서는 선생 스스로 만족해 마지않는 걸작으로 구조는 『홍루몽』을 따랐지만 사건 하나, 언어 하나에서 『홍루몽』의 패턴을 그대로 답습한 것은 없다. 『누주연』은 백화문으로 쓰여 『홍루몽』에 비해 자세하고 명확해 독자들의 입맛을 충족시킬 것이다(298호, 1면)

이상의 광고는 상업성을 띠지만 공개적으로 발표되었기에 독자들이 문학적 심미관을 키우는 데도 영향을 줄 수 있었다. 게다가 일부 독자들이 '난기도서부'가 『삼육구소보』에 게재한 도서광고만 보고 수백부의 서적을 사는 상황은[17] 자본주의에 의존해 생겨난 문학소비 행위를 가벼이 볼 수 없음을 말해준다. 여기에는 대중의 지식 취향을 만들어 내는 동력이 은연중에 담겨 있기 때문이다.

---

17 古圓(蕭永東을 가리키는 듯하다)이 속기한 「讀者座談會」, 『三六九小報』 제270호, 1933.3.13, 4면 참조.

종합해 본다면, 난기서국이 중국 통속소설을 대량으로 들여와 판매했던 행위와 광고를 통해 소비를 유도하는 행위는 민중들이 '소설'을 중시하는 경향을 만들어 내는 데 도움이 되었고 '소설'의 중요성이 인식되고 고착되는 데 영향을 미쳤다. 다만 대중오락과 통속화에 치우친 '소설'관은 일단 형성되어 영향력을 갖게 된 후에는 고급문학 시스템에 속한 '근대소설'의 창작에 일종의 도전이 되었다. 그렇다면 중국 통속소설을 대량으로 읽어나갔던 전통문인들에게 이는 어떤 영향을 미쳤을까? 좀 더 자세히 살펴보도록 하겠다.

2) 황춘청黃春成의 기억에 의하면, 난기도서부외에도 당시 타이완에서 비교적 유명한 서점들로 타이베이아당서국台北雅堂書局, 타이베이문화서국, 타이중중앙서국, 타이난흥문재台南興文齋 등이 있었다.[18] 그중 아당서국은 황춘청의 부친과 롄헝連橫, 즉 連雅堂이 공동출자자로 되어 있었는데 1927년 태평정 太平町(오늘날의 연평남로 延平南路)에 세워졌다.[19] 롄헝이 전통문인이었기 때문에 서점 경영에 나타난 세계문학 판매 상황을 주의해서 다루어 볼 것이다. 그러나 다른 서국은 세계문학 소비에 대한 자료가 불명확한 상황이라 심도 있는 연구를 진행하기 어렵다.

본래 구학문에서 명망이 있던 롄헝은 서국 경영에 있어서는 신구를 모두 중시하는 노선을 취한 까닭에 상당한 주목을 받았다. 판매서적은 경사자집의 전통 제본서 외에 정치, 경제, 철학, 극본, 사상,

---

18 春丞, 「日據時期之中文書局」, 『連雅堂先生全集・連雅堂先生相關論著選輯(上)』, 南投 : 台灣省文獻委員會, 1991, 23면 참조.

19 雅堂書局이 설립된 시기에 대해서는 두 가지 설이 있다. 連震東은 1928년으로 보고 있으며 黃春成은 1927년으로 보고 있다. 위의 글, 31면.

소설, 의술잡서 등 거의 모든 내용을 망라하고 있었다. 문학관련 서적으로는 중국 고전문학의 전통제본서 상세목록과 신문학으로 루쉰魯迅의 소설, 외국 명저 번역본 다수가 있었다고 한다. 그 내용을 회고한 황춘청이 상세한 목록을 언급하지는 않았다.[20] 그렇지만 루쉰의 백화소설 및 서양풍의 외국 명저들이 판매도서 목록에 포함되었다는 것은 롄헝이 일찍이 신구문학논쟁에 참여했던 전통문인이란 점을 상기한다면 매우 흥미있는 일이다. 이것은 롄헝이 신시대에 근대문학 / 서양저작이 확산되는 것에 다소간 역할을 했으며 한학 고적의 옹호를 공고화하면서도 동시에 근대지식의 풍경을 드러내는 데 일조했음을 보여준다. 그래서 롄헝이 취했던 신구병중新舊並重의 경영방식은 황춘청이 보기에는 상당한 의의가 있는 것이었다. 그는 심지어 '위쥔張我軍형과 롄헝 선생간의 논쟁은 만약 아당서국이 개점하기 전이라면 아마 일어나지 않았을 것이다'라고 생각했다.[21] 분명 이 시기의 롄헝에게서는 문학 관념과 지식의 시야에 있어 커다란 변화가 일어났음이 분명하다. 당시 타이완 전통문인은 이미 세계화된 문화 / 문학의 울타리 안으로 들어서고 있었던 것이다.

아당서국에 이어 '북타이완의 대학자'로 추앙받던 전통문인 장춘푸張純甫(1888~1941)가 '흥한서국興漢書局'을 열었다. 이 서국은 1931년 타이베이시 영락정永樂町(오늘날 迪化街) 시장 내에 처음 개점했다가 같은 해 10월 그가 귀향하게 되면서 신주 허우부푸新竹 後布埔(오늘날 城隍廟 일대)로 옮겨 영업을 계속했다. 이 서국은 주로 도서와 골동품

20 이상 雅堂書局의 경영 노선 및 판매 도서 내용에 대해서는 春丞, 「日據時期之中文書局」, 34~35, 39면 참조.

21 위의 글, 51면.

을 전문적으로 다루는 서점이었다. 이 서국에서 판매한 서적의 출간지는 남아있는 개인 일기를 통해 알 수 있는데, 다수가 푸저우, 상하이, 쑤저우, 톈진, 베이징 등지의 서국에서 구매해 온 것이었으며 일부는 일본에서 주문하여 구매한 것이었다. 중국도서들은 어떤 것들은 직접 해당지역으로 가서 구입했으며 일부는 우편으로 또 일부는 대리인을 통해 구입했다.[22] 그러나 아들인 장쯔탕張子唐의 말에 의하면, 홍한서국의 일부 도서는 롄헝이 대륙으로 가서 아당서국의 운영을 그만 두려할 때 대량으로 구매해 보관해오던 서적이었다.[23] 장쯔탕이 아직까지 당시 홍한서국의 도서구매목록[24]을 보관하고 있기 때문에 이를 통해 롄헝과 장춘푸 간의 도서 거래 상황을 알 수 있고 나아가 전통문인이 세계문학을 판매하는 상황에 대한 알 수 있다.

장춘푸가 판매도서목록을 게재한 「수묵루장서목록守墨樓藏書目錄」, 「수묵루장서－권밀서실지부守墨樓書目－卷密書室之部」를 보면 주요 판매도서는 전통 고적이었지만 적지 않은 신학문 관련 서적 역시 취급하였다는 것을 알 수 있다.

『세계사』, 『중등 동양사』, 『일본외사日本外史』, 『조선보감朝鮮寶鑑』, 『세계사강世界史綱』, 『중고유럽사中古歐洲史』, 『지리학습지도地理の學

22 張純甫의 日記 원고본을 참조하여 종합했다. 日記 원고본은 현재 哲嗣 張子唐 선생의 집에 있는데 모두 세 권이다. 영인본은 중앙연구원 타이완사 연구소에 있다. 일기에 기재된 날짜는 1933년 6월 4일에서 1934년 1월31일, 1934년 2월 1일에서 1935년 1월 31일, 1935년 2월 4일에서 1936년 1월 23일, 1936년 9월 11일에서 1937년 1월 30일까지이다.

23 필자는 『張純甫全集』의 편집을 위해 인터뷰를 한 적이 있다. 이 구술 자료는 1997년 8월 16일 타이베이 內湖의 그의 집에서 이루어진 인터뷰에서 취한 것이다.

24 「守墨樓藏書目錄」은 본래 張純甫의 판매 도서목록을 기록한 것이고 「守墨樓書目－卷密書室之部」는 張純甫의 개인 장서 목록을 적은 책자이다. 그러나 그 가운데 일부 도서는 가격, 발행처, 수량 등이 적혀 있어 판매도서로 판단된다. 이 두 자료는 모두 張純甫의 아들인 張子唐이 제공한 것이다. 감사의 뜻을 전한다. 영인본은 현재 新竹市 文化局 文獻室에 있다.

習指導』,『신러시아』,『교육철학』,『헤겔의 일원철학赫克爾一元哲學』,『근대서양철학사대강』,『서양고중세철학사대강』,『인도철학개론』,『동서문화와 그 철학』,『실용주의』,『웃음에 대한 연구笑之硏究』,『동적 심리학動的心理學』,『군중심리』,『사회심리학』,『심리학대강』,『심리학개론』,『윤리학원론』,『서양윤리학소사』,『미국교육철람美國敎育徹覽』,『전후 세계교육의 신추세戰後世界敎育新趨勢』,『영국교육요람英國敎育要覽』,『정치범론政治汎論』,『정치학대강』,『공공의견과 평민정치』,『신독일 사회민주 정치상에 대한 기록新德國社會民主政象記』,『현대민주정치』,『딜레이 박사 강연록狄雷博士講演錄』,『미국 노동자의 상황美國勞工狀況』,『부에 대한 연구富之硏究』,『원부原富』,『천연론天演論』,『천문학』,『뮐러 논리학穆勒名學』,『칸트전康德傳』,『사회진화론』,『최근의 구미最近の歐米』,『세계미술전집』,『중서의 만남中西匯參』,『중외 병명 대조표中外病名對照表』,『식물학대사전』,『동물학대사전』,『실험피임법』,『고고학 써머리考古學零簡』 등의 잡다한 서적들은 정치학, 철학, 심리학, 교육학, 사회학, 지리학, 역사학, 의료, 고고학 등 다양한 방면을 포괄하였다.

이들 서적들은 지식 소비 측면에서 타이완 독자들의 세계 각국 문명과의 만남을 촉진하였고 타이완인들의 과학지식 배양을 촉발하였다. 게다가 무의식중에 서양의 지식 분류 시스템 받아들여 외계의 사물을 인식하게 하였으며 기존과는 다른 지식 취향을 만들어 냈다. 또 이 때문에 상술한 도서에서 보이듯이 전통과 근대 간 상호 배치되던 분류표기가 삭제되었는데 이는 한학을 보위한다는 기치를 내걸며 사람들에게 문화 보수주의의 인상을 심어주었던 전통문인 장춘푸 역시 근대화된 신학문을 회피할 수 없었음을 보여주는 것이다.

역사나 사상과 관련되거나 실용성을 띤 신학문 도서의 수량과 비교해 장춘푸 개인이 판매한 세계문학 관련 작품의 수는 많지 않았지만 아래의 목록은 그의 일본, 중국, 프랑스, 그리스 등지의 문학에 대한 흥미를 보여준다. 서목에는 『이솝우화伊索寓言』, 『세계문학가열전』, 『중국문학사』, 『프랑스문학사』, 『근대문학사조』, 『평민문학의 양대 문호平民文學之兩大文豪』, 『불여귀』, 『서양연극사』, 『일본우초지日本虞初志』, 『관장현형기官場現形記』, 『20년간 목도한 괴현상廿年目睹之怪現狀』, 『정천보감情天寶鑑』, 『서양통속연의西洋通俗演義』, 『협녀義俠女子』, 『화월흔花月痕』 등 다양한 종류가 담겨있다.

이들 중국, 일본 및 기타 세계문학 서적목록을 통해 우리는 장춘푸가 세계문학에 대해 상당한 관심이 있었다는 것과 근대 타이완 독자들에 대한 세계문학 중개자로서의 사유를 드러내었음을 알 수 있다. 그가 새로운 문학적 상상의 시야를 열었다는 것은 아동과 성인, 통속과 순수, 문언과 백화, 소설과 연극, 우언 등의 다양한 문학 지식 분류에서도 나타난다. 흥미로운 사실은 전통문인으로서 장춘푸는 백화문의 사용을 경시했지만[25] 판매도서 목록에는 셰우량謝無量이 백화문으로 쓴 『평민문학의 양대 문호』가 포함되어 있다는 점이다.

그러나 더 중요한 것은 장춘푸가 『중국문학사』, 『프랑스문학사』, 『서양연극사』를 선택하고 수용하였으며 판매까지 했다는 사실이다. '문학사'는 새로운 지식체계를 대표하기 때문에 전통문인으로서 장춘푸가 '시문평론詩文評', '문원전文苑傳' 등 전통적인 문학 관념과 글쓰기 방식 외에 '문학사'의 글쓰기를 받아들일 수 있었다는 것은 그가

25 黃美娥, 『重層現代性鏡像』, 94~100면 참조.

일종의 새로운 '자각'에 따라 어떤 선택을 했다는 것을 보여준다. 천핑위안陳平原은 20세기 중국에서 '문학사'가 유행한 것이 과학정신과 진화관념, 계통적 방법의 수입에 도움을 받았다고 판단했다.[26] 그런 점에서 장춘푸가 '문학사'를 수용한 것은 문학발전에 대한 새로운 표현과 이해 방식을 인정했음을 뜻하며 근대화 / 근대문학에 보다 친근감을 느끼고 그것과 밀접한 관계를 이루게 되었다는 것을 의미한다. 그 때문에 장춘푸는 서국경영을 통해 세계문학 작품을 수입하면서 동시에 문학을 감상하는 새로운 시선을 이식했던 것이고 독자에게 비교적 과학적이고 진화된 문학 읽기 방식을 제공했던 것이다. 이것은 난기도서부가 만들어낸 통속화된 독서취향보다 비교적 고급화된 경향이라 할 수 있겠다.

종합적으로 말해 세계문학이 자본주의적 판매망을 통해 타이완에 들어왔을 때 전통문인은 그것을 확대하는 역할을 담당했다. 그리고 서국의 판매 목록, 전통문인의 주요 소비현상과 그들이 주도한 판매 동향을 보면 세계문학의 타이완으로의 도래가 통속화와 고급화의 변증법적 관계 속에서 이루어졌으며 문학 / 상업의 자장 안에서 성장했고 복잡한 소비적 취향과 지식의 이미지가 담겨있다는 것을 알 수 있다. 롄헝과 장춘푸는 원래 백화문운동을 반대했던 전통문인이지만 논쟁이 종결된 후 수년 간 문학 근대성과 관련된 문학 저작물을 판매했다. 이것은 그들의 문학 관념에 일어난 변화의 궤적을 보여주는 사례다. 그리고 그러한 현상들은 상당히 주목할 만한 것이다.

---

26 陳平原, 『文學史的形成與建構』, 南寧 : 廣西教育, 1999, 6면.

3) 세계문학 수용의 경향–신문, 잡지의 중재자로서 전통문인

앞에서 세계문학이 상업망을 통해 유통되었음을 살폈다면 우리는 또 다른 이식과 전파의 통로로서 신문과 잡지 등 간행물을 탐색해 보아야 한다. 일제 통치기 타이완은 대중 매체의 전성시대로 접어들었다. 그러나 영화나 방송과 비교해 신문은 여전히 타이완인들이 새로운 지식을 습득하는 중요한 통로였다. 홍한서국을 설립한 장춘푸는 그의 일기에서 『신문新聞』(『타이완일일신보』로 판단됨), 『타이중신문台中新聞』, 『난잉신보南瀛新報』, 『타이완신민보台灣新民報』를 구독한 일에 대해 여러 차례 언급했는데 이는 신문을 보는 것이 일상사가 되었음을 말해준다.

그렇다면 신문, 잡지는 어떻게 세계문학을 소개하는 매개체가 되었을까? 특히 여기서 전통문인은 어떤 역할을 하였을까? 필자는 1918년 '타이완 문사台灣文社'의 문인 집단으로 구성된 『타이완문예총지台灣文藝叢誌』를 예로 들어 1920년 계몽의 기초를 잡았던 『타이완청년台灣青年』에 앞서 구문인들이 타이완 외부의 작품들을 번역하였으며, 매체를 통해 세계문학작품과 문예사조를 소개함으로써 근대화 조류의 시발점이 되었다는 사실을 언급했었다.[27] 이 지점에서 일군의 전통문인들에 대해 보다 상세한 설명을 할 필요가 있다. 그들은 신문사 기자이기도 했기 때문에 신문을 이용하여 세계문학을 도입하기에 더욱 유리한 상황에 처해 있었다.

그런데 전통문인 출신의 기자가 어떻게 세계문학을 소개하는 작

27 이에 대해서는 黃美娥, 『重層現代性鏡像』, 53~55면 참조.

업을 추진할 수 있었을까? 그 주된 이유는 전통문인들이 일본어로 교육을 받아 중문과 일문에 모두 익숙했기 때문이었다. 그들은 중문 번역본이나 일문 번역본으로 된 세계문학 관련 저작을 모두 타이완에 소개할 수 있었다. 특히 1932년 일어를 이해하는 타이완들이 총인구의 22.7%[28]에 불과한 상황에서 이들 번역 능력을 갖춘 기자들이 중시된 것은 자연스런 일이었다.

당시 구독자가 가장 많았던 『타이완일일신보』는 타이베이 '영사瀛社'의 시인 웨이칭더魏清德, 셰쉐위, 린포궈林佛國 등을 당시 신문사의 중문부漢文部 기자로 두고 있었다. 그들은 모두 구학문의 배경으로 갖고 있었는데 나중에 일본어를 공부하였다. 셰쉐위 같은 경우는 수재秀才(明淸 시기 관학에 입학하여 과거를 준비하던 학생) 중 일등으로 국어학교에 진학했고,[29] 웨이칭더와 린포궈는 국어학교 사범부를 졸업했다.[30] 그들은 우수한 중국어, 일본어 능력으로 『타이완일일신보』의 편집 업무를 맡을 수 있었다. 그들은 신문의 발표 공간을 통해 독자의 독서 취향과 지식에 대한 욕구를 충족시키면서 다양한 작품들을 번역, 번안, 개작함으로써 타이완인들에게 세계문학을 인식할 기회를 제공하였다.

당시의 전통문인들은 한시를 감상, 분석하거나 고전작가와 작품의 풍격을 체득하고 중국과 일본 전통 시인의 동향 및 창작 정신을 파악하는 일에 여전히 더 익숙한 편이었다. 타이베이 '성사星社' 문인들이 주편한 『타이완시보台灣詩報』에 황춘차오黃春潮는 『고금시화古

28 吳文星, 『日據時期台灣社會領導階層之硏究』, 台北 : 正中, 1992, 360면 참조.
29 王松, 『台陽詩話』下卷, 南投 : 台灣省文獻委員會, 1994, 68면 참조.
30 林佛國은 나중에 일본 法政大學에 유학한다.

今詩話』를, 셰쉐위는 『풍월보風月報』에 『규부루시화奎府樓詩話』를 실었는데, 전자는 중국 시인과 시작詩作을, 후자는 일본 한시인漢詩人을 자세히 소개하였다. 당시 전통문인들이 신문에 세계문학을 소개할 때 체계적이지 못한 경향이 종종 있었다. 대부분 개별 작가 작품을 간단한 분석하거나 서술하는 데 치우쳤으며 그에 대한 견해도 단편적이거나 단일한 문장을 번역 소개하는 것에 지나지 않았다. 그들은 단지 지식의 단편과 조각을 봉합하고 붙여 타이완인에게 세계문학에 대한 상상의 옷을 제공했을 뿐이었다. 그러나 신문은 매일 출간되었고 『타이완일일신보』의 경우 석간으로도 발행되었기 때문에 많은 량의 정보가 축적되었고 이것들은 여전히 독자에게 좋은 자극과 영향을 주었다.

이러한 단편적인 번역과 번안은 처음에 이상한 인물과 기이한 일들을 묘사하는 작품에 집중되었는데 그것이 독자들의 주의를 끌었다. 셰쉐위의 「은혜갚은 거북이靈龜報恩」는 일본 텐쇼天正 조에 좌상左相을 역임했던 스가와라 공菅原公이 교토의 별장 이원怡園에 있을 때 일어난 은혜를 갚은 거북이에 관한 사건을 묘사했다.[31] 「두꺼비 괴물蝦蟆怪」은 에이로쿠永祿 조朝에 유우키結城千駒가 어린아이를 잡아먹는 두꺼비 괴물을 지혜를 이용하여 죽인 일을 다루고 있다.[32]

셰쉐위의 '일사逸史', 리한루의 '기사奇史', 웨이칭더의 '이사異史' 등과 같이 당시 신문 소설의 편찬 업무에 종사하던 기자의 필명에 나타난 '逸 / 奇 / 異' 등의 글자들도 독자에게 신선한 느낌을 주었다. 이것

31 雪漁逸史, 「靈龜報恩」 上・下, 『漢文台灣日日新報』 제2395호, 1906.4.28・제2396호, 1906.4.29 참조.

32 雪漁, 「蝦蟆怪」 上・下, 『漢文台灣日日新報』 제2406호, 1905.5.11・제2407호, 1906.5.12 참조.

은 독자군의 심미적 경향과 타이완인들이 막 소설을 접했을 때 유행하던 문예사조를 반영한 것이었다. 주목해야 할 것은 이들 신문소설 편찬자의 필명 뒤에는 모두 '史'자를 썼다는 사실이다. 이것은 그들의 심미적 취향이 '逸 / 奇 / 異'의 범위를 벗어나지는 않지만 그들이 전파한 지식은 '역사'와 깊은 관계를 가지고 있었다는 것을 보여준다. 때문에 세계문학의 중개자들은 역사적 의미를 지니고 있는 소설들을 더욱 선호하였던 것이다.

일제 통치기 초기에는 일본 유명인의 일화를 번역, 소개한 작품이 더 많았다. 웨이칭더의 『아코 의사 스가야한노죠赤穗義士菅谷半之丞』는 겐로쿠元祿 15년(1703)에 에도江戶지역에서 일어난 아코의사赤穗義士들의 복수 사건을 배경으로 하여 봉기에 참가한 407명의 의사 중 한 명인 스가야한노죠菅谷半之丞의 이야기를 묘사하였는데 전문은 총 24회로 구성되어 있다.[33] 『츠카하라 사몬塚原左門』은 일본인 마츠바야시 하쿠치松林白痴의 구술 연기를 웨이칭더가 번역한 것으로[34] 총 42회의 장회체 소설 형식으로 구성되어 있다.[35] 작품은 일본의 유명한 검객 츠카하라 사몬의 일생을 통해 그의 충효와 의협의 기질을 보여주고 있다.

그 밖에 세계정세의 격변을 반영하여 러일전쟁 · 신해혁명 그리고

---

33 異史 譯, 『赤穗義士菅谷半之丞』 제24회, 『漢文台灣日日新報』 제3688호, 1910.8.11 참조.

34 일본문학 발전에 있어 講談과 速記의 결합은 문자의 구어화를 촉진했고 묘사 수법 역시 더욱 풍부하게 했다. 이것은 근대문학의 발생에 유리한 조건이 되었다. 三好行雄 編, 『近代日本文學史』, 東京 : 有斐閣, 2002, 206면 참조. 타이완의 일제강점 초기에는 일본인이 여러 양식의 이야기를 강설하거나 연기하는 일이 잦았다. 이것들은 타이완인에 의해 번역되었는데 이러한 번역 작품에는 대화가 많이 사용되었다. 문자는 여전히 문언문이었지만 외부 사물과 인물 심리에 대한 생동감 있고 세밀한 묘사는 신소설적 글쓰기를 촉진하는 결과를 가져왔다. 이 점은 주의할 필요가 있다.

35 松林伯痴 講演, 雲林生 譯, 『塚原左門』, 『漢文台灣日日新報』 제3965호, 1911.5.27 참조.

1차 세계대전을 다룬 작품들도 소개되었다. '시사' 혹은 역사적 사건과 관계있는 인물들은 문학의 번역과 번안, 개작을 완성하는 데 있어 훌륭한 재료가 되었다. 특히 1차 대전의 영향이 가장 커서 유럽 각 제국의 역사는 타이완인들의 관심의 중심에 놓여 있었다. 그래서 타이완인들의 시야는 신문에 소개된 관련 번역 작품을 따라 일본과 중국 등지에서 구미로 확장되었다. 이것은 공간의식에 있어 거대한 변화였고 타이완인들이 광대한 '세계'를 인식하는 중요한 계기가 되었다.

1차 대전 후 타이완인들은 유럽 역사에 대해 더 많은 흥미를 느꼈다. 린포궈의 「빌헬름 자서전을 읽고讀威廉自敍傳」는 독일 황제 빌헬름2세가 폐위되어 네덜란드로 망명했을 당시 자신의 신세를 풀어냈던 8만여 자의 장편 자서전을 읽은 후 얻은 느낌을 서술했다. 그는 빌헬름2세가 융통성이 뛰어나 언제 조정에 들어올지 언제 물러날지 잘 알고 있는 사람이라 말하면서 "진정이 거침없이 표출되었으며 말은 결코 과장되지 않았다. 선조의 개국부터 자신이 처해 있는 현재까지 100여 년 세월의 격변을 통해 존망의 원인이 무엇인지, 성패의 원인이 무엇인지를 직접 본 듯 상세히 묘사했다"고 평가하였다.

그는 빌헬름 2세의 자서전에 그려진 시국의 흥망과 쇠퇴에 감흥을 얻었던 것이다. 그는 또 "소재가 광범위하고 의론이 거침없으며 전쟁과 관련해서는 유럽대전사라고 칭해도 무방할 듯하다. 나는 책을 읽기를 좋아해 문필이 거칠거나 대의大意만을 그럭저럭 번역한 것 따위에도 신경을 쓰지 않는다. 시사에 마음을 둔 사람이 이 책을 읽는다면 세계라는 큰 무대의 내막을 알 수 있을 것이다"[36]라고 했는데 이

36 林佛國, 「讀威廉自敍傳」, 『漢文台灣日日新報』 제8119호, 1923.1.1 참조.

러한 이유로 특별히 문장을 써서 이 책을 소개했던 것이다. 이상과 같은 린포궈의 빌헬름 황제의 자서전에 대한 높은 평가와 번역동기를 통해 타이완인들과 함께 세계를 발견하고 세계사의 추세를 고찰하고자 했던 그의 흥분된 심정을 읽을 수 있다.

또 하나 작자미상의 『변경정사疆場情史』의 저술 동기도 살펴볼만 한다.

> 1차 대전 4년은 전 세계를 뒤흔들었다. 애국적인 남자들은 모두 목숨을 아까워 않고 전장으로 달려가 국가의 영예를 높이고 인류의 행복을 증진시켰으니 그 업적이 말할 수 없이 높다하겠다. 근래 약간의 외국 신문과 잡지를 읽어보니 다수가 전쟁에서 잘 알려지지 않은 일들을 기재하고 있다. 그중에서도 정情과 관련된 문장을 택해 번역해 보았는데, 애정哀情, 염정艶情 등 여러 종류의 정을 보여주고 있다. 그 정의 성격은 다르지만 모두 정이라는 공통분모를 가지고 있어 이를 변경정사疆場情史라 칭하였다.[37]

이 작품은 1차 대전에 뛰어든 국가들 상호간의 이해관계를 언급하기보다 전쟁 속에서 일어난 애정 이야기를 다루고 있는데 소재는 당시 신문에 게재된 관련기사에서 취했기 때문에 실제 일어난 일들과 밀접하게 연관되어 있다.

상술한 두 글의 번역 동기는 타이완인들이 세계를 인식하려는 갈망이 대단했다는 것을 보여주며 세계의 정세변화와 긴밀한 관계를 유지하고 그에 맞춰 전진하고자 하는 상상적 기획을 드러내고 있다. 시사관련 사건의 번역과 소개는 세계에 친근하게 다가갈 수 있는 가

37 「疆場情史」, 『漢文台灣日日新報』 제7363호, 1920.12.6.

장 좋은 매개체였고 그래서 편찬자 / 독자의 초점은 이에 맞춰졌던 것이다.

이러한 역사사건과 시사풍조에 촉발되어 번역·번안된 작품 이외에 일제 통치기 전통문인들은 세계적으로 명성이 있던 타고르, 버나드 쇼, 셰익스피어, 톨스토이, 바이런, 위고, 코난 도일, 모리스 르블랑 등 세계적 작가들에 주의를 기울였고 그들의 작품을 읽기 시작했다. 그 수용과정에서 창작방법을 배울 수 있는 기회를 가졌고 타이완 문학 창작이 처한 곤경을 반성하는 계기를 얻을 수 있었다. 여기서 다시 전통문인 혹은 전통문인들이 펴낸 신문과 잡지를 예로 들어 더 자세한 설명을 해보도록 하겠다.

린포궈는 1924년 2월 『타이완시보』 창간호에서 특별히 러시아의 톨스토이와 인도의 타고르 두 문호를 지칭하여 타이완 시인들이 그 방법을 배워야 한다고 독려했다.

> 고시 삼백 편古詩三百篇은 의리와 종지가 오묘하니 「국풍國風」으로 말하자면 정치, 경제와 인재, 풍속, 연혁, 득실 등을 하나하나 상세하게 살펴서 후세 사람들이 그것을 읽고 큰 감응을 받는다. 그렇기 때문에 『시경詩經』이 귀한 것이다. 후에 왕의 교화가 쇠미해져 「대아大雅」가 지어지지 않았으니 이는 비록 운명 때문에 그렇게 된 것일 수도 있지만 시인이 크게 보지 못했기 때문이 아니겠는가? 근세의 구미 시인들은 이와 다르다. 문예가 순수한 자들은 모두 철학에 근본을 두고 있어서 시를 지을 때 국가의 정치적 상황을 쓰거나 민족의 심리를 묘사하였다. 러시아의 톨스토이나 인도의 타고르 같은 이들의 시나 주장을 읽으면 그 사회가 끊임없이 변화하는 상황을 살펴볼 수 있다. 대개 그 학문이 사회와 유리되지 않아 어휘를 배치하고 주제를 결정하는 데 있어서도 인

심을 지도하여 시세를 개조하는 데 힘썼으니 이것이 바로 시인의 위대함이다. 그렇기 때문에 두소릉杜少陵의 뒤를 이어 시성詩聖이 될 수 있는 것이다. 아! 시인의 학문이 이와 같고 포부와 노력이 이와 같으니 설사 우연히 좋은 술을 마시고 미인을 가까이 하여 아름다운 글귀를 써낸다고 하더라도 어찌 그 큰 절개를 손상시킬 수 있겠는가? 만 권의 책을 읽지 않아 견해가 넓지 않으며 날마다 장구 사이에만 묻혀있으면서 득의양양하게 기괴한 것만 골라 모아 여항의 초췌한 선비들과 그 근소한 차이를 비교하고 일시의 장단을 다투는 것은 너무 천박하여 말할 가치조차 없다. 여러 군자들이 그들의 경중을 잘 따지고 대소를 분별하여 소식을 통하고 시문을 간행한다면 『타이완시보』가 학계와 사회에 미치는 영향력이 어찌 얕고 사소하겠는가?[38]

린포궈의 이 문장은 그 의미를 깊이 새겨볼 만하다. 이미 타이완문학과 세계문학이 만남을 가진 상황에서 그는 세계적인 인물 중에서 톨스토이와 타고르 및 그들의 글쓰기 작법을 타이완인들에게 소개했고 문장에 '철학', '심리' 등의 신명사新名詞를 사용하였다. 이것은 그가 세계문학 / 근대적 지식을 변용하고 이식하였음을 보여준다. 그러나 더욱 재미있는 것은 린포궈의 눈에 톨스토이의 소설과 타고르의 시 창작의 정신이 타이완 시계혁명詩界革命의 기준으로 비춰졌다는 것이며, 다른 문화와 언어의 문학 실천 관념이 세계의 다른 지역으로부터 타이완으로 아무런 장애 없이 이식될 수 있었다는 사실이다.

그렇다면 린포궈는 어떻게 이국적인 문학 창작 관념을 타이완이라는 공간으로 이식할 수 있었던 것일까? 린포궈가 추구한 것은 현지화

38 林石崖, 「台灣詩報序」, 『台灣詩報』 創刊號, 1924.2.6 참조.

와 토착화였다. 그는 톨스토이와 타고르의 문학 창작과 타이완의 시가를 병치했으며 그런 후 그것을 타이완 / 중국 시가 발전에 접목하여 충격을 던짐으로써 새로운 인과관계를 만들어 내었던 것이다. 특히 "이 시인들은 진정 두보를 이을 자들로서 시성이라 평할 만하다 하겠다"는 문장은 이를 확연히 보여준다. 그는 피차 간 본래부터 가지고 있던 충돌의 지점을 융화시켜서 당연한 듯이 받아들여질 수 있는 신질서를 만들었던 것이며 그렇게 함으로써 세계문인 / 문학을 이용하여 타이완 시단의 병폐를 바로잡겠다는 목표를 달성했던 것이다.

린포귀와 유사한 예를 롄헝에게서도 찾을 수 있다. 그 역시 세계문학가로부터 타이완 시단을 고양시킬 자극과 동력을 찾았다. 다만 그 절차와 태도에 있어 상이점이 있었다. 그는 『타이완 시회台灣詩薈』에서 다음과 같이 언급했다.

> 두보의 시는 인간계의 시고, 이백李白의 시는 영계靈界의 시다. 때문에 두보는 입세入世의 시인이라 할 수 있고 이백은 출세出世의 시인이라 할 수 있다. 내 친구 쑤만수蘇曼殊는 일찍이 "바이런을 굴원, 이백과 견줄 수 있고 셰익스피어, 밀턴, 테니슨 등은 단지 두보와 고하를 다툴 수 있을 뿐이다. 이들은 국가의 시인이지 영계靈界의 시인이라 불릴 수는 없다"고 말했었다. 오호, 영국은 자랑할 만한 시인이 셰익스피어 하나이지만 중국은 굴원이 있고 또 이백이 있다. 그런데 오늘날 서양문학을 숭배하는 자들은 굴원과 이백의 시도 모르고 그것을 연구한다고 말하는가? 우리 타이완은 오늘날 문운이 쇠퇴하는 때를 맞아 입세入世의 시인을 구하려 해도 구하지 못하고 있다. 이런 상황에서 어찌 출세出世를 논할 수 있겠는가? 그렇지만 타이완의 산천은 기이하고 수려하며 기상은 호방하고 웅장하니 반드시 시의 대가가 나와 중원과 다투어 볼 수 있을 것이다.[39]

글에서 우리는 롄헝이 바이런, 셰익스피어, 밀턴, 테니슨 등 각국 문호에 대해 잘 알고 있으며 쑤만수의 평가에도 동조하고 있음을 알 수 있다. 심지어 중국문학이 서양문학과 대적할 수 있다는 생각을 하고 있음도 은연중에 알 수 있다. 그러나 한편으로 그는 셰익스피어가 영국의 문명을 세계에 떨쳤으며 이 때문에 그들이 자랑할 만한 시인이 되었음을 예로 들면서 타이완인들에게도 이와 같은 시의 대가를 양성하여 중국 / 세계와 자웅을 겨뤄보아야 한다고 호소하고 있다. 이 지점에서 롄헝의 서양문학에 대한 태도는 비교적 복잡한 양상을 띠고 있다. 그는 당시 서양문학을 숭배하는 사람들에 대해 부정적으로 생각하면서도 은연중에 서양문호를 경쟁과 비교의 대상으로 보았으며 이것을 이용해 타이완인들의 전진을 위한 추진력을 응집시키고자 했다. 이것은 그가 잠재의식 속에서 서양문학의 역량을 바로 보고 있었음을 보여주는 것이다.

롄헝은 서양문학에 대한 애매한 태도와는 달리 같은 동양 시인에 속하는 타고르에 대해서는 거의 동질감을 느꼈다. 명확한 수용의 태도를 취하지는 않았지만 롄헝이 주편한 『타이완시회』는 베이징불화신청년회北京佛化新青年會가 발행한 잡지 『불화신청년佛化新青年』의 광고를 게재했고 제2권 제2호의 목차까지 실었다. 이 호에는 「타고르와 불화청년회泰谷爾與佛化青年會」, 「우리는 도대체 왜 타고르를 환영해야 하는가?我們究竟爲什麽要歡迎泰谷爾」, 「노시인 타고르가 부처화한 신청년이 되기를 희망한다希望老詩人的泰谷爾變爲佛化的新青年」, 「타고르의 박애주의泰谷爾之大愛主義」, 「타고르와 대승불법泰谷爾與大乘佛

39 連横, 『台灣詩薈(下)』 제13호, 『連雅堂先生全集・附錄三』, 南投 : 台灣省文獻委員會 1992, 83면 참조.

法」, 「타고르와 불화 신청년泰谷爾與佛化新青年」 등 타고르에 관한 다수의 논문이 실렸다.[40] 목록을 통해 보면 이 간행물은 거의 타고르 특집호 같다. 롄헝이 이러한 간행물을 추천했다는 사실로 우리는 그가 문학 소비 방면에 있어 어떠한 선택 경향을 취했는가를 알 수 있다. '소비'는 '경제와 문화를 연결하는 사회활동'이기 때문에 사회학적 의의에서 상당히 중요한 행위이다. 그리고 '소비' 대상의 선택과 정체성이 연관된다는 점은 매우 분명한 사실이다. 그래서 그것은 '정체성'의 체현과 표현이라고 말할 수 있다.[41] 그렇다면 우리는 이것으로 롄헝이 타고르에 대한 수용의 태도가 어떠한 것이었는지 알 수 있다.

사실상 타이완인들에게 타고르는 누구나 알고 있는 세계적 문호였다. 1930년 9월 『삼육구소보』에서 쳰잉倩影은 「신성률 계몽新聲律啓蒙」을 통해 이렇게 말했다.

> (많은 이들이) 루소가 말한 옛 속어俗語를 강조하고 새로운 사물의 이름을 앞장서서 개혁하였다. 이를 통해 한 세대의 이름을 얻은 이는 타고르였고 만인의 피를 들끓게 한 이는 오직 마르크스 뿐이었다.

분명 '타고르'는 타이완인들에게 일찍부터 알려진 이름이었다. 그리고 작자는 그를 통해 시의 세계에 들어섰다고 밝혔다. 또 같은 호에 '시학 비방秘方'이 실렸는데 '타이완의 타고르'가 되기 위한 지름길을 말하고 있다. 그는 농담조의 어투로 오늘날과 같은 '속도의 시대'

---

40 連橫, 『台灣詩薈(上)』 제6호, 『連雅堂先生全集・附錄三』, 南投 : 台灣省文獻委員會, 1992, 336면 참조.

41 王寧, 『消費社會學——個分析的視覺』, 北京 : 社會科學文獻, 2001, 1・52~53면 참조.

에 한시라도 빨리 시학에 도통하고자 한다면 다음과 같은 비방도 꺼리지 말아야 한다고 말했다. "『고당시古唐詩』, 『시학함영詩學含英』, 『시운합벽詩韻合璧』 각 권을 본래의 성질이 우러나도록 잘 삶고 남은 재까지도 수습해야 한다. 또 개명開明이라는 먹물 4병을 섞어 가마에 넣고 문文이라는 땔감으로 고아 고약을 만들어야 한다. 그것을 식힌 후 한 번에 복용한다면 문사에 일대 진보가 있고 시의 요결은 영롱해지니 붓을 움직이면 어느 때든 훌륭한 글을 기대할 수 있을 것이다."[42] 시학의 비법과 관련된 조화라든가 복용에 대한 이야기만 있을 뿐 '서사'에 대해서는 특별히 언급하지 않았다. 과거 중국 문인으로는 소순蘇洵과 관련된 에피소드를 예로 들었지만 그러나 소위 '타이완의 타고르'의 출현을 말한 것을 보면 인도 시인 타고르의 인간됨과 시에 대한 경전화된 우상숭배현상이 나타났음을 알 수 있다. 여기서 '타이완의 누구'라는 것이 핵심인데 그것은 세계문학과의 충돌과정을 겪으며 세계문학이 타이완에서 한 자리를 차지하게 되었다는 것을 의미한다. 세계문학은 타이완의 문학에 자아관을 새겨 넣었으며 이로 인한 자아 응시의 경험이 이전에 비해 더욱 분명해졌다. 셰익스피어와 같은 대시인을 길러내겠다는 롄헝의 언급은 그것과 동일한 사유에서 나온 것이었다.

타고르에 이어 중국을 방문했던 영국 희극작가 버나드 쇼 역시 타이완 전통문인들의 시야에 놓여있던 인물이었다. 『삼육구소보』에 「버나드쇼의 자유담蕭伯納之自由談」이 게재되었는데 이 글은 그의 '자유'에 관한 논의를 담고 있다.[43] 사람들은 그의 독특한 유머를 즐겼

42 「新聲律啓蒙」, 「詩學秘方灣製太戈爾」, 『三六九小報』 제2호, 1930.9.13, 4면.

43 翊, 「蕭伯納之自由談」, 『三六九小報』 제401호, 1934.12.6, 4면 참조.

다. 찬홍懺紅(洪鐵濤, 타이난 문인. 南社 및 春鶯詩社 성원)은 「찬하소기餐霞小紀」에서 이렇게 말했다.

> 작년에 중국을 방문했던 세계적 만평가 버나드 쇼는 서구의 만천曼倩(중국 전한시대 문인 동방삭東方朔)이다. 그는 사람이 호랑이를 죽이면 수렵이 되지만 사람이 사람을 상하게 하면 폭력이 된다고 말했다. 강권만이 존재하고 공리라고는 없는 세계에 대해 일침을 가한 것이다. 훗날 누군가가 그 말을 모방하여 남이 애인과 사랑을 나누는 것은 폭행이라고 말하고 자신의 그것은 키스나 포옹이라고 했다. 이렇게 같은 일이라도 양쪽이 서로 쟁론하며 지지 않으려 한다. 이 벽안의 이방인이 참으로 마음에 든다.[44]

이 글에서 홍톄타오는 버나드 쇼의 유머러스한 풍자적 언설의 매력과 대중들이 이를 배우고 모방하는 수용 반응을 구체적으로 보여주었다. 이것을 통해 당시 인기가 상당했음을 알 수 있다. '벽안의 오랑캐碧眼胡'라는 말에서 동/서간 신체의 상이함을 드러내고 있지만 그러나 유머라는 특징은 서로 통하고 감염될 수 있었다. 그러나 홍톄타오의 의도는 동서의 문화/문학이 상호 교류하고 회통할 수 있다는 것을 강조하려는 것은 아닌 것으로 보인다. 그가 동방삭과 버나드 쇼를 비교한 것은 동양적 관점에서 버나드 쇼의 유머의 수사적 영향과 그에 대한 반응을 살핀 것이었다.

린포궈, 롄헝, 홍톄타오 등은 외국 문호 및 그들의 작품을 어느 정도 인식하고 있었고 또 일부에 대해서는 긍정적인 감정을 가지고 있

---

44 懺紅, 「餐霞小紀」, 『三六九小報』 제355호, 1934.7.3, 2면 참조.

었지만 마음 깊은 곳에서는 결국 그들은 외래의 산물이라 생각하면서 여전히 자신의 문화적 입장을 견지하고 있었다. 바꿔 말해 이들과 세계문학의 상호 만남은 타이완문학(특히 詩歌)의 발전과 표현을 공고히 하기 위한 것이었다. 이것은 그들이 자신의 문화 / 문학 경험을 통해 세계문화 / 문학을 흡수하고 대면하였음을 의미했다.

그러나 위에서 언급한 전통문인들이 서양 시가 혹은 타고르, 셰익스피어 등 저명 시인을 마주할 때 타이완의 구체시舊體詩를 고수했던 것과는[45] 달리 소설적 글쓰기에서는 비교적 유연한 수용 태도를 취했다. 특히 서구에서 기원한 탐정소설의 글쓰기는 훨씬 더 많은 타이완 전통문인들의 사랑을 받았다. 그들은 일제강점기의 초기 이래 탐정소설에 대해 흥미를 가지고 있었다. 번역자도 있었고 이를 베끼고 모방하는 작자도 있었다. 특히 셜록 홈즈와 괴도 루팽의 이미지는 자주 모방되었다. 서구 탐정소설은 타이완 전통문인들이 세계문학 / 서구문학의 근대성을 대면하는 데 있어서 이식과 전파의 힘이 가장 강력하게 작동되고 수용이 가장 활발히 일어났던 영역이었다. '타이베이의 대학자' 장춘푸는 1935년 11월 8일 일기에서 "셜록 홈즈의 탐정소설을 읽느라 밖에는 나가지 않았다"라고 적고 있다. 이것은 탐정소설의 강렬한 흡인력을 보여준다.

일제 통치기 타이완 탐정소설이 창작된 과정에는 일본, 중국 및 서구 탐정소설이 상당한 영향을 미쳤다.[46] 현재 필자가 아는 타이완인

45 구체시에 있어 타이완 전통문인들의 근대적 반성이 담겨있다고 할 수 있는 것은 '新題詩'였다. 이 부분에 대해서는 黃美娥, 『重層現代性鏡像』, 台北 : 麥田出版社, 2004, 143~181면 참조.

46 일제강점기 타이완 탐정소설이 중국, 일본 및 서구로부터 흡수한 경험과 영향에 대해서는 呂淳鈺, 「日治時期台灣偵探小說的發生與形成－一個通俗文學新文類的考察」, 台北 : 國立政治大學中國文學硏究所碩士論文, 2004. 제2장 제2절 「台灣偵探敍事的內在源流」, 제3장 제3절 「現代偵探文本的進入－偵探小說譯介」에 더 자세한 설명이 있다.

들의 창작물로는 가장 이른 것이 1910년의 작품이다. 아마도 타이베이 전통문인 리이타오李逸濤가 그 시발점일 터인데 그는 『한문판 타이완일일신보漢文台灣日日新報』에 「탐정기偵探記」, 「간부 살해 사건殺姦奇案」을 발표하여 이 방면의 선구자가 되었다.[47] 두 작품은 모두 탐정이 사건을 해결하는 과정을 소설의 주요 플롯으로 삼고 있고 간혹 근대적인 생활양식과 신식 과학 기구 등도 보여 준다. 리이타오에 이어 웨이칭더, 쉬바오팅許寶亭, 셰쉐위 등 전통문인도 번역과 모사 작업에 참여하였는데 장편과 단편을 두루 포함하였다. 그중에는 「탐정견偵探犬」, 「위조지폐贋票」, 「이빨 자국齒痕」, 「환주기還珠記」, 「누구의 잘못인가?是誰之過歟」 등 웨이칭더의 작품이 다수를 차지했다.

이들 전통문인들이 탐정 소설에 열광하고 습작을 했던 것에는 상당한 근대적 의의가 있었다. 특히 신구문학논쟁(1924)이 일어나기 이전에 이미 성과들이 나왔다고 하는 것은 생각해 볼만한 가치가 있다고 하겠다. 근본적으로 서구문학 장르에 속하는 '탐정 서사'를 타이완 문인들이 받아들이고 문학적 실천을 했다는 것은 문학의 근대성이 이식되고 전파된 흔적을 보여준다. 탐정소설은 서구의 18~19세기 이래 계몽운동, 산업혁명 및 근대 자본주의의 근대화 맥락하에서 나타난 것으로 이 문학장르 자체에 근대성의 특질이 담겨 있었다. 그것은 '통속문학'으로 인식되었지만 근대적 생활에 나타나는 시정詩情을 표출하였기 때문에 이러한 소설은 가장 이르고 또 유일한 문학 체제로서 받아들여졌던 것이다.[48] 그래서 타이완인들은 탐정소설을 습작하는 동시에 그것을 빌어 근대성을 담아냈던 것이다. 그것에는 과

47 黃美娥, 『重層現代性鏡像』, 248~252면 참조.
48 G.K. Chesterton, 思果 譯, 「爲偵探小說辯」, 『聯合文學』 10期, 1985.9, 105면 참조.

학, 법률, 정의에 대한 시범적 구성과 도시 근대화에 대한 상상과 소비가 포함되어 있었다.[49]

이상 열거한 인물들의 일제통치 초기의 작품에서는 근대문명에 대한 글쓰기가 대량으로 발견된다. 그들은 도시의 풍경과 우범지대를 묘사할 때 이국적 도시 건축물, 인문적 경관, 근대적 어휘에 집중하였다. 거기에는 극장, 호화 저택, 카페, 클럽, 은행, 백화점, 공원, 분수대, 미술관, 대리석 동상을 포함하는 프랑스 파리, 미국 뉴욕, 영국 런던 등지의 사람, 사건, 사물 등이 나온다. 사람들은 당구를 치고 있거나 시가를 물고 있으며 혹은 자동차를 몬다. 인물은 탐정이거나 목사이거나 백작 부부 혹은 영사와 같은 사람들이다. 그들은 키스로 애정을 표현하며 다이아몬드 목걸이를 하고 파티에 참석한다. 길거리 한 구석에서는 신식 권총을 지닌 강도가 살인을 저지르는 등 기이하고 스릴이 넘치는 사건들이 일어난다.

탐정은 두뇌싸움을 벌이며 범인을 쫓는데 최면술이나 거짓말 탐지기술을 이용하거나 카메라나 전신기기 등 과학기기를 사용하여 범인을 잡는다. 서사 시간은 전편에 걸쳐 서구의 기원紀元을 따랐고 인물의 이름은 서구식 이름의 음역어를 사용하였다. 타이완의 풍속, 경물과 다른 묘사는 이미 타이완인들이 서구의 근대적 풍경을 수입하였으며 더 많은 이국적 상상이 타이완인들 속에 펼쳐지고 있었음을 말해 준다. 당연히 이와 같은 소설 서사가 이 시기 탄생하여 반복되어 나타났다는 사실은 당시 사람들의 심리적 배경과 문화적 배경

49 일제강점기 타이완 탐정 소설의 근대성과 근대화 구상에 대한 전면적인 검토는 呂淳鈺, 「日治時期台灣偵探小說的發生與形成 ―― 個通俗文學新文類的考察」; 黃美娥, 『重層現代性鏡像』 제5장을 참조할 수 있다.

의 욕구를 반영한 것이었다.

바꿔 말해 전통문인이 탐정 서사를 수입하고 전유한 행위는 서구 문명을 소개하는 행위이기도 했지만 한편으로는 일제통치 초기의 타이완 사회에 이미 근대화된 사회 분위기가 존재했었다는 것을 말해주기도 한다. 때문에 1924년 신문학의 전범이 완전히 확립된 후부터, 혹은 1920년대 백화문 및 신문학에 관한 토론이 일어나고부터 사람들이 비로소 문학 근대성의 이식과 전파 문제를 정시하기 시작했다고 말하는 것은 타이완 사회의 실제 상황에는 부합되지 않는다.

3. 전통문인과 '최신소설'의 생성

탐정소설의 유행은 일제강점기 타이완인들이 '소설'이라는 문학 장르를 어느 정도 이해하고한 후에야 비로소 서구 탐정서사의 세세한 부분과 서술 규칙을 제대로 파악할 수 있었고 또 실제 습작에 임할 수 있었음을 말해준다. 그런데 명정明鄭시기에서 청淸에 이르는 타이완문학 발전사를 돌이켜 볼 때 타이완에서 '소설'은 일제 통치기 이후 나타난 신흥 문학장르였다. 왜냐하면 그 이전의 소설로는 장르성江日昇의 『타이완외기台灣外記』만이 보이기 때문이다. 게다가 그는 타이완에 적을 둔 문인도 아니었다. 물론 소설의 성과가 거의 없었다는 말이 명에서 청에 이르는 기간 타이완 문인들이 '소설'이 무엇인지 몰랐다는 말은 아니다. 다만 그들은 실제 창작을 뒷받침할 동력을 만들어 낼 만큼 소설이란 장르의 특징을 인식하고 파악하지 못하고 있었거나 혹은 스스로 그러한 능력이 없음을 알고 있었다. 따라서 이처럼 일단 소설쓰기의 풍조가 나타났다는 것은 일제 통치기의 문인들이 '소설'이라는 문학장르에 대해 이전과는 다른 관점과 실천 능력을 갖게 되었다는 것을 의미한다.

'소설'은 어떻게 해서 유행하기 시작했을까? '소설'은 새로운 문학 형식일까? 근대성 연구로 유명한 프랑스 학자 이브 바데이는 "소설은 가장 전형적인 근대문학 체제이다. 그것은 근대성의 시의詩意를 가장 잘 표현할 수 있다"[50]고 말했다. 그렇다면 일제 통치기에 일어난 '소설' 쓰기는 근대성의 특질을 이미 갖추고 있었을까? 만약 근대성의 요소를 갖추었다면 그것은 어떤 과정을 통해 생산되고 배양되었던 것일까?

여러 대중매체의 발흥은 사실 타이완 소설이 흥기한 주요 원인이었다. 특히 신문소설은 그 열쇠였다. 현재 우리가 볼 수 있는 자료 중에서 1896년 발행된 『타이완신보台灣新報』에는 발행 3개월 후 '소설'이라는 이름을 명확히 내건 작품이 처음 등장하였고 이후 일본어 소설 게재가 점차 증가하였다. 그리고 일본의 한문소설이 약간의 시간차를 두고 신문에 등장하기 시작했다.[51] 이들 작품은 타이완인들에게 '소설'과 관련된 인식을 심어주었다. 동시기 타이완인들도 중국소설을 구매하여 읽음으로써 각양각색의 '소설'에 대한 생각을 키워갔다. 타이완에는 과거에 소설을 쓰는 전통이 없었기 때문에 중·일 소설 및 이후 번역본을 통해 들어온 서구 문학들이 모두 타이완인들의

---

50 Yves Vadé 講演, 田慶生 譯, 『文學與現代性』, 北京 : 北京大學, 2001, 134면 참조.

51 관련 상황은 黃美娥, 『重層現代性鏡像』 제5장을 참조.

소설 창작에 학습의 양분과 토양이 되었다. 이렇게 세계 각지에서 들어온 작품을 소화하여 흡수함으로써 타이완인들은 점차 소설'이라는 장르를 체득하게 되었고 소설 장르의 의의와 관념을 파악하게 되었으며 소설의 구조적 안배와 서사규칙을 이해하게 되었던 것이다. 나아가 이 장르를 '설명'하고 '실천'할 수 있는 미학적 함의를 배울 수 있었다.

이와 같이 소설 작품을 배움으로써 얻게 된 체험은 아주 중요했다. 그러나 사람들 각자의 체험과 깨달음이 다르기 때문에 그 이해에 있어서도 차이가 발생하게 되었다. 게다가 타이완에는 1902년 중국에서 일어난 '소설계혁명'이 나타나지 않았고 옌푸嚴復, 량치차오梁啓超, 추웨이쉬안邱煒萲 등의 계통성을 띤 논의도 없었기 때문에 대부분이 한 두 마디의 단편적인 감상 정도에 지나지 않았다. 때문에 타이완의 소설에 대한 새로운 체험은 결국은 완정성과 이론성을 결핍한 채 중구난방으로 터져 나오는 어지러운 소음처럼 되고 말았던 것이다. 실제 작품창작에서는 중국의 전통 소설인 지괴志怪나 지인소설志人小說에 힘을 쏟는 이들도 있었고, 서구 신소설의 '유럽식' 작품을 모방하는 이들도 있었고 일본인의 작품을 모방하는 이들도 있었다. 게다가 소설을 쓰는 목적 역시 달라서 일단 소설쓰기가 시작되자 량치차오 등의 '소설구국'의 주장과는 달리 통속적이고 오락적인 색채에 감염되어 이런 경향에 고착되는 경우가 많았다.

일제 통치기 타이완인들의 소설관 및 그 서사규칙의 수용과 실천의 발단을 고찰해 보면 애초에 이것들이 통속적이고 새로움에 대한 문학적 상상력에서 형성되었다는 것을 알 수 있다. 중대한 변화는 1920년대 신문학에 문화적 항일의 바람이 일어난 후 나타났다. 필자가 아는 바에 따르면 타이완인이 최초로 '소설'이라는 타이틀을 걸고 내 놓은 작품은 셰쉐위가 번역한 『진중기연陣中奇緣』이다. 이 작품은 1905년 7월 1일 처음 발행된 『한문판 타이완일일신보』에 발표되었다. 이 작품은 필자가 아는 한 타이완인이 최초로 번역한 세계문학 작품이었다.

이 작품은 1893년 프랑스 대혁명 후 공화정부가 건립된 지 오래지 않은 시점을 다루고 있다. 불안한 정국과 신정부를 전복하여 권력을 회복하려는 왕당파와 그들이 겪은 공화국 군대와의 필사적인 전투의 과정이 씨줄이 되고 양 측 장교인 쑹루룽松如龍, 톄화鐵花, 슝다멍熊大猛의 애정과 혈육의 정에서 기인한 갈등이 날줄이 되었다. 이에 더해 역사소설로서의 역사 쓰기라는 기획하에, 통속적 애정담론 및 금전과 인성의 충돌을 담으려고 하였고 충의와 덕이라는 숭고한 가치를 확립하려 하였다.

소설은 장편 장회체 형식이며 간단한 문언문으로 되어 있고 전체 21회로 짜여 있었다. 작자는 소설에서 '시간'은 서기를 '공간'은 프랑스를 택했으며 '소설'이라는 신문체를 사용했다. 그래서 셰쉐위는 특별히 '최신소설'이라고 표제를 달았다. 왜냐하면 그 이전의 타이완 문단은 여전히 시문詩文을 문학창작의 정통으로 여겼기 때문이다. 이러한 상황에서 이국적 색채를 띤 소설의 글쓰기가 사람들 사이에서 어떻게 인식되었겠는가? 그래서 '최신소설'이라는 말을 사용함으로써 소설의 창작이 새로운 시도라는 것을 표방했던 것이다. 프랑스인과 프랑스의 일을 배경으로 삼았기 때문에 소설은 타이완인들의 눈을 뜨게 할 수 있었던 것이다. 그래서 이러한 새로운 창작 문체 및 세계의 풍경을 보여주는 새로운 시야는 '최신'이라는 이름에 걸맞았던 것이다. 이 때문에 '최신소설'은 타이완문학사의 문맥에서 새로운 세대의 문학가 자신이 만들어낸 이미지에 담겨있는 적극적인 활동의 면모를 드러냈던 것이고 역자나 저자가 전달하려고 했던 완전히 새로운 체험과 작자의 자아의식을 보여주었던 것이다.

그러나 셰쉐위의 최초의 시도는 불안한 상태였다. 그는 소설 결미에서 특별히 다음과 같이 말했다.

> 『진중기연』은 원래 초고로서 교열을 거치지 않았고 편폭도 복잡하고 어구도 번다하다. 본래 세상에 내어놓을 엄두를 내지 못했었는데 본지의 구성에 여유가 생겨 계속 게재함으로써 독자들이 훑어볼 수 있게 한 것일 뿐이다. 이는 감히 남과 다름을 표방한 것이 아니니 양해를 구할 따름이다.[52]

분명 셰쉐위는 작품을 발표한 후 여전히 이에 대해 전전긍긍하였으며 자신의 번역능력과 번역행위에 대해 꽤나 겸손해서 '훑어본다快覽'거나 '남과 다름을 표방하는 것이 아니다'라는 말을 붙였다. 그러나 공교롭게도 셰쉐위의 이 자기 분석적 말은 타이완인들이 소설 번역에 종사할 때 그것을 '남과 다름을 표방하는 것'과 밀접하게 관련시켰다는 사실을 알게 해주었다.

'남과 다름을 표방하는 것'으로 보였던 '최신소설'의 출현은 독자의 긍정적 반응을 얻을 수 있었다. 왜냐하면 이 후 각종 유형의 소설이 물밀듯 쏟아져 나왔기 때문이다. 비록 어지럽고 종류가 애매한 소설도 적지 않았지만 활력이 넘쳐났다. 이것은 사람들이 이러한 창작영

52 南瀛雪漁, 『最新小說陣中奇緣』 제21회, 『漢文台灣日日新報』 제2300호, 1905.7.1 참조.

역과 창작미학이 펼쳐지기를 기다리고 있었다는 것을 의미한다. 소설 유형 변환의 추세가 고조됨에 따라 소설이라는 장르에 대한 타이완인들의 흥미나 의견도 증가하였다. 또 이러한 의견은 소설 창작에 반영되었을 뿐 아니라 때로는 소설 내에서 볼 수 있던 작자의 자평을 통해 드러나기도 했다. 타이완인들이 창작활동을 통해 점진적으로 만들어낸 소설관 및 당시 소설적 글쓰기가 '규범화'하는 과정은 타이완인들의 소설관 및 서사 모델이 구성되는 상황을 정리하고 분석하는 데 도움이 된다.

우선 소설적 글쓰기에는 장편 장회 혹은 단편 등 모든 형식이 갖춰져 있었다. 또 내용상 지인志人과 지괴志怪 작품이 상당히 많았지만 언정言情, 역사, 무협, 사회소설 등도 골고루 갖춰져 있었다. 그러나 과학기술과 과학지식을 기초로 하는 과학소설과 식민지의 곤경을 반영하는 정치소설은 그리 많이 보이지는 않는다. 이야기의 배경은 중국, 일본이거나 혹은 타이완이지만 기타 세계 각지 역시 포함되어 있었다. 앞서 언급한 대로 리이타오는 1905년부터 1911년까지 「수족구手足仇」, 「남황기우南荒奇遇」, 「우인보은優人報恩」, 「은원보감恩怨寶鑑」, 「이한천離恨天」, 「해국기연海國奇緣」, 「건아참구기健兒殲仇記」 등의 작품을 발표했는데 이국의 풍속과 인정에 대한 묘사가 많았으며 새로운 지역과 문화적 풍경의 맛을 잘 그려냈다. 다이쇼 이후 탐정소설이 증가했는데 그에 따라 이와 관련된 묘사도 많이 볼 수 있다.

그 다음으로 검토할 만한 것은 신문소설을 게재할 때 제목 이외에 머리말을 붙여 글의 제재, 내용 성질을 알려주었다는 사실이다. 예를 들어 골계소설, 염정소설, 우언소설, 해학소설, 기사소설紀事小說, 전기소설, 역사소설史傳小說, 이상소설, 사정소설寫情小說, 애정소설哀情

小說, 탐정소설, 유럽전쟁소설歐戰小說, 풍자소설 등이 있었다. 일제 통치 초기에 이미 나타났던 이와 같은 각양각색의 분류는 당시의 사람들이 소설을 중심으로 한 창작의 지적 체계를 의식적으로 만들어 냈다는 사실을 말해준다. 또 그것은 당시 사람들이 소설로부터 얻게 된 정감의 투영, 문화심리와 심미적 취향과 같은 것들을 보여주는데 이것은 당시 사람들이 사회 / 세계를 바라보는 방식이었다. 소설의 분류에 있어 이용했던 상술한 명칭들은 만청晩淸 이래의 중국소설과 흡사하다. 이는 아마도 많은 사람들이 중국소설을 읽었기 때문일 것이고 또 량치차오 등이 제창한 소설 장르론의 영향을 받았을 것이기 때문이다.[53]

'장르文類'는 외래어로서[54] 이 용어가 나타났다는 것은 종종 근대적 규칙과 법칙이 존재하고 있었음을 말해준다. 때문에 상술한 것처럼 소설 장르가 복잡다단하게 존재했다는 것은 타이완인들이 소설이라는 장르의 속성을 이미 거의 충분히 파악하고 있었다는 것으로 인식될 여지가 있다. 그러나 사실은 그렇지는 않았다. 당시 사람들이 소설을 발표한 공간을 살펴본다면 타이완에서 소설이 흥기한 초기 타이완인들이 '소설'을 대하는 시선에 과거와 현재가 어지러이 섞여 있는 애매한 상황이었음이 명백히 드러난다. 당시 신문에서는 소설란에 게재한 작품을 원칙적으로 소설로 보았지만 일부에서는 '총담叢談'에 게재된 작품을 '소설이지만 아직 소설란에는 들어가지 못하는 것'으로 보고 있었다. 예를 들어 1915년 『타이완일일신보』에 실린

53 그러나 중국은 또 일본 메이지 소설의 영향을 받았다. 陳平原, 『小說史－理論與實踐』, 北京 : 北京大學, 1993, 189면 참조.

54 위의 책, 142면.

「철혈왕후鐵血王后」, 「애국혈愛國血」, 「애국의 꽃愛國之花」, 「방앗간 주인磨坊主人」 등이 그러한데 이러한 현상은 창작자와 편집자가 가담항설街談巷說과 잔총소어殘叢小語 등의 구식 소설 관념을 가지고 있다는 것을 말해준다. 게다가 당시는 소설적인 글쓰기 규범이 아직 확립되기 전이었다. 쉰쉬안巽軒의 「효녀 바이쥐孝女白菊」는 노래할 수 있는 운문체로 쓰였는데 말미에 '사강어사簑江漁史'의 부기가 달려있다.

> 효녀 바이쥐는 아름답기가 복숭아와 오얏같고 담백하기가 국화와 같으며 효성과 정숙함은 옛 사람의 그것을 좇았다. 그의 행적을 살펴보면 비장함이 서려있고 여러 정이 담겨있어 단편소설로 적합하다 하겠다. 쉰쉬안의 이 시는 특히 필력이 굳세면서도 낭랑하여 읊조리기에 좋다. 게다가 설부說部에도 노래로 된 부분이 있기에 본란에 실었다.[55]

'사강어사'의 평론은 두 가지 의미에서 살펴볼만 하다. 하나는 소설을 품평할 때 이미 소설 인물의 개성과 플롯의 핵심에 주의를 기울이고 있었다는 것이다. 둘째는 당시 사람들 사이에 이미 소설의 글쓰기에 대한 '규범'이 자리 잡고 있었다는 것이다. 그렇지 않다면 운문체의 작법에 대해 의문을 표시하지 않았을 것이다. 물론 쉰쉬안과 '사강어사'가 서사시를 설부에 편집해 넣고 소설로 바라본 것에는 여전히 전통 설부 관념의 흔적이 남아있다.

한편으로 소설의 실제 글쓰기에서 당시 사람들도 감정을 표출하듯 개인의 창작관을 드러냈다. 리한루는 「솽시雙喜」의 취지를 이렇

55 巽軒, 「孝女白菊」, 『漢文台灣日日新報』 제2404호, 1906.5.9 참조.

게 말했다. “여자를 천금에 사서 잠시의 즐거움을 구하지만 재산을 탕진한 후에도 미인이 나를 사모하기를 바라는 것은 강에서 달을 건져내려는 일과 무엇이 다르겠는가? 재산을 소진하면 교유도 소원해지고 여자가 늙으면 사랑하는 이도 없어지니 이런 상황은 다른 곳이라 해도 마찬가지다. 그러나 사오란少蘭과 솽시雙喜처럼 세월이 가도 오히려 정情과 의義를 모두 보존하는 이가 있음을 누가 알겠는가? 나는 규방의 일을 논하는 것을 좋아하지 않지만 특별히 풍자할 말한 일이 있기에 이를 기록하여 질투심이 강하고 박정한 이들에게 경계로 삼고자 한다.”[56] 이것은 소설의 사회적 작용을 분명히 드러낸 것으로 곧 사회의 개량에 뜻을 두어야 한다는 것을 의미한다.

톈옌天演의 「야동기」와 「쉬롄성의 그림자蓄連生之小影」는 말장난諧音과 곡필로 롄헝의 작품을 풍자했다. 그는 “소설은 유희의 글이다. 유희의 붓놀림으로 인물을 아무렇게나 놀릴 수 있다”[57]라고 말하였다. 그의 눈에 소설적 글쓰기는 유희적인 것이었다. 그는 소설이라는 장르의 본질적 의의를 엄숙하게 볼 필요는 없다고 보았던 것이다. 반면 웨이칭더는 『아코 의사 스가야한노죠』를 쓸 때 소설을 교화에 있어 가장 좋은 매체로 보았고 이 작품이 충효를 가르치는 데 있어 효용이 있어야 한다고 생각했다.

> 일본은 충을 세상 사람들에게 가르치고 중국은 효를 세상 사람들에게 보이고자 한다. 그런데 충신은 반드시 효자의 집안에서 구해야 한다. 효성이 없는 사람이 충성스런 사람이 된 일은 아직 본 적이 없다. 아코의 47명 의사가 복수

56 少潮, 「雙喜」, 『漢文台灣日日新報』 제2414호, 1906.5.20 참조.

57 天演, 「蓄連生之小影」, 「野狪記」, 『漢文台灣日日新報』 제2752호, 1907.7.7 참조.

를 위해 일어섰던 일을 읽으면 우리나라의 충의가 어디에서 유래했는지 더욱 잘 알 수 있을 것이다. 그들 중 불효자인 사람은 한 명도 없었다. 스가야한노죠 또한 효성이 깊은 사람이었다. 우리 타이완은 일본에 예속된 지 오래되지 않아 충의 관념은 아직 나타나지 않았으며 효에 대한 인상은 이미 사라져 버렸다. 게다가 온갖 잡신이 난무하고 도덕은 무너져 있는데 어찌 한탄하지 않을 수 있겠는가?[58]

웨이칭더는 이 글을 통해 일본의 '충'과 중국의 '효'를 연결시킴으로써 타이완인들이 양국의 인륜의 정에 따라 국민성을 개조할 수 있기를 바랐던 것이다. 소설이 '권선징악'의 의미를 따라 번역되고 보급되는 것에 대해 당시 이것이 고소설의 상투성에 빠지는 것이라고 여겼던 사람들이 있었던 데 비해 웨이칭더는 여전히 자신의 견해를 견지했다.

소설이 사실의 기록이라면 권선징악을 담아야 한다. 사실을 기록한다면 악은 반드시 벌을 받을 것이고 선은 반드시 상을 받을 것이다. 설령 권선징악을 담지 않는다 하더라도 권선징악의 의미는 그 안에 자연적으로 존재할 것이다. 논자들은 고소설의 상투성이 천편일률적이어서 그것이 지나친 자는 누구든 환영받지 못할 것이라고 말한다. 그러나 물은 아래로 흐르고 불은 위로 타오르며 초목은 봄이 오면 피어나고 일월성신은 일정한 궤도와 일정한 기간에 의지하여 천만년이 지나도 불변하니 언제 그것에서 어그러진 적이 있었던가? 이것은 자연의 이치일 뿐이지 천편일률의 허물이라고 할 수는 없다.[59]

58 異史 譯, 『赤穗義士菅谷半之丞』 제24회, 『漢文台灣日日新報』 제3688호, 1910.8.12 참조.
59 異史 譯, 『赤穗義士菅谷半之丞』 제23회, 『漢文台灣日日新報』 제3685호, 1910.8.7 참조.

이 글에서 그는 소설이 '사실을 기록하는紀實' 것이라는 미학적 문제를 언급하고 있다. 그는 기실소설紀實小說이 권선징악과 교훈을 의도적으로 강조하지 않더라도 이미 자연적으로 일정 정도의 권선징악의 작용을 하게 된다고 말했다. 다만 소설의 권선징악적 의미는 이미 당시 사람들에게는 구식 소설의 상투적 글쓰기로 받아들여졌을 뿐이다. 이것은 당시에 소설에서 '신과 구의 글쓰기 모델'이 교체되는 과정이었고 그러한 교체의 경향이 일정한 힘을 발휘하고 있었다는 것을 말해준다. 그렇지 않다면 웨이칭더가 본문에서 특별히 구식 소설의 권선징악을 담아내는 글쓰기에 대해 언급할 필요가 있다고 밝힐 필요는 없었을 것이다. 물론 웨이칭더의 이러한 분석과 설명은 보통사람들이 '구소설의 상투성'이라고 생각했던 것을 심사숙고한 후 내린 결론이었다. 이것은 신소설과 구소설의 창작관이 충돌한 후 새로이 자리 잡은 '새로운' 결과물이었다.

이 밖에 상술한 소설의 사회성에 대한 논의 말고도 문예성의 각도에서 소설의 독립적 의의를 고찰한 주장도 이미 나타나고 있었다. 1914년 6월 7일 『타이완일일신보』는 재미있는 작품을 한 편 게재하였다. 「소설가」라 이름 붙인 이 작품은 전체 문언문으로 구성되었으며 영국 런던의 부상富商인 '데이비스'의 딸에 관한 이야기이다. 그녀는 모 신문사의 소설보에 연재된 「상업현형기商業現形記」를 읽고 과도하게 감정이입이 되어 마치 중독이 된 것과 같이 행동했다. 결국 작품 속 '소녀'의 생사와 자신을 연결시키는 통에 감정이입의 도가 심해졌고 이에 그녀의 아버지는 딸의 병세가 악화되어 죽는 것을 막고자 신문사에 도움을 청하게 되었다.

그 소녀와 소설 간의 감응 관계에 대해 데이비스는 이렇게 말했다.

"제 딸은 소설 속 소녀의 병과 같은 병을 얻어 스스로 벗어날 힘을 잃어버리고 말았습니다. 작품에서 소녀의 병이 더욱 심해지면 제 딸의 병도 따라서 심해집니다. 소설보가 매달 한 번 출간되니 제 딸의 병도 달마다 한 층 더 심해집니다. 매 호의 소설을 제 딸이 거르는 일이 없고 제가 온갖 방법을 써서 읽지 못하게 해도 소용없었습니다. 그 사이에 수많은 명의들이 다녀갔지만 모두 속수무책이었습니다. 타국으로 데려가려고 해도 딸은 거부합니다."

신문사의 주필은 사정을 안 후 원고를 미리 살펴보아 이야기의 결말을 먼저 알아보기로 마음먹었다. 그러나 그는 '소녀의 죽음은 극의 전개와 이치에 부합하기에 한 자도 고칠 수 없다', '고치자고 마음먹어도 결국 고칠 곳이 없다는 것을 깨닫게 되었다. 만약 경솔히 고친다면 전후의 맥락이 일관되지 않아 전체 작품의 가치와 힘이 훼손되게 될 것이다'라고 결론을 내렸다. 소설 텍스트의 완정성에서 본다면 주필은 원작자가 소녀를 죽게 만드는 것이 소설의 정리에 따르는 것이고 소설 플롯의 유기적인 발전에 부합한다고 인정한 것이다. 그러나 그 후 데이비스의 강력한 요청도 있었고 또 그가 신문사의 재정주임이 된 지라 주필은 원작자 딕에게 연락하여 회생의 기회를 찾을 수밖에 없었다. 주필이 딕과 만난 후 그는 소설의 플롯의 안배에 대해 상의했고 '지나치게 비참한 결말은 독자가 좋아하지 않는다. 특히 소설 작가들은 작품에 상심을 풀어내는 것을 방해 받지 않음으로써 독자에게 슬픈 감정을 전할 수 있지만 결국 결말은 해피엔딩으로 가는 것이 가장 좋다'고 권고하였다.

하지만 딕은 이를 좋아하지 않았다. 그는 '비참한 것이든 즐거운 것이든 이것은 작자 고유의 권한이어야 하며 주위에서 이래라 저래라 해서는 안 된다'라고 생각했다. 그는 작자가 창작의 주체성을 남김없이 표출할 수 있어야 한다고 생각했던 것이다. 그 후 주필은 '데이비스'의 거금에 감사를 표해야 한다며[60] 소설의 결말을 고치기를 희망했지만 작자의 더 큰 반발을 불러일으키기만 했다. 그러나 끝에 가서는 결국 소설이 독자의 생명을 위협할 수 있다는 걱정 때문에 겨우 수정을 기대할 수 있었다.[61]

대체적으로 「소설가」처럼 '소설가'를 제목이나 제재로 선택했다는 것은 다이쇼 초기의 타이완에서 '소설가'가 이미 사람들이 누구나 아는 직업의 한 부류였음을 보여준다. 이 때문에 토론할 만한 가치가 있는 것이다. 게다가 내용상 작품 전체를 통해 적어도 소설가의 인품, 소설의 독립적인 문예상의 가치, 작가의 창작 주체성, 소설 서사 구조의 완정성, 독자의 독서반응, 소설 결말의 비극/희극적 의의 등 관련 문제들이 언급되었고, 이는 타이완인들이 소설가와 소설이 어떤 것이라는 데 대해 이미 명확한 인식과 이해가 있었음을 말해준다.

「소설가」가 일제통치 초기에 신소설관이 이미 출현했음을 말해주는 것이라면 이 작품이 보여준 소설 서사 구조의 완정성과 소설 결말의 비극적 요소의 안배에 대한 생각은 소설 서사규범에 있어 새로운 생각이 존재하게 되었음을 보여주는 것이기도 하다. 또 1914년에 쓰인 작품이란 점으로 보아 이 시기에 이미 소설언어와 수사기교에 새로운 변화가 일어났음을 암시하는데 이 작품의 배경은 영국이었기 때문에 작품에 나오는 인물명이나 관련 사물의 이름들은 서구화되

60 여기에서는 연재소설 「富商現形記」를 병치하는 수법을 통해 富商의 '금전만능주의'와 작가의 문학적 '순수만능주의'를 보여주고 있다.

61 이상의 소설 내용은 「小說家」, 『台灣日日新報』 제5023호, 1914.6.7 참조.

는 현상이 나타났다. 그 이전에도 세계의 풍경과 관련된 묘사가 있었고, 실제로 '새로운 단어'나 이국적 공간에 대한 상상을 담은 작품도 있기는 했지만 1914~1915년 이후부터 이런 상황이 더욱 증가했다. 이는 유럽에서 일어난 세계대전과 관련이 있었던 것 같다. 타이완인들은 전쟁에 관심을 기울이고 있었기 때문에 중・일의 정세 이외에 유럽 각국의 역사와 사정을 알고 있었고 이 때문에 동서 간의 거리는 급속히 좁혀졌다.

이에 따라 서구의 세계를 번안하거나 번역해 소개하는 작품들이 증가하였다. 일단 세계를 탐색하는 새로운 시야가 열리고 '진실'을 구하기 위해 서구 생활 백태를 묘사하게 되자 번역 혹은 번안에 종사하던 문인들은 서구 근대성 / 문학의 문맥에 속하는 서술 모델, 문체 특질, 정감적 언어, 이데올로기 등의 개념을 어떻게 타이완에 도입하여 변용하여야 하는지를 필수적으로 고민하지 않을 수 없었다.

1914년 10월 『타이완일일신보』에는 「벙어리, 도적을 잡다聾啞獲賊」라는 소설이 실렸다. 문장은 화본소설과 비슷한데 "인생에서 제일 두려운 일은 벙어리가 되는 일이다. 그러나 벙어리 증세가 있는 친구는 오히려 편리한 면이 있다. 왜 그런가? 독자 제위는 고민하지 말지어다. 나의 이 기사를 본다면 그 까닭을 알 수 있을 것이다"라는 서술이 바로 그러한 느낌을 전해 준다. 그러나 실제로는 전편에 걸쳐 때때로 '也'를 끼워 넣는 것 말고는 거의 백화를 사용하고 있다. 작품은 농아 자녀를 키우는 부부가 농아들의 화법(수화를 가리키는 듯하다—필자)을 이용하여 집으로 들어온 권총 강도를 제압하는 과정을 담고 있다. 이 작품 처음에는 부부가 농아 자녀를 낳은 후 느끼게 되는 무력함이 나오지만 뒤에는 뜻하지 않게 '손을 사용해서 말하는 기술'이 두 사람의 목숨을 구하는 도구가 된 상황이 묘사되었다. 이 때문에 소설 제목이 '벙어리, 도적을 잡다聾啞獲賊'가 된 것이다.[62]

이 작품에서 당시 가장 독자의 관심을 끈 것은 서양의 신기한 사물에 대한 묘사였다. '수화聾啞話法', '동지날[63] 하오얼방好爾榜호텔에서 마시는 성탄주', 그리고 도적이 훔쳐간 여주인의 진주목걸이와 손에 있던 '결혼반지' 등이 그것이다. 서구의 민정과 사물을 타이완에 들여온 것이기 때문에 이를 지칭할 적절한 용어를 찾는 것은 상당히 중요한 일이었다. 그리고 이들 신어를 따라 서사상황도 변화했다는 것 역시 경시할 수는 없다. 때문에 타이완의 근대성 상상을 살피는 데 있어 언어의 중요성은 재론할 필요조차 없다. 여기에는 타이완과 서구 사이에서 언어의 경계를 넘나드는 '번역'의 근대성 문제가 포함되어 있다. 왜냐하면 그것은 타이완인들이 어떻게 타이완의 언어를 사용하여 타국 / 타지와 타이완의 존재적 차이를 논했는가를 말해주기 때문이다. 이로 인해 언어가 촉발한 문학적 / 문화적 문맥의 변화는 문학 근대성의 이식과 전파를 관찰하는 중요한 키워드가 되었다.

「벙어리, 도적을 잡다」와 유사한 예는 1914~1915년 이후 늘어났다. 「기생수寄生樹」, 「말 빌리기 소동借馬難」, 「레이나더雷那德」, 「바람이 미인을 보내오다風送美人來」, 「실화失畫」 등은 문언문의 서술 모델을 채택했지만 이들 작품을 통해 언어의 '서구화' 혹은 '백화화'가 촉발한 소설 서사담론의 변이를 상상하기는 그리 어렵지 않다. 그리고 이것은 1920년대 타이완 '신소설' 흥기의 촉진제가 되었다. 작품

62 「聾啞獲賊」, 『台灣日日新報』 제5139호, 1914.10.5 참조.

63 동지는 성탄절의 오역이다. 성탄절은 12월 25일로서 타이완 습속에서 동지에 가깝기(양력 12월 22일, 23일) 때문에 서구의 성탄절은 타이완인들에게는 동지에 해당했다. 冬至節이라는 이름을 붙였다는 것에서 문화 번역 현상임을 알 수 있다.

일부는 작자의 서명이 없지만 이 시기 타이완신문학이 아직 출현하지 않았다는 사실과 작품이 전체적으로 '고전'의 맛이 상존한다는 사실을 보았을 때 이 작품들을 타이완 전통문인들의 번역작 혹은 창작으로 보아도 무방할 것이다.

이상 간단히 타이완 전통문인들의 소설관 및 소설 서사에 나타난 변화의 상황을 살펴보았다. 이를 통해 전통문인들이 배태하고 추동한 '최신소설'이 생성되는 과정에서 그들의 작용과 역할을 이해할 수 있다.

4. 전통문인들의 세계문학 번역과 번안

앞서 필자는 타이완 전통문인들이 세계문학을 접할 수 있던 통로, 신문과 잡지에서 세계문학 중개자로서의 역할, 중국・일본의 소설과 서구소설을 보고 배움으로써 점차 형성된 최신 소설관 및 서술 형태의 변화 등에 대한 분석을 시도해 보았다. 이제 한 걸음 더 나아가 그들이 번역과 번안에 종사한 상황을 관찰할 것이다. 이는 전통문인과 세계문학의 교류에 대한 관련 표현들을 실제적으로 파악할 수 있게 도와 줄 것이다.

번역은 단순히 언어를 전환하는 문제만이 아니라 문화를 전환하고 해석하는 문제이다. 이 때문에 리어우판李歐梵은 이것을 '문화 알선'의 과정으로 보았던 것이고[64] 이를 통해 번역의 배후에 나타나는 언어정치 문제를 탐색할 수 있었던 것이다. 그렇다면 타이완 전통문인이 세계문학을 번역할 때 만들어 냈던 표현들은 어떠한 문화 심리와 심미적 취향을 우리에게 보여주었던 것일까?

전통문인이 추진했던 세계문학 번역과 관련하여 현재 볼 수 있는 작품은 주로 신문과 잡지에 발표된 것들이다. 신문과 잡지의 편폭에 한계가 있고 전통문인들의 서구 언어 능력이 취약했기 때문에 대다수는 중국어와 일본어 번역본에 의지하지 않을 수 없었다. 그래서 실제로는 '직역'이 가능한 상황이 아니었고 대부분 의역에 의존했다. 게다가 왕왕 필요한 부분만 따와서 의역하기도 했다. 번역 상황을 보면 전통문인들은 역사소설과 탐정소설에 힘을 쏟는 경우가 태반이었다는 것을 알 수 있다. 이 밖에 개별적으로 단편에 초점을 맞추거나 중요작가의 명작을 모방하는 사람들이 있었다.

1914년에 발표된 「육자홍陸子鴻」의 작가는 "『십자군 영웅기十字軍英雄記』를 보면 영국의 척화擲花공주와 와표臥豹 장군이 결국 부부의 연을 맺는다는 이야기가 나온다. 오늘날 남녀 간의 일을 다룬 이야기들도 이와 비슷비슷한데, 그것을 우연의 일치로 볼 수도 있고 표절이라고 볼 수도 있다"[65]라고 말하며 이 소설의 플롯에 '표절'의 가능성이 있음을 부인하지 않았다. 게다가 독자에게 모사의 대상이 서구의 소설임을 드러냈다. 리한루의 「열녀의 복수烈女報讎」는[66] 선저우神州의 이둥아춘伊東阿春이 부모의 원수를 갚기 위해 호족의 노비로 10여 년을 보낸 후 결국 원수를 도륙하고 비구니가 되는 일을 그리고 있는데, 소설의 플롯이 당唐 전기傳奇인 『사소아전謝小娥傳』과 유사해서

---

64 李歐梵Leo Ou-fan Lee, 毛尖 譯, 『上海摩登－一種新都市文化在中國1930～1945*Shanghai Modern－The Flowering of A New Urban Culture in China, 1930～1945*』, 北京 : 北京大學, 2001, 159면 참조.

65 「陸子鴻」, 『台灣日日新報』 제5127호, 19114.9.22 참조.

66 少潮, 「烈女報讎」, 『漢文台灣日日新報』 제2401호, 1904.5.5 참조.

모방의 흔적이 역력하다. 또 관차오觀潮의 「덴마크 태자丹麥太子」[67]는 셰익스피어의 명작 『햄릿』을 번안한 것이다. 역자는 매우 짧은 편폭에 덴마크 태자가 아비의 원수를 갚기 위해 간질병자로 위장해 영국으로 피신하는 과정 및 그 후 복수에 실패하고 원한을 품은 채 죽는 결말과 그 어미가 수절하지 못하고 원수에게 시집가는 부당함을 질책하는 내용을 담았다. 전체적으로 곡절이 있고 기이한 이야기를 담고 있어서 타이완인들에게 새로운 시야를 제공했지만 아쉬운 점은 줄거리 위주의 번역이어서 덴마크 태자의 개성이 제대로 드러나지 않았다는 점이다.

그렇다면 번역과 번안의 주류적 표현 상황은 어떠했을까? 초기 타이완 전통문인들은 역사적 의미가 있는 소설을 번역하는 것을 선호하였다가 이후 점차 탐정소설로 취향을 바꿨다. 셰쉐위의 『진중기연』, 웨이칭더의 『아코 의사 스가야한노죠』는 프랑스와 일본 역사문학 작품을 번역한 것이다. 이외 번역자들은 때때로 일본의 강담講談의 내용에 바탕을 두고 번역을 진행하였는데 윈린성雲林生(즉 웨칭더)이 번역한 『츠카하라 사몬』이 그것이다. 이와 같이 역사적 제재를 편애했기 때문에 전통문인들은 직접적으로 세계 역사나 중요인물을 번역해 소개하거나 번안하는 중개자가 되었다. 웨이칭더는 『로마왕국羅馬王國』 자서에서 이렇게 말했다.

> 나는 동서의 역사를 읽고 로마의 융성에 감개함을 느끼지 않을 수 없었고 또 그 쇠락에 비탄해마지 않았다. 로마는 융성하여 정상에 이르기도 했지만 또

67 觀潮, 「丹麥太子」, 『漢文台灣日日新報』 제2427호, 1905.6.5 참조.

쇠락하여 회복불능의 상태로 떨어지고 말았다. 무릇 과거는 미래를 증명하고 현재는 과거를 부연한다. 로마의 발달, 로마의 융성, 로마의 쇠락, 로마의 변화, 로마의 사상, 로마의 비극과 비장극壯劇, 웃음과 분노, 그 모두는 천지의 장관을 포괄하고 전 우주를 담고 있으니, 독자들이여 소설의 표현을 빌었다 하여 홀시하지 말지어다.[68]

웨이칭더의 자술에 따른다면 소설『로마왕국』은 로마 역사를 연역한 것이다. 이 단락은 웨이칭더가 이 작품의 목적을 말한 것인데 실제 역사를 거울로 삼아 교화하고자 하는 그의 뜻이 담겨 있다. 같은 역사문학작품으로서 앞서 언급한 셰쉐위의『진중기연』는 '신문을 읽는 독자 제군에게 재밌는 읽을거리를 제공하는 것이지 남과 다름을 표방하는 것이 아니다'라는 번역 태도와 목적을 갖고 있었다. 이것은 문학 취미의 소비에 집중하는 태도였다. 그러나 비록 남과 다름을 표방하는 것이 아니라고 강조했지만 실제적으로는 번역과 개조의 의도는 이를 통해 완전히 드러나고 있다고 할 수 있다.

다음으로 서구의 역사에서 제재를 취하여 번역하고 모사하는 상황 자체 역시 서구의 중요 인물의 정신을 흡수하고 재창조하여 타이완문학 창작의 일부분으로 전화시키는 과정을 보여주고 있다. 그 예로 프랑스 혁명기의 롤랑 부인Madame Roland(1754~1793)을 들 수 있다. 그녀는 프랑스 혁명 때 체포되었고 이상을 위해 순교를 택했다. 그녀는 죽음을 앞두고 "자유여! 얼마나 많은 죄악이 너의 이름을 빌어 저질러졌는가!"라는 명언을 남겼다. 타이완인들은 그녀를 추종하여 문

68 雲,『羅馬王國』,『漢文台灣日日新報』제3704호, 1910.8.13 참조.

학서사 대상으로 삼았다. 웨이칭더의 「누구의 잘못인가?」 서두에는 영국 공작 부부가 나오는데 그들 슬하에는 자식이 없었다. 그들은 어느 날 미술관에 구경을 갔다.

> 미술관에 롤랑부인의 대리석 초상이 있는데 그 모습이 아름답고 살아있는 듯하여 노부인의 마음에 들었다. 그녀는 그 주위를 맴돌면서 떠날 줄 몰랐다. 공작에게 돌아가 "딸이 있으면 롤랑부인을 닮았으면 좋겠어요"라고 말하니 공작은 웃으면서 대답했다. "롤랑부인은 나도 예전부터 흠모하던 분이었오. 당신은 그녀의 모습을 좋아하지만 나는 그녀의 지조와 절개를 흠모한다오. 그래서 지금은 그녀의 지조와 절개를 내가 이룰 수 있기를 바란다오."[69]

결국 공작부부는 소원을 이루었고 딸의 이름을 '쑤이위안遂願(소원을 성취하다는 뜻)'으로 지었다. 당시 영국인들이 웨이칭더가 쓴 것처럼 롤랑부인을 추앙했는지는 알 수가 없다. 그러나 '롤랑부인'을 소설에 집어넣은 것은 웨이칭더가 롤랑부인을 흠모했음을 말해준다.

이것만이 아니었다. 그 보다 일찍 룽쥔容均은 롤랑부인의 이미지를 따 '매화녀梅花女'라는 여성을 창조했다. 소설 「매화녀」에 등장하는 이 여성은 매화와 매화나무 아래 앉아 있는 것을 좋아해서 사람들에게 '매화녀'로 불리었다. 타고난 총명과 서법에도 뛰어나서 '위부인衛夫人(西晉의 여류 서예가로 왕희지가 그녀에게 서법을 배웠다고 함)'의 비결을 잘 이해하고 있었으며 동서고금의 학문에도 능통하였다. 그렇지만 '눈에 드는 남자가 없어' 스무 살이 되도록 시집을 못가고 있었는데

69 潤庵, 「是誰之過歟」, 『漢文台灣日日新報』 제5815호, 1916.9.6 참조.

미국 유학생이 그녀에게 구혼하자 매화녀는 그 남자가 비도덕적이라 하여 완강히 거부했고 어머니에게 차라리 늙어 죽겠다며 강제 혼인을 거절했다. 매화녀는 날이 갈수록 부덕婦德이 파괴되어가는 여성계에 대해 슬픔과 우려를 표시했는데 결국 '애국심은 불처럼 타올라버렸고 근심은 병이 되고 말았다.' 그녀는 그렇게 스물넷의 짧은 생을 마감했다.

소설 말미에 룽쥔은 "매화녀를 롤랑같은 이와 짝을 지어주었다면[70] 그녀가 이룰 업적이 롤랑부인만 못하겠는가?"[71]라는 한탄을 덧붙였다. 이러한 결말은 룽쥔이 '매화녀'를 묘사할 때 잠재의식 속에 또 다른 탁월한 여성, 즉 '롤랑부인'을 떠올리고 있었다는 것을 말해주며 아울러 그녀가 '매화녀'의 원형이었음을 말해준다. 때문에 둘은 모두 어렸을 때 출중한 학문적 소양을 갖추었고 애정과 혼인을 거부하였으며 일생 동안 계몽과 구국의 숭고한 이상을 품다가 최후에는 뜻을 이루지 못하고 젊은 나이에 요절한 공통점을 갖고 있었던 것이다. 그러나 롤랑부인은 일생을 정치 투쟁에 뛰어들어 자유의 쟁취를 위해 싸웠지만 타이완의 신문에서 존재했던 매화녀는 정계에는 별다른 모습을 보이지 않은 채 여성계를 개혁하고 여성을 감화하는 것을 업으로 삼았다는 점에서 둘은 차이를 보이고 있었다. 일반적으로 번역에서는 이종 문화 간의 침투와 전유를 볼 수 있지만 동시에 그 사이의 조정과 변화도 일어난다. 그러나 룽쥔이 작품에서 '위부인'의 전고를 인용하고 '롤랑부인'과 연결시킨 사실은 당시 소설을 통해 세계적 시야

70 이를 통해 보면 容均은 결혼 상대를 중시하였다는 것을 알 수 있다. 여기에서 롤랑 부인의 성공은 결국은 남편의 도움에 의한 것으로 여성 의식은 결핍되어 있었다.

71 이상 소설의 이야기 및 관련 인용어는 容均, 「梅花女」, 『漢文台灣日日新報』 제3608호, 1910.5.8 참조.

가 개척되었음을 말해주는 것이다. 이와 같이 '매화녀'는 롤랑부인의 정신을 소개했을 뿐 아니라 그것을 재해석하여 '번역'하고 '번안'했다.

이러한 역사소설 혹은 역사인물 이외에 전통문인들이 많이 번역하고 모사했던 것은 탐정소설이었다. 아서 코난 도일(1859~1930)과 모리스 르블랑(1864~1941)의 작품들은 타이완인들이 번역하고 모사한 주요 대상이었다. 그러나 타이완인들은 결코 이런 유명 소설을 그대로 베끼는 식으로 번역하거나 모사하지 않았으며 통상적으로 자신의 의지에 따라 변형하여 새로운 탐정 소설 텍스트를 만들어 냈다. 웨이칭더의 『사자 우리獅子獄』는 서커스단의 사자가 사람을 죽이는 내용을 담고 있는데 코난 도일의 『셜록홈즈의 사건집*The Case Book of Sherlock Homes*』 중 「베일 쓴 하숙인The Veiled Lodger」과 유사하다. 그러나 두 작품은 살인 동기, 범인의 신분, 이야기의 플롯에 차이가 있다. 웨이칭더는 상당한 부분에서 고쳐 쓰기를 하였다. 전통문인들이 세계 탐정 소설을 개작한 상황을 보다 분명히 보여주기 위해 웨이칭더의 『이빨 자국』을 예로 들어보겠다.

이 작품은 1918년에 쓰였는데 출간되었을 때 제목 앞에 '프랑스 탐정소설'이라는 주석을 달았지만 번역 작품에 속하는지 여부는 표시하지 않았다. 그러나 이 소설과 프랑스 탐정소설이 관련성이 있다는 것은 충분히 암시했다. 게다가 『이빨 자국』은 단도직입적으로 "러우구鏤骨는 파리의 탐정이다. 그는 10년 전 이빨 자국 사건을 조사한 적이 있는데 지금까지도 사람들은 그 일에 대해 흥미를 갖고 이야기를 하고 있다"라는 단락을 집어넣었다. 이 단락은 설자楔子(전통극에서 사건의 도입을 이끄는 단락)와 유사하게 도입부에서 이빨 자국 사건이 파리의 명탐정에 의해 해결되었다는 것을 말해 주고 있다.

그러면 '러우구'는 누구인가? 『이빨 자국』으로 돌아가 보자. 이 소설에서는 먼저 파리 교외의 고성에서 발생한 살인 사건을 서술하였다. '싸류薩六'는 '어우얼歐二'를 교살했는데 어우얼은 죽기 전에 싸류의 오른쪽 어깨를 물어 이빨 자국을 남겼다. 그 후 싸류는 검사장 '어우양화歐陽化'에게 체포되고 살인의 원인이 '싸이위환賽玉環'이라는 여자였다는 것이 밝혀져 사형 판결을 받았다. 어느 날 명탐정 러우구가 파리의 카페에서 당구 선수인 '하오룽창郝隆昌'과 당구를 치고 있었는데, 갑자기 어우양화의 피살 소식을 듣게 된다. 바삐 찾아간 어우양화의 집에서 죽은 이의 오른쪽에 남겨진 이빨 자국 외에 다른 상처가 없다는 것을 알게 된다. 조사를 통해 전날 저녁 부인 한 명이 찾아왔다는 것이 드러났고 나중에 그녀가 백작부인이라는 것이 밝혀진다. 백작은 2년 전 집에서 기르던 독사에 물려 죽고 말았는데, 그 독사는 아주 특이한 뱀이었다. 뱀은 중앙아시아 돌궐족 여자와 독사가 교접하여 태어난 새끼로 본래 백작이 키우던 것이었다.

경찰은 러우구에게 수년 전 백작이 부인의 연애편지를 발견한 후 둘 사이의 애정에 문제가 생겼다는 것을 알려주었다. 또 이 때문에 경찰은 집에서 기르던 뱀이 백작을 물도록 부인이 계획하지 않았나 추측했고 어우양화의 피살 역시 이와 동일했기 때문에 왼쪽 어깨의 이빨 자국은 독사가 문 자국일 것이라고 판단하고 있다는 사실도 그에게 말해주었다. 러우구는 그것을 듣고는 오히려 의문에 휩싸였고 백방으로 조사한 끝에 살인범이 사실은 하오룽창이며 그가 곧 싸류이라는 사실을 밝혀냈다.

사형판결을 받았던 그해 그는 형을 선고받은 후 거금을 들여 옥리를 매수해 탈옥하였고 얼굴을 바꿀 수 있는 사람의 도움으로 '가면을 만들어' 순조롭게 파리를 떠날 수 있었다. 2년이 지난 후 파리로 돌아와서 보복에 착수했는데 우선 싸이위환이 백작에게 시집간 것을 알고 사람을 사서 백작의 집에 하인으로 들여보내 몰래 연애편지를 놓게 함으로써 부부 간의 불신을 키웠던 것이다. 뒤이어 최면술로 뱀의 새끼에 최면을 걸어 백작과 어우양화를 물어죽이게 하고 아울러 백작부인을 욕보이려 하였다. 그러나 부인이 따르지 않자 앙심을 품고 살인 누명을 싸이위환에게 씌워 일거에 그녀까지 제거하여 후환을 없애려 하였다. 그러다 뜻하지 않게 러우구의 조사를 통해 진상이 백일하에 드러났던 것이다.[72]

필자는 『이빨 자국』의 플롯이 모리스 르블랑의 『호랑이 이빨*Les Dents Du Tigre*』에서 소재를 취했다는 것을 발견했다. 『호랑이 이빨』은 파리의 한 부자의 기이한 죽음을 그렸다. 그가 죽은 후 그의 후계자들 역시 계속해서 피살되었는데 살인사건과 관련된 증거물인 초콜릿과 사과에 모두 이빨 자국이 남겨져 있는데다 거듭해서 동일한 유형의 사건이 일어났기 때문에 '호랑이 이빨'은 이 사건의 잔인성과 흉포성, 그리고 동물적 잔혹성을 상징하였다.

그런데 이 사건을 앞에 나서 수사한 것은 아르센 루팽이었다. 제목에서 『호랑이 이빨』과 『이빨 자국』은 뜻이 유사하고 '러우구鏤骨'와 루팽羅蘋 역시 음이 비슷하다. 내용에 있어서도 『호랑이 이빨』의 일부분은 『이빨 자국』과 관계가 있다. 부상富商이 의외의 죽음을 당한 후 경찰 베로가 명령을 받아 먼저 수사에 나선다. 그런데 그는 뜻밖에 급사하고 이빨 자국이 남은 초콜릿만을 남긴다. 오래지 않아 '포

72 潤, 『齒痕』 1~6, 『台灣日日新報』 제6462호, 1918.6.19 · 제6463호, 1918.6.20 · 제6465호 · 1918.6.22 · 제6466호, 1918.6.23 · 6468호, 1918.6.25 · 제6469호, 1918.6.26 참조.

빌'이라는 사람이 경찰에게 그날 저녁 그와 그의 자식이 살해당할 위험이 있다고 신고하였고 루팽과 그의 조수는 포빌의 집으로 가서 그를 보호할 방법을 찾는다. 그러나 다음날 포빌 부자는 죽고 사인은 밝혀지지 않는다. 루팽은 살인사건 현장 부근에서 이빨 자국이 남겨진 사과를 찾고 검시 후 이빨 자국이 포빌의 아내 마리아의 그것과 비슷하다는 것을 알게 된다. 이 때문에 그의 아내가 살인혐의를 받게 되어 투옥된다. 루팽은 처음에는 사건이 끝났다고 생각한다. 다만 경찰의 죽음과 포빌의 아내 사이에 무슨 관계가 있는지는 설명하지 못한다. 중간에 소브랑이 온갖 방법으로 루팽의 수사를 방해하였는데 나중에 이 사람과 포빌의 아내가 심각한 사이였음이 드러난다. 그러나 포빌의 아내는 남편을 배신할 수 없었고 결국 포빌에게 사실을 털어놓는다. 어느 날 포빌은 자신과 아들이 모두 머지않아 죽을 것이라 생각하고는 아내에게 복수하기 위해 살인 사건을 계획했다. 자신과 아들의 죽음의 죄를 아내에게 뒤집어 씌워 처벌받게 하려는 것이었다. 이렇게 얽히고설킨 사건의 정황은 루팽의 다방면에 걸친 수사를 통해 명명백백 밝혀지게 된다.

이것을 살펴보면 웨이칭더의 『이빨 자국』이 『호랑이 이빨』에서 사람들의 의혹을 푸는 '이빨 자국'의 이미지를 차용하였지만 플롯의 설계에서는 많은 부분이 뒤바뀌어 있음을 알 수 있다. 『호랑이 이빨』에서는 남편이 아내의 외도에 복수하기 위해 스스로 살인사건을 꾸민 것이지만 『이빨 자국』에서 살인은 제3의 인물의 이루어질 수 없는 사랑에 대한 보복행위였다. 그리고 『호랑이 이빨』은 질투에서 기인한 공포감을 두드러지게 보여주었지만 『이빨 자국』은 '정숙하고 순결한 부인은 재물로도 마음을 움직일 수 없고 재능과 용모로도 행동을 바꿀 수 없으며 부모도 뜻을 바꿀 수 없다'는 것을 강조했다. 즉 여성의 정절의 중요성을 표방한 것이다. 바꿔 말해 프랑스에서 타이완까지, 『호랑이 이빨』에서 『이빨 자국』까지 문화가 중개됨으로써 번역과 모사에 새로운 성과가 나타났음을 알 수 있다. 웨이칭더는 인물의 이미지와 주제를 새롭게 바꾸어 타이완 현지의 색채에 더욱 부합하는 모습을 선택하였던 것이다. 더 중요한 것은 그가 전통문인이라는 신분으로 '전통도덕'이라는 틀을 은연중에 이국적인 탐정소설 텍스트에 전유했다는 점이다.

이국으로부터 해당지역으로 세계문학의 텍스트가 위치 이동을 하고 다시 쓰이는 상황은 사실은 전통문인이 이미 하나의 언어 환경에서 다른 언어 환경으로 넘어오는 과정을 경험했음을 말해준다. 이때 전환의 과정은 어떠했을까? 전술한 웨이칭더의 「사자 우리」는 번역 / 모사의 소통과 교류에 대한 재미있는 예이다. 이 탐정소설은 파리에서 일어난 사자의 살인 사건을 묘사하였는데, 타이완 독자들로서는 사자가 어떻게 살인을 할 수 있다는 것인지 도저히 상상할 수 없는 일이었다. 때문에 웨이칭더는 특별히 다음과 같은 부연설명을 덧붙였다.

> 모년 모월 모일, 파리 경시청은 사자가 살인을 저지른 기이한 사건을 접한다. 무릇 사자는 극히 흉포한 짐승인 바 사자의 살인이 어찌 기이한 일일 수 있겠는가? 타이베이시의 위엔산圓山동물원에 사자가 오기 전에 다룽퉁大龍峒의 거주인들은 때때로 호랑이의 포효를 들을 수 있었다. 호랑이는 백수의 대장으로서 사람을 물 수 있다는 것은 모두가 알고 있는 사실이다. 호랑이에게 물려 요행이 살아남을 수 있었던 사람이 얼마나 되겠는가? 그러나 위엔산동물원의 호랑이는 사자의 위엄에 두려움을 느껴야 했다. 사자가 온 후 사자가 포효하

> 자 호랑이는 멀리 떨어져 있는 우리에 있었음에도 종전과 같이 포효를 낼 엄두를 내지도 못했다. 그러하니 다른 동물의 상황이 어떠했는가는 미루어 알 수 있다. 또 호랑이는 코끼리와 싸워 늘 졌는데 그러한 코끼리도 사자의 발톱과 이빨에 고통을 느끼지 않을 수 없었다. 코끼리가 이럴진대 사람이 어찌 견딜 수 있겠는가? 그래서 사자가 살인한다는 것은 이상한 일이 아니고 사자가 살인할 수 없다는 것이 이상한 일이다 하겠다.

이 소설은 '메타픽션'적인 느낌이 강하다. 웨이칭더는 타이베이 위엔산동물원의 호랑이, 사자, 코끼리를 예로 들어 사자의 위엄과 용맹함이 가히 두려워할 만하다는 사실을 설명하고 이어서 살인사건이 어떻게 발생할 수 있는지 역시 설명하고 있다. 이것에는 독자의 생각에 관여하고자하는 작자의 의도가 숨겨져 있다. 살인사건이 발생하면 탐정소설에서는 반드시 걸출한 탐정이 나타나 사건을 처리한다. 그러나 타이완인들은 이러한 이국적인 신인물에 대해 거리감을 갖고 있었다. 타이완의 독자와 프랑스의 탐정 간의 공간적 거리와 생경함을 줄이기 위해 웨이칭더는 취리커屈里克 탐정을 끌어들일 때 고심에 고심을 거듭해야 했다. 작품 중간에 취리커가 정원 서쪽 구석에서 아름다운 석양을 감상하는 장면이 나오는데 상당한 예술가적 기질을 갖춘 탐정을 웨이칭더는 다음과 같이 묘사하였다.

> 취리커는 사실 정원의 꽃과 나무를 보다가 시정이 솟구치는 것을 느꼈던 것이다. 취리커가 만약 타이완의 시인이었다면 당연히 '한가로운 봄바람, 울긋불긋 봄일세等閒識得春風面, 萬紫天紅總是春'라는 시구를 떠올렸을 것이다. 그러나 취리커는 파리 사람인 까닭에 이와는 다른 서구의 뛰어난 시의 사상과 철

학을 갖추고 있을 터이다.[73]

도대체 취리커가 꽃을 감상하고 있을 때 그 내심은 어떠했을까? 웨이칭더는 여기서 사실 슬며시 개인 심리를 탐색하는 글쓰기로 접어들고 있었던 것이다. 이와 같은, 설정을 통한 심리 묘사는 세계 탐정소설에서 나타나는 사물의 전후 인과관계에 대한 세세한 분석과 살인사건에 대한 치밀한 수사와 결합하여 시너지 효과를 일으키면서 창작자의 관찰력과 이해력을 심화시켰고 문장에 운용됨으로써 현대문학에서의 개인 심리 묘사를 촉진하였다.

다시 인용한 문장으로 돌아가 보자. 파리의 탐정은 주희朱熹의 「춘일春日」을 읊을 수는 없지만 자신의 국가에 고유한 시학이나 철학적인 소양을 갖추고 있다. 이것은 바로 웨이칭더가 번역을 통해 타이완인들에게 인식시키고자 했던 파리지엔과 타이완인 사이의 '차이'이다.

이처럼 웨이칭더는 타이완인들의 타이완적인 경험을 더하고 이것을 다시 프랑스인들의 경험과 상호 비교하는 과정을 통해 프랑스 탐정소설을 번역하였다. 그렇다면 도대체 그는 이러한 과정을 통해 어떤 의도를 드러내고자 했던 것일까? 독일의 중국학자 쿠빈Wolfgang Kubin은 「'다름'에 대한 연구關於'異'的硏究」에서 '다름'의 개념을 더욱 본질적인 차원에서 파고들었다.

> '다름'은 자신이 이해하지 못하는 모든 것으로 표현될 수 있다. '다름'에 상대되는 것은 자기이다. '다름'도 자기의 가치 표준을 가지고 자기가 이해하지 못

73 이상 인용문은 潤, 「獅子獄」 1, 『台灣日日新報』 夕刊, 제8754호, 1924.9.27 참조.

> 하는 사람, 사물, 장소 등을 잰다. 이것은 일종의 생경감이 있다는 것이고 이러한 생경감은 어떤 태도를 대표한다.[74]

이 글을 통해 '다름'에 수반되는 추구를 이해할 수 있다. 기실 그것은 자신에 외재하는 시각을 두드러져 보이게 하는 것이며 그럼으로써 자신을 더 잘 살필 수 있고 자신을 보다 본질적으로 이해할 수 있다. '생경감'은 일면적으로는 낯선 곳, 낯선 풍정, 낯선 경치를 찾는 호기심을 만들어 내지만 다른 한편으로는 '다름'을 바라보는 가운데 자신의 주체적 위치를 확립하게 만든다. 그래서 세계문학을 번역하고 모사하고 고쳐 쓰는 작업에 참여하는 가운데 이국적 세계를 도입하여 문화적 본위를 확립하고 공고화하기도 하지만 글쓰기의 표현에 있어서는 작자 자신의 습관이 되어버린 기술을 사용하기도 한다.

이러한 상황은 특히 일제통치 초기 타이완의 전통문인들이 번역 작업에 종사했을 때 분명하게 드러났다. 웨이칭더가 번역한 『아코의사 스가야한노죠』를 보면 전체가 장회소설 형식을 취하고 있고 설서인의 말투를 흉내 내고 있는데 때때로 여기에 개인의 감상을 끼워 넣거나 '이사씨 왈異史氏曰'과 같은 말을 이용하여 개인적인 평가를 집어넣었다. 그는 제4회에서 스가야한노죠의 계모가 의도적으로 그를 희롱하고 유혹하는 장면을 번역한 후 바로 '이사씨 왈'이라는 말로 자신의 평론을 전개했다.

> 인생 칠십 고희가 되도록 한베에半兵衛는 늙었다는 것도 모르고 유곽에서

74 Wolfgang Kubin 講演, 曹衛東 編譯, 『關於「異」的研究 *Exotism and Salvation*』, 北京 : 北京大學, 1997, 1면 참조.

> 놀아나기에 바빴다. 슬하에 불세출의 효자를 두었지만 내치고는 오로지 애첩과 그녀의 말만 들을 뿐이었다. 이것은 신생申生이 자신을 변호한다면 여희驪姬가 죽고 그리하면 임금도 여희도 죽게 될 것이라 밤낮으로 잠을 이루지 못하고 임금의 마음을 해하지 않기를 바랐던 것과 같다.[75]

스아야한노죠와 그의 아비, 계모 사이에 일어난 문제를 웨이칭더는 타이완인들에게 비교적 익숙한 『좌전左傳』의 진헌공晉獻公, 여희, 신생의 전고를 빌어 세 사람의 관계를 비유했다. 그는 이를 통해 타이완 독자들이 스가야한노죠가 겪은 인생의 곤경과 심리적 갈등을 더욱 분명히 알게 하고 싶었던 것이다.

번역자의 문화적 주체의식이 강화될수록 이국의 텍스트는 통상 본토문학의 요구에 부응하는 방향으로 개작되기 마련이다. 때문에 로렌스 베누티는 "번역은 피할 수 없는 귀화과정이다. 그 과정을 통해 이국의 텍스트는 본토의 특정한 집단이 이해하기 쉬운 언어와 문화적 가치의 기호가 된다"[76]라고 말했던 것이다. 전통문인이 다니엘 디포의 첫 번째 소설 『로빈슨 크루소』를 번역하는 상황을 살펴봄으로써 타이완 전통문화주체가 개입하는 현상을 보다 분명히 파악할 수 있을 것이다.

이언 와트는 18세기 신흥 근대소설 장르와 과거소설의 다른 특성을 분석하면서 『로빈슨 크루소』와 관련하여 다음과 같이 훌륭한 분석을 가하였다.

---

75 異史 譯, 『赤穗義士菅谷半之丞』, 『漢文台灣日日新報』 제3636호, 1910.6.10.

76 Lawrence Venuti, 查正賢 譯, 『飜譯與文化身分的塑造*Translation and the Formation of Cultural Identities*』. 인용문은 許寶强, 袁偉 編選, 『語言與飜譯的政治』, 香港 : 桂冠, 1994, 65~66면, 68・70면 참조.

> 근대소설은 근대 사실주의 지식론과 밀접한 관계가 있으면서 또 한편으로 사회구조에 있어 개인주의와도 밀접한 관계가 있다. 문학, 철학 및 사회의 세 영역에서 이상, 우주, 집단 등은 줄곧 중심적인 의제였다. 그러나 근대의 시야는 오히려 이것과는 완전히 다른 길을 바라보았다. 그 시선 안에는 독립적 개체, 직접적인 감각의 쾌락 및 자주권을 가진 개인이 놓여있었다. 디포 그는 유사 이래 개인주의의 다양성을 가장 잘 표현한 작가이다. 그의 작품은 갖가지 형식의 개인주의와 소설의 발생 사이의 관계를 보여주고 있다. 특히 그의 첫 번째 작품 『로빈슨 크루소』는 이 양자 간의 관련성을 하나도 남김없이 다 이야기 해주었다. 『로빈슨 크루소』의 주인공은 본래 집도 있고 가족도 있는 사람이었지만 나중에 '경제인'이라는 이유로 가정을 떠났게 되었던 것이다. 그는 이것이 경제적 상황을 개선할 수 있는 유일한 길이라 믿었기 때문에 '그의 성격에 잠재되어 있는 숙명적인 힘'이 그를 바다와 모험으로 향하게 했던 것이고 운명이 정한 신분에 안주하지 않도록 만들었던 것이다. 그래서 우리는 이 작품을 소설 방면에서 새로운 형태의 시금석으로 볼 수 있다. 왜냐하면 종전 소설의 주인공은 대부분 안정된 사회적 환경에 머물렀지만 『로빈슨 크루소』에서 주인공을 이전에는 경험하지 못했던 상황에 처했기 때문이다.[77]

이상 인용문을 통해 우리는 『로빈슨 크루소』가 서구 근대소설 발생과정에서 차지하는 위치가 얼마나 중요한가를 알 수 있다. 또 작품 속 주인공이 운명을 받아들이지 않는 개성적인 모습, 집을 떠나 모험에 뛰어드는 행위는 개인주의의 독립적 색채를 충분히 보여주고 있

77 Ian Watt, *The Rise of the Novel-Studies in Defoe, Richardson, and Fielding*, Great Britain : Cox & Wyman Press, 1979, pp.68~6・71~72・74. 번역문은 魯燕萍 譯, 『小說的興起』, 台北 : 桂冠, 1994, 56~66・68, 70면에서 인용.

다. 그렇다면 타이완인들은 어떻게 이 작품을 바라보았는가? 또 로빈슨을 어떻게 보았을까?

당시 신문과 잡지에 실린 작품을 보면 타이완인들의 마음에 '로빈슨'은 모험에 뛰어들고 위험을 무릅쓰는 영웅의 대명사였다. 그가 표류해 간 섬에서의 신기한 일들은 당시 사람들에게는 상당한 선망의 대상이 되었다. 1911년 『한문판 타이완일일신보』에 '테링鐵冷'이 쓴 「단편우언오독短篇寓言五毒」이 실렸다. 주인공 후루성후광胡蘆生胡廣은 본래 성이 황黃씨였는데 어릴 적 표주박에 담겨 강에 유기되었다. 다행히 어부가 구했기 때문에 성을 후胡로 바꿨던 것이다. 자라서는 헤엄도 잘치고 배를 부릴 줄 알아 "어릴 적부터 로빈슨으로 자부했다. 그러나 신기한 이야기와 볼거리로 가득 찬 넓은 세상으로 나아가지 못하고 작은 못에 갇힌 곤鯤의 꼴일 뿐이었다. 늘 이역을 탐험할 생각을 했지만 부모의 명 때문에 그러하지 못했다." 그래서 작품 속의 후루성은 로빈슨이 집을 떠나 강호를 유랑하는 정신을 지나치게 동경하였고 양부모의 허락을 얻지 못한 것을 아쉬워했다.

그는 '황량몽黃粱夢'을 빌어서만 바다로 나갈 수 있었는데 가족과 함께 바다로 나갔다가 갑작스런 태풍을 만나게 된다. 하지만 그는 조금도 두려워하지 않았고 심지어는 '신세계를 발견하려는 의지'를 더욱 더 불태웠다. 그래서 배를 표류하는 대로 내버려두었고 이윽고 외딴 섬에 닿아 가족과 상륙해서 그곳에 머물게 된다. 그 후 후루성은 섬에서 모험을 하다가 만난 도사에게 신선술을 가르쳐 줄 것을 간청하지만 도사는 이에는 응하지 않고 그저 후루성이 살았던 나라의 여러 안 좋은 모습을 보여줄 뿐이었다. 원래 거기에서 보이는 사물들은 모두 거미, 지네, 도마뱀, 뱀, 두꺼비 등이 화한 것으로 인간 세상이 이처럼 오염이 심하게 되었다는 것을 말해주는 것이었다. 오래지 않아 후루성은 꿈에서 깨어 비로소 세상 모든 것이 꿈과 같다는 것을 알게 된다. "이 때문에 참선하고 깨달음을 얻어 자신이 원래 하던 일을 계속하게 된다. 그는 어부로써 늙어갔던 것이다. 술을 팔아 곡식으로 바꾸러 갈 일이 없으면 세상으로 나가지 않았다."[78]

톄렁은 로빈슨의 탐험정신에 감흥을 얻어 이 문언소설을 창작했다. 그러나 결론적으로는 항상 가족과 함께 안분지족하며 세태의 혼탁을 깨닫고 세상과 멀리하면서 욕심 없이 운명을 받아들이는 인생을 그리는 우언이 되고 말았다. 그는『로빈슨 크루소』원작이 강조한 개인주의 정신과는 완전히 다른 방향으로 나아갔던 것이다. 비록 작품에서는 오염되고 타락한 국가에 대해 비판을 가하였고 그것과 절연했지만 그것은 개체의 인격적 가치와 인격의 독립 의식을 중시하는 근대 문화와는 다른 차원의 것이었다.

웨이칭더의『백년부부』역시 당시 문인들이 로빈슨 모험서사를 수용하고 고쳐 쓴 양상의 다른 모습을 보여 준다. 이 소설에서 하이링海陵 사람인 왕모王某는 청렴결백하고 박애적인 사람이다. 자식이 없어 고심하다가 나중에 첩을 얻어 아들을 하나 보지만 오래지 않아 세상을 떠났다. 물려받은 유산도 없었기 때문에 그 아들은 커서 배를 몰아 생계를 유지했다. 그는 나이 마흔 다섯이 되도록 여전히 가난했고 그래서 혼처도 나서지 않았다. 어느 날 바다에서 태풍을 만나 배가 전파되었다. 거친 파도 속에서 부목을 잡고 표류하여 무인도에 이르게 되었다. 거기서 생각지도 않게 동굴 속에 있던 황금과 '콩알 크

---

78 이상 내용은 鐵冷,「短篇寓言五毒」,『漢文台灣日日新報』제3997~3999호, 1910.7.10~12 참조.

기의 다이아몬드 수십 개'를 발견하였다. 그는 황금과 다이아몬드를 가지고 떠났는데 요행히 큰 배를 만나 구조되었다. 육지에 닿아 다이아몬드를 팔아 부상이 되고 마흔 아홉에 처를 얻어 남녀 각각 네 명씩의 자식을 낳고 백세가 되어 세상을 떠났다.[79]

이상의 이야기를 보면 웨이칭더가 로빈슨이 섬으로 표류해간 이야기와 부를 얻은 플롯을 종합해서 이 작품을 창작했다는 것을 알 수 있다. 그러나 소설에서 경제적 분업과 노동 신성설의 관념은 드러나지 않은 채 인물이 부를 얻은 원인 역시 기이한 인연이나 말미에 보이는 것처럼 왕모가 관官에서 덕을 쌓은 소치로 해석됨으로써 소설의 초점은 점차 전통적인 인과응보관으로 옮겨갔고 로빈슨 모험 서사에 담겨있던 의의는 점차 약해져 갔다.

이상에서 필자는 몇몇 소설 텍스트를 빌어 타이완 전통문인들이 세계문학을 번역 및 번안했을 당시의 문화심리와 문학적 양태를 설명했다. 한편 기타 장르, 예를 들어 서양시 역시 한역 작품이 출간되기도 했는데 1936년 12월 '낙타駱'(타이베이 瀛社에 소속된 駱子珊으로 추정)가 『공교보孔教報』의 「동서시화東西詩話」를 통해 위고와 바이런 두 사람의 애정시의 번역본을 싣고 작자에 대해 간략히 소개하였다.

> 서구인들의 풍격과 전아함은 중국에 결코 뒤지지 않는다. 비록 시체詩體는 다르지만 중국인의 손을 거쳐 한시로 바꾼다면 읊을 만하다. 프랑스 문호 위고는 나폴레옹 3세에 반대했기 때문에 추방되었다가 그의 폐위 후 돌아올 수 있었다. 이로 인해 온 나라 사람들이 더욱 그를 존경하고 숭상했다. 위고는 어

79 潤, 『百年夫婦』, 『台灣日日新報』 제9000호, 1925.5.31 참조.

릴 적 이웃집 아델Adèle Hugo과 사귀어서 서신 왕래를 했는데 그것은 모아서 책을 만들 수 있을 정도였다. 수많은 난관을 거치고 결국 그들은 결혼하였다. 만년에 아델이 먼저 세상을 뜨자 위고는 편지를 펼쳐 놓고 감개에 빠졌다고 한다. 이때 시를 써서 그의 애도의 감정을 담아냈다. 최근 누군가가 그것을 한시로 번역하였다. "당년의 연서를 오늘 다시 펼쳐보니 눈물이 치마를 적시옵니다. / 풍우한설風雨寒雪에 늙어갔고 청산청사青山青史는 헛되게 지나갔습니다. / 백자 시로 우리의 은애를 슬피 기억하노니 추방된 십년동안 우리는 함께 걱정하며 견디었습니다. / 망망한 낙토는 언제나 이를 것인가요, 인생은 일장춘몽과 같습니다."

영국인 바이런의 시 중 가장 많이 사람의 입에 오르내리는 시는 「아테네의 처녀」 4수이다. 사실 그중 압권인 작품은 어릴 적 비자碧迦 여사의 묘에 가서 지은 조시이다. 그 한 구절은 다음과 같이 번역되었다. "만목萬木의 침묵, 고요한 바람. 황토가 무너진 곳, 혈흔의 푸르름 / 스스로 향을 뿜는 풀, 스스로 붉게 물든 꽃. 나는 기쁘다, 지금 임금의 궁에 있으니. 그러나 무정하도다, 임금은 나의 애정을 급히 거두어 버리시나니."[80]

서구인들의 언어와 시체의 사용은 중국의 그것과 다르다. 때문에 '낙타'는 위고와 바이런의 뼛속까지 새겨진 그들의 애정에 '번역'이라는 작업을 가하여 전통문인에게 익숙한 한시체로 만들어야 했다. 이러한 현상은 전통문인들이 여전히 한시의 전아한 운율에 대한 자신감으로 가득 차 있었다는 사실을 다시 한 번 입증한다. 이국적인 텍스트는 고쳐 쓰기를 통해 본토 문학의 요구에 부합하는 양식으로 바

80 駱, 「東西詩話」, 『孔教報』 제3호, 1936.12.18, 26면 참조.

꿔었고 그것은 재미있는 번역의 풍경을 빚어냈던 것이다. 이것은 또 한 앞에서 이미 언급한 전통문인들이 구시의 율격을 견지했다는 사실과 일맥상통하는 것이기도 하다.

이렇듯 전통문인들이 세계문학을 번역하고 번안한 것이 문학 근대성의 이식과 전파에 도대체 얼마나 많은 영향을 끼쳤을까? 우선 장르적으로 소설의 서사 모델과 문체 미학이 사람들에게 익숙해졌다. 특히 탐정소설 번역 작품 중 다변적인 플롯, 대화의 운용, 현대적 시간과 공간의 묘사는 타이완에서 근대문학의 수사와 서사가 형성되는 데 유리하게 작용하였다. 이국적인 경험이 번역과 번안을 통해 전파됨에 따라 독자들은 그것에 함축되어 있는 문화적 배경과 이미지를 끊임없이 받아들이고 또 이해했다. 이것 역시 문학의 근대적 시야가 확장되는 데 도움이 되는 것이었다.

예로 우울한 햄릿, 무인도를 탐험한 로빈슨, 셜록 홈즈와 아르센 루팽, 이상을 위해 죽음을 택한 롤랑부인 등 세계적 인물의 전형은 타이완문학의 인물 유형으로 도입되어 이미지 창고를 풍부하게 했다. 한편 일제강점 초기 번역어에는 이미 신어가 출현하였는데, '沙發(소파)', '雪茄(시거)', '咖啡(커피)', '撞球(당구)' 등은 관용어휘로서 타이완의 근대문학 어휘에 포함되었다. 이러한 여러 변화는 전통문인들이 세계문학을 번역하고 모사했던 경험이 문학의 근대성과 관련이 있으며 그것을 경시할 수 없다는 사실을 말해 준다. 단지 번안 과정에서 나타난 보수적 문화 주체의 입장과 이데올로기의 개입은 문학의 근대성을 쉽게 이식하고 전파하는 여건을 마련하는 동시에 그에 대한 반작용을 불러왔으며 따라서 여기에서 나타나는 현상 역시 주의할 필요가 있다 하겠다.

5. 나가며

프랑스의 저명한 근대성 연구자 이브 바데이는 1895년에서 1900년 혹은 1910년에 이르는 시기를 관찰한 후 이 시기를 '세기 교체기'의 열쇠가 되는 시기라고 규정하며 이 시대의 사람들은 매우 강렬한 '변화의식'을 갖고 있을 것이라고 말했다.[81] 이에 근거해 보면 일제강점기의 타이완인들은 신구문인을 불문하고 사실 모두 물질과 정신세계의 중대한 변화를 느꼈을 것이다. 이로 인해 근대성의 각도에서 일제강점기의 타이완문학을 탐구한다면 신구문인들에게서 시대를 따라 변화하는 문학의 풍경을 발견할 수 있을 것이다.

이브 바데이는 근대성과 고대성의 관계에 관해 독특한 견해를 내놨다. 그는 '근대성을 고대성의 대립물로도 그리고 고대성을 근대성의 대립물로도 볼 수 없다'[82]라고 말했다. 본고 역시 이것으로부터 관점을 재검토하여 연구를 전개하였다. '고대성'을 갖추고 있는 듯이 보이는 전통문인들이 완연한 '근대성'을 갖추고 있는 세계문학을 수용, 번역하고 번안하는 추세를 따라 문학 근대성이 타이완에 이식되고 전파되는 과정을 탐구하였다. 이를 통해 타이완 문인들이 신구를 구별하지 않고 공유하는 근대성 시야를 가지고 있었으며 또 그것이 근대문학의 발생을 재촉했다는 사실의 의미에 대해서도 고찰해 보았다. 아울러 그들이 세계문학을 수용하는 과정, 및 심미적 인식과 관련된 변화의 상황도 함께 언급하였다.

81 Yves Vadé 講演, 田慶生 譯, 『文學與現代性』, 6면 참조.

82 위의 책, 149면.

사실 일제강점기 타이완은 이미 세계문학의 소비 권역에 들어있었다. 라이허賴和는 「'저울' 하나一桿'稱仔'」에서 이 작품이 아나톨 프랑스의 「크랭크빌Crainquebille」의 영향을 받았다고 말했다. 예스타오葉石濤는 「린 군이 보내온 편지林君寄來的信」가 프랑스 작가 알퐁스 도데의 단편을, 「춘원春怨」은 앙드레 지드의 『좁은 문』을 모방하였다고 자인했다.[83] 또 웡나오翁鬧, 우융푸巫永福, 룽잉쭝龍瑛宗 등이 일본 신감각파로부터 영감을 받았는데 이 모든 사실들은 신문학가와 세계문학 사이에 밀접한 관계가 있었음을 설명해 준다.

이 글을 통해 독자들은 일제통치 초기부터 전통문인들이 중국과 일본의 고전과 근대문학 이외에 셰익스피어, 디포, 코난 도일, 르블랑 등 저명 작가의 작품을 접하고 이들 세계문학의 번역과 번안에 뛰어들었음을 알 수 있을 것이다. 일제 통치 후기에는 백화문에 반대했던 전통문인들, 예를 들어 롄헝, 장춘푸 등이 개설한 서점들도 세계문학과 백화문학 작품을 판매하였으며 문학 근대성의 소개에 참여하였다. 이러한 현상은 신구문학의 대립으로 일제강점기 타이완문학을 파악하는 이원적 사관이 세계성이라는 조류와 문학사조의 끊임없는 흐름 속에 타이완이 처해 있었다는 사실을 너무나 쉽게 생략하였음을 알게 해 준다.

우리는 전통문학이 문단의 주류였던 일제 통치기를 폐쇄적인 문학 발전 단계였다고 성급하게 판단했고, 1920년대에 이르러서야 세계문학과 소통하게 되었다고 너무나 쉽게 오해했었다. 신문학과 신문학 작가들이 생겨난 이후에도 전통문인들이 여전히 지속적으로 활동하

83 葉石濤, 『一個台灣老朽作家的五〇年代』, 15~16면 참조.

고 있었으며, 혹자는 방향을 바꾸어 문학 근대성을 전파했을 가능성을 살펴보지 못한 것이다. 필자는 본고를 통해 옛것과 새로운 것 사이의 넓은 틈을 메우고 근대성 전체를 설명하는 틀을 드러내고자 하였다. 일제 통치기 타이완문학이 세계문학의 맥락 속에서 세계문학과 상호 연계되고 대화하는 양상을 관찰하여 어떻게 이역의 경험을 흡수하여 본토 문학의 명맥을 풍부하게 했는가를 파악하고자 한 것이다.

문학 근대성을 이식하고 전파하는 데 있어 전통문인들이 수행한 역할을 과장할 의도는 없다. 또 그들을 신문학 작가들과 동일시하려는 순진한 생각을 할 생각도 없다. 필자는 연구를 통해 전통문인들이 한시 전통으로 인해 서구의 신시 체제 수용을 어려워했으며 서구문학을 빌려오더라도 이는 한시의 폐단을 개선하기 위해서였다는 점을 알 수 있었다. 전통문인들은 심지어 1930년대까지도 구시의 방식으로 서양의 애정시를 번역하면서 한시의 전통을 견지하려 했다.

전통문인들이 세계문학을 자양분으로 소설을 창작하고 번역과 번안에 나선 것, 특히 탐정소설의 관습을 모방했던 것은 문학 근대성을 타이완으로 이식하고 전파한 명확한 실례라고 할 수 있다. 하지만 그 속에는 '문이재도文以載道'라는 문화적 주체의식, 인륜 교화의 철학관, 현대문명에 대한 위기감으로 인해 조성된 심리상태와 이데올로기가 감추어져 있었다. 이러한 경향으로 인해 문학적 근대성과 동보적인 진전이 일어나지 못하는 현상이 벌어졌다. 심지어는 근대문학의 완성이 전면적으로 지체되는 상황이 발생하기도 하였다. 그 양상은 매우 복잡한데, 그것은 문학적 근대성이 타이완에서 이식되고 전파되는 과정이 단일한 것이 아니라 중층적인 복수의 거울상을 갖고 있음을 암시한다 하겠다.

근대성과 일제시기 타이완 제일세대 작가*

천팡밍陳芳明

1. 들어가며

근대성modernity은 절대적으로 서구 문화의 개념이다. 타이완인들이 근대성을 최초로 인식하기 시작했을 때 타이완은 이미 일본의 통치를 받는 식민지였다. '근대'와 '근대성'이라는 관념은 일본 사회에서 잉태된 것은 아니며, 메이지 유신 이래 일본인들이 서구 자본주의 국가를 모방하면서 얻어낸 것이다. 타이완을 효과적으로 통치하고 그리고 식민 체제를 최단기간 내에 공고히 하기 위해 일본인들이 근대화를 추진했다는 점은 재론할 필요가 없다. 만약 근대화를 하나의 담론으로 본다면 이러한 담론은 1920년대의 타이완에 영향을 미치고 있었다.

* 이 글은 고점복이 번역하였다.

식민지 타이완에서 1920년대는 아주 중요한 역사적 시기였다. 일찍이 사회학자 천사오신陳紹馨은 1921년에서 1925년을 타이완 사회 변화의 중대한 전환점이라고 지적했다. 그는 이 시기에 "교통이 발달하여 인민의 이동성이 증대되었다. 농산물 가공품의 생산이 증가하였으며, 생산력도 높아졌고 인민의 일상생활의 소비력도 조금씩 증가하였다. 인민의 태도가 변화하기 시작했으며 점차 다양한 새로운 생활방식을 수용하고자 하였다. 점점 기계(자전거와 자동차 같은)를 더 많이 사용하게 되었으며 양의사 수가 한의사 수를 초과하게 되었고 초등교육도 점차 보급되었다"[1]라고 말했다. 여기에서 말하는 새로운 생활방식은 근대적 생활을 가리킨다. 이러한 생활방식의 변화는 의심의 여지없이 자본주의가 타이완에서 점차 성숙하고 있다는 것을 반영한다. 타이완인들이 근대적인 생활을 수용함에 따라 '세계적 조류' '근대문명' 등과 같은 개념과 명사는 당시 사회의 유행어가 되었다. 20년대에 발흥한 지식인에게 근대는 진보와 개명·과학·이성 등등을 의미했다. 이와 같은 서구문명의 선진성은 전반적으로 타이완의 젊은이들에게 수용되었다. 1920년 일본 도쿄에 유학하던 타이완 유학생이 조직한 '신민회'는 특별히 『타이완청년』에 '취지서'를 발표하여 당시 지식인을 깨우쳤다. "세계적 조류에 반대하는 사람은 문명의 낙오자이다"[2]라는 말의 속뜻은 세계적 조류가 바로 진보적 문화이며, 그에 반대하는 자는 낙오자라는 것이다. 동시에 이 세계적 조류라는 것은 분명 근대화의 추세를 가리킨다. 진보와 낙후라는 관

1 陳紹馨,「台灣的人口變遷與社會變遷」,『台灣的人口變遷與社會變遷』, 台北 : 聯經, 1979, 127면.
2 創造出版社編輯部 역,『台灣社會運動史』 제1권, 台北 : 創造, 1989, 27면. 이것은 타이완총독부 경무국이 편찬한『台灣總督府警察沿革誌』, 台北 : 南天, 1939를 번역한 것이다.

념이 지식론에서 위계질서를 갖추게 되자 근대화에 대한 지식인의 동의는 더욱 강해졌다.

세계적 조류의 구체적 내용은 『타이완청년』의 '창간사'에 분명하게 드러나 있다. "보라! 국제연맹의 성립, 민족자결의 존중, 남녀평등의 실현, 노사협조 운동 등 어느 것 하나 커다란 각성의 결실이 아닌 것이 있는가!" 계몽운동 추진의 역할을 맡은 『타이완청년』은 제1차 세계대전이 끝난 후 일어난 사상을 '커다란 각성'이라고 부르고 있는데, 이에는 분명 타이완의 청년들에게 국제형세의 거대한 변화를 환기하려는 의도가 있었다. 특히 이 잡지는 이러한 각성을 삼대 의제에 집중하고 있는데, 그것은 '민족자결', '남녀평등', '노사협조'이다. 이 세 개의 의제는 20세기 말에 대두된 종족・젠더・계급에 거의 상응하는 것이다. 만약 타이완이 낙후된 봉건문화로부터 각성하고자 한다면 반드시 이 세 의제에 대한 사고에 의거해야 한다는 것이다.

근대성이 이성과 과학, 진보를 대변한다면 이와 같은 담론은 신문학운동 초기의 제일세대 작가들에게 어떤 영향을 미쳤을까? 그들은 아무런 대책 없이 근대성의 도래를 수용하였던 것일까 아니면 이러한 논리를 비판적으로 수용했던 것일까? 근대화 운동의 충격하에서 신문학 초기의 작가들은 문학 서사를 통해 어떤 반응을 보였을까? 이런 문제들은 식민지 지식인의 문화적 정체성과 관련된다. 또 정체성의 추구와 저항은 이후의 제이세대와 제삼세대 타이완 작가들의 고민거리였으며 그들의 서사 전략에 깊이 반영되었다.

2. 근대성, 세계적 조류와 식민체제

근대성의 도래가 당시의 세계적 조류라면, 그것의 문화적 함의는 도대체 무엇인가? 이 문제를 논하기에 앞서 가설에 불과하지만 또 다른 의문을 던질 수 있을 것이다. 타이완이 일본제국주의에 점령되지 않고 청나라의 세력 안에 있었다면 타이완은 자신의 '근대성'을 갖게 되었을까? 서구의 역사를 살펴보면 16세기의 르네상스운동으로부터 18세기의 계몽운동은 근대성이 흥기하는 최초의 단계였다. 이 시기에 서구인들은 점차 몽매했던 중세의 암흑기를 벗어나 이성의 대두를 의식하기 시작했다. 18세기 말에 프랑스 대혁명이 발생한 후부터 19세기에 산업혁명이 성숙했던 시기는 근대성이 서양인에게 널리 수용된 시기이다. 19세기 말 이래 자본주의의 확장과 도시문명의 확대에 따라 근대성도 유럽 밖으로 퍼져나가기 시작했는데, 이것이 제3단계이다.[3]

이와 같은 역사의 발전을 중국 역사와 비교해보면 양자가 전혀 부합되지 않는 것은 분명하다. 16세기 이래 중국사회는 내부적으로 서구 사회와 같은 극렬한 변화를 경험하지 않았다. 상대적으로 중국은 내부적으로 극히 안정적인 상태를 유지하거나 심지어 제자리걸음을 하고 있는 상황이었다. 정치적으로는 중앙집권제도의 공고함에 동요가 없었으며 경제적 측면으로는 농업경제 생산방식이, 사회적으로는 계급 간의 유동이 완만했다. 이러한 사실들을 볼 때 변혁이란

---

3 근대성 발전의 3단계론은 Marshall Berman의 *All That Is Solid Melts Into Air-The Experience of Modernity*, London : Verso, 1983 참조.

관점에서 중국적인 '근대성'은 10세기의 송나라까지 거슬러 올라가야만 한다.

이 관점에서 보면 중국과 서구 '근대성'의 만남은 제국주의가 동양에서 확장되어 감에 따른 것이다. 보다 확실하게 말한다면 근대성의 전 지구적 전파는 서구인이 근대적 생활을 동양인에게 보급하는 것이 아니라 자본주의의 재확장을 위한 것이었다. 즉, 그것은 식민 체제의 건설 과정에서 뒤섞여 들어온 것이다. 이러한 근대성의 타이완 도래는 물론 서양인들이 직접적으로 이행한 것이 아니라 일본의 식민체제를 투과하여 촉진된 것이었다. 따라서 타이완 지식인들이 상술한 것처럼 '세계적 조류'에 대해 논의할 때 그들은 근대성 배후에 감추어진 자본주의와 식민주의를 간과한 채 근대적 과학과 이성이라는 일면만을 긍정한 것이다.

『타이완청년』에 발표된 권두언과 일련의 글들은 모두 '세계적 조류'를 거스를 수 없음을 인정한다. 그 잡지의 발행인 린청루林呈祿는 린츠저우林慈舟라는 필명으로 글을 써서 이 점을 강조했다. "이 세계는 혁신 중이며, 인권의 발달도 무르익고 있다. 무릇 우리 섬의 뜻있는 청년들은 서둘러 정신을 가다듬고, 분연히 반성하고 전심으로 노력하여 문명의 학식을 고찰한 후 서둘러 따라잡아 사회적 인재를 키워야 한다."[4] 제1차 세계대전 후 타이완 지식인들은 분명 국제질서가 새롭게 재편되고 있음을 의식하고 있었다. 그들에게 세계적 조류는 '혁신'·'인권'·'문명'과 동의어였던 듯하다. 그러나 그들의 내면에 린츠저우의 "서둘러 따라잡아야 한다"라는 말처럼 초조함이 보편적

4 林慈舟, 「敬告吾鄕靑年」, 『台灣靑年』 第1卷 1號, 1920.7.16, 37면.

으로 존재하고 있었다는 사실은 주목할만한 점이다. 그들은 서구의 근대문명이 진즉에 동양에까지 도래했다고 생각했는데 사실 타이완 사회가 접한 근대성은 뒤늦은 근대성belated modernity이었다. 자신들이 낙후되었다는 지식인의 의식은 어느 정도 시간적 차이에서 비롯된 것이기 때문에, 그들은 서둘러 뒤쫓아 가려는 생각을 품게 되었다. 이처럼 근대성의 출발 지점이 서구와 상당한 차이가 있었기 때문에 식민지 지식인들은 끊임없이 서구문화의 각종 가치관을 모방하려 했다.

매번 한 단계가 지나고 나면 계몽운동에 참여한 지도자들은 모두 선진국의 우월성을 재삼 언급하고는 했다. 「타이완의 새로운 사명台灣的新使命」이라는 제목의 권두언에서 『타이완』의 편집자는 이렇게 말했다. "이번 1차 세계대전의 결과는 전 지구인들의 생각을 바꾸어 놓았다. 선진 강대국은 인도・정의・자유의 관념에 기초하여 짊어져야 할 신성한 사명을 의식하게 되었다. 후진 약소민족들은 공히 억압과 침략, 전제의 굴레를 벗어나고자 외쳤다. 그러나 지구의 일부분인 타이완이 서둘러 그들을 좇아가려면 새로운 시대의 물질적, 정신적 문화를 깨우쳐야 하며 이로써 세계의 개조에 공헌해야 한다."[5]

'선진'과 '후진'이라는 표현은 분명히 타이완 사회가 시간적으로 근대화 과정에 있다는 것을 가리킨다. 시간적으로 비교적 앞선 '강대국'은 역사적 사명을 지고 있으며, 이러한 사명은 인도・정의・자유의 관념을 기초로 한다. 시간적으로 뒤떨어진 약소민족은 여전히 억압・침략・전제專制를 당하는 상황에 처해 있다. 식민지 타이완은

5 「台北の新使命」, 『台灣』 第3年 第1號, 1922.4.10, 1면.

계몽운동을 통한 각성을 거쳐야 비로소 세계의 개조에 참여할 수 있다. 논리적인 면에서 이런 설명방식은 분명 모순적이지만 미묘하고 깊은 뜻이 있었다.

논리적으로 모순이라는 것은 약소민족이 억압과 침략을 당하는 것이 선진 강대국의 야심에서 비롯된 점이라는 것인데 근대화라는 명목으로 제국주의자들은 인도·정의·자유라는 신성한 사명을 짊어지고 식민지 사회를 약탈했다. 그런데 타이완의 계몽운동 지도자들은 이런 상황을 다룰 때 지나치게 선진국의 긍정적 가치만을 강조했다. 앞서 서술한 것처럼 근대화의 논리를 인식할 때, 그들은 그 안에 포함된 유럽 중심론과 자본주의 우월론을 의식하지 못했던 것이다.

그럼에도 그들은 가면 속 제국주의의 본질을 분명하게 인식하고 있었는데 여기에는 미묘하면서도 깊은 뜻이 숨어 있다. 유럽 강대국의 인도주의와 정의의 정신에 대한 그들의 긍정은 분명 일본 식민주의의 폭력성과 야만성을 빗댄 것이었다. 이와 같은 서술에 근거하여 독자들은 영미 강국과 일본 식민지배자의 차이를 명확하게 인식할 수 있었다. 그러나 서구 식민지배의 선진성을 통해 동양 식민 지배의 압제성을 부각하는 것 자체가 또한 논리적으로 여전히 근대성의 적극적인 가치를 인정하는 것이다. 이러한 서사 전략에서 서양 식민주의는 오히려 도피처를 찾을 수 있었던 것이다.

『타이완청년』, 『타이완』, 『타이완민보』 등등의 선전 간행물을 보면 당시의 지식인 대다수는 유럽의 진보적인 선례를 차용하여 일본의 식민 통치를 비꼬았다. 예를 들어 『타이완』의 「영국으로부터 배워야 하는 통치의 도리應向英國學習的治道」라는 글은 이점에 대해 특별히 언급하고 있다. "극동문명의 식민통치국이 더 강대해지려면 모범적인 선진 식민통치국인 영국의 주의를 차용하는 것 외에 더 좋은 방책은 없다."[6] 당시 지식인 담론의 위계로 볼 때, 서구의 식민주의는 동양보다 훨씬 진보적임이었음이 분명하다.

이러한 주장들은 정리해보면 근대화 담론이 타이완 사회에서 형성되는 과정을 변별하는데 주요 초점이 있다. 담론을 만드는 과정에서 타이완 지식인들은 '근대화', '세계적 조류', '근대문명' 등의 개념에 대한 비판적 이해가 없었다. 이와 같은 근대화에 대한 추종은 후대 청년들의 가치 판단에 영향을 주었다. 대중에게 전파된 간행물에서 계몽운동의 최종적 목표를 발견할 수 있는데 그것은 타이완 사회를 좀 더 일찍 근대화의 길로 나아가게 하는 것이었다. 그들의 사고방식은 충분히 이해할만하다. 그것은 타이완이 근대화의 진행 속도를 따라잡지 못한다면 영원히 식민 지배를 받는 열세에 처할 것이기 때문이었다. 민중의 각성을 호소하고 그들이 과학과 민주의 의미를 충분히 인식함으로써 일본 식민주의의 진상을 제대로 알 수 있도록 하는 것은 계몽운동을 주장한 사람들이 추구한 바였다.

1924년 『타이완민보』에서부터 '근대인'이라는 명사가 나타나기 시작하는데 이것은 근대화에 대한 담론이 끊임없이 확산되고 영향을 미친 결과이다. 그러나 이와 같은 담론은 전략적으로 미묘한 변화가 발생한다. 그 신문의 논설을 보면 '근대화'와 '인종 해방'을 함께 다루기 시작했음을 알 수 있다. 그 가운데 한 논설문은 다음과 같이 말하고 있다. "이 인종 해방 역시 우리 타이완인들의 중대한 사명 가운데 하나이다. 왜냐하면 우리 황인종이 백인종에 대해 평등한 대우를 요

6 「應向英國學習的治道」, 『台灣』 第3年 第2號, 1922.5.11, 1면.

구하려고 한다면 우선 황인종 간의 차별을 없애야 비로소 백인들에게 요구할 구실이 생기기 때문이다. 우리 타이완인들이 이 점에 심혈을 기울이고 조선과 타이완에 대한 일본인들의 대우가 신중해지길 희망하며 그 후 모든 황인종이 연합하여 정정당당하게 백인들에게 평등한 대우를 요구한다면 백인들은 이런 차별을 철폐하지 않을 수 없을 것이다."[7] 이러한 이상에 기초하여 논설은 민의를 창달하기 위해 타이완은 입법기관을 설립해야 한다고 주장한다. 거기에 교육의 보급과 문화적 누습의 폐기를 타이완인들에게 호소하고 있다.

이와 같은 근대화에 대한 서술의 변화는 종전의 사고방식과는 전혀 다르다. 『타이완민보』는 종족에 대한 유럽 문화의 차별적 대우에 대해서는 긍정하지 않지만 전략을 바꾸어 황인종의 연합을 주장한다. 그들의 논리는 이러하다. 일본인이 식민지 타이완과 조선에서의 차별적 대우를 철폐한다면 황인종은 단결할 수 있으며 황인종이 실력을 쌓게 될 때 백인종은 종족적 멸시를 버리지 않을 수 없다는 것이다. 평등이라는 관념은 근대성의 중요한 축이다. 타이완의 계몽운동에 종족 평등이 제기된 것은 근대화라는 관념이 지식인의 사고에 뿌리내렸음을 증명해준다.

서사 전략상의 변화는 타이완인이 일본인과의 합작을 원한다거나 일본에 대한 승인 쪽으로 기울기 시작했다는 것을 의미하는가? 결코 그렇지 않다. 타이완인은 단지 일본 식민주의자들이 타이완에서 실시하고 있는 종족 구별 정책을 밝히고자 하는 것뿐이다. 따라서 논리적으로는 타협적이기는 하지만 식민 체제에 대한 비판력을 상실한

7 「台人重大的使命」, 『台灣民報』 第2卷 第14號, 1924.8.1, 1면.

것은 아니었다. 역으로 타이완인들은 사실 근대화의 입장에서 간접적으로 식민주의자들의 정책적 편파성을 공격하고 있는 것이다. 타이완 안에서의 종족적 경시 정책의 취소를 호소하고 있는 것일 뿐 타이완인들이 일본의 동화주의를 받아들일 준비가 되었음을 표현하는 것은 결코 아니다. 이와는 반대로 타이완인들이 자신의 문화적 주체성을 추구하고 있는 것이라고 할 수 있다.

『타이완민보』가 1925년에 발표한 사설은 주체를 세우고자 하는 당시 지식인의 의지를 가장 잘 대변한다. 이 논설의 제목은 「식민지의 국민성을 존중한다고 해서 동화주의가 아니라고 할 수 있는가尊重殖民地的國民性就不是同化主義了」로 상당히 명확하게 타이완총독부의 정책이 점차 동화정책으로 진행되고 있음을 지적하고 있다. 처음에 일본 식민주의자들은 지명과 거리명의 형식을 바꾸었을 뿐이지만 나중에는 점차 중국어 문자를 없앴으며 마지막에는 국어를 타이완어에서 일본말로 대체하였다. 사설은 의미심장하게 강조하고 있다. "식민지를 통치할 때 근대의 정치적 경향은 식민지의 개성을 존중하는 데 있으며, 식민지 인민을 본위로 식민지인의 행복을 증진하는 것이다. 이것을 염두에 두는 것이 문명국의 사명이다."[8] 글에서 언급하고 있는 '근대'·'국민성'·'문명국'은 사실 근대성 안에 포함되는 것이다. 국민성nationality을 강조하는 것은 민족성을 강조하는 것과 다르지 않다. 마찬가지로 이 사설에서 민족성은 특별히 깊이 있게 논증되고 있다.

8 「尊重殖民地的國民性就不是同化主義了」, 『台灣民報』 第3卷 第6號, 1925.2.21, 1면.

> 대체적으로 국민성을 구성하는 기초는 자연적으로 만들어진 공동체이다. 즉 일정한 지역에서 혈연과 종족으로 연계된 것이 공동체이며 공통의 역사, 공통의 문화, 공통의 생활 조건하에서 발생하여 자라 국민이 되거나 민족이 된 것이다. 이러한 공동체는 수백 년 혹은 수천 년에 걸쳐 만들어진 관계로 특수성을 가지고 있으며, 타국 사람들과는 분명 차이가 있다. 따라서 이 국민성은 하루아침에 개조할 수 있는 것이 아니다.[9]

거기에서 논증되고 있는 것은 민족성에만 그치지 않고 민족주의로까지 확장된다. 일본의 동화주의 정책과 마주쳤을 때 놀랍게도 지식인들의 사고는 민족과 민족적 차이의 중요성을 드러내 보임과 동시에 그러한 사고와 근대화에 대한 주장을 접목시키고 있다. 이 현상은 식민 체제의 근대적 가면이 근대성에 대한 타이완 사람들의 인식을 결코 가릴 수 없다는 것을 보여준다.

종족문제에 대한 관심으로 인해 계몽운동은 초점을 점차 여성문제로 옮겨갔다. 『타이완민보』는 여러 편의 사설에서 계속해서 '남녀평등'의 문제를 반복적으로 논의했다. 그들은 서양의 여성운동 이론을 여러 번 언급하였지만 타이완 여성계는 줄곧 침묵을 지켰다. 그 원인은 타이완의 여성들이 아직 자아 각성의 수준에 이르지 못했다는 데 있다. 여성이 자녀 양육의 자유를 추구하고 성의 해방을 주장하는 서양 사회와는 달랐던 것이다.[10]

여기에 그치지 않고 젠더문제 외에 계급 문제 역시 논의되기 시작했다. 특히 1917년의 러시아 혁명의 성공은 타이완 지식인들로 하여

---

9 위의 글.

10 「沒有問題的台灣婦女界」, 『台灣民報』 第70號, 1925.9.13, 1면.

금 토지분배 문제에 주의를 기울이게 했다. 그들은 일본 관료의 점용占用과 토지에 대한 합병을 비판하였으며 제당회사의 농민 토지에 대한 강제 수매를 공격하였다. 농민은 무산자의 참경에 빠지게 되었는데 이는 식민주의자들이 '경작하지 않는 자에게 토지는 없다'라는 원칙을 집행할 수 없었기 때문이었다.[11]

종족·젠더·계급이라는 3대 의제는 모두 계몽운동의 내용 가운데 포함되어 있다. 이런 단어들은 근대성에 대한 인식이 20년대의 타이완에서 갈수록 심화되고 성숙해졌음을 증명한다. 이와 같은 사고를 그들은 '근대 사조'로 불렀다. 근대적 사조를 가지고 있는 자가 곧 '새로운 인물'이다.[12] 제반 근대적 사조를 통해 계몽운동이나 문화운동에 참여한 자를 '혁신가'라고 부른다.[13] 혁신가는 농민과 노동자 계급의 각성을 환기시키고 그들을 교육해야 하는 책임을 짊어지고 있었다.

이런 언어들의 전반적인 보급은 근대화에 대한 주장이 정태적인 이해에 그친 것이 아니라 점차 동태적 실천으로 전화되었음을 암시한다. 『타이완민보』가 1925년에 게재한 사설 「문화운동의 목표文化運動的目標」는 타이완인의 근대성 추구의 선언이었다. 첫 번째 문장은 단도직입적으로 "유럽의 찬란한 근대문명은 전 유럽인의 자각에서 유래했다"고 말했다. 또 "유럽근대사는 '나'의 자각의 역사라고 말할 수 있다"고 말했다. 이어서 사설은 '나'의 자각의 진정한 의미를 설명했다.

11 「土地問題與無產者」, 『台灣民報』 第72號, 1925.9.27, 1면.
12 「現代思潮與新人物」, 『台灣民報』 第71號, 1925.9.20, 1면.
13 「革新家的態度」, 『台灣民報』 第107號, 1926.5.30, 1면.

> '나'의 자각이란 자신의 인격을 확립하는 것이며 모든 우상을 깨뜨리는 것이다. 자신을 의심하고 모든 것을 믿지 않으며 종국에는 자신을 비평하고 모든 것을 비평하는 것이다. 이 현상은 동양의 모든 국가에서도 점차 나타나고 있다. 일본 본국의 성과는 이미 대단하며 중국의 진보나 인도의 운동 역시 좋은 성과를 보이고 있다. 그럼 우리 타이완은 어떠한가?[14]

사설에서 말하는 사람의 자각이 사실은 개인의 비판정신의 각성을 나타내는 것임은 분명하다. 이것 역시 계몽운동의 주요 목표이다. 비판정신의 확립을 통해 지식인은 식민지의 각종 문화적 가치 사이에서 자아를 정립시킬 수 있다. 때문에 근대성에 대한 인식은 해방에 대한 요구를 가져왔다. 낙후된 봉건적 전통으로부터의 해방을 도모하는 한편, 낙오된 식민 체제로부터의 해방을 꾀하는 것이다. 근대성에 대한 이와 같은 이중적 비판은 초기 신문학운동과 밀접하게 연계되어 있다.

3. 문학비판의 두 가지 전형, 장워쥔張我軍과 라이허賴和

근대성의 부상이 타이완 지식인의 비판정신의 건설을 의미한다면 신문학운동은 그런 비판정신의 확장으로 볼 수 있다. 20년대 초에 시

14 「文學運動的目標」, 『台灣民報』 第79號, 1925.11.15, 1면.

작된 신문학운동은 『타이완청년』, 『타이완』, 『타이완민보』의 근대화 담론의 전파와 거의 동시에 발전하였다. 1920년부터 1927년까지는 타이완문화협회가 성립되어 좌우로 분열된 시기이며 이때 제일세대 신문학가들은 봉건적 전통과 식민 체제라는 이중적 속박으로부터 해방되어야 한다는 점을 자각했다. 근대화의 관점에 입각하여 문화 주체의 재건이라는 측면에서 많은 지식인들이 정치운동에 참여하였으며, 신문학운동의 대열에 합류했다.

계몽실험시기의 신문학에 있어 1924년부터 1925년은 중요한 시대였다. 이 짧은 2년 동안 중요한 문학 간행물 2개가 출판되었는데 하나는 롄야탕連雅堂이 발행한 『타이완시회台灣詩薈』이고, 하나는 양윈핑楊雲萍이 주간으로 있었던 『사람들人人』이라는 잡지이다. 『타이완시회』는 1924년 2월 15일에 창간되었다가 1925년 10월에 휴간했으며, 총 22기를 발행했다. 이 간행물은 복권을 시도한 타이완 전통문인들의 일차적 집결지였지만 반면 부활을 꿈꿨던 구시舊詩가 몰락을 선언한 상징적 공간이 되었다.

『타이완시회』는 구시를 창작한 작가의 작품을 싣는 한편으로 청조 이후 타이완 전통 시인의 미발표작이나 산실된 작품을 집록하였다. 잡지 『사람들』는 1925년 3월에 창간되었다가 단 2기만을 발행하고 휴간됐다. 그러나 『사람들』은 최초의 순문학 간행물이 간행되었음을 상징하며 이후의 문학 발전의 방향을 예고한 것이었다. 『타이완시회』와 『사람들』은 신구세대의 교차를 의미한다. 우리는 한시 전통의 몰락과 백화白話문학 흥기의 단초를 이 두 간행물에서 볼 수 있다.

주목할 점은 신구 간행물이 출판될 때 신문학자와 구시인 사이에 이전에 없던 논전이 일어났다는 점이다. 전통 구시에 대해 가장 먼저 반감을 갖은 이는 장워쥔(1902~1955)이었다. 용감하게 구시에 도전한 장워쥔은 타이베이 반차오板橋 사람이며 1924년에 베이징에 가서 베이징어를 배웠다. 5·4운동 이후 백화문운동의 영향으로 타이완문학계 개혁의 필요성을 깨달았다. 그는 날이 갈수록 엄혹해져 가는 식민통치와 같은 해 타이완에서 일어난 치경사건을[15] 목격하게 되었는데, '타이완의회 기성 동맹台灣議會期成同盟'의 일원이었던 장웨이수이蔣渭水 등 15인이 일본 경찰에 체포된 이 사건으로 인해 그는 문학개혁운동의 절박성을 더욱 뼈저리게 느끼게 되었다. 바로 그해 11월에 장워쥔은 『타이완민보』에 문화계를 뒤흔든 첫 번째 글 「엉망진창인 타이완문학계糟糕的台灣文學界」를 발표하였다. '일랑一郎'이라고 서명된 이 글은 결코 한시의 작가집단을 뒤흔드는 역할까지 하지는 못했다. 그러나 신문학운동 진영에는 비할 수 없는 활기를 가져다주었다.

장워쥔은 우선 그가 관찰한 결과를 제시하고 있다. "이 몇 년 동안 타이완의 문학계는 정말로 활기에 넘쳤다고 할 만하다. 유사 이래의 성황이라고나 할까. 각지에 시모임이 얼마나 많은지, 시옹詩翁과 시백詩伯이 곳곳에 널려 있다. 문학에 대한 일반인들의 관심도 대단하다. 이런 현상은 정말로 부러워할 만하고 또 즐거워할 만하다." 식민통치하에서 시사詩社가 즐비하고, 시작이 풍성한 것은 식민통치라는 시대적 환경으로 보면 마땅히 깊은 문화적 의의가 있다 할진대 그러나 장워쥔은 이에 대해 아무런 기쁨을 표시하지 않고 다음과 같이 문화적 가상假相을 폭로한다.

15 治警事件 : 1923년 타이완 의회 성립을 위한 동맹이 성립된 후 이에 불만을 품은 타이완 총독과 총무장관이 같은 해 12월 경찰력을 동원 관련자를 구속, 처벌한 사건.

> 제아무리 시사가 만들어지고 시 창작이 풍부하게 이루어지고 일반인들이 문학에 대해 제아무리 관심을 갖는다 하더라도 그런대로 마음에 드는 작품이 없을 뿐 아니라 역한 냄새가 코를 찌르는 나쁜 공기만 만들어 일군의 문인들은 얼굴을 들 수 없으며 심지어 수많은 유망한 천재들을 매장해버리고 적지 않은 활기찬 청년들을 해치고 있다.

장워쥔을 더욱 화나게 하는 것은 수많은 한시 작가들이 문학의 정도를 벗어났다는 점이다. "그들은 시를 지어서 이름을 얻지만(사실 이것은 무슨 이름인가?) 아무런 공을 들이지 않는다(사실 시는 그들이 생각하는 것처럼 그렇게 간단하지 않다). 차를 하사하며 시 짓기를 청하는 총독나리가 술과 음식을 권하며 시 짓기를 청하는 시 모임이 있어 이름이 신문에 인쇄되면 때때로 부상이 따르기도 한다."[16]

이 글을 종합해보면 대략 다음과 같은 몇 가지 중요한 점을 알 수 있다. ① 구시漢詩는 이미 문학의 정신을 상실했으며 생동적인 창조력을 잃어버렸다. ② 구시는 문자유희라는 빈 껍질만 남았기 때문에 젊은 세대를 잘못 이끄는 폐해를 조장한다. ③ 수많은 구시인들은 진정한 문학을 추구하지 않으면서 시라는 명목으로 일본 지배층의 비위를 맞추는데 이는 그들이 타락했음을 보여주는 것이다.

장워쥔의 견해는 분명하다. 그는 타이완 사회에 완전히 새로운 생명이 출현하여 식민체제에 저항하기를 기대했던 것이다. 그러나 당시의 구시인들은 새로운 기상을 담아내지 못할 뿐 아니라, 일본 식민주의자들의 권력에 빌붙고 있었다. 그의 글의 어조는 분개로 가득 차

16 一郎(張我軍), 「糟糕的台灣文學界」, 『台灣民報』 第2卷 第24號, 1924.11.21, 6면.

있고 심정적 절박함이 행간에 넘쳐나고 있다. 실로 반봉건, 반식민의 웅변이자 증언이라고 할 수 있다.

장워쥔의 비판은 구 시단의 즉각적인 반향을 일으켰다. 롄야탕은 같은 해 11월에 발행된 『타이완시회』 제10기에 린샤오메이林小眉의 「타이완영사台灣詠史」의 발문을 쓰면서 특별히 장워쥔의 글을 반박했다.

> 오늘날 배운 사람들은 입으로는 육예六藝를 읽지 않고 눈으로는 백가百家의 논의를 접하지 않으며 귀로는 이소離騷나 악부樂府와 같은 소리는 듣지도 않으면서 시끄럽게 '한문을 폐지하자. 한문을 폐지하자'라고 떠들어댄다. 심지어 신문학을 제창하고 신체시를 고취시킨다. 고적故籍은 쓸모없는 것으로 여기며 스스로 최신식이라 자부한다. 그러나 소위 새로운 것은 도대체 어디에 있는가? 그들이 말하는 새로운 것은 서양인의 소설과 연극 등으로, 그들은 거기에서 조금 구걸해와 우쭐거리며 즐거워하는데, 정말로 우물 안 개구리 꼴로 언어의 드넓은 바다에 들기에는 역부족이다.[17]

롄야탕의 주요 논리는 분명 중국문화와 서구문화를 두 개의 대립 지점으로 보며 전통은 존중하되 서양은 경시한다. 동시에 신문학은 서양문화의 찌꺼기를 정리하는 것에 지나지 않으며, 그 안에는 중국문학에 대한 염두가 전혀 들어있지 않다고 보았다. 롄야탕의 반박에는 장워쥔의 관심사가 포함되지 않은 것 같다. 장워쥔이 신문학을 고취한 것은 문화적 생명의 갱신을 강조하기 위함이었으며 식민주의

---

17 連雅堂, 「台灣詠史的跋」, 『台灣詩薈』, 台中 : 台灣省文獻會, 1992, 627면.

자들의 지배에 저항하기 위한 것이었다. 롄야탕은 이와 같은 점에 대해서는 전혀 언급하지 않았다. 심지어 구문학의 생명력은 어디에서 찾을 것인가 하는 점과 구문학을 통해 어떻게 식민 체제를 비판할 것인가 하는 점은 전혀 논의하지 않았다.

신구 문학 충돌의 주요 관점은 장워쥔과 롄야탕의 글에 모두 표현되었다. 같은 해 12월에 장워쥔은 『타이완민보』에 「타이완문학계를 위해 통곡한다爲台灣的文學界一哭」라는 글을 발표하였는데 화력을 집중하여 '묘를 지키는 개守墓之犬'라고 롄야탕을 공격했다. 그리고 그는 신문학의 정신에 대한 주장을 계속하지 않았다. 1925년 1월에 그는 연이어 「힘을 합쳐 시든 풀더미 속의 낡은 전당을 부수자請合力拆下這座敗草欉中的破舊殿堂」와 「격발음擊鉢吟의 유일무이한 의의」라는 두 편의 글을 발표하였다.[18] 전자는 중국문학혁명 초기에 후스胡適가 제기한 팔불주의八不主義와 천두슈陳獨秀가 제시한 3대주의를 소개하고 있으며 후자는 구 시단이 실천하고 있던 '격발음' 즉 '시단의 요괴'를 공격한 것이다.

장워쥔의 두 글을 함께 살펴보면, 신문학운동에 대한 그의 최대 공헌은 구문학의 장애를 타파하고 신문학에 대한 신념을 세운 점이라는 것을 알 수 있다. 신흥 지식인들이 구시의 그림자로부터 벗어날 수 있었던 것은 장워쥔의 공이라고 할 수 있다. 구문학을 타파하는 일에 매진한 것 외에 또 하나 주목해야 할 것은 그가 5·4운동 시기 중국의 문학 이론을 타이완에 소개한 점이다. 그는 후스의 「문학개량추의文學改良芻議」에 있는 팔불주의, 즉 '옛사람의 것을 모방하지

18 張我軍(一郎), 「請合力拆下這座敗草欉的破舊殿堂」, 『台灣民報』 第3卷 第1號, 1925.1.10, 5~7면; 「絶無僅有的擊鉢吟的意義」, 『台灣民報』 第3卷 第2號, 1925.1.11, 6~7면.

않는다', '무병신음하지 않는다', '전고를 사용하지 않는다', '대구를 사용하지 않는다' 등을 특별히 인용하고 있다.

그의 주요 견해는 다음과 같다. "타이완문학은 중국문학의 한 지류이다. 본류에 영향과 변화가 생기면 지류 역시 이를 따라 영향을 받고 변화한다." 그가 5·4운동 시기의 문학 이론을 수입하는데 심혈을 기울인 이유는 바로 여기에 있다. 그는 식민 지배를 받고 있는 타이완은 중국 사회와 격리되어있기 때문에 문학혁명의 충격을 쉽게 수용하지 못한다고 여겼다. 중국의 구시 전통이 신문학의 영향으로 전복된 것이라면 타이완의 구 시단도 개조되지 않을 이유가 없다. 그는 두 번째 글에서 분명하게 말한다. "우리는 구시를 짓는 것을 반대한다. 우리는 특히 격발음을 반대한다. 우리는 구시를 짓는 데 수많은 제한이 있는 것을 반대한다."

구체적으로 말해 장워쥔은 신문학의 정신을 매우 명확히 밝혀내었다고 하겠다. 그는 문학에 그 어떤 '제한'도 수용하지 않으려고 했다. 다시 말해 시체의 해방은 문학의 해방이자 사상 해방인 것이다. 장워쥔의 비판적 공세는 차이샤오첸蔡孝乾의 호응을 얻었다. 차이사오첸은 1925년 4월에 발표한 「중국신문학개관 (1)」에서 신문학의 성격을 다음과 같이 부각시켰다. "문자는 문학의 기초이며 문학의 도구이다. 우리는 시간적으로 신과 구가 있으며 동시에 문자에도 죽음과 삶이 있다는 것을 인정한다. 백화문학은 살아 있는 문자로 지은 것이기 때문에 살아있는 문학이라고 부른다. 문언문학은 거의 죽은 문자로 지은 것이기 때문에 결코 살아 있는 문학을 만들어낼 수 없다."[19]

19 蔡孝乾, 「中國新文學概觀(一)」, 『台灣民報』 第3卷 第12號, 1925.4.21, 13면.

살아 있는 문학으로 신문학을 정의하고 있는데 그것은 사실 해방의 문학과 동의어이다.

신문학 진영의 입장은 이 시기에 이르러 상당히 구체화되었다. 이에 따라 구 시단의 저항도 상당히 격렬했음을 미루어 알 수 있다. 『타이완일일신보』, 『타이완신문』, 『타이난신보』, 『여화보黎華報』 등의 친일 신문은 구 시인들의 대본영이었다. 후루성葫蘆生, 정쥔워鄭軍我, 자오루蕉麓, 츠칸왕성赤坎王生, 멍자황산커艋舺黃衫客라는 필명의 구 시 작가들은 상술한 매체들을 통해 신문학 진영에 대한 토벌을 전개했다. 양쪽의 입장 차이는 분명했다고 할 수 있다.[20] 신문학 진영은 항일 정치운동의 기관지인 『타이완민보』를 보루로 삼았으며, 구 시인들은 친일 신문을 의지처로 삼았다. 좀 더 분명하게 새로움과 변화를 모색하는 자들은 민간 간행물에 소속되어 있었으며 변화하지 않으려는 자들은 관방에 빌붙었다. 이 사실은 구 시인에 대한 장워쥔의 지탄과 정확하게 들어맞았다.

계몽 실험기에 장워쥔이 짊어진 책임이 구문학을 타파하는 것이었다면 라이허가 계승한 일은 신문학을 건설하는 것이었다. 이 두 작가가 없었다면 타이완의 신문학운동은 그만큼 빨리 번창하지 못했을 것이다. 라이허(1894~1943)의 나이는 장워쥔보다 여덟 살이 많았지만 문학운동에 개입한 것은 조금 늦었다. 그는 장화彰化 사람이며 타이완 총독부의 의학교육을 받은 1세대 지식인이다. 일찍이 혁명적 색채를 지닌 '복원회復元會'에 참가하였으며, 동맹회의 웡쥔밍翁俊明, 왕자오페이王兆培와 교제가 깊었다. 1921년에 타이완문화협회에 참

20 신구문학논쟁에 관한 상세한 연구는 翁聖峰, 「日據時期台灣新舊文學論爭新探」, 台北 : 私立輔仁大學中國文學研究所博士論文, 2001.6.

가하면서 라이허는 자연스럽게 정치운동・문학운동과 연계되었다.

라이허의 중요성을 이해하려면 그 이전의 문학 발전 상황에 대해 알 필요가 있다. 1922년에서 1924년까지 타이완사회는 처음으로 신문학의 태동을 목격하였다. 정치, 경제, 사회, 교육 등 계몽과 관련된 의제들을 집중적으로 토의했던 『타이완청년』과 『타이완』 월간은 모든 반反식민운동의 성장을 위해 문학 작품을 발표할 수 있는 지면을 제공하였다. 가장 먼저 발표된 소설은 셰춘무謝春木가 1922년에 '추풍追風'이라는 필명으로 발표한 일어 작품 「그녀는 어디로 갔나?彼女は何處へ」이다. 그러나 최근 들어 이 작품이 진짜로 처녀작인지 의문이 제기되고 있으며 그의 첫 번째 소설은 다름 아닌 타이완문화협회가 1921년에 출판한 『타이완문화책서台灣文化策書』 1집에 '어우鷗'라는 서명으로 된 중국어 작품 「무서운 침묵可怕的沈默」이라는 견해가 제기되고 있다. 그러나 문장 구조로 볼 때 「무서운 침묵」은 산문의 문체이며 「그녀는 어디로 갔나?」는 이야기와 플롯의 형식을 갖추고 있다. 어쨌든 신문학 초기의 각종 문체는 이미 상당히 장르적 구분이 이루어져 있었다. 첫 번째 산문은 「무서운 침묵」이며 첫 번째 소설은 「그녀는 어디로 갔나?」이다. 첫 번째 시는 셰춘무가 '추풍'이라는 이름으로 일어로 쓴 「시의 모방詩の眞似する」이며 『타이완』 제5년 1호(1924)에 발표되었다.

초기의 문학작품은 창작 기교면에서 아직 조잡한 단계에 머물러 있었다. 이 시기의 소설은 아직 상징이나 은유와 같은 수법을 사용하지 않았으며, 다만 가장 간단한 비유를 구사했는데 독자들은 이를 통해 등장인물과 자신을 일치시킬 수 있었다. 셰춘무와 같은 시기에 발표된 소설에는 '우즈無知'라는 서명의 작가가 쓴 「신비한 자치도神秘

的自制島」(『타이완』 제4년 제3호, 1923), 류상쥔柳裳君의 「견양화犬羊禍」(『타이완』 제4년 제7호, 1923), 스원지施文杞의 「타이완낭자 비사台娘悲史」(『타이완민보』, 1924), 루장鷺江 TS의 「가정의 원한家庭怨」(『타이완민보』, 1924)이 포함된다. 이 소설들의 구조는 모두 간단하며, 주제 역시 평이하다. 일률적으로 비유와 우언의 기교를 사용하여 타이완의 정치운동을 그렸으며 '유세명언喩世明言'의 뜻을 드러내고 있다.

예를 들어 「신비한 자치도」는 각성하지 않고 속박에 빠져 있는 타이완인을 빗대고 있다. 「타이완낭자 비사」와 「그녀는 어디로 갔나?」는 모두 여성의 운명을 타이완의 현상적 어려움에 빗대고 있다. 「견양화」는 장회소설의 형식으로 어용 신사紳士의 추악한 행위를 비꼬고 있는데, 타이중台中의 대지주 린셴탕林獻堂이 구체적인 대상이라고 한다. 모든 작품의 표현에서 볼 때 작가 대다수는 세상을 조롱하고 풍자하는 주제를 보인다. 스토리의 전개는 아주 소박하며 모두 단선적인 플롯을 기조로 하고 있다. 지금의 안목으로 평가하면, 이 소설들의 사료적 가치가 예술성보다 훨씬 크다.

언어 사용의 측면에서 일어, 문언문, 백화문 등이 함께 쓰여 상당히 혼잡한 모습을 보였다. 이는 식민지 문학의 특성 즉, 언어적 주체성의 상실을 설명해준다. 작가의 생각을 표현할 수 있는 것이라면 거의 모든 언어를 갖다 쓴 것이다. 따라서 매 편의 문장에는 종종 뜻이 제대로 전달되지 않거나 말의 의미가 분명하지 않는 경우가 많으며 강한 실험성을 띠고 있다. 장워쥔이 백화문을 제창한 이후, 작가들이 점차 언어 사용의 문제를 중시했다는 사실은 반드시 지적해두어야 한다. 가장 눈에 띄는 대표적 증거는 1925년에 문단에 등장한 라이허이다.

라이허의 본명은 라이허賴河이며 자는 라이윈瀨雲이다. 의학교 졸업 후 병원을 경영하면서 정치운동에 참가하였다. 1923년 치경사건에 연루되어 투옥되면서, 식민 체제의 본질을 더욱 깊게 인식하게 되었다. 의학을 통해 세상을 구제하고, 정치 활동에 참가하면서 라이허는 중국의 백화문을 적극적으로 공부했다. 백화문을 주장한 장워쥔과 비교하여, 언어사용에 대한 라이허의 중시는 지나칠 정도였다.

이 시기에 라이허의 문학적 지위가 갖춰지기 시작했다. 그 원인은 그가 소설과 산문, 시에서 각각 성숙의 경지에 이른 첫 번째 사람이었기 때문이다. 1926년에 발표한 두 편의 소설 「야단법석鬥鬧熱」(『타이완민보』 86호)과 「'저울' 하나一桿 '稱仔'」(『타이완민보』 92~93호)에서 그는 자신의 비범한 문학적 조예를 보여주었다. 글이나 플롯을 불문하고 동시대 작가들보다 뛰어났다. 「야단법석」을 예로 들면 소설의 백화문은 거의 원숙한 수준에 이르렀다. 시험적으로 다음 인용을 보자.

> 닦아낸 것처럼 끝없이 맑고 푸른 하늘에 한두 줄기 흰 구름이 걸려 있어 유달리 멀게 느껴진다. 은빛으로 빛나는 달이 짙은 남색의 산꼭대기에서 소리 없이 하늘로 굴러들어온다. 차가운 달빛이 세상을 감싸고 엷고 차가운 연기가 길거리를 뒤덮자 가게 처마 밑에 걸린 등불과 전신주의 가로등이 달빛 아래 어우러져 겨울밤의 별처럼 점점이 빛난다. 차가운 길 끝에선 퉁소 소리가 은은하게 울리고, 밤바람은 소리 없이 드넓은 하늘로 불어 가는데 지인들에게 오늘 저녁은 밝은 달이 뜨는 아름다운 밤임을 알리는 듯하다.

배경묘사에 속하는 이 첫 단락에서 문자의 교묘한 운용을 볼 수 있다. 글자와 구절, 형용사 하나하나에 대해 라이허는 심혈을 기울여

다듬은 듯하다. 이 소설을 산문으로 읽는다고 해도 상당한 운치가 있다. 그 가운데 일반인이 사용하는 '달月亮'을 '달月球'로 대체한 것은 '은빛으로 빛나는銀亮亮的'이라는 형용사와의 중복을 피하기 위해서이다. 그러나 라이허는 단어의 조탁에 만족하지 않았다. 소설은 꼬마 아이가 놀다가 싸우게 되는 것과 어른이 부와 권세를 등에 업고 약자를 괴롭히는 두 이야기를 주축으로 전개된다. 소설의 주제는 아이들을 통해 성인들의 이권 다툼을 암시하고 있다. 신문학운동 실험기에 이와 같은 수준의 창작물을 내었다는 것은 라이허의 걸출한 재능을 증명한다.

「'저울' 하나」는 선량한 농민과 추악한 경찰을 선명하게 대비시키고 있다. 소설 전편을 통해 참담하게 파멸되어가는 농민을 묘사하였다. 일본 경찰로부터 끊임없이 모욕을 당하던 농민은 어쩔 수 없이 함께 파멸하는 길을 택한다. 경찰은 암살을 당하고 농민 역시 자살로 생을 마치는데 참담한 상황에서 마침내 각성하게 된다. "사람 같지도 않다. 짐승과 다를 게 뭔가. 누군들 그러고 싶겠는가? 도대체 이게 어찌된 세상인가? 사는 게 죽는 것만도 못하니." 식민지 사회의 최하층에서 나오는 이러한 성토는 권력이 범람하는 현실에 대한 절절한 비판이라고 볼 수 있다. 소설에서 경찰은 개별적인 앞잡이를 가리키는 것이 아니라 통치자인 타이완총독부의 상징이다.

이 두 편의 소설이 발표된 후 신문학운동은 기본적으로 실험적인 단계가 끝났다고 할 수 있다. 따라서 사람들의 주목을 끌기 위해서는 반드시 라이허의 성과를 넘어서야 했다. 그러나 라이허의 성과는 소설 창작에만 그치지 않는다. 1928년에 『타이완대중시보』에 발표한 그의 산문 「전진前進」은 타이완 산문 발전사의 이정표라고 할 수 있다. 『타이완대중시보』는 1927년에 문화협회가 분열되고 나서 좌경화된 이후의 기관지로 「전진」은 은유적인 기교로 좌익운동에 대한 라이허의 암묵적 지지를 표현하고 있으며 모든 항일운동에 대한 높은 기대감을 나타내고 있다. 산문에서 사용되고 있는 백화문의 성숙도는 동시대의 작가들이 따라잡을 수 없는 수준이었다. 동시기 중국의 신문학 작가들과 비교하여도 전혀 손색이 없다. 산문의 첫 번째 구절만 보아도 그 재능을 알 수 있다.

> 어느 날 저녁, 어두운 저녁이었다. 어두운 분위기는 농밀하게 하늘을 메운 채 지상으로 스며드는 별빛을 가려 버렸다. 그 어둠은 수백 층의 지하에 있어 경험할 수도 없으며 사람을 놀라게 한 적이 없는 어둠이다.

앞뒤 70여 자는 '어둠'의 진정한 면모를 두드러지게 하기 위한 것이다. 별빛이 비치지 못하는 지상은 당연히 칠흑 같다. 그러나 수백 층의 지하도 이러한 칠흑을 경험할 방법이 없다면, 그 어둠은 사람을 놀라게 하기에 충분하다. 라이허는 왜 그렇게 많은 글자로 어둠을 표현했던 것일까? 원인을 밝히는 것은 어렵지 않다. 그가 말하고자 하는 것은 그 자신이 처한 시대와 사회이다. 근대적인 지식의 세례를 받은 의사라면 타인보다 밝은 사회를 보는 것이 당연하다. 라이허는 그렇지 않았다. 역설적으로 그가 목도한 것은 가치가 전도된 시대였다.

「전진」이라는 산문의 구조는 지극히 치밀하며 이미지도 통일되어 있고 전후가 상응한다. 라이허는 그의 장기인 간결한 문장으로 단어의 리듬을 명쾌하게 만들었다. 그의 기교적 숙련도는 속도의 조절에서 잘 나타나는데 밀고 당기는 것이 자유자재이며 오르내리는 것이

자연스럽다. 특히 앞으로 나아가는 걸음걸이를 표현할 때 뜻밖에도 음악을 통해 두드러지게 한다. "음악 소리가 낮고, 느리며, 그윽하게 울릴 때는 마치 맑고 푸른 산길을 걷는 듯하다. 샘물소리와 솔바람소리의 합주를 들으면 흥분되고 긴장하게 된다. 또 돛을 내린 배에 몽롱하게 앉아 거친 파도에 아무렇게나 흔들린다." 이와 같이 자유분방한 상상은 같은 시기 그 어떤 중국 작가들 보다 뛰어나다고 자부할 만하다.

라이허가 맡은 배역의 중요성은 소설과 산문의 창작에 그치지 않는다. 그가 1931년에 발표한 장시長詩 「남국의 애가南國哀歌」는 다시 한 번 타이완의 신시를 혁신적인 단계로 끌어올렸다. 이 시는 우서사건霧社事件 때 대규모로 원주민을 학살한 일본 통치자에게 항의하기 위한 것이었다. 우서사건은 1930년 10월 27일에 발생하였다. 오랫동안 핍박을 당하던 타이야泰雅족 원주민들은 1년에 한번 열리는 공학교公學校 운동회에 일본 관리와 경찰이 모이는 것을 틈 타, 계획적으로 폭정에 반대하는 시위를 감행했다. 당시 3백 여 명의 타이야 족 용사들이 136 명의 일본인을 죽였다. 타이완총독부는 복수를 위해 우서 원주민을 멸종시키려고 작정한 듯 폭격과 살육을 저질렀다. 식민주의자들의 잔혹한 만행은 국제사회를 뒤흔들었다. 우서의 타이야족 주민은 원래 1,200여 명이었는데 사건 후 겨우 500여 명만 남게 되었다. 우서사건은 타이완 항일운동사를 장식한 영웅적이고 감동적인 저항 행동이자 전 세계 반식민운동사에 남을 불멸의 투쟁이기도 했다. 라이허의 「남국의 애가」는 바로 이 역사적 사건의 증언이다.

소설, 산문, 시라는 장르를 불문하고 라이허의 지위는 아주 걸출하다. 그가 '타이완문학의 아버지'로 추앙받는 것은 결코 우연이 아니다. 가장 중요한 것은 그의 작품이 시대의 동맥을 파악하고 있다는 것이며, 사회의 내부적 모순과 외부와의 대립을 명확하게 그려내고 있다는 것이다. 현재의 기준으로 판단해도 그의 작품은 재해석의 가치가 충분하다. 거의 모든 작품이 당시의 중대한 모순을 포괄하고 있으며 이 모순은 이른바 근대성에서 연원한다.

앞서 서술한 것처럼 근대성이 18세기부터 서양에서 시작된 계몽운동의 산물이라면 기본적으로 이성reason의 확장이라고 지칭할 수 있다. 그것은 근대사회의 발전으로 인해 인류가 나날이 미신을 제거하고 무지몽매한 학문이나 신앙에 대한 강렬한 회의를 품게 되었기 때문이다. 비과학적이고 무질서하며 비체계이라고 간주된 것들은 모두 일률적으로 비이성적인 것으로 보게 되었다. 따라서 이성을 강구하는 사회일수록 규율과 법칙에 대한 요구가 높아졌다. 특히 19세기 산업혁명 이후, 자본주의가 고도로 발달되면서 시간, 관리, 효율, 질서에 대한 요구 역시 강해졌다. 선진적인 자본주의 사회에서 자본가는 항상 이성이라는 이름으로 전 사회의 목표를 제어하게 되었다. 따라서 근대성의 팽창은 사람들이 받는 억압과 통제를 더 심화시키는 결과를 가져왔다. 자본주의가 식민지 사회에서 발생한다면, 식민지인들은 더욱 심한 통제를 당할 것이다.

일본 식민주의자들이 자본주의를 타이완에 소개한 것은 타이완인의 생활을 개선하기 위한 것이 아니었다. 타이완총독부는 자본주의의 확장과 재확장을 도모하기 위해 타이완사회가 이성이나 근대성을 구비해야 한다고 했다. 근대적 지식을 주입받은 타이완인들은 인격과 신분의 상승을 요구받은 것이 아니라, 질서 있고 규율적인 시대의 도래를 맞이하라는 요구를 받았다. 시간을 지키고 법을 존중하며 통제를 받으라는 등의 근대적 생활은 타이완인들을 더욱 쉽게 통제하고 억압할 수 있게 만들었다. 라이허는 근대적인 의학 교육을 받으며 성장하였지만 결코 근대화의 가상에 현혹되지 않았다. 바로 근대적인 교육으로 무장했기 때문에, 라이허는 더욱 분명하게 타이완전통문화의 어둠을 간파할 수 있었으며 식민문화의 암흑면을 식별할 수 있었다.

라이허는 근대성의 진보 관념을 수용했기 때문에 타이완사회의 진부함과 낙후성을 객관적으로 파헤칠 수 있었다. 「야단법석」에서부터 라이허는 문학을 통해 봉건적 문화의 정체성과 기만성을 폭로하기 시작했다. 1929년에 그는 「뱀선생蛇先生」(『타이완민보』 제294~296호)을 발표하여 전통 한의학이 비방秘方이라는 이름으로 촌민들을 기만하는 것을 폭로하였다. 1930년에는 「바둑판 옆에서棋盤邊」(『현대생활』 창간호)를 발표하여 아편을 전매하려는 일본의 정책을 비판함과 동시에 구 신사紳士들의 타락상을 폭로하였다. 1931년에 발표한 「그녀의 가련한 죽음可憐她死了」(『타이완민보』 제363~366호)에서는 봉건사회의 축첩의 악습을 공격하였다. 라이허가 쓴 이 작품들의 절박한 심정은 지면을 넘어 사람들에게 생생하게 전달되었다. 그는 근대화가 거부할 수 없는 것임을 알고 있었다. 문화적 개혁을 실행하지 않는다면, 타이완사회는 영원히 변모할 수 없었다.

그러나 그는 근대화가 타이완사회에 양날의 검과 같은 작용을 하리라는 것을 분명히 알고 있었다. 근대화를 추구하지 않는다면 타이완은 지배를 받아야 하는 운명을 수용해야만 했다. 그러나 근대화는 결코 타이완사회 내부에서 자체적으로 발생한 것이 아니며 일본인들이 강제적인 수단으로 타이완인에게 부가한 것이다. 따라서 라이허와 같은 식민지 지식인들은 문화적으로 진퇴양난의 상황에 처해 있음을 깊이 체득하고 있었다. 타이완인들은 식민통치에 저항하려면 그와 관련된 근대화마저 거부해야 했다. 근대화를 수용하려고 한다면 식민통치 역시 수용해야 했다. 이러한 모순은 라이허와 동시대 작가들의 문학에서 선명하게 표현되어 있다.

4. 나가며

근대성은 결코 타이완사회 내에서 태어난 것이 아니며 일본이 식민지 체제 건설 과정에서 강제적으로 수입된 것이다. 타이완 지식인들이 인식한 근대성은 관점에 있어 일본 식민주의자들과 완전히 달랐다. 일본이 이해한 근대성은 타이완의 자원을 더욱 효과적으로 개발하여 자본주의의 재확장을 이롭게 하는 것이었다. 반면 타이완 지식인들이 체득한 근대성은 일종의 정신적 해방의 의미였다. 일본인들이 전파한 근대화의 논리는 고도의 문화적 우월감을 가지고 있었으며, 그것마저도 그들이 서양 선진국을 모방한 것이었다. 타이완인들이 추종한 근대화에 대한 서술은 이에 반해 강렬한 비판정신을 가지고 있었다.

장워쥔과 라이허의 문학적 사고에서 우리는 서둘러 따라잡아야 한다는 초조감이 그들에게 충만해 있음을 알 수 있다. 그것은 그들이 일본인의 근대화 운동이 방대한 패권적 담론임을 알았기 때문이다.

일본인들이 믿었던 근대화는 타이완인의 의지에 따라 진행되지 않았다. 따라서 근대화라는 거대한 수레바퀴가 타이완의 대지를 짓누를 때도 타이완인의 생활수준은 전혀 향상되지 않았으며 타이완인의 기본권에 대한 존중은 전혀 없었다. 장워쥔과 라이허는 그들과 같은 동시대의 지식인들처럼 계몽운동의 단계에 머물러 있을 수밖에 없었으며 일본인이 진행하는 근대화의 가면에 대한 민중의 저항을 환기시킬 수밖에 없었다. 그들의 비판정신과 저항적 행동이 짙은 비극적 색채로 물들어 있었던 것은 당연하다. 시간적인 낙후성은 결코 문화적 후진성과 같지 않다. 그러나 일본인들이 만든 거대한 담론의 영향아래서 당시의 신문학가들이 발휘한 비판의 영향력은 한계가 있었다. 자각하지 못한 대다수 타이완인들은 결국 일본인의 근대화 논리에 현혹되었다. 특히 일본인들이 근대화 관념의 수용 우선성을 우월성으로 바꾸는 데 성공하자 많은 타이완인들은 일본성Japaneseness을 근대성과 같은 것으로 여기게 되었다. 따라서 근대화라는 목표를 향해 나아가는 가장 빠른 지름길은 일본화라는 더 심한 착각에 빠지게 되었다.

제일세대 작가들의 근대화에 대한 서술이 장아쥔과 라이허에만 그치는 것은 아니다. 그러나 그들의 행위방식이 비교적 선명했기 때문에 많은 관심이 그들에게 집중되는 것은 당연하다. 그들의 영향력은 제이세대와 제삼세대 작가군의 모방으로 나타났다. 문학의 힘은 바람 앞의 등불처럼 미약하지만 시대가 변해도 사라지지 않는다. 일본의 식민지 체제가 제아무리 방대하고 패권적 주장이 제아무리 위세를 떨쳐도 결국 역사의 먼지로 소멸되어갔다. 식민지 작가들이 남겨둔 글과 그들의 비판정신은 시간의 흐름을 견뎌내고 역사의 교두

보에 우뚝 서있다. 그들의 이러한 근대화 담론은 이후 타이완문학사에 끊임없는 상상과 깨우침을 가져다주었다.

일제 말기 본도인의 두 가지 정체성*

서민소설과 지식청년 텍스트의 분석

팡샤오첸方孝謙

1. 들어가며

사학의 권위자 천인뤄陳寅恪(1890~1969)는 당唐의 리푸옌李復言이 지은『속현괴록續玄怪錄』을 고증한 바 있다. 그는 이 전기소설 중「신공평상선辛公平上仙」이 당 헌종憲宗 시해에 관한 사료의 가치가 있다고 하였다. 그는 순종(헌종의 아버지)의 명에 따라 편찬된『순종실록順宗實錄』등의 정사를 소설과 비교 분석했다. 이를 통해 이 소설의 사료적 가치를 논했다. 이후 학자 볜샤오쉬안卞孝萱은 소설의 작자 리푸옌이 영정永貞(순종의 연호) 개혁에 참여한 리량李諒의 별호임을 고증하였다. 이로써 천인뤄의 주장이 타당성을 얻게 되었다.

소설을 역사로 취급한 천인뤄의 시각은 두 가지 점에서 본고와 관

* 이 글은 김종석이 번역하였다.

련이 있다. 우선 그는 소설 서사와 정사의 서사를 함부로 동일시할 수 없지만 '꼼꼼히 분별하고 신중히 취하면' 소설도 진상을 반영하는 '사료'가 된다고 보았다. 필자 또한 일제의 타이완 강점 후기 한인이 백화문이나 일본어로 쓴 이른바 '사실문학', '황민문학'을 사용해 당시 그들의 정체성 위기를 탐색하기 위한 '사료'로 삼고자 한다.[1] 천인뤄는 소설이나 정사 속에서 언어의 기능이 모두 투명하다고 생각했다. 즉 언어는 단순하게 경험 세계를 반영하는 역할을 가진다고 여긴 것이다.

그러나 서양의 구조주의자와 역사학자들의 '서사narrative란 무엇인가'에 대한 논란은 천인뤄 관점의 허점을 지적한다. "사건을 재현한 서사체에는 가치판단이 함유되어 있다. 이 가치판단에는 서사사건이 일관되고 완정하며 풍족하고 원만한 생활 형상을 드러내길 바라는 욕망이 내재해 있다. 하지만 그 생활 형상은 모두 상상에서 나올 뿐이다."[2] 바꾸어 말하자면 언어는 '수행 언어performative language'라 부를 수 있는 상상적 성분을 지닌다. 이로 인해 역사든 소설의 서사체든 필연적으로 기승전결의 모습을 가진다. 이러한 서사, 즉 이야기를 통해 '사건'이 비로소 의미를 생성하는 것이다.

본문은 이른바 '대동아전쟁' 기간, 타이완 한인 소설을 대상으로 당시 타이완인의 정체성 문제를 논하고자 한다. 문화 연구 및 탈식민주의 이론가들의 관점에 따라 여기서는 '정체성'을 특정한 역사적 조건하에

---

1 필자 이전에 학자 盧建榮이 해방 후 타이완 소설을 대상으로 1975~1997년의 '정체성' 문제를 토론하였다. 이 밖에 蕭阿勤 역시 같은 종류의 논문을 출판하였다. 盧建榮, 『分裂的國族認同 1975~1997』, 台北 : 麥田, 1999; 蕭阿勤, 「1980年代以來的台灣文化民族主義的發展 : 以台灣(民族)文學爲主的分析」, 『台灣社會學研究』 第三期, 1~15면 참고.

2 H. White, *The Content of the Form-Narrative Discourse and Historical Representation*, Baltimore, Md. : The John Hopkins University Press, 1987, p.24.

일군의 사람들이 '우리'와 '그들'의 집단 범주를 구분해 서로를 부를 때 사용한 각종 논술이라고 정의한다. 정체성은 언어를 따라 밖으로는 객관세계를 향하고 안으로는 말하는 이의 감정과 태도를 가리키는 방식으로 '나는 누구인가'의 답을 일시적으로 획득한다. 이러한 관점에서, 일제강점 후기의 소설을 타이완 서민(소작농·노동자·민며느리·창녀) 및 일본식 교육을 받은 지식청년의 정체성 두 가지로 나누었다.

나는 먼저 역사철학가 헤이든 화이트Hayden White의 역사와 소설이 상통한다는 '수사법' 이론을 빌려 일제강점 후기의 서민들이 황민화운동하에서 일본 및 모든 착취자들을 적대시하고 향토 고유문화 자원을 그들의 정체성의 기초로 삼는 양상을 분석하고자 한다. 그 다음 당시의 지식청년들이 '이성적 계산'으로부터 '신비한 순종'에 이르는 태도변화의 스펙트럼을 따라 점차 일본에 동화되어가는 과정을 살펴보겠다. 끝으로 실제 인물인 예성지葉盛吉의 '두 개의 고향' 정체성으로 이를 대조하고자 한다. 일제강점 후기의 서민과 지식청년이 드러낸 두 가지 극단화된 정체성을 분석함으로써 '나는 누구인가'의 곤혹감이 해소되려면 고유의 문화 자원이 필수적이었음을 설명하려 한다.

2. 역사와 소설—헤이든 화이트의 수사법이론

헤이든 화이트는 스스로를 '모더니스트'로 자처했다. 하지만 그는 처음으로 포스트모더니즘 역사학의 선례를 남겼다. 때문에 그는 '탈

근대주의자'라고 지칭되기도 하였다.[3] 프레드릭 제임슨Fredric Jameson 같이 공인된 '탈근대주의자'가 말하듯, 두 이론의 가장 큰 차이는 탈근대주의자가 '실재적 인식론realistic epistemology'을 포기했다는 점에 있다.[4] 그렇다면 화이트는 이를 포기하지 않았다고 하겠다. 그는 다만 역사 글쓰기를 언어 문제로 끌고 들어가 주류 사학이 전적으로 의지하는 실재적 인식론의 부족함을 보충한 것이다. 그는 사학의 진의가 거울과 같은 사실적 진리literary truths를 제공하는데 있지 않다고 하였다. 대신 뛰어난 문학 작품의 '알레고리적 진리allegorical truths'를 찾아내어 독자의 이해를 확대하는 데 사학의 의의를 두었다.

화이트가 '모더니스트'라 자처하는 이유를 이해하기 위해, 또한 소설을 '사료로 인정하는'데 사용되는 언어학적 근거를 명확히 하기 위해 화이트의 이론 세계를 깊이 있게 탐구해 볼 필요가 있다. 이때 염두에 두어야 할 것은 서술의 보조 장치, 즉 내부를 서술하는 플롯 구조가 소설 서사의 기능과 역사 서사의 기능을 동일한 것으로 만든다는 점이다. 또한 플롯은 언어를 단순한 진실의 반영이 아니게 만들 뿐만 아니라, 서사를 통해 진실한 '알레고리적 진리'를 부여한다.

화이트의 사학 저술 관점은 영미 분석철학과 프랑스 탈구조주의의 두 가지 관점에 걸쳐 있다. 두 유파는 '담론'이 음音, 자字, 구句 이상의 언어 운용을 포함한다는 데에는 동의한다. 하지만 담론을 이루는 '기호화coding' 원칙, 담론의 기능을 평가하는 기준이 각기 다르다. 분석철학자들은[5] 사학 담론의 구성 원칙이 논리임을 주장한다. 설령

---

3 古偉瀛・王晴佳, 『後現代與歷史學』, 台北 : 巨流, 2000, 208면.

4 제임슨은 "실재적 인식론은 기호의 재현을 주체 외부의 객체 세계의 재생산으로 간주하기에, 일종의 지식과 예술과 관련된 반영 이론이다. 이 이론이 지식을 평가하는 범주는 적합성adequacy, 정확성accuracy, 진리truth 자체다"라고 말한다.

이야기식의 서사체를 사용한다 하더라도, 역사가는 추리가 일치하고 앞뒤가 상반되지 않는 논리적 요구에 따라야 한다. 그리고 역사가가 자신의 연구결과를 쓰는 것은 당연히 자신이 발견한 사실을 독자와 소통하기 위함이다. 이러한 발견의 기초는 사료를 정확히 고증하고, 사료가 객관적 실재계를 거울처럼 반영할 수 있다는 확신 위에 세워진다. 독자 특히 같은 분야의 학자들이 그의 연구를 평가할 때 쓰는 기준 역시 논리적 원칙의 합리적인 정합coherence 및 서사 내용과 객관 사물의 대응correspondence에 근거한다. 즉 합리성과 대응은 역사 서사 속 지시대상referent의 정확도를 보여주는 것이다.

이와 상반되게, 극단적 탈구조주의자들은 서사의 논리 원칙을 근본적으로 부정한다. 소설이건 역사 서사건 그것들의 구성 원칙은 '시적poetic' 요소와 '수사적rhetoric' 요소가 합쳐진 '수행performative' 원칙이라는 것이다. '시적' 원칙은 서사의 감정 표현 기능을 뜻한다. '수사적' 원칙은 표현의 태도를 뜻한다. 서사에 나타난 감정과 태도의 평가에 대해 화이트는 다음과 같이 이야기했다.

> 역사 서사의 역할은 한 문화의 소설(유형)의 다음과 같은 능력을 시험하는 데 있다. 이러한 유형들은 마치 문학이 '상상'적 사건을 창작 수법을 통해 영혼에 의미를 부여하는 것처럼 진실한 사건에 어떠한 의미를 부여할 수 있다.[6]

> 서사형 역사는 다음과 같은 특징을 지닌 담론이다. 어떤 문화가 사실적 진리literary truths라 간주하는 것과 이 문화에서 탄생한 전형적 소설이 표현하는 알

5 White, op. cit., 1987, pp.38~41.

6 ibid., p.45.

레고리적 진리(즉 문화가 자신 및 다른 문화를 자술하는 이야기) 사이에서 역사 서사는 하나의 테스트로 기능한다.[7]

역사학 텍스트 자체가 감정과 태도를 표현하는 기준이 된다. 왜냐하면 그것으로부터 나온 문화가 충분한 '수행 유형'을 제공하는지 시험하고 있기 때문이다. 이에 더하여 텍스트는 그것이 가리키는 진실한 사건의 플롯 구성emplot이 되어 독자와 텍스트 작가가 함께 인식하는 '알레고리적 진리'를 전달하기 때문이다. 그의 의도는 분명하다. 역사학 저작의 성공 여부는 동일 문화의 문학 유형을 주축으로 하는가에 달려있다. 역사가가 역사 사건의 의미를 부여할 때 소설가가 같은 사건을 형상화해 달성한 것과 같은 열독 효과를 실현해낼수록 역사학 저작은 성공적이 된다. 이렇기 때문에 반대 견해를 가진 역사가는 화이트가 "역사와 문학이 동일하다"고 본다는 평을 한 것이다.[8]

그러나 "역사와 문학이 동일하다"는 표현법은 (탈)구조주의자의 입장에 적합하지 화이트에게는 적합하지는 않다.[9] 그는 1980년대에 "이야기 유형을 선택하고 계속해서 유형을 사건 위에 첨가해야 비로소 사건에 의미가 부여된다"[10]라고 말했다. 여기서 선택하는 사람이

7 H. White, *Figural Realism-Studies in the Mimesis Effect.* Bajtimore, Md., : The John Hopkins University Press, 1999, p.18.

8 K. Windschuttle, *The Killing of History-How Literary Critics and Social Theorists Are Murdering Our Past*, New York : The Free Press. 1997, p.227.

9 (탈)구조주의자들은 "역사 서사는 신화와 같다"(레비스트로스Levi-Strauss), "역사 서사는 이데올로기와 같다"(바르뜨Barthes)는 견해를 잇달아 제기한 바 있다. 화이트의 입장을 비교적 정확하게 판단한다면 그는 '언어인문학자linguistic humanist'라 할 수 있다. 르네상스에서 화이트의 언어 인문학에 이르는 전승에 대해서는 H. Kellner, *Language and Historical Representation-Gatting the Story Crooked*. Madison, Wis : The University Wisconsin Press, 1989, pp.193~227 참조.

10 White, op. cit., 1987, p.44.

란 역사가를 말한다. 사건의 플롯을 설정한다는 것은 플롯 유형 및 배후의 알레고리가 독자에게 이해될 수 있도록 깊이 생각하는 것이다. 따라서 역사가와 독자가 함께 누리는 드라마·소설 유형을 포함한 알레고리적 진리에서 역사학 텍스트는 논리적 의미뿐만 아니라 수행적인 의미도 함께 교환한다. 화이트의 화법에 의하면, 역사가는 독자와 "하나의 사회 중심"을 공유한다. "이 중심은 사건들 상호간 관계의 대비를 이루는 한편 사건들에 윤리적, 도덕적 의미를 부여한다."[11] 이러한 견해는 (탈)구조주의자들이 말하는 '작가의 죽음과는'[12] 현저한 차이가 있다.

이와 같이 화이트의 역사 텍스트에 대한 입장이 분석철학과 (탈)구조주의 사이에 있는 '언어 인문학'임을 알 수 있다. 이어 역사 텍스트가 알레고리적 진리를 산출하는 과정을 살펴보자. 이는 화이트의 '지시대상'과 '수사trope'에 관한 관점과 관련된다. 본 절의 마지막에서 화이트의 이론이 일으킨 파문과 그것이 정체성 분석에 주는 시사점을 다시 토론할 것이다.

사료 해독을 끝내고 역사 기술에 진입하는 것을 화이트는 역사가가 '비유troping'(의미가 언어 밖에 있음을 일컬음)와 관련된 세 단계의 조작에 진입하는 것이라고 생각한다.[13] 첫 단계의 조작에서 역사가는 사료 속의 모든 사건을 삭제하거나 줄이고 이를 연표로 드러내야 한다. 삭감의 기준은 마음속의 '플롯 설정'과 관련이 있다. 연표 속의 사건은 그가 말할 이야기의 소재이다. 둘째 단계의 조작에서 그는 대사

11 ibid., p.11.

12 Barthes, *The Rustle of Language*, Berkley, CA : University of California Press, 1989, pp.49~55.

13 White, op. cit., 1999, p.8.

연표를 그의 이야기 유형, 즉 그가 설정한 플롯 속으로 받아들인다. 그의 방법은 미래의 독자를 두 종류의 지시대상으로 이끈다. '본원적 지시대상primary referent'은 독자가 텍스트에서 객관적으로 존재했던 '사건'을 보게 한다. 철학가 리쾨르Ricoeur의 말을 빌리자면, 독자가 책을 읽을 때 여전히 '현실 세계'에 있다고 느끼게 하는 것이다. 그러나 이와 동시에 독자는 또한 '보조적 지시대상secondary referent'을 보게 된다. 명칭은 '보조적'이지만 이 두 번째 지시대상이 독자에게 알레고리의 세계를 수송한다.

'보조적 지시대상'은 역사가의 플롯 구조를 가리킨다. 이것을 세 층위로 나눌 수 있다.[14] 기층은 '모티프'이다. 드라마를 예로 들면, 햄릿 왕자가 아버지의 망령을 처음 본다. 아버지는 숙부에게 살해되었음을 알린다. 망령은 물러간다. 이는 전형적인 '시작-전환-은폐'의 3단 '모티프'이다. '모티프'가 모여 중층의 '주제'를 이룬다. 햄릿이 겪는 고뇌를 예로 들 수 있다. 숙부를 죽이면 아버지의 복수를 할 수 있지만 어머니는 행복을 잃는다. 어머니는 이미 숙부에게 재가했기 때문이다. 다시 '주제'가 모여 상층의 '플롯 구조'를 이룬다. 어머니는 왕자를 독살하려던 독주를 잘못 마셔 먼저 죽는다. 왕자는 숙부를 죽이고 어머니의 죽음에 슬퍼하다 자결한다. 이렇게 비극이 완성된다.

셰익스피어의 『햄릿』은 덴마크의 일화에서 소재를 취했기에, 이 작품 또한 '본원적 지시대상'이 있음을 잊지 말아야 한다. 이렇듯 소설과 같은 플롯 전개를 통해 역사가는 세 단계의 조작을 할 수 있다. 플롯은 사건의 주제를 구성하여 사건의 역사적 의미, 즉 '알레고리적

14 White, op. cit., 1987, p.43.

진리'를 논하게 한다. 그러나 그 의미를 어떻게 독자들이 알게 할 수 있을까? 화이트에 따르면, 독자가 두 번째 단계의 플롯 구조를 인지할 때 알레고리적 진리를 받아들일 준비가 된 것이라 본다. 그리고 역사가와 독자가 사회적 가치를 공유한다는 것은 독자가 텍스트의 플롯을 인지하는 기초인 것이다.

그러나 특정 문화의 중심 가치가 어떻게 역사가로 하여금 역사 텍스트의 플롯 구조와 알레고리적 진리를 독자와 함께 알게 만들까? 화이트의[15] 최근 평론은 '어떻게'의 키포인트를 명확히 지적한다.

> 은유metaphor·환유metonymy·제유synecdoche·아이러니irony로 구성된 수사 구조(이것들이 로망스·비극·희극·풍자와 대응한다고 생각한다)가 (…중략…) 우리에게 역사 담론과 소설 서사 두 가지가 극히 유사하거나 심지어 포개짐을 보게 한다. 한편은 역사가가 사건에 의미를 부여하는 전략(플롯 구조)에서이고, 다른 한편은 그가 처리한 진리 유형(알레고리적 진리)에서이다.

이는 화이트가 『메타역사*Metahistory*』(1973)에서 제기한 '4대 수사' 이론과 연계된다.

프로이드가 꿈의 잠재적 의미는 응축·치환·상징·윤색 작용을 통해 꿈꾸는 이가 자각할 수 있는 현시적 의미로 승화된다고 생각했던 것처럼, 화이트는 특정 문화의 제반 의미가 언어 밖의 4대 수사의 작용을 통해 4대 플롯 유형 및 4대 정식 의론(형식론·기계론·유기론·맥락론)에 투사되며 플롯과 의론은 문화 속에서 인간이 자각적으로

15 White, op. cit., 1999, p.11.

운용할 수 있는 것이라 생각했다. 특히 문화 심층의 모든 수사가 선택적으로 특정한 플롯과 의론에 가까울 수 있다. 예컨대 위에서 인용한 '햄릿'은 환유-비극-기계론의 조합이다. 가령 한 작가가 자각적으로 비극-기계론을 사용하면 환유의 잠재의식과 맞추어져 그 글쓰기 '풍격style'이 이루어진다. 집단적 무의식에서의 문화 의의와 의식층의 투사물을 표로 열거하면 다음과 같다.[16]

〈표1〉 '풍격'의 구성

정식 의론	형식론	기계론	유기론	맥락론
플롯 유형	로망스	비극	희극	풍자
수사	은유	환유	제유	아이러니

은유는 유비類比의 원칙에 따라 한 차원의 사물로 다른 차원의 사물을 알게 하는 가장 간단한 비유 양식이다. 예컨대 인간을 꽃의 아름다움에 비교하면 '아름다움'의 성질이 꽃(식물계)과 인간(동물계)에 관통되어 서로 다른 차원의 어휘가 비교될 수 있는 여지가 생긴다. 은유와 대응하는 희극의 유형은 로망스다. 주인공의 성격은 환경의 갖은 시련 속에서도 한결같다. 이는 '아름다움'의 성질이 다차원적 비교에 적합한 것과 같다. 따라서 로망스의 구성 원칙은 '자기 동일성self-identification'이다. 마지막으로 은유, 로망스와 결합되는 정식 의론은 형식론이다.[17] 같고 다름에 따라 비교하는 원칙은 이론 주제의 독특함을 이루었다. 예컨대 일본에서 성행한 '일본인론'은 인간의 뇌

---

16 표에서 필자는 집단적 무의식 중 4대 이데올로기(무정부주의 · 급진주의 · 보수주의 · 자유주의)에 관한 토론을 생략했다. 이는 화이트의 후기 저작에서도 거의 언급하지 않을 뿐만 아니라 필자는 지금까지 이데올로기와 다른 '4대'가 도대체 무슨 내재적 관련이 있는지 이해할 수 없기 때문이다.

17 이후 '표의론ideography'으로 대체되었다.

구조에서 음식까지 야마토민족의 유일함을 '증명'한다.

환유는 글자와 단어가 어법 속에서 나타나는 인접성contiguity or proximity을 원칙으로 한다. 예컨대 '순풍에 돛을 올리다'나 '백악관 대변인'에서 돛은 배의 일부분이고 백악관은 미국 대통령의 거처이다. 상호간의 접근성은 부분이 전체를 대신하게 하거나 전체가 부분을 대신하게 하기도 하는데, 양자 모두 환유다. 환유는 비극에 대응하며, 비극은 체념resignation을 원칙으로 한다. 주인공이 어찌할 수 없는 환경에 직면해도 자신의 인격을 굴종시킬 생각이 없을 때, 그는 떠남을 선택할 수밖에 없다. 햄릿의 상황에서는 자살이 그러한 선택이다. 환유-비극이 대응하는 것은 기계론, 곧 인과론이다. 이는 앞에서 인용한 영미 분석철학이 추구한 실재적 인식론의 핵심이기도 하다. 기계론은 인과 법칙의 추구를 목표로 삼으며 원인은 결과적 시간 앞에서 발생한다. 시간적 거리가 가까우면 가까울수록 매개변수intervening variables가 법칙을 방해하는 역할이 작아진다. 그리고 인과의 '외연'적 상관성은 통계를 통해 수립된다.

제유는 두 단어 사이의 같은 '본질essence'을 비유의 원칙으로 한다. 예컨대 '한 알의 모래로 세계를 본다', 헤겔이 말한 '국가는 하느님이 대지를 지나간 흔적'과 같은 표현들이 있다. 전자는 작은 것을 통해 큰 것을 엿보기에 본질적으로 같다. 후자는 국가를 통해 하느님을 인지하기에 양자의 의지가 일치한다고 볼 수 있다. 제유는 희극喜劇에 대응한다. 주인공이 환경의 도전에 직면하면 자신을 바꿔 환경에 순응reconciliation한다. 중국 전통극의 결미의 '대단원' 류는 희극에 속한다. 이에 대응하는 정식 의론은 유기론으로, 대우주와 소우주 사이의 목적-수단의 관계에 대한 이해를 원칙으로 한다. 화이트의 최근 저작은[18] 제유를 역사학의 서사 본질을 가장 잘 드러낼 수 있는 것으로 보고 있다. 그는 다음과 같이 말한다.

> 서사적 특징은 제유를 주요 수사로 삼는 담론이라 할 수 있다. 제유는 총체를 구성하지만 시간적으로 각처에 흩어진 일련의 부분들을 '한데 붙잡으며grasping together', (…중략…) 동일성identification의 원칙에 기댄다.

마지막으로 아이러니에 대해 화이트는 "명백히 알면서 오용한 비유catachrisis"[19]라 정의한 바 있다. 의미상 아이러니는 비유어의 표면적 용법을 '부정'하는 수사이다. 예컨대 '눈으로 아이스크림을 먹는다'나 타이완 속담 '무릎으로 생각한다'가 있다. 전자는 여색을 좋아함을 비판하는 것이며 후자는 우둔함을 비꼬는 것이다. 두 표현에서 알레고리는 주어와 동사의 연계와 무관하다. 아이러니는 풍자와 대응한다. 소설을 희극戱劇으로 각색한 「목걸이」를 일례로 들 수 있다. 작품 속에서 소녀는 이웃의 다이아몬드 목걸이를 빌려 무도회에 참가했다 이를 잃어버리고 십 수 년을 들여 빚을 갚는다. 이웃은 그것이 가짜였음을 알린다. 아이러니-풍자는 맥락론에 대응한다. 하나의 시공간에서 사물 상호간의 기능 예속 관계를 발견하면 이로부터 역사가는 사물 발전의 '추세'를 추측할 수 있다. 역사학자 필립 쿤Philip Kuhn의 『초혼叫魂』(2000)은 첫 장에서 18세기 절강성浙江省 덕청현德淸縣에서 머리를 깎으면 혼을 빼앗긴다는 유언비어로 인한 사건을 진술한다. 청淸 18세기의 인구, 경제 상황, 만주족의 전통, 청나라의 법률 체

---

18 White, op. cit., 1999, p.21.

19 White, op. cit., 1987, p.117.

계, 민간 신앙의 전승 등을 살펴 초혼 사건이 건륭乾隆 시대의 유명한 '정치 범죄'였음을 드러냈으니, 쿤은 맥락론으로부터 착안한 것이다.

요컨대 화이트의 수사 이론은 역사 텍스트가 외재적 사실을 반영하는 기능을 부정하지 않는다. 그는 이 기능을 '본원적 지시대상'이라 부른다. 이것은 역사가가 역사 사건을 선별하여 연표를 만들게 한다. 그러나 그가 강조하는 것은 텍스트가 플롯 구조(보조적 지시대상)를 통해 사건의 의미(알레고리적 진리) 범위를 연역한다는 점이다. 그가 보기에 특정 문화의 핵심 가치는 본원적 지시대상과 보조적 지시대상의 운용에 영향을 미친다. 그중 특히 서구 르네상스 이래의 핵심 가치는 4대 수사의 집단적 무의식을 만들어 내었으며 4대 플롯 유형 및 4대 정식 의론의 작용에 영향을 미쳤다. 화이트[20]는 4대 수사가 문화 심층이나 '수행'이라 부르는 잠재능력의 모든 가능성을 하나하나 열거하지 않으며 그럴 수도 없음을 이야기했다. 그러나 그가 제기한 수사는 서양 근대 문화에서 비롯됐다. 때문에 그가 '상대주의자'라는 평가를 받아들였지만 문화와 언어의 변천이 야기한 역사 인식은 상대적으로 알레고리적 진리일 뿐이라는 것을 기억할 필요가 있다.[21]

기계적 인과론에 익숙해 있던 사회 과학자의 눈으로 본다면 화이트의 수사 이론은 두 가지 결점을 지니고 있다. 첫 번째는 4대 수사와 4대 플롯 유형과 4대 정식 의론의 관계로, 화이트는 이를 '선택적 인접성'이란 말로만 언급했다. 물론 이렇게 한 세트를 이룬 수사(플롯) 의론의 내용을 이해할 때 어렴풋이 이 삼자는 상동관계homologies에 있음을 느끼게 된다. 예컨대 쥐의 앞발과 박쥐의 날개는 똑같이 먹이를

20 White, op. cit., 1999, p.11.

21 White, op. cit., 1987, p.27.

찾기 위해 진화해 다른 형태가 되었다는 점에서 상동관계에 있다. 그러나 화이트의 설득력은 여기에 그칠 따름이다. 그는 진일보한 이론 메커니즘을 만들어 논리적으로 수사에서 의론에 이르는 관계를 설명하지 못했다.

하지만 화이트가 형식론을 정식 의론으로 채택한 의미를 가볍게 볼 수는 없다. 화이트의 형식론은 같고 다름을 비교해 특수성을 확인하는 것을 원칙으로 하며, 은유적 유비 원칙에 대응한다. 가령 어떤 논자[22]의 말에 따르면, 화이트는 잠재의식적 수사를 전달 수단vehicle으로 삼아 유비적 사유를 의식층의 플롯과 의론tenor(비유되는 것)을 세우는 데에 투사했다. 때문에 화이트가 '선택적 인접성'의 모호한 말에 호소할 수밖에 없는 것도 당연하다는 것이다.

〈그림 1〉 기호 사각형 및 각 부분의 관계

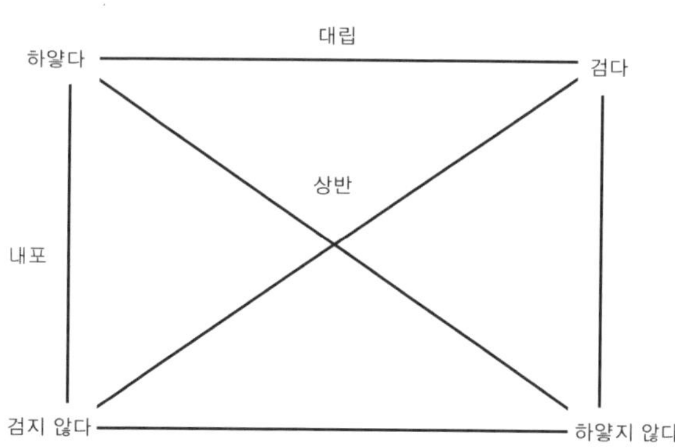

출처 : Hayden White, "Getting Out of History—Jameson's Redemption of Narrative", in his *The Content of the Form—Narrative Discourse and Historical Representation*, Baltimore : The Johns Hopkins University Press, 1987(1982), p.159

22 H. Kellner, *Language and Historical Representation-Gatting the Story Crooked*, Madison, Wis : The University Wisconsin Press, 1989, p.223.

〈그림 2〉 수사와 플롯 유형의 관계

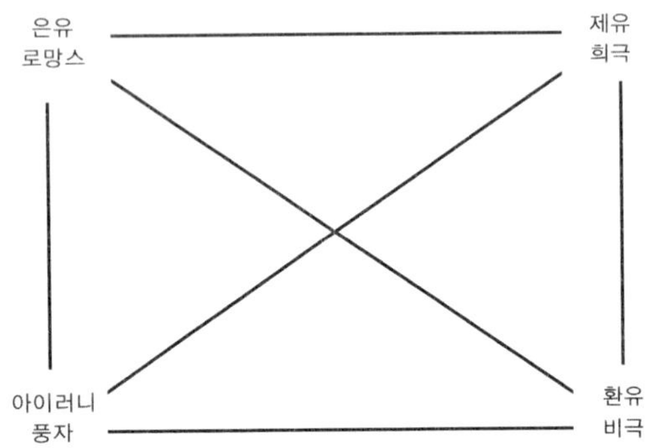

출처 : Fredric Jameson, "Forward", in Algirdas Julien Greimas On Meaning : *Selected Writings in Semiotic Theory*, Minneapolis : University of Minnesota Press, 1987, p.xix.

〈그림 3〉 수사법과 플롯유형 관계의 다른 해석

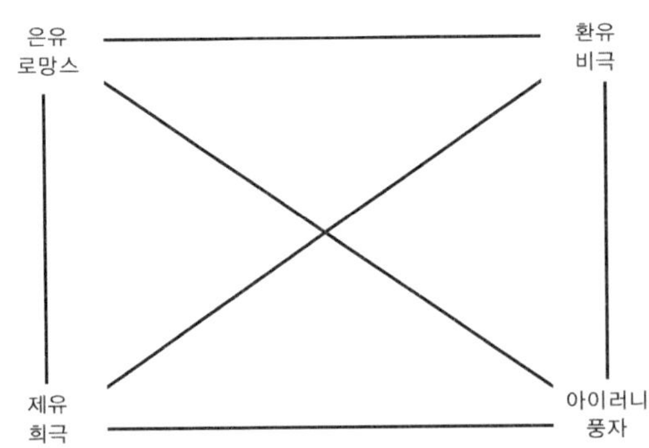

출처 : Hayden White, "Getting Out of History—Jameson's Redemption of Narrative", in his *The Content of the Form—Narrative Discourse and Historical Representation*, Baltimore : The Johns Hopkins University Press, 1987(1982), p.159.

두 번째는, 화이트와 제임슨이 4대 수사 사이에 하나의 논리 기초를 제공하려 했지만 문제가 더욱 복잡해지고 모호해졌다는 점이다. 화이트는 제임슨의 서사 이론을 논평하면서, 서양의 봉건 논리학자들의 '기호 사각형'의 논법을 끌어왔다. 즉 어떤 단어의 존재는 동시에 3개의 상관 단어(〈그림 1〉과 같은)를 파생시켜 기호 사각형을 이룬다. 〈그림 1〉의 사각형에서, '하얗다'는 순서에 따라 상반contraiety · 대립opposition · 내포implication 관계 때문에 '하얗지 않다', '검다', '검지 않다'와 관련된다.

훗날 제임슨은 이에 근거해 4대 수사와 4대 플롯 유형을 〈그림 2〉와 같이 배열하였다. 그는 은유는 환유와 상반 관계를 가지고 제유와는 대립 관계를 이루며 아이러니와는 내포 관계를 띤다고 생각했다. 그러나 우선 제임슨의 도식은 화이트의 원래 본의에 부합되지 않는다. 환유와 제유의 관계가 〈그림 2〉의 사각형에서는 내포 관계이지만 화이트는 양자는 '외연'과 '본질'의 상반된 운용이라 말했다. 다음으로, 화이트의 의도대로 은유 · 환유 · 제유 · 아이러니의 관계를 〈그림 3〉처럼 재배열해도 사각형 속의 논리 관계를 완전히 이해할 수 없다. 왜냐하면 한편으로 은유와 전유는 언어의 서로 다른 차원에서 동일 차원에 대한 '대립' 관계는 통한다고 할 수 있기 때문이다. 또한 아이러니가 화자의 알레고리적 차원에서 은유의 표면적 의미를 부정하므로 양자를 '상반' 관계라 해도 합리적이다. 하지만 다른 한편으로, 은유가 어떻게 내포하고 제유까지 내포할 수 있으며, 환유는 또한 어떻게 아이러니를 내포하는가? 이에 대해 필자 역시 이해할 방법이 없다.

이 밖에, 전술한 화이트를 '상대주의자'라 부른 주류 역사가들[23]은

나치의 유태인 멸족 정책으로 인해 화이트를 비난했다. 이는 어떠한 역사가가 '풍격'을 이유로 유태인 멸족의 비극적 역사를 '희극'으로 묘사할 수 있겠느냐는 의미에서였다. 화이트의 대답은 그의 '상대주의'적 입장도 보강하였지만 4대 수사의 부족한 부분도 언급했다. 기본적으로 그는 멸족을 서술하는 것은 곧 다른 역사적 사실을 서술하는 것과 마찬가지이며, 역사가는 시대적 가치가 그의 텍스트 속에서 본원적, 보조적 지시대상에 미치는 영향에서 벗어날 수 없다고 생각했다. 멸족 자체는 텍스트 재현에서 특수한 어려움을 구성하지 않는다. 어려움을 구성하는 것은 20세기 서양 현대 사회에서 과학 기술(예를 들어 가스실)로 다른 민족을 집단 학살한 경험이 왜 나타났느냐를 이해하는 것이다. 이러한 경험은 '근대성'에 속하는 전체주의 형식인 만큼 이러한 경험을 재현하려는 역사가는 문예 평론가 에리히 아우어바흐Erich Auerbach가 칭한 '근대 리얼리즘'에서 경험을 배워야 한다. 화이트는 아우어바흐의 견해를 다섯 가지로 집약했다.[24]

① 작가는 소설 속 객관적 사실의 서술자 신분으로 변해 사라진다. 거의 모든 것이 주인공의 의식·반성 속에서 나타난다.

② 소설 밖에 몸을 두고 이야기 속을 관찰하는 데 쓰인 사람과 일의 관점 역시 사라진다.

③ 언뜻 보아 객관적 수법이 묘사한 사건을 해석할 때, 서술자의 성조는 회의와 의문으로 충만하다.

④ 미학적 이유 때문에 자유간접화법erlebte Rede, 의식류, 독백의 기교가 사용

---

23 White, op. cit., 1999, pp.27~42; 古偉瀛・王晴佳, 앞의 책, 212~213면.

24 White, op. cit., 1999, p.40.

된다. 그러나 이러한 기교들은 작가에 의해 완전히 인지된 객관적 사실의 인상을 오히려 모호하게 만든다.

⑤ 시간이나 일시적 경험을 재현하기 위해 새로운 기교를 사용한다. 예컨대 우연한 상황에서 의식을 털어놓는 과정을 안배한다. 외재적, 내재적 시간의 구별을 지운다. 사건을 이야기 속에서 연속되는 에피소드로 묘사하지 않으며 임의로 나타나는 상태를 재현한다.

'근대성'의 시대적 가치는 역사 텍스트의 글쓰기 양식에 영향을 미치며, 이러한 양식은 문학 속에서 주객관을 말소시키는 근대 리얼리즘을 모범으로 삼는 게 바람직하다. 화이트의 이러한 상대주의적 해석이 이치에 맞는다 생각한다면 이 이론이 어떻게 수사 이론과 서로 연계될 수 있는지 알게 될 것이다. 4대 플롯 유형을 구별 짓게 하는 기준 중의 하나가 주인공과 환경의 충돌 및 해결이다. 주객관의 존재가 미리 설정되어 있는 것이다. 근대 리얼리즘이 주・객관의 구별을 없애려 하는 상황에서 화이트의 수사 이론은 리얼리즘과 부조화를 이루고 있다.[25] 하지만 사회 과학의 관점으로 봐도 수사 이론에는 큰

25 앙커스미트Ankersmit는 근대 리얼리즘과 수사법 이론의 부조화를 가장 깊이 있게 살핀 역사학자이다. 그는 부조화를 초래한 주요 원인이 화이트가 반평생 동안 세운 이론이 임마누엘 칸트와 마찬가지로 경험계의 주관과 객관의 이분법을 미리 설정했기 때문이라고 했다. 그는 탈근대 철학가 리처드 로티Richard Rorty의 칸트 비판을 인용하고 화이트의 이론을 연계시켜 이렇게 말했다. "언어와 실상과의 관계가 초래한 문제는 (…중략…) 우리의 영혼이 어떻게 운행되는가의 문제로 변화했다."(Ankersmit, *History and Tropogy-The Rise and Fall of Metaphor*, Berkeley, CA; University of California Press, 1994) 화이트가 4대 수사를 문화 심층에서 근거하여 해석한 것으로 보아 이 말은 잘못된 게 아니며 또한 화이트를 칸트와 마찬가지로 '모더니스트'라고 했다. 앙커스미트는 한 걸음 더 나아가 화이트가 만일 주관과 객관의 이분법이 초래한 그의 이론과 입장의 딜레마를 회피하려 한다면 그는 아리스토텔레스가 '경험'을 '감각sense'이라 부른 시론으로 돌아가야 한다고 했다. 아리스토텔레스가 정의한 감각을 설명하면서 그는 "지각 대상에 대한 형식적이고 비실질적인 느낌인데, 이는 마치 밀납이 반지의 흔적에 영향을 받지만 반지의 철이나 금에서 영향을 받지 않는 것과 같다"(ibid., p.24)라고 했다.

장점이 있다. 본원적・보조적 지시대상의 개념으로 언어가 현실의 단순한 반영이 아닌 이유, 즉 언어가 투명한 매개체가 아닌 이유를 설명할 수 있기 때문이다. 그리고 화이트의 설명 방식은 "언어 밖에는 진실이 없다"는 (탈)구조주의자들의 극단적인 입장에서 벗어났다. 화이트의 시각에서 독자는 역사 서사를 통해 본원적・보조적 지시대상의 인도를 받아들일 것이다. 관건은 그들이 역사가와 함께 그들이 처한 문화의 핵심 가치의 영향을 함께 받는 것에 있다.

문화가치는 한편으로는 독자로 하여금 역사가가 서술하려는 선별된 역사적 사건을 받아들이게 한다. 이 둘은 이러한 사건들이 그들이 공유하는 문화 속에서 중요하다는 데 동의한다. 다른 한편으로, 문화가치는 또한 이 둘이 쓰고 해독하는데 사용되는 플롯 구조와 정식 의론을 포함한 한 세트의 수사 구조를 제공한다. 이 경우 독자가 역사가의 텍스트를 해독하면서 '역사적 교훈'을 얻는다면, 이 독자는 본원적 지시대상이 가져온 객관적・사실적 진리를 이해한 것이 아니다. 독자는 반대로 수사 구조를 통해 책 속 사건의 총체적 의미, 즉 알레고리적 진리를 획득한 것이다. 따라서 화이트는 알레고리적 진리가 사회 문화의 변천에 따라 변동한다는 입장을 견지하며, 각 사건을 '한데 붙잡는' 제유가 가장 효과적인 역사 서사의 수사라고 본다.

문화가치와 본원적・보조적 지시대상의 연계는 화이트를 "포스트학" 학자들이 언어를 무한대로 중시하는 잘못된 이론에서 벗어나게

쉽게 말하자면 경험은 주체와 객체의 매개면 혹은 연속성의 사이에서 생겨난다. 이러한 경험을 인식으로 변화시키는 과정은 칸트의 선험 범주나 화이트의 수사법 안에 있지 않다. 이는 이미 알고 있는 것으로부터 알지 못하는 것을 비유해 아는 것이며 의심하지 않는 곳에서 의심을 품는 것이다. 기지 속에서 미지를 보고 해답을 생각하는 것이다. 인식은 일상생활로 돌아가야 한다. 앙커스미트의 흥미로운 견해는 여전히 체계화될 필요가 있다. 그가 화이트를 모더니스트라고 증언한 점은 의심할 여지가 없는 것이다.

만들었다. 예컨대 (탈)구조주의자 바르뜨[26]는 역사 서사의 지시 기능이 '환각'이며, 언어 작용을 통해 생긴 '진실 효과'라 지적하였다. 그리고 탈근대주의자 제임슨 역시 구조주의자 알튀세Althusser의 말을 적용해 모든 서사는 "진실에 내재된 문제가 상상 속에서 해결된다는 환각을 반드시 낳으며", 역사 서사 역시 예외가 아니라 생각했다. 화이트의 이론을 지지하는 역사학자들도 화이트의 지시대상에 대한 견해를 지지했다. 버크호퍼Berkhofer[27]는 화이트 학파의 일원으로 바르뜨의 의견에 호응하며, 주류 역사학이 그 서사 속의 '진실의 환각'을 모른다고 지적하였다. 화이트 이론의 본의를 가장 잘 이해한 앙커스미트[28]는 은유와 역사 서사 모두 지시대상이 불투명하다고 했다.

화이트의 수사 이론과 역사 이론 및 이 글의 첫머리에 인용한 천인뤄의 일화를 돌아보면서, 일제강점 후기의 소설을 당시 한인들의 정체성 문제를 분석하기 위한 자료로 삼고자 한다. 천인뤄는 소설 서사와 역사 서사가 둘 다 진상을 반영하는 '사료'라 생각했다. 진상은 서사의 본원적 지시대상의 범위에 속한다. 따라서 서사의 정확도가 주류 사학자들이 말하는 정합coherence 및 대응correspondence의 기준에 따라 판단된다고 할 수 있다. 예컨대 우줘류吳濁流가 1946년에 출판한 『아시아의 고아亞細亞的孤兒』를 작가의 기타 저작 및 타인의 회고와 대조하여 소설 속의 자전적 내용을 확인할 수 있다. 한 걸음 더 나아가 그와 소설의 주인공 후타이밍胡太明의 정체성 문제를 탐색할 수 있다. 그러나 더 중요한 시사점을 주는 것은 보조적 지시대상, 즉 플롯 구

26 Barthes, op. cit., pp.132・139.

27 Berkhofer, *Beyond the Great Story-History as Text and Discourse*, Cambridge, Mass : The Belknap Press of Harvard University Press, 1995, pp.58・60.

28 Ankersmit, op. cit., pp.65~66.

조이다.

플롯 구조와 관계된 핵심 과제는, 일제강점 후기 '좌익작가' 라이허賴和로부터 이른바 '황민작가' 왕창슝王昶雄에 이르기까지 그들의 소설에 나타난 '시적 속성(감정 표현)'과 '수사적 속성(표현 태도)'의 양식에 대한 분석이다. 다음과 같은 몇 가지 질문이 가능하다. 감정과 태도의 발산이 작가의 삶의 처지와 대응하는가? 작가와 소설 속 인물의 정체성이 일치하는가? 작품의 양식이 로망스적, 비극적, 희극적, 풍자적 리얼리즘이거나 각종 유형이 혼합된 리얼리즘인 이유가 무엇인가? 문제의 답은 정도의 차이는 보이지만 화이트의 이론과 긴밀하게 연결된다. 물론 본 절의 이론을 응용, 분석하면서 일제강점기 소설을 4대 수사 속에 억지로 집어넣지는 않을 것이다. 그러나 수사 이론은 특정 시공에서 생겨난 소설 텍스트 속에서 당시 정체성의 내용, 즉 알레고리적 진리를 찾는 데 도움이 된다.

일제강점 후기 타이완 한인의 소설 작품으로부터 작가와 작중 인물의 정체성 관련 자료를 찾고, 작가에 따라 작품, 발표 시기, 발표 지면을 표2와 같이 배열하였다.[29] 그중 가장 젊은 예성지葉盛吉는 일본에 체류하다 전후에 타이완으로 돌아온 타이완대학 의대 학생이었다. 그는 1949년 타이완 대학과 사범대학의 '4·6사건' 중에 사망하였다. 그가 일본 체류시절에 쓴 독서 기록과 일기는 본원적·보조적 지시대상과 거리가 가장 가까우며 주류 역사가들의 '진실' 기준을 가장 만족시키는 사료라 할 수 있다.

29 이하 각 작품을 인용할 때 원래 일본어로 쓴 것은 원칙적으로 해방 후 나온 최신 번역문을 인용하였다. 그러나 만약 중문과 일문의 차이가 너무 큰 상황(예컨대 양쿠이, 왕창슝은 자신의 작품 번역문을 크게 증감하였다)에서는 원작을 인용하고 이를 번역하였다.

본고의 마지막 절에서 일기를 통해 소설가의 필치와 '타이완 지식청년의 전시戰時 정체성'을 살펴보려 한다. 〈표 2〉의 아홉 작가의 작품은 '지식청년 정체성'과 '서민 정체성'의 기준에 따라 나누었다. 천팡밍陳芳明이[30] '좌익작가'라고 칭한 라이허, 양쿠이, 뤼허뤄呂赫若와 여성과 빈곤층을 묘사한 장원환張文環을 더하면 당시 '서민 정체성'을 형상화한 작가군이 이루어진다. 그들 작품 속 인물들의 운명은 매우 유사하다. '대인'(경찰, 타이완인이 맡은 순사보 포함), '공칭公秤'(시장에서 쓰는 저울), '리야狸呀'(일본인이 발음한 '你'의 민남어 경멸음) 등으로 상징된 착취와 능욕의 이미지가 매우 뚜렷하다.

〈표 2〉 일제강점 후기 한인 소설가 생몰년도, 중요 작품, 발표 시기 및 발표 간행물

작가	생몰년도	중요 작품	발표시간	발표 간행물
賴 和	1894~1943	一桿'稱子', 歸家, 棋盤邊	1926~39	台灣(新)民報
吳濁流	1900~1976	亞細亞的孤兒	1946	일본 발행
楊 逵	1906~1985	送報伕, 鵝媽媽出嫁, 犬猴鄰居	1932~44	台灣新文學 등
陳火泉	1908~	道	1943	文藝台灣
張文環	1909~1978	落蕾, 重荷, 藝旦之家, 閹雞	1933~44	台灣文學 등
龍瑛宗	1911~1978	植有木瓜樹的小鎮	1937	改造(日本)
呂赫若	1914~1950	牛車, 財子壽, 石榴, 清秋	1935~45	台灣文學 등
王昶雄	1916~2000	奔流	1943	台灣文學
周金波	1920~1996	志願兵, 鄉愁	1941~45	文藝台灣
葉盛吉	1923~1950	日記, 筆記	1940~45	

'서민 정체성'을 분석한 뒤, 우줘류의 『아시아의 고아』를 '지식청년 정체성' 탐구의 열쇠로 삼으려 한다. 나이는 라이허와 비슷하지만 23

30 陳芳明, 『左翼台灣－殖民地文學運動史論』, 台北 : 麥田, 1998.

년간 공학교公學校 교원 생활을 한 이후 『고아』를 쓰기 시작한 우줘류는 '황민 의식'의 속박을 받지 않았다. 소설 속의 후타이밍의 입을 빌려 타이완 한인을 '광범위한 농민'과 '황민파' 두 부류로 나눈 이 작품은 후기 정체성을 이해하는 데 중요한 실마리를 제공하고 있다. 더불어 룽잉쭝, 저우진보, 천훠취안, 왕창슝 등은 당시 타이완 지식청년들의 황민화 정책에 대한 반응과 정체성의 위기를 형상화하였다. 이상의 다섯 편은 일제강점 말기 '지식청년 정체성'의 대서사를 구성하였다.

3. 한인漢人 소설이 구축한 신분 하나—서민 정체성

서민 정체성에 관한 텍스트에 속하는 라이허, 양쿠이, 뤼허뤄, 장원환 등의 작품은 1930~40년대 전반 일본과 타이완의 국내외 환경을 반영한다. 사회주의가 파시즘에 의해 신속하게 대체되던 대동아 전쟁기에 서민 텍스트의 주요 지시대상은 사회주의의 여파, 타이완 전통, 황민화 압력에의 굴종이라는 세 가지가 주류였다. 보조적 지시대상이 점차 강화되며 아이러니에 호소하는 근대 리얼리즘이 지향되었다. 본원적, 보조적 지시대상이 합쳐져 형상화한 것은 노동자, 농민, 빈민, 여성들의 식민주의와 지주 자본가들에 대한 증오였다.

1) 사회주의의 여파

서민 텍스트가 1920년대 타이완에서 막강한 기세로 진전되던 민족주의와 사회주의의 영향을 받았음을 확인하는 가장 쉬운 방법은 텍스트 속에 '계급'과 '타이완문화협회'라는 단어가 나타났는지를 검사하는 것이다. '타이완문화협회'(1921~1931)는 당시 사회주의를 선동한 가장 강력한 집단이었다. 라이허는 이 협회에 참여하여 협회 기관지 『타이완민보』에 작품을 발표하기도 했다. 그의 소설은 타이완 문화협회의 활동을 반영해 사람들을 놀라게 하였다. 1926년에 쓴 「회의에 참석하다赴會」라는 미간未刊 원고에서, 라이허는 문화협회의 이사회에서 들은 말을 서술하였다. 그에 따르면 '신사풍'의 일본인과 타이완인들이 문화협회의 멤버들을 분석했다. 중소 시민, 농민, 노동자 대중이 문화협회를 지지하지만 중심이 되는 지식인들은 대부분 일본 체류 학생들이었다. 하지만 그들은 '매우 각성했다'고는 할 수 없었다. 또한 농민들 중에 문화협회의 지도자인 린셴탕林獻堂의 가문 우펑 린가霧峰林家가 소작농들을 착취해 세력이 커졌다고 원망한 이들이 있었다. 마지막으로 그는 회의에서 계급과 민족 이익을 우선으로 하는 논쟁이 나왔음을 기록하였다.

라이허가 1935년에 쓴 소설 「아쓰阿四」는 그의 자서전에 가깝다. 소설은 문화협회의 또 다른 지도자 장웨이수이蔣渭水가 아쓰를 이사회에 초대했으나 사양하고 나가지 않았음을 이야기했다. 1942년에 이르러 장원환이 '타이완인의 지원 종군從軍'을 주제로 하여 '황민문학'의 색채가 짙은 「돈오頓悟」를 썼을 때,[31] 다다오청大稻埕 포목점 주인 리왕푸李旺福의 문화협회 멤버들에 대한 견해는 말할 필요도 없이 부정적이었다. 일반인들이 보기에 "문화 운동을 하는 청년들은 전부 무능하고 하는 일 없는 기생충이었다."

'계급'이란 단어는 라이허의 「회의에 참석하다」에서 사용한 바 있다. 그의 1932년 소설 「귀가」에 30년대의 타이완에 "신축된 높고 큰 양옥과 아래쪽의 허름한 가옥들이 20세기의 계급 대립을 매우 분명하게 상징하고 있다"는 말이 나온다. 장원환 역시 1933년의 「일찍 시든 꽃봉오리早凋的蓓蕾」에서 이산義山은 농민'계급'으로 농촌에서 곤경에 시달리지만, 갑자기 부잣집 자식인 공학교 동창 밍중明仲의 도움으로 도쿄에 도착해 '타이완청년으로서'의 곤경에서 벗어난다.

계급적 감정과 민족적 증오를 구분하고 전자가 후자를 극복할 수 있다 여긴 것이 양쿠이 초기 소설이었다. 1934년의 「신문배달부」에서 '나'는 도쿄까지 전전하며 보증금(6위안 20전)을 걸고 신문배달 업무를 찾게 된다. 거기서 '나'는 일본인 신문배달부와 동맹 파업하고 노동자의 복지를 쟁취하는데 성공한다. 1936년의 「악동 귀신 토벌기頑童伐鬼記」에서 화가 켄사쿠健作는 타이완의 '최대공업도시'에 살게 되면서 주위 농민들이 일본인, 타이완인 할 것 없이 모두 가난하며 농가의 어린아이들이 노는 공터까지도 공장 사장의 소유가 되어 맹견이 지키는 것을 발견한다. 켄사쿠는 그들을 위해 귀신을 퇴치하는伐鬼 그림을 그려 그들이 맹견을 독살시킬 수 있음을 암시해 결국 놀이터를 되찾게 한다. 사회주의자가 온갖 고난스런 환경의 시련 속에서 시종일관 이상을 포기하지 않는 모습에 드러나듯이 초기 양쿠이의

31 타이완총독부는 1942년 4월 '종군 특별 지원병령' 공포하고 1943년 8월 해군 특별 지원병 제도를 실시했으며 1945년 1월 타이완 전체 국민을 대상으로 징병제를 실시했다. 林繼文, 『日本據台末期(1930～1945)戰爭動員體系之研究』, 台北 : 稻鄉, 1996, 217～227면 참고.

이러한 수사는 '낭만'형이다.

해방 후 양쿠이는 자신이 황민화시기에 발표한 소설들을 중국어로 '민족대립'의 내용으로 개역하였다. 이것이 일본어판의 원래 내용인 '계급 대립'과 상호 모순되어 문학 평론가들의 좋은 연구 재료가 되었다. 1942년에 나오고 1974년에 중역中譯된 「거위 엄마 시집가다鵝媽媽出嫁」는 '계급대립'을 '민족대립'으로 바꾸려는 작가의 의도가 가장 잘 달성된 작품이다. '나'의 친구 린원친林文欽은 일본과 타이완이 융합된 '공영 경제의 이념'을 선양하는 글을 쓰기 위해 죽는다. 그런데 '나'는 묘목을 공립 병원에 팔기 위해 가족들이 가장 좋아하는 거위를 일본인 원장에게 선물해야 '공존공영'할 수 있다. 본문은 양쿠이가 사회주의 이상을 그린 낭만적 수사에서 민족 모순을 형상화한 풍자적 수사로 전환했음을 증명할 것이다. 뤄허뤄는 1936년에 양쿠이의 작품을 평론하면서 당시 "예술이 계급적 이해를 벗어나면 존재할 수 없고, 어떠한 발전도 이룰 수 없음을 우리는 반드시 명심해야 한다"고 평했다. 이로써 뤄허뤄는 주위의 계급 대립 현상으로부터 소재를 취하려는 의도를 분명하게 드러냈음을 알 수 있다.

서민 텍스트가 사회주의 사조의 영향을 받았다면 소설가들은 이것을 텍스트 속에 어떤 방식으로 구체화했을까? 그들의 농민, 시장, 제당회사, 관리, 경찰 등에 대한 묘사를 주목하게 된다. 장원환이 1935년 발표한 「무거운 짐重荷」에서 12세의 젠健은 법정 공휴일에 공학교의 의례에 참가하기 전에 어머니를 도와 20근의 바나나를 지고 시장에 내다 판다. 그의 어머니는 60근의 바나나를 짊어진 채 어린 동생 위안짜이源仔를 업어야 했다. 1리 반의 산길을 넘어 겨우 시장에 도착했다. 상인은 백 근에 60전의 가격으로 수매하였고 시장 저울

사용료 3전을 지불해야했다. 그런데 세금원은 백 근에 10전의 세금을 내야 한다고 강요하고 이에 어머니는 50근으로 계산해 5전만 내려고 버텨보았지만 모욕만 당한 뒤 48전의 수입에서 10전을 더 낼 수밖에 없었다.

「무거운 짐」에서 별로 주의를 끌지 못한 저울은 라이허가 1926년에 쓴 「'저울' 하나」에서는 매우 상세하게 묘사되었다. 친더찬秦得參은 16살에 땅을 빌려 경작하려 했지만, 제당 회사의 횡포로 인해 성과를 거두지 못했다. 연말에 상추를 팔지만 관청에서 특허 낸 저울을 살 돈이 없어서 이웃에게 빌려서 쓰게 되었다. 순경 '대인'이 친더찬의 상추 두 근을 공짜로 가지려고 여러 말로 트집을 잡았다. 친더찬은 그 뜻을 이해하지 못하고 두 근이 넘는 것을 한 근 14량으로 계산해 대인에게 깎아 팔려 했다. 대인은 화가 나서 정확하지 못한 저울을 사용한다고 고발하며, 저울을 부러뜨리고 벌금 고지서를 발급한다. 다음날인 섣달그믐 상추를 팔다가 또 다시 대인을 만났다. 이번에는 저울이 없음을 고발하며 도량형 규칙을 위반했으니 3일의 구류에 처했다. 친더찬의 처는 그날 저녁 3위안을 보석금으로 내지만 친더찬은 섣달그믐 밤 대인을 살해하고 죽음에 이른다.

이 밖에 뤼허뤄는 등단하면서 소작인과 여성들의 고난상을 묘사해 유명해졌다. 1935년의 「소달구지牛車」에서 양톈딩楊添丁은 소달구지로 화물을 수송한다. 보갑로가 개통됨에 따라 소달구지는 트럭에 의해 대체되고 심지어 소달구지가 보갑로를 다니는 것조차 불허되기에 이른다. 너무 가난해서 아내가 몸을 파는 지경에 이를 정도다. 게다가 소달구지를 몰고 보갑로를 다니다 '대인'에게 2위안의 벌금에 처해지고 거위를 훔치다 체포된다. 같은 해의 「폭풍우 이야기暴

風雨的故事」에서는 민며느리로 들어와 소작농 라오쑹老松의 아내가 된 몽치罔市가 결혼 전 지주 바오차이寶財에게 강간당한 이야기를 썼다. 지주는 몽치의 결혼 이후에도 그녀와의 관계를 조건으로 라오쑹에게 경작할 밭을 주었다. 홍수로 인해 벼가 물에 불어 싹트는 바람에 소작료를 내지 못하자 바오차이는 밭을 몰수한다. 몽치는 분을 참지 못해 자살하고, 라오쑹은 대막대기로 바오차이를 때려죽인다.

이상 네 편의 소설은 약세 계급이 지주와 식민주의에 의해 이중의 압박을 받는 모습을 그렸다. 약세 계급에 속한 이들 남성들은 더 이상 참을 수 없을 때 압제의 근원을 죽이기도 한다. 그러나 그들의 일시적인 분풀이로 인해 그들의 아내는 몸을 팔거나 뒷감당을 해야 하는 약세 중의 약세가 되고 만다. 일제강점기 사회주의적 한인 소설에서 인물들의 삶은 훼멸로 향하는 돌아올 수 없는 길이었다. 그것들은 비극을 기조로 한 것이다.

2) 타이완 전통의 재평가

전통과 관련하여 라이허의 후기 작품에서 나이든 한인들의 비진보적인 모습과 타락상을 조롱하는 면모가 나타난다. 또한 장원환, 뤄허뤄의 전통 혼인의 여성 속박에 대한 비판도 살필 수 있다. 그러나 황민화 시기 뤄허뤄의 작품에서는 서민들의 작은 전통인 후사 잇기의 욕망이 천황의 백성이 되라는 황민화 정책에 대한 저항의 토대가 되기도 했다.

라이허가 1930년에 완성한 「바둑판 옆에서棋盤邊」는 풍자적 필치로 한인들의 습성과 통치 정책을 형상화하여 주목을 받았다. 소설은 초반에 타이완식 호화 주택의 응접실 장식을 묘사하였다. 곧이어 "일등 인간은 남이나 부리고 계집질하는 사람이니 마작과 아편밖에 모른다"는 말로 한인들의 3대 악습(계집질, 마작, 아편 흡입)을 지적하였다. 라이허는 그중 아편 피는 것부터 손을 댄다. 응접실에서 사람들이 가득 앉아 바둑을 두고 있는 장면에서 라이허는 곧 "한족의 유민들이니 문을 중시하고 무를 경시하는 것이 천성이 되었다"고 평한다. 이어서 한인 '아편신선鴉片仙'이 관방으로부터 아편을 피울 수 있는 특허증을 수령한 경과를 묘사하고, 당국의 제도를 '민본 정치의 일종의 표현, 즉 민의의 존중'이라 일컫는다. 그 행간에서 비꼬는 말투가 넘쳐난다.

장원환의 1941년 작 「논어와 닭論語與雞」은 어린 사내아이 아위안阿源이 훈장에게 한문을 교육 받는 '서당'을 배경으로 전통 교육이 쇠락한 원인을 지적하였다. 천陳과 정鄭 은 대나무 땔감이 누구 것인지를 놓고 논쟁을 벌이다가 분을 참지 못해 파출소 대인 앞에서 닭의 머리를 벤다. 그런데 닭 몸통을 서당 선생이 도교를 믿는다는 이유로 들고 가 요리해 먹는다. 이 일로 해서 아위안은 선생님에게 '환멸'을 느낀다.

장원환이 같은 해 발표한 「예단의 집藝旦之家」은 방향을 바꾸어 타이완 여성의 불우함에 대해 동정을 보낸다. 차이윈采雲은 집이 가난해 친척에게 보내져 양녀가 된다. 14살 때 양어머니는 1천 위안과 금팔찌 하나를 받고 차이윈을 차 도매상인 '육십 먹은 영감'과 3일을 자게 만든다. 성장하여 좋은 집에서 혼담을 꺼내자, 차 도매상의 조카가 몸을 판 일을 폭로한다. 이후 타이난台南에서 예단藝旦을 하며 치우청秋成을 알게 돼 혼담이 오간다. 양어머니는 차이윈의 예단 수입을 탐내 허락하지 않는다. 소설은 차이원이 자살하려는 것으로 끝난다.

「예단의 집」의 주제는 뤼허뤄가 자주 다루었다. 「폭풍우 이야기」에서 몽치의 불행한 처지를 이미 살펴보았다. 1936년의 두 작품 중 「여인의 운명女人的命運」에서 무희 솽메이雙美와 루이치瑞奇는 6년간 동거해 딸을 낳는다. 루이치는 보험일을 하다 돈 많은 '미망인'을 알게 돼 솽메이 모녀를 버리고 그녀와 결혼한다. 솽메이는 창녀가 되고 딸도 앞으로 자기처럼 기생이 되게 하여 보복하겠다고 다짐한다. 「전도 수기前途手記」에서 첩이 된 수메이淑眉는 남편의 가산을 얻기 위해 아들을 낳으려 한다. 임신을 위해 수단을 가리지 않고 생질을 유혹하고 짚을 태운 재를 마시지만 그녀는 위암에 걸려 죽는다. 뤼허뤄와 장원환 두 사람의 작품에서 30~40년대 타이완 여성에 대한 동정심을 읽을 수 있다.

40년대에 타이완 전통을 재평가한 뤼허뤄의 작품은 보다 높은 예술성을 획득했다. 1942년의 「재자수財子壽」에서 그는 한인 대가족의 내재적 모순을 분석하여 저우원하이周文海라는 비열한 인물을 창조하였다. 저택 관리자인 저우원하이는 일을 소홀히 한다. 그는 인색하고 매정하여 곤궁에 처한 가족이 잠시 저택에 머물려하지만 허락하지 않는다. 또 그는 여색을 밝힌다. 저우원하이에게 정조를 잃은 하녀가 후처 위메이玉梅를 학대하여 위메이를 미치게 만든다.

저우원하이가 가문을 망치는 과정은 작품 초반 저택의 복수당福壽堂(반어적인 명칭)이 점차 피폐해져가는 장면에서 암시되었다. 다른 한편, 1943년의 「석류石榴」에서 뤼허뤄는 백성들의 형제애가 전통 의식 속에 스며들어 있는 양상을 성공적으로 묘사하였다. 그럼으로써 백성들이 황민화의 억압을 어떻게 넘기는지 알려주고 있다. 세 고아 형제 중 장남 진성金生은 데릴사위가 되고, 둘째는 머슴 생활을 하며, 셋째 무훠木火는 호적을 친척에게 옮겨 양자로 보내진다. 어느 날 무훠가 미쳐서 죽자 진성은 그가 결혼도 못하고 요절한 것을 애통해 한다. 하지만 자신도 가난하여 '합로合爐(데릴사위가 되는 의식)와 과방過房(양자가 되는 의식)의 의식을 한꺼번에' 거행한다. 그리고 위패를 데릴사위로 가는 집에 가져가 조상의 위패가 있는 조롱吊籠에 넣는다. 데릴사위는 조롱에 넣어 제사를 받을 수 있을 뿐이다. 그리고 자신의 차남을 무훠의 양자로 들여 대를 잇게 하고 제사가 끊어지지 않게 한다. 형제의 짙은 우애는 전통 의식에 대한 묘사를 통해 빛나며 사람들을 감동시킨다.

요컨대 서민 텍스트는 계집질, 아편 흡입, 한문의 쇠락, 여성을 속박하는 구 전통을 풍자했다. 또한 40년대 서민들의 전통에 대한 깊이 있는 탐색도 진행했다. 이는 당시 타이완과 일본의 지식인들이 공동으로 발간한 월간 『민속타이완』과도 관련이 있지만 현재는 추적이 어렵다.[32]

3) 황민화에의 굴종

'황민화'란 단어가 가장 처음 나타난 것은 1936년 9월일 것이다.[33] 황민화는 1920년대 이래 일본인들이 타이완에서 진행한 일련의 사회 교화 운동의 연속이다. 또한 7・7사변, 진주만 공격 등으로 전쟁

32 王昭文, 『日治末期台灣的知識社群(1940～45)』, 淸華大學歷史所碩士論文, 1991.

33 蔡錦堂, 「日據時期台灣之宗教政策」, 『台灣風物』 42卷 4期, 1992.12, 117면.

이 가열되면서 타이완 인민들에 대한 동화 운동을 가속화시켰다. 따라서 황민화운동은 기본적으로 급진적 동화 정책이라 간주할 수 있다. 그 목적은 충성스러운 타이완 병사를 만들어 화남華南 및 남양南洋의 전장에 공급하는 것이었다.[34]

전시체제하의 서민 작가들은 총독부 정보과나 문화부의 압력을 피할 길이 없었다. 1943년에 세상을 떠난 라이허 외에는 조금씩 황민문학의 글쓰기 기록들을 남겼다. 사회주의를 가장 강렬히 지지했던 양쿠이 조차 1944년 정보과가 안배한 광갱鑛坑을 견학한 이후 지루하고 무료한 「증산의 배후增産之背後」를 남겼다. 그러나 그는 「거위엄마 시집가다」에서 풍자적 필치로 민족 수난을 묘사했다. 같은 방식으로 1945년의 「개와 원숭이 이웃犬猴鄰居」은 눈이 먼 할머니의 아들이 타이완인 지원병에 가입하는 일화를 묘사했다. 그러면서 이 일화를 이장 류퉁劉通(원숭이)과 마을 관리인 천후이陳輝(개)가 배급물자에 손을 대는 추태와 대비시켰다. 이 소설은 해방 후에 발표되었지만 '황민화' 기간에 쓴 것이다. 이 작품은 타이완인 지원병의 '애국'과 타이완 하급 관리들의 독직瀆職을 비판적으로 대비하였다. 때문에 지원병 정책의 정당성을 인정하는 셈이 되었다. 어쨌든 양쿠이는 이 소설을 통해 전시戰時에 일본인들과 결탁한 타이완인을 풍자한 것이다.

장원환은 지원병 정책을 선양하기 위해 1942년에 「돈오」를 썼다. 그는 '명령을 받드는 문학奉命文學' 역시 소설일 수 있다고 생각했다. 소설에서 포목점 장부 담당원 노릇을 하는 '샌님'은 전도의 망망함을 느끼고 결국 종군을 생활의 출구로 '갑자기 깨닫는'다. 마지막으로

34 方孝謙, 「內涵化與日據芝山岩精神的論述」, 『台灣史研究』 1卷 1期, 97~116면.

뤼허뤄는 황민화 시기에 두 가지 전략을 취한 듯하다. 한편으로 그는 끊임없이 창작의 예술성을 제고시키며 「재자수」, 「석류」 같은 뛰어난 작품들을 선보였다. 다른 한편으로 '명령을 받드는 문학'에 굴복하여 '내대융합內台融合'을 서사화한 「이웃鄰居」(1942), 지원병을 장려한 「가을淸秋」(1944), 근로 봉사를 장려한 「풍두수미風頭水尾」(1945) 등을 썼다.

상술한 소설들의 주요 지시대상을 통해, 황민화 정책이 서민소설가들에게 맡긴 중임 중의 하나가 1942년부터 시작된 종군 제도를 선전하는 것이었음을 발견할 수 있다. 그리고 사회주의의 영향을 깊이 받은 문학가들 역시 이를 준칙처럼 행했으니 그들의 소설 속에는 이 기간의 역사적 사실이 반영되었다 하겠다. 하지만 그들은 풍자와 수식이라는 전략을 구사했기에, 광복 이후 '황민작가'라는 오명에서 벗어났다.

헤이든 화이트의 '보조적 지시대상'의 개념으로 서민소설가들의 사회주의 여파 이래의 창작을 총괄해 보면, 네 작가의 서사 유형이 변화했음을 볼 수 있다. 라이허는 초기의 비극(「귀가」, 「'저울' 하나」)에서 점차 풍자(「바둑판 옆에서」)로 바뀌어갔다. 주인공은 경찰과 세금원의 압박하에 있는 아이, 부녀자에서 손에 아편을 들고 노숙하지만 풍채가 점차 사라져가는 상류 한인으로 바뀌었다. 양쿠이는 로망스(「신문배달부」, 「악동 귀신 토벌기」)에서 풍자로 전환(「거위엄마 시집가다」, 「개와 원숭이 이웃」)하는 길을 걸었다. 주인공 역시 견고한 사회주의자에서 점차 '내대공영內台共榮' 및 지원 종군의 흑막을 꿰뚫어 본 '나'로 옮겨간다.

장원환의 변화는 무엇 때문일까? 초기의 「무거운 짐」 및 「예단의 집」의 기조는 비극에 속한다. 그 속의 여성은 모두 괴롭힘을 당하며 착취의 대상이다. 「논어와 닭」은 훈장에 대한 비판을 이야기하면서도 어린 시절 놀이 친구의 달콤함을 회상한다는 점에서 희극과 풍자가 혼합돼 있다 할 수 있다. 후기의 「돈오」는 비록 희극에 속하지만 이는 정책의 방해를 심각하게 받은 소설이었다. 그리고 「돈오」 이후 발표된 「거세한 닭閹雞」, 「미아迷兒」 역시 이전의 비극을 지속하는 추세를 보인다. 일제강점 후기의 소설은 사실을 쓸수록 비극에 접근해 갔다. 이는 뤼허뤄에게도 적용된다.

마지막으로 뤼허뤄의 소설에 드러난 것은 비극의 끊임없는 승화였다. 「소달구지」, 「폭풍우 이야기」, 「여인의 운명」, 「전도 수기」에서 「재자수」, 「석류」에 이르는 일련의 이야기들은 타이완 한인의 비극이 하층계급, 여성으로부터 점차 상류 부호로 확장되는 과정이다. 그러나 이러한 비극의 원천은 타이완 구사회의 가족주의로부터 나왔다. 이를 통해 인물들은 황민 의식의 억압에서 벗어난다. 이러한 백성들의 자아 정체성과 그것의 원천인 전통 자원에 대한 묘사의 가치는 뤼허뤄가 「이웃」, 「가을」, 「풍수」 등과 같은 봉명문학을 썼다 해서 더럽혀지지 않는다.

정체성을 특정한 역사적 조건하에서 일군의 사람들이 '우리'와 '그들'의 집단 범주를 구분해 서로를 부를 때 사용하는 각종 논술이라고 정의한다면, 서민소설가의 작품들은 소외 계층의 어떠한 정체성을 드러냈는가? 한인 하급계층에 속하는 시골 사람, 이민, 여성, 아동들은 시종일관 지주·자본가를 보호하는 경찰과 하급관리의 착취와 괴롭힘에 시달린다. 1926년 라이허가 쓴 「'저울' 하나」에서 1945년 양쿠이의 「개와 원숭이 이웃」에 이르기까지의 작품 속에서 하급계층의 사람들은 누가 학대를 가하고 누가 그들의 고통을 초래하는지 알고 있었다. 서민소설의 주요 지시대상이 강하면 강할수록 당시의 진상은 더욱 더 잘 반영된다. 황민화 이전이든 이후든 하급계층이 자본주의자와 제국주의자를 적대시하는 정서와 태도는 변하지 않았다. 그들의 정체성은 적의를 지닌 '타자'가 구분돼 있기에 확립될 수 있었다.

또한 한인 하층계급이 당한 착취와 괴롭힘이 시종 변하지 않았기에, 서민소설의 보조적 지시대상에는 두 가지 경향이 나타났다. 장원환과 뤼허뤄는 그것을 정련시켜 비극을 주조로 하는 작풍으로 불행에 대응했다. 소설의 비극성 상승은 아리스토텔레스가 말했듯 독자의 영혼을 정화시키는 역할을 강화시킨다. 그리고 뤼허뤄의 「석류」에서 이러한 정련은 전통 가족주의의 응집력을 들추어내는 기능에 이르렀다. 한편 암울한 시대를 겪으며 라이허와 양쿠이는 어찌할 도리가 없어 점차 비극과 로망스에서 풍자로 옮겨갔다. 라이허는 한인 상층계급이 아편과 주색에 빠져드는 것을 폭로했다. 양쿠이 작품 속의 '나'는 일본인이 선전하는 '공존공영'을 불신하면서도, 장사를 위해 집에서 키우는 거위를 억지로 들고 가 병원의 일본인 원장에게 아첨하여 소위 '공존공영'을 실천한 것이다. 서양속담의 이른바 "냉소주의자는 좌절을 맛본 낭만주의자다"란 말을 라이허와 양쿠이가 뜻밖에도 잘 증명하였다.

4. 한인漢人 소설이 구축한 신분 둘–지식청년 정체성

우줘류, 룽잉쭝, 저우진보, 천훠취안, 왕창슝의 다섯 편의 주요 작품은 일제강점 말기 '지식청년 정체성'의 대서사를 이룬다. 그 가운데, 우줘류의 『아시아의 고아』가 중국과 일본 정체성 획득의 좌절을 다룬 것을 제외하면, 나머지 네 편은 모두 '황민화'의 거센 풍조하에 어떻게 일본인이 될 것인가를 깊이 생각한 작품들이다. 이로부터 당시 타이완 지식청년들이 신비화와 이성적 태도라는 두 노선으로 정체성의 곤경에서 벗어나려는 발버둥(〈그림 4〉 참조)을 파악할 수 있다. 그리고 이러한 '황민 정체성'의 대서사는 다음 절에서 논의할 예성지의 정체성 위기의 전환과 대비하여 보면 더욱 명확히 이해할 수 있을 것이다.

『아시아의 고아』는 우줘류의 자전적 이야기다. 소설의 주인공 후타이밍이 말하고 있는 것이 우줘류의 마음속 이야기임을 의심할 여지가 없다. 후타이밍의 성장과 우줘류의 자서전을 비교하면, 후타이밍은 우줘류가 시골의 객가客家 명문 집안에서 태어나 한학의 기초를 쌓았고, 공학교와 사범학교에 입학하였으며, 졸업 후 궁벽한 공학교 교원을 맡고, 이직 후 남경南京에서 일한 적이 있는 이력을 그대로 따라갔다. 우줘류는 남경에서 기자 생활을 하고 돌아온(1942) 이듬 해 『아시아의 고아』를 쓰기 시작했다. 그러나 후타이밍은 도쿄에 유학한 적이 있으며, 1937년에도 '해군 군속' 신분으로 광동廣東에서 국군과 싸웠다. 이는 우줘류가 창작한 내용이다. 젊었을 때 유학 경험이 없었기 때문에, 후타이밍은 기숙사에서 중국인들 사이에서만 생활

〈그림 4〉 일제강점 후기 소설 중 타이완 지식청년의 정체성 방향

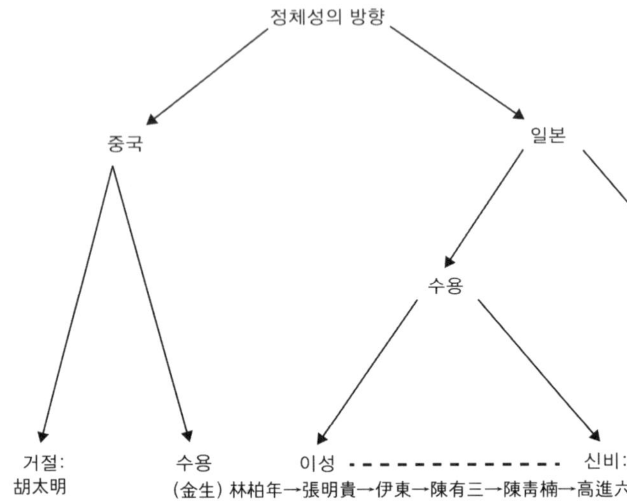

할 따름이라 빈약해 보인다. 그러나 후타이밍이 군속이 돼 정신 붕괴에 이르는 경험은 우줘류가 남경에서 몸소 경험한 것이며, 또한 글 쓰던 당시 소재를 취하기가 편했기에 설득력을 갖는다.

후타이밍은 자칭하는 것처럼 중용의 도를 지키지만 우유부단하다. 공학교에서 교원을 할 때, 마음으로는 여교사 히사코久子를 흠모하지만 '민족이 다르기' 때문에 감히 구애하지 못한다. 이 일 때문에 사직 후 도쿄에서 유학한다. 룸메이트 란藍은 그에게 일본인 앞에서는 자신이 후쿠오카福岡 사람이라 말하라 하고, 또 중국 동창회에서는 타이완 사람임을 자인하여 첩자 노릇을 한다는 의심을 받기도 한다. 졸업 후 장기간 일자리를 구하지 못하자 남경으로 건너가 이전의 동료 쩡曾 선생에게 의탁하고 표준어를 배워 일본어를 가르치면서 그곳의 여학생과 결혼한다. 그러나 쩡 선생이 공산당에 가입하면서 후타이

밍도 연루되어 감옥에 가게 되고 학생 유상幽香의 자형인 리李 씨의 구조로 곤경에서 벗어난다. 리 씨는 그에게 다음과 같이 말했다.

> 나는 당신을 매우 동정하오. 역사적 동향에 대해 어느 한 쪽도 당신은 어쩔 수가 없소. 설령 당신이 어떠한 신념을 가지고 어느 쪽을 위해 힘을 쓰려고 해도 다른 사람들이 당신을 신뢰하리란 법은 없소. 심지어 당신이 첩자라 회의할 지도 모르오. 이렇게 보자니 당신은 정말 고아로구려.

반일사상을 가지고 있었지만 중국에는 받아들여지지 않았던 고아 후타이밍은 타이완으로 돌아온 이후 특수 공작원에게 쫓기다가(중국에 있던 모든 타이완 사람들의 운명이었다) 7·7사변으로 인해 다시 군속으로 강제 징집된다. 광주廣州에서 일본군이 중국인을 학살하는 것을 보고 충격 속에 퇴역한다. 전쟁 중 진보적 일본인 사이토佐藤와 비판적 잡지를 간행하지만 물자 결핍으로 인해 중단된다. 게다가 동생이 강제 노동으로 인해 요절해 결국 후타이밍이 미치는 것으로 이야기는 끝이 난다.

『아시아의 고아』란 제목은 한학의 기초를 전승하고 일본 정규 교육을 받은 타이완 지식인이 적대적인 동아시아 2대 강국에게 받아들여지지 못하는 곤경을 이야기하고 있다. 그러나 이 책의 작가가 한학과 일본 서학을 동시에 배운 지식인이기에, 그는 여전히 두 문명에 의해 받아들여지기를 바랐다. 우줘류 이후의 일제강점기 2세대 한인 지식인들은 서당 제도가 쇠락하여 한학의 기초를 배울 기회조차 상실했다. 중일 양국 사이에 전쟁이 일어났을 때, 한인 출신인 그들은 천황의 신민이 되기를 요구받으면서도 냉대와 불신을 겪었다. 이것이 '황민의식'이 발생한 시대적 배경이다.

양쿠이와 뤼허뤄가 자본가와 남성에 대한 약자의 원한 의식을 토로할 때, 룽잉쭝은 1937년 일본의 잡지 『개조』에 「파파야가 있는 작은 마을植有木瓜樹的小鎭」을 발표하였다. 타이완 지식청년 천유싼陳有三이 환경의 장벽에 가로막혀 타락하는 이야기를 다루었다. 타이완과 일본의 평론가들이 지적하듯, 이 작품은 타이완 작가군의 식민 통치에 대한 저항 의식이 '굴종 및 경사'의 추세에 들어섰다는 것을[35] 확인시켜주는 대표작이었다.[36] 이 이후로 저우진보(1941), 천훠취안(1943), 왕창슝(1943)의 주요 작품은 '굴종'에서 '순종'에 이르는 스펙트럼 사이에서 머뭇거리고 방황하며 타이완 지식청년들의 일본에 대한 어찌할 수 없는 곤경을 묘사하고 있다.

「파파야가 있는 작은 마을」에서 천유싼은 중학 졸업 후 사오년 동안 일자리를 구하지 못하다 결국 중부의 어느 읍사무소의 회계 보조에 합격한다. 그는 10년 내에 변호사 시험에 합격하겠다고 뜻을 세운다. 만일 성공하지 못한다 하더라도 일본 아가씨와 결혼해 처가의 양자가 되려 한다. '내지인'의 호적으로 바뀌면 급여가 바로 60% 늘어나기 때문이다. 그는 타이완 사람의 토담집을 세내 살면서도 집에서는 일본 복장을 고집한다. 그는 동료 다이추후戴秋湖에 의해 매부 후보에

35 羅成純, 「龍瑛宗研究」, 張恒豪編, 『龍瑛宗集』, 台北 : 前衛, 1990, 233면.

36 호미 바바의 이른바 '자기 연민 — 은유'와 '적의 — 환유'라는 두 개의 주체 위치를 참고할 수 있다. 바바의 표현은 룽잉쭝의 소설을 분석하는 데 매우 유용하게 쓰이는데 두 주체의 위치는 식민 정체성의 근본적인 정감적 모순을 드러냈기 때문이다. '자기연민-은유'는 피식민자가 식민자로부터 '내'가 나아가야 할 정체성을 발견함을 가리킨다. '적의敵意-환유'는 피식민자의 자기 혹은 동포에 대한 부정적 정감을 지적한다. 바바가 설명하려는 것은, 식민 담론으로부터 형성된 애매한 정체성 속에서 가장 근본적인 비극이 바로 '적을 사랑하고 동포를 미워하는' 것이다. 이것이 바로 「파파야가 있는 작은 마을」을 차마 끝까지 다 읽지 못하게 하는 관건인 것이다.

오르지만 집이 가난해 탈락된다. 마음으로 사모하던 집주인의 딸 린추이어林翠娥는 집도 가난하고 오빠가 병들어 돈이 필요해 이웃마을의 부호에게 팔려간다. 그의 유일한 친구는 폐병에 걸린 집주인의 장남이다. 그는 사회주의 저작을 숙독했지만 몸이 허약해 죽어가던 환자였다. 그가 죽기 전 유싼에게 보낸 원고에서 다음과 같이 말했다.

> 나는 심오한 사유와 참된 지식으로 사물의 진리를 터득하였다. 지금은 비록 끝없는 어둠과 슬픔뿐이지만 머지않아 아름다운 사회가 도래할 것이다. 나는 인간 세상의 행복으로 충만한 아름다운 모습을 꿈꾸며 차가운 지하에서 고이 잠들고 싶다.

소설은 유싼이 공부를 포기하고 술에 탐닉하며 아들이 죽고 딸도 팔려가 집주인이 미치는 걸 보는 것으로 마무리된다.

후타이밍이 중일 두 문화에 의해 배척받고 미친 것과 달리 천유싼은 일제강점 사회에서 상류층이 되기 위해 노력하지만 점차 환경에 굴종했다. 식민자가 신문의 중국어란을 폐지하고(1937), 일본어 사용 가정(1937)과 창씨개명(1940)을 진행함에 따라 점차 황민화운동이 가속화되었다. 유싼 역시 이러한 새 환경에 적응하려 할 것이라고 추측이 가능하다. 하지만 그가 젊은 시절 직장을 처음 얻었을 때 자신의 환경을 개선하기 위해 노력했다는 점도 기억해야 한다. 후타이밍과 천유싼은 각각 중국과 사회주의에 대한 동경을 간직했기에 무너지기 전에 적어도 한 번 더 싸우려는 충동을 가졌다. 그렇기 때문에 그들의 무너짐은 '굴종'이라 일컬을 수 있다. 이에 비해 아래 세 편의 소설은 다른 선택의 여지가 없는 상황에서 타이완 지식청년의 일본에 대한 '순종'을 보여준다.

저우진보가 1941년에 발표한 「지원병」에서 '나'는 장밍궤이張明貴의 작은 외삼촌이다. 어느 날 '내'가 지룽基隆으로 유학간 장밍궤이가 여름방학에 타이완으로 돌아오는 걸 마중 나갔다가 장밍궤이의 공학교 동창 가오진류高進六를 만난다. 세 사람이 만나자, 장밍궤이와 가오진류는 어떻게 일본인이 될 것인지 논쟁을 벌이고 '나'는 방관자가 된다. 장밍궤이가 '방법'을 강구해야 한다고 말하자, 가오진류는 필요한 것은 방법이 아니라 '도'라고 말한다. 여기서 '도'란 일본 신도神道의 '카시와데拍手' 의식을 뜻한다. 이 의식을 통해 '신인일치神人一致'를 터득해야만 타이완 사람들이 야마토타마시大和魂의 일부로 녹아들어갈 수 있다. 장밍궤이는 이러한 방법을 '신령부체神靈付體'의 비술이라 일컬었다. 장밍궤이의 '방법'은 사후에 '나'에게 남김없이 토로된다. 장밍궤이는 "나는 일본에서 태어났으며 일본 교육을 주로 받았고 일본 말만 할 수 있습니다. 일본어 가나假名가 없으면 편지를 쓸 수도 없으니 일본인 노릇을 하지 못하면 살아갈 수가 없습니다"라고 말했다. 장밍궤이는 가오진류가 비이성적인 신비한 방법으로 일본인 노릇을 하려는 것을 참을 수가 없다. 하지만 그도 다른 선택의 길이 없었다. 얼마 뒤 타이완인 지원병 방법이 공포되자 가오진류는 혈서로 선서하며 입대한다. 장밍궤이는 자신이 졌음을 인정하고 가오진류야말로 진정 타이완을 위하는 사람이라 인정한다.

평론가들이 지적했듯 소설의 결미에서 장밍궤이가 가오진류의 방법을 인정하는 것은 너무 돌발적이다. 그래서 입대 장면이 정책에 보조를 맞추기 위해 덧붙여진 것 같다. 그러나 저우진보는 1943년의 좌담회에서 그가 「지원병」에서 두 종류의 인물을 창조했다고 했다. '세밀한 계산형'(장밍궤이)과 '파렴치형'(가오진류)이다. 저우진보는 '파렴치형'이야말로 타이완의 미래를 짊어질 수 있다고 생각했다. 결말의 갑작스러움은 저우진보의 첨언으로 해결되지 않는다. 저우진보가 중학교부터 치과 졸업까지의 9년간을 일본에서 지낸 경험으로 본다면 그에 대응되는 이는 장밍궤이일 것이다. 그는 출신을 선택할 수 없으며, 자신은 반드시 일본인이어야 한다고 생각하지만 또한 백퍼센트의 일본인이 될 수 없음도 잘 아는 타이완 사람이다.

요컨대 그(들)는 '이등 일본인'의 난처한 지위로 살아감을 인정하는 사람들이다. 장밍궤이에게 무슨 '세밀한 계산'이 있을 수 있겠는가? 소설 속의 '나'는 일본 유학을 마치고 타이완으로 돌아온 지 8년이 돼 타이완에 뿌리내렸으며 지금의 가정생활이 가져온 모든 것을 받아들이는 인물이다. 저우진보는 '나'라는 인물을 통해 어떠한 메시지를 전달하고 싶었던 것일까? 어찌 되었건 「지원병」은 타이완 지식청년들이 일본인이 되는 두 가지 방법을 보여 주었다. 가오진류의 신비한 방법은 훗날 천훠취안의 「길道」에 의해 명백히 밝혀졌다. 장밍궤이의 '이등 일본인'의 처지에 놓인 난처함은 왕창슝의 「급류」 속의 이토 하루오伊東春生에게로 계승된다.

천훠취안이 1943년 발표한 「길」의 '섬 사람인 나'는 전매국 나프탈렌 시험소에서 일하는 천칭난陳靑楠이다. 천칭난은 주위의 일본인들 속에서 '일본정신'을 체득하기 위해 노력하며, 결국은 지원병에 참가해 천황을 위해 목숨을 바쳐 '황민인 나'를 완성하려고 한다. 소설이 시작된 지 얼마 지나지 않아, 천칭난은 여화루麗花樓에서 미야자키宮崎라는 술 취한 사내에게 얻어맞는다. 그는 천칭난의 뺨을 두세 번 때리면서 "일본 정신이란 바로 이유를 따지지 않고 죽는 거야. 천황

폐하를 위해 죽으러 가는 거야"라고 말했다.

미야자키가 육체적으로 천칭난을 능멸한 일본인이라면, 천칭난의 동료 히로타廣田는 정신적인 학대자였다. 히로타는 "본도인들은 ○○(인간)이 아니야!"라고 말한 적이 있다. 두 일본인이 앞뒤로 발언하는 사이, 천칭난은 자신의 '도민島民' 출신을 어떻게 일본인으로 변화시킬지 고민을 거듭한다. 생각의 초점은 자신의 비일본 혈통을 어떻게 극복할 것인가에 있었다. 그는 다음과 같이 생각한다.

> 단지 일본인의 피를 계승했다고 해서 일본인이 아니라, 어려서부터 일본 정신 전통을 수련해서 어느 때건 일본 정신을 표현할 수 있어야만 비로소 일본인입니다.

> 일본 정신은 바로 존왕양이尊王攘夷의 정신입니다.

> 내대공혼內台共婚을 통한 혈연의 교류는 본도인을 야마토大和 민족으로 순화시키고자 하는 것으로 아주 좋은 양책良策이라 할 수 있습니다. 그러나 가장 일반적이고 보편적인 첩경이 일본민족의 생활 형태를 전승하는 것, 일본 신화를 믿고 아라테라스오미카미天照大神에게 제를 올리고 기꺼이 신명을 바쳐 천황에게 헌신귀일獻身歸一하는 신앙생활을 확립하는 것임을 의심할 여지가 없습니다.

마지막으로 지원 입대서를 제출한 뒤 그는 마음속으로 흠모하는 여성 치츠키코稚月子에게 '황민으로 가는 길이란 바로 순국하는 걸 의미합니다'라고 이야기한다. 인용문 속의 '일본정신'은 1930년대 초에는 '국민정신'이라 일컬어졌다. 이는 국체관념을 중심으로 삼고 황국사관을 경위

經緯로 삼는 일본 파시즘 이데올로기이며 1941년 태평양 전쟁 발발 이후 최고조로 발전하였다. 그리고 이때의 '국민정신'은 대체로 '일본정신'이라는 명사로 대체되었다. 지시대상의 의미는 천황을 가장으로 삼는 국가일체國家一體, 부모에게 효도하는 마음으로 국가에 충성을 다함移孝作忠, 서양 개인주의에 대한 반대 등 세 개 항목이었다.

그러므로 가오진류가 '카시와데拍手' 의식으로 '일본정신'을 획득하려했던 신비한 방식은 천칭난의 사고에 이르러 보다 진일보하게 된 것이다. 일본인 혈통이 없는 선천적인 결함을 극복하기 위해, 천칭난은 도민島民은 반드시 천황 및 그 신화 전통을 믿는 일본인의 생활 형태 속으로 녹아들어가야 하며, 가장 구체적인 표현은 바로 천황을 위해 순국하는 것이라 생각했다.

다른 한편으로, 장밍궤이의 '이등 일본인'으로 전락한 난처함은 왕창슝의 「급류」 속의 이토 하루오에게서 표현되며 작은 마을의 의사로 있는 '나'의 눈에 각인된다. 원래는 주朱 씨인 이토는 어려서부터 부모와 불화했다. 공학교 졸업 즉시 일본으로 유학을 떠나 일문과 졸업 후 타이완으로 돌아와 중학교에서 교직생활을 한다. 그는 일본인 여성과 결혼해 일본식으로 성을 바꾸었고 장모와 함께 살며 집 안팎에서 일본어를 구사한다. 심지어 아버지가 돌아가셨을 때에도 일본식으로 검은 양복을 입고 영구 앞에서 고개를 숙이는 정도로 장례를 치렀다. 이야기가 거의 끝나갈 무렵에야 '나'는 이토가 전심으로 일본인이 되기 위해 치른 대가로 서른 살이 조금 넘은 나이에 벌써 백발이 무성한 것을 깨닫고 놀란다.

'내'가 본 두 번째 전형은 이토의 학생이자 그의 이종사촌 남동생 린보녠林柏年이다. 린보녠은 이토가 부모와 상종하지 않고 일본인 노릇을 하는 것을 탐탁지 않게 생각하고 그의 이모를 보호하기 위해 종종 이토에게 대든다. 그는 학교를 대표해 검도 대회에 참가해 모든 일본인을 격파하며 집안의 반대를 무릅쓰고 일본의 무도 전문학교에 입학한다. '내'게 쓴 편지에서 "저는 위대한 야마토타마시大和魂와 연계하기 위해 피를 흘리지 않으면 안 됨을 깨달았습니다. (…중략…) 저는 또한 위풍당당한 일본인이 되려면 또한 반드시 위풍당당한 타이완인이 되어야 한다고 생각합니다"라고 말한다.

이 두 전형 사이에 놓인 '나'는 '세속'적인 이토와 '단순'한 보넨 사이에서 어떤 선택을 할 것인지 고민한 적이 있다. '내'가 일본에 있었을 때는 키무라 후미로쿠木村文六였지만 지금은 시골에 칩거하고 있는 홍洪 의사일 따름이다. '나'는 어떻게 선택해야 하는 것일까? 소설은 '내'가 질주하듯 산을 뛰어 내려가는 것으로 끝을 맺는다. 이 질문에 대한 답을 피하는 듯하다.

상술한 일제강점 말기 타이완 지식청년의 정체성의 방향에 관한 소설들의 요점을 간추리면 〈그림 4〉와 같은 결과를 얻을 수 있다. 그림에서 유일하게 지식청년이 아닌 이는 데릴사위가 된 진성(「석류」)이다. 그가 죽은 동생에게 보여주는 우애와 정감은 순수하게 한인 전통 사회에서 유래된 것으로 탕산唐山 정체성을 가지고 있다고 해도 과언이 아닐 것이다. 그 외 일본인 신분을 받아들인 일군의 지식인들을 이성적 태도와 신비적 태도로 구분한다면, 〈그림 4〉와 같이 배열할 수 있다. 좀 더 생각을 필요로 하는 것은 린보넨과 장밍궤이 중 누가 앞이고 누가 뒤인가 하는 것이다. 린보넨의 "반드시 위풍당당한 타이완인이 되어야 한다"는 말이 그를 선두에 놓게 한다. 그러나 진성과 같은 전통 문화 자원을 구비하지 않은 그가 이토의 나이가 되었을 때 가오진류보다 더 신비한 방법으로 나아가지 않는다고 누가 예측할 수 있겠는가?

5. 예성지葉盛吉의 정체성 방향

예성지가 일본 센다이仙台의 제2고등학교 기숙사에서[37] 「급류」를 본 뒤 독후감을 썼을 때 그는 다음과 같이 말했다.

> 나는 지금까지 이토가 했던 일을 한 적이 설마 한 번도 없는가? 나는 매우 부끄러움을 느낀다. 공학교 시절은 그래도 괜찮았지만 중학에 이르러 양친에게 매우 죄송하다. 내가 이러한 입장에 빠진 것은 주위 환경보다는 자신의 악행과 부덕함을 부끄러워해야 한다. 나의 현재의 번뇌와 답답한 괴로움 및 무기력함은 참으로 이러한 이중적 생활의 영향을 깊이 받은 것이다. 나는 늘 한쪽은 충실했지만 다른 한쪽엔 충실하지 못했다. 왜 양쪽 모두를 만족시키는 생활을 할 수 없는가? 참으로 부끄럽다. 나는 보넨의 분노에 대해 완전히 동감한다. 사람 노릇하는 것으로 말한다면 린보넨이 이토를 넘어섰음을 현재 나는 굳게 믿는다. 그러나 실제로 과거의 생활로 되돌아간다면, 내가 정말 린보넨

37 "예성지(1923.10.25~1950.11.29)는 타이베이에서 태어났다. 일본 이름은 하야마 다쓰오葉山達雄로 한족이다. (…중략…) 1943년 일본 제이고등학교에서 공부했는데 전력을 다해 진리를 추구했으며 그의 인생관은 학풍의 영향을 깊게 받았다. (…중략…) 1946년 타이완으로 돌아왔다. (…중략…) 1948년에 중국 공산당 지하 조직에 참여했으며 (…중략…) 1950년 5월 공산당 숙청운동 중 체포되었다. 같은 해 11월 총살당하기 전까지 그의 신념을 견지했다." 『中國人名事典』, 東京 : 日外アソシェーシ, 1993, 600면.

의 성정을 유지할 수 있을까?

—筆記一, 1943.9.26

예성지는 일본 학생이 주류였던 타이난台南 제일중학교 재학 시절, 타이완 전통을 경시하고 일본인에 동화되려 했다고 고백하고 있다. 그러는 한편 그는 센다이 제이고등학교 시절 린보녠이 말한 전통과 동화 '양쪽 모두를 만족시키는 생활'을 배우려 했던 경험을 말하고 있다. 하지만 그는 두 문화 사이에서의 방황을 이후 일본에서의 2년 반 동안 다시 반복할 것임을 당시에는 알지 못했다.

그는 타이베이에서 태어나 신잉新營에서 성장했다. 타이난 제일중학에서의 일본 학생 위주의 생활은 그를 수줍어하는 성격으로 만들었으며 그에게 '대립과 이중적인 생활의 어려움'을 가져주었다. 그는 자신의 성격이 어떻게 형성된 것인지 스스로 해부해 보였다. 첫째, 당시의 사회상이 타이완 사람들에게 굴종적 생활을 요구했으며 일본인의 경멸하는 눈빛 속에서 성장해야 했다. 둘째, 타이완 학생들은 일본인과 하나로 융합되지 못했고 이로 인해 학교생활의 부적응을 초래했다. 셋째, 신중한 성격의 양아버지와 독자인 자신의 처지가 위축된 성격의 원인이 되었다. 때문에 타이난 제일중학의 생활은 주로 '도피'적 태도로 일관되었다. 센다이 제이고등학교 동창인 양웨이리楊威理는 그가 한편으로는 공부에만 파고들고, 다른 한편으로는 자신도 모르게 동화를 미덕으로 삼았다고 설명하였다. 예성지는 중학 시절에 동화를 굳게 믿었으며, 머지않은 미래에 타이완인도 일본인의 수준에 다다를 것이라 꿈꾸고 있었다. 그것이 그의 희망이었다고 예성지는 회상하였다.

예성지가 「급류」의 독후감에서 다른 한 쪽의 생활이 불충실하다고 참회한 것은 동화를 갈구한 나머지 타이완 전통 생활에 대한 존중을 소홀히 했다는 뜻일 것이다. 그는 제일중학 졸업 후 다시 2년을 더 공부하고서야 센다이 제이고등학교에 합격했다. 양쪽 모두를 만족시키는 생활, 즉 타이완과 일본의 두 가지 생활 형태를 존중하는 생활을 결정한 후 전통 종교의 중요성에 주목하기 시작했다. 그 일환으로 제1회 기숙사 변론대회에서 미야자키 나오카츠宮崎直勝(1942)가 쓴 『사묘신의 승천寺廟神の昇天』에 대해서 비판하기도 했다.

예성지가 먼저 접촉한 것은 야마다 요시오山田孝雄가 쓴 『국학의 본의國學の本義』였다. 야마다의 메이지 유신明治維新 이래의 '서양화西洋化'에 대한 관점이 예성지의 이목을 끌었다. 그는 야마다의 말을 인용해 "(유신 이래) 사회와 국가는 서양화를 행동의 첫 번째 요지로 삼았다. 따라서 서양에서는 이름도 들어보지 못한 신사神社나 국학國學 등을 모두 다짜고짜로 전형적인 구습으로 볼 지도 모른다. 일본 본국에서도 이렇듯 구습을 중시하지 않는 전례가 발생한 적이 있는데 지금은 중리中壢 군수 미야자키가 다시 그 전철을 밟아 타이완 사람들에게 가하고 있다"라고 말했다.

미야자키의 『사묘신의 승천』은 그가 사묘寺廟 정리 정책을 집행(1938~1939)하면서 쓴 것이다. 그는 타이완의 사원 신앙이 네 가지 특징을 가지고 있다고 정리했다. 영험한 신비성, 신격의 잡다함, 신도의 이기심에 호소, 교리나 포교인이 없음 등 네 가지 특징을 들었다. 그러면서 그는 전통 사원이 타이완 문화의 발전을 저지하고, 사회사상의 부실함을 초래하며 골육간의 재산다툼의 참극을 야기한다는 세 가지의 사원 철폐 이유를 주장했다. 그의 강력한 정책으로 중리의

29개 사원은 4곳으로 합병되고, 정리하고 남은 신상神像들을 '승천제昇天祭'라는 명목으로 태워졌다.

기숙사의 변론대회에서 예성지는 이상의 두 책에 대한 생각을 다음과 같이 논하였다.

> 사람은 자신과 타인의 전통을 존중해야 한다고 나는 생각한다. 요점은 가치판단이 주관적이고 상대적이라는 것이다. (…중략…) 다른 문화를 자신의 문화에 강제로 동화시키는 것은 자신의 문화에 그렇게 큰 포용력이 있다는 것을 의미하지 않는다.
>
> —筆記一, 1943.11.19

며칠 후 그의 필기에는 다시 "사람은 자신의 전통을 정확히 이해하고 그것을 깊이 존중해야 한다. 그러나 타인의 전통에 대해서도 관용하고 존중하는 태도를 지녀야 한다"라고 적혀있다.

그러나 예성지의 '양쪽 모두를 만족시키는 생활'을 하겠다는 결심은 여기서 그치고 만다. 그는 더 이상 일본의 타이완 식민 통치에 대해 의문을 제기하지 않았다. 반대로 이때부터 그는 학교의 점차 강화되는 파시즘 분위기에서 다시 방향을 바꿔 '일본정신'이란 극우의 길을 동경하였다. 린보녠이 이토가 자신의 친부모를 버린 것에 불만을 품고, 당당한 타이완 사람이 되겠다고 했듯이 예성지 역시 잠깐 동안이지만 타이완의 고유 신앙을 보호하려 노력했다. 그러나 결국 가오진류와 같은 부류가 갔던 신비의 길로 방향을 틀었다.

제1회 기숙사 변론대회가 끝난 두 달 뒤, 학생들은 전체 기숙사 변론대회를 또 다시 거행했다. 이번에 예성지가 연설한 요점은 "우리나라의 도는 바로 유일한 신의 대도大道, 즉 천황의 도입니다"라고 큰 소리로 부르짖는 것으로 변했다. 두 달 사이에 무슨 일이 일어났던 것인가? 1944년 초, 두 극우파 선생 오쿠쓰 히코시게奧津彦重, 오노 히로시小野浩가 신도神道와 히틀러 반유태주의를 뒤섞은 '유태문제연구'(약칭 '猶太硏')를 제이고등학교에 도입했다. '유태연'은 유태인이 절대악이며 태평양 전쟁을 발동했을 뿐만 아니라 공제회를 통해 세계를 통제하려는 것이며 쑨원孫文과 장제스蔣介石조차 회원이라 선전했다. 히틀러는 아리안인만이 유태인에게 승리를 거둘 수 있다고 말했지만 일본인들은 아리안인의 탁월성을 받아들일 수 없었기에 신도神道로 그것을 대체하려 했다.[38]

오쿠쓰와 오노의 이러한 이데올로기가 예성지에게 영향을 준 것이 분명하다. 그는 변론 중에 이러한 경향을 드러냈다. 뿐만 아니라, 그 후에도 필기에 "우리나라가 지금 걷는 길은 바로 팔굉위우八紘爲宇로 나아가는 길이며 (오카쿠라 텐신岡倉天心의 '아시아는 하나다'라는) 길과는 방법만 다르지 목적지는 동일하다. 내 개인적 고뇌가 바로 우리나라가 전진하는 방향과 어찌 일치하지 않겠는가?"라고 남겼다. 세계가 일가一家임을 의미하는 '팔굉위우八紘爲宇'의 신도神道 이상을 '양쪽 모두를 만족시키는 생활'의 관건으로 간주하였다. 이것이 예성지를 극우사상으로 기울어지게 한 심리적 계기였을 것이다. 그 후 반년 동안 그의 필기에 남겨진 것은 오로지 신을 의지하는 길惟神之道을 추구하는 기록이었다.

38 楊威理,『雙鄕記』, 台北 : 人間出版社, 1995, 96~102면.

일본 정신은 편협한 것이 아니며 그것은 바로 팔굉위우八紘爲宇의 정신으로 모든 것을 포용한다.

—筆記三, 1944.2.21

천황에게 헌신하는 정신은 혈연을 초월해야만 하며, 대동아 각 민족에게도 마찬가지로 멀다고 다다르지 못하는 것이 아니다. 이렇게 말하면 (일본에 온) 유학생들도 국체에 감격하는 데 장애가 없을 것이다. 그들이 일본의 풍속 습관과 가장 존귀한 것을 배우기만 해서는 안 된다.

—筆記三, 1944.2.24

그는 오노 교수가 말한 일본의 신도神道가 아리안인의 탁월성을 극복할 방법, '인종→민족→국민→신민'(日記五, 1944.5.29)까지 기록하였다. 아리아인과 야마토 민족이 과거에는 어떠한 우열의 구분이 있었다 할지라도, 그들이 일단 법제국가의 국민이 되면 평등해지고 '만세일계萬世一系'의 천황이 천하 일가一家의 가장이 되므로 너나 구분 없이 모두 그의 신민이 된다는 것이다.

예성지가 우경의 미몽에서 깨어난 것은 태평양 전쟁 때문이었다. 1944년 8월부터 제이고등학교 학생들은 전쟁이 격화됨에 따라 미야기현宮城縣의 군수 공장에 가서 노동봉사를 해야만 했다. 반년여의 준군사 생활 중 예성지는 공장의 츠카모토塚本 해군 대좌와 접촉한다. 대좌가 학생병들에게 선전한 팔굉위우의 도리 중엔 뜻밖에도 일본 군국주의가 중국을 침략한 것을 질책하는 뜻이 포함돼 있었다. 게다가 동북東北 출신인 양웨이리가 직접 목격한 일을 그에게 알려 주면서 예성지는 점차 가오진류보다 더욱 '우경화' 된 입장으로부터 선회하게 된다. 그의 일기에 '팔굉위우'와 '유태연'을 비판한 문장이 나타나기 시작했다. 또 양웨이리에게 북경말을 배우고 고향의 민남어를 복습했으며 중화민국 국가를 배우고 삼민주의 서적을 보기 시작했다. 그의 이러한 입장 선회는 장제스의 중국을 향한 정체성으로 나아간 데서 그치지 않았다. 해방 후 좌경화하여 1950년부터 사회주의자로 활동하다가 '4·6사건'의 백색 테러 중에 총살당하게 된다.

예성지가 일본에 있었던 기간에 일어난 정체성의 변화를 〈그림 4〉의 방향과 비교한다면 그는 린보녠과 같이 타이완과 일본 문화가 한데 융합된 생활을 이상으로 추구했다. 이는 그가 타이완 전통 신앙을 보호한 변론에서 구체적으로 표현되었다. 그러나 '유태연'의 교내 분위기의 영향으로 그는 빠르게 우경화되었다. 가오진류보다 더 치열한 열정으로 '일본정신'의 본질을 전력을 다해 추구하였다. 그런 후 전쟁의 진실과 스승, 벗들에 의해 그는 극우적 정체성에서 극좌로 선회했다. 이는 중국에서 배척된 후타이밍의 입장보다 더욱 급진적인 변화라고 하겠다. 예성지가 짧은 시간에 보여준 정체성의 변화(그와 유사한 또 다른 사례가 전 총통인 이덩후이李登輝이다)는 '아직 안정되지 않은 소년의 심성' 때문이라 해석할 수도 있다. 그러나 다른 한편으로 그의 경험은 전술한 '지식청년 정체성 대서사'의 신뢰도를 '테스트하였다.' 테스트 결과를 말하자면, 그의 경험은 각 희극戱劇 유형이 뒤섞여 있는(로망스-린보녠, 비극-후타이밍·천유싼, 희극喜劇-천칭난·가오진류, 풍자-장밍궤이, 「지원병」 속의 '나'와 이토 하루오, 「급류」 속의 '나') '대서사'임을 인정해야만 한다. 그중 풍자가 다수를 차지하며, 그것이 드러낸 '이등 일본인으로서 한인 지식청년의 난처함'의 의미는 높은 신뢰도를 갖는다고 하겠다.

6. 나가며

이 글의 목적 중의 하나는 현재 진행되고 있는 '황민문학' 논쟁과 관련하여 황민화 시기의 한인 정체성이 서민과 지식청년에 따라 다름을 설명하는 것이었다. 그중 한인 하급계층의 정체성은 고유한 생활 방식을 견지하고, 적의를 지닌 '타자'와 자신을 비교하면서 확립된 것이다. 즉 그들은 지주, 자본가, 경찰, 관리 등의 착취에 시달리며 자기를 인식한 것이다. 다른 한편으로 일본식 교육을 받은 청년들은 일본인에게 배척당하고 수용될 수 없는 상황에서 '이성적 계산'에서 '신비로운 순종'의 태도에 이르는 스펙트럼을 따라 점차 일본에 동화되어 갔다. 일제강점 후기의 양극화된 정체성에 대한 분석을 통해, 본문은 '나(우리)는 누구인가'라는 질문이 해결되려면 고유한 문화 자원(하층민중의 전통적 생활 양식, 지식청년이 박탈당한 한문 교육 등)이 필수적이었음을 확인하였다.

일제강점 후기에 발생한 두 가지 정체성은 필자가 우줘류의 『아시아의 고아』를 읽고 얻은 최초의 인상이었다. 필자는 이 책을 한인의 중문, 일문 소설 속에 드러난 정체성을 분석하는 자료로 삼으려 했다. 그러나 과거의 소설을 '사료'로 간주할 방법은 여전히 풀기 어려운 숙제였다. 샤오아친蕭阿勤, 루젠룽盧建榮 등이 문학 작품을 이용해 정체성을 분석한 바 있고 또 이론적 측면에서도 역사학자 헤이든 화이트가 1973년 이래 소설과 역사 서사가 '보조적 지시대상'에서 똑같이 독자의 감정과 태도에 영향을 미치는 기능을 갖고 있음을 연구한 바 있어 이러한 시도를 해 본 것이다. 그리고 당시 소설에서 보여주는 지식청년들의 이성에서 신비에 이르기까지의 정체성의 스펙트럼을 분석한 후 1997년에 성공대학成功大學 예광이葉光毅 교수가 제공한 선친 예성지 자료의 영인본을 통해 '황민소설'의 분석에 그다지 편차가 많지 않음을 실증할 수 있었다. 그렇다면 여기서의 분석과 관점이 어떻게 현재 진행중인 '황민문학' 논쟁과 대화를 할 수 있을까?

1998년의 타이완은 '황민문학'의 격렬한 논쟁지였다. 장량쩌張良澤가 세 개의 신문 부간副刊에 40년대 타이완 작가 17명의 단편 작품을 번역해 「타이완 황민문학 작품 습유台灣皇民文學作品拾遺」를 발표하였고 이에 대해 천잉쩐陳映眞, 쯩젠민曾健民, 류샤오춘劉孝春 등이 비판을 내 놓은 것이 발단이었다. 그리고 같은 해 연말 타이완대학에서 열린 '근대 일본과 타이완' 심포지엄에서 '황민화와 일본・타이완문학'을 주제로 하면서 논쟁은 격렬해졌다.

장량쩌는 장원환, 뤼허뤄, 룽잉쭝, 저우진보, 왕창슝, 예성지 등의 단편을 각각 번역했다. 발표 전에 그는 "관대한 마음으로 소중히 여기고 이해해야 한다",[39] "일제강점기의 타이완 작가들이 많건 적건 이른바 '황민문학'을 쓴 적이 있다는 이 역사적 사실을 직시해야 한다"[40]고 호소하였다.

이에 천잉쩐 등은 진짜眞性와 가짜假性 '황민문학'의 두 종류를 구분해야 하며 가장 협소한 범위의 '진짜眞性 황민문학'은 저우진보의 「지원병」과 천훠취안의 「길」만 포함된다고 말했다. 연말 심포지엄에 참가했던 예스타오葉石濤 역시 같은 의견을[41] 제시했다. 또 다른

39 『民衆日報』, 1998.5.17 19판版.
40 『聯合報』, 1998.2.10 41판版.
41 『聯合報』, 1998.12.27 14판版.

평론가 류샤오춘은 두 편 외에 저우진보의 「수암水癌」과 왕창숑의 「급류奔流」를 첨가했다. 그는 이 몇 편의 작품 주제를 다음과 같이 정리했다. "작품 주인공의 '내지'와 '본도'에 대한 평가에서 전자는 우월하고 후자는 열등하다." "우수한 '황민'으로서 가장 중요한 조건은 표준 '국어'(일본어)를 구사할 수 있느냐이다." "타이완인이 어떻게 우수한 야마토 민족으로 탈바꿈할 것인가 하는 문제가 이들 작품에서 모두 언급되고 있다." "'창씨개명'은 '황민'이 되는 조건에서 필수불가결한 것이다." 마지막으로 "「지원병」 및 「길」 역시 예외 없이 '천황을 위해 죽는 것이 무한한 영광'이라는 주제를 표현하였다." 천잉쩐 역시 다음과 같이 결론을 내렸다.

> 피식민 타이완인(중국인)의 주체성을 부정, 경멸, 증오하고 자신을 일본인으로 개조하여 일본인처럼 생활하고 사고하며 또한 일본인처럼 일본 천황에게 충성, 숭배, 경애를 바치게 하며 결국은 일본인으로서 목숨을 바치는 것, 이것이 바로 40년대 타이완 황민 문학 주제의 가장 중요한 부분이다.

오늘날 통독(중국과의 통일과 타이완독립) 이데올로기 입장에서 '황민문학'을 보는 것은 화이트 및 그 비평가들이 그들의 특정 시공간에서 히틀러의 유태인 학살을 보는 것과 유사하다. 대학살에 '희극戲劇'적 서사 형식을 부여할 수 없다. 그러나 이것이 전체주의 통치하에서 일어났던 현상이 역사서사의 방식으로 재현될 수 없다는 것을 의미하지는 않는다. 화이트의 견해에 보이듯이 역사학자 상호간의 가치 판단에 차이나 대립이 있을 때 그들의 서사 전략 속의 '보조적 지시대상'이 가져오는 감정과 태도는 필연적으로 상호 배척적이다. 이것이

장량쩌와 천잉쩐 등의 논쟁 상황이며, 이러한 논쟁은 결코 해결되지 않는 것이다.

본고는 일제강점 후기 한인 정체성에 대한 관심에서 출발했다. 이 기간의 소설작품을 분석대상으로 하여 서민과 지식청년의 정체성을 구분하였다. 결과를 정리하면, 한인漢人 하급계층의 정체성은 적의를 지닌 '타자'와의 구별을 통해 확립된 것이다. 그들의 생활은 시종일관 지주, 자본가 및 부자를 보호하는 경찰, 관리의 착취와 괴롭힘에 시달려 왔다. 이러한 결론은 관련 소설가(장원환, 뤼허뤄, 라이허, 양쿠이)의 비극 혹은 풍자의 '보조적 지시대상'으로부터 분석해 낸 것이다. 이 네 작가가 봉명문학이나 '가짜假性 황민 문학'을 쓴 적이 있다 할지라도 그들의 공헌은 일제강점 후기의 서민 정체성을 확인시켜 준다는 점에 있다.

또 한편으로 〈그림 4〉와 같은 지식청년의 정체성 변화를 고찰해 보았다. 이 그림과 천잉쩐 등이 분석한 '진짜眞性 황민 문학'의 견해를 비교하면 두 가지 명확한 차이를 발견할 수 있다. 우선 〈그림 4〉는 작가의 세대 차이와 황민화운동기 타이완인 지식청년들의 정체성 형성 사이의 관련성을 정리하였다. 가장 명확한 예가 라이허와 동세대인 우줘류인데 그는 '황민의식'의 연막을 분명히 파악했을 뿐만 아니라 40년대 타이완 본적의 지식청년들이 일본에서도 중국에서도 받아들여지지 않는 '고아'임을 관찰해 내었다. 이러한 지식청년 계보의 기점이 있어야만 〈그림 4〉의 다른 소설들을 적절한 맥락 속에 놓을 수 있다. 천유쌴의 타락, 그리고 이성에서 신비까지의 스펙트럼에서 자신을 일본인으로 변화시킬 방법을 고민한 다른 지식청년들을 볼 수 있게 된 것이다. 또한 이성의 다른 끝에 있던 소설 인물들도 자신이 기껏해야 '이등 일본인'임을 이해하지 못한 것은 아니었음을 알 수 있었다.

다음으로, 천잉쩐 등은 천칭난, 가오진류를 강조했지만 이토, 장밍궤이, 린보녠 및 「지원병」, 「급류」 속의 '나'를 언급하지 않아 편파적인 느낌이 든다. 후자 쪽이 '이성' 쪽으로 귀속시킨 지식청년들이다. 이들은 자신이 '이등 일본인'임을 이해하는 일군의 난처한 처지의 지식인들로 오늘날 미국, 캐나다, 뉴질랜드, 오스트레일리아로 이민 간 청장년 타이완인들의 공명을 쉽게 불러일으킬 수 있는 유형들이다. 그중 린보녠의 "위풍당당한 일본인이 되려면 또한 반드시 위풍당당한 타이완인이 되어야 한다"는 말은 당시 예성지의 극찬을 받았다. 황민화의 맹렬한 조류에서 위풍당당한 타이완인이 될 방법은 중요한 문제였다. 본문의 분석은 레이몬드 윌리엄스가 '잔여문화'라 지칭한 것에 동감한다. 「석류」 속의 진성이 죽은 동생 무훠를 위해 '합로合爐하고 과방過房하는' 의식을 행하거나 예성지가 우경의 미몽에서 깨어난 뒤 고향 민남어를 다시 복습하는 것과 마찬가지다. 즉 '잔여문화'는 패권통치의 유효성을 희석시키는 역할을 하는 것이다.

이러한 주제는 또한 찰스 테일러Charles Taylor가 말한 이른바 '근대적 자아'의 역사적 원천으로 설명할 수 있다. 테일러는 하느님을 중심으로 하는 도덕 질서를 버리고 즐거움을 추구하는 주관적 원칙의 실천 과정이 근대 서양인의 자아 관념의 기원을 형성했다고 생각했다.[42] 그의 견해를 확장하면 '근대적' 자아 정체성이 자발적이든 강제적이든 전통적 도덕 질서, 즉 위에서 말한 '잔여문화'를 버렸다고 말할 수

42 C. Taylor, *Sources of the Self—The Making of the Modern Self*, New York : Cambridge University Press, 1989.

있을 듯하다. 바꿔 말해 일본 식민 통치에 의해 한족의 '잔여문화'가 희석되면서 저우진보, 왕창슝, 예성지의 '근대적 자아'의 성장 공간이 마련되었다.

테일러의 견해에 따르면 서양 문화는 자발적으로 계몽운동과 낭만주의를 거치면서 전통 질서가 상실된 이후의 공간을 메웠다. 하지만 이 과정이 비자발적이었던 식민지에서는 어떻게 되었을까? 이 문제는 예성지에 대한 분석을 참고할 수 있다. 그는 중일 양국에서 제공하는 모든 근대사조와 이데올로기를 받아들였다. 그는 전통신앙을 존중해야 한다고 깨달은 얼마 후 짧은 5~6년 사이에 극우적인 신도神道 파시즘의 길과 공산주의로 건너뛰었다. 예성지의 사례는 전통 질서와의 관계가 단절된 뒤 의미가 상실된 진공 속에서 몸을 의탁할 곳을 찾지 못하는 지식인의 방황을 증언하고 있다. 따라서 전통 질서라는 집단적 기억의 기초가 없는 사람은 정체성 모색의 과정에서 사유의 거점을 지닐 수 없다. 이것이 1998년 '황민문학'의 논쟁에서 잊혀진 역사의 교훈이라고 생각한다.

제 2 부

좌익문학운동

라이허와 타이완 좌익문학의 계보*

천팡밍陳芳明

1. 들어가며

라이허賴和는 타이완의 좌익문학을 정초한 사람이다. 그의 문학은 타이완신문학의 창작 기교를 제고시켰으며 신문학운동에 선명한 계급의식을 주입시켰다. 좌익문학은 마르크스주의를 교조적으로 받드는 것이 결코 아니며 사회적 약자의 입장에서 작가가 부당한 체제에 대해 문학이라는 형식으로 비판하는 것이다. 라이허는 타이완의 첫 번째 신문학 작가로 분명하게 노동 대중의 권익을 보호하는 입장에서서 일본제국주의와 대결하였다. 그는 새로운 형식을 만들어냈으며 후발 작가들을 이끌었다. 라이허의 문학 영역이 웅장한 것은 그의 문학 근원이 깊고 유장하기 때문이다. 그는 한학漢學 전통을 배척하

* 이 글은 고점복이 번역하였다.

지 않으면서 과감하게 현대 사상을 수용하여 동시대 작가들에 대한 지대한 영향을 미쳤다. 그의 문학적 성과가 인정을 받는 원인이 바로 여기에 있다.

좌익작가인 라이허가 소설에서 보여주고 있는 저항정신은 문학사의 전범이 되었다. 그러나 그가 시종일관 전투 의지를 보인 것은 아니다. 사실 그의 후기 작품에는 좌절과 실망의 정서가 점차 드러나고 있다. 라이허 문학과 관련된 지금까지의 논의는 종종 그의 드높은 비판정신만을 주목해왔다.[1] 그러나 후기의 심정적 변화에 대해서는 소홀히 다루었다. 라이허의 작품에는 분명 밝음과 어둠이라는 두 스타일이 있다. 전기의 분방함과 후기의 신중함은 시대적 전환기에 처한 타이완 작가들의 사상적 기복을 반영한다.

라이허의 전기 작품은 타이완사회에 대한 일본 식민지 체제의 착취와 약탈을 강렬하게 비판하고 있다. 그는 농민과 노동자에 대한 자신의 관심을 전혀 감추지 않았다. 소리가 없는 사회와 최하층의 인민을 위해 그는 고통스럽게 외쳤다. 그러나 그가 강조하고자 한 것은 그들의 비참함과 수난이 아니라 그들의 저항정신을 분명히 드러내려는 것이었다. 후기의 소설에서 라이허의 전투 의지에 변화가 나타난 듯하다. 그의 비판은 더 이상 일본의 식민지 체제를 향하지 않았다. 반대로 당시 타이완인들에 대한 실망에 찬 책망을 표현하였다. 이와 같은 자신에 대한 점검으로의 방향 전환은 노년기 라이허의 내면적 우울을 설명해준다. 바로 그의 작품이 고저高低와 곡직曲直의 두 스타일이 있기 때문에 그 영향을 받은 후발 작가들 역시 그의 정

---

1 라이허의 비판정신에 대한 긍정적 평가와 관련해서는 李篤恭 編,『磺溪一完人－賴和先生百年紀念文集』, 台北 : 前衛出版社, 1994을 참고.

신을 이어받아 외적 비판과 내적 성찰을 표현하였다. 그중에서도 사회주의 작가 양쿠이楊逵와 무정부주의 작가 왕스랑王詩琅보다 더 분명한 작가는 없다.

양쿠이와 왕스랑은 라이허 문학의 계승자이다. 사상적 변화와 창작기교 면에서 라이허의 영향을 받았다. 양쿠이 작품의 비판정신은 특히 날카로운데, 일본 식민주의자들에 대한 해부가 상당히 정확하며 전기 라이허 소설의 전투적 색채를 지니고 있다. 왕스랑의 작품은 양쿠이의 스타일과는 전혀 다르다. 타이완 지식인의 도피와 몰락에 대해 왕스랑은 많은 글을 썼는데 라이허의 후기 소설과 교묘하게 호응된다. 그러나 스타일상의 차이와 관계없이 그들의 작품이 좌익문학의 중요 구성 요소임은 의심의 여지가 없다.

타이완 좌익문학에 대한 논의가 나날이 개방화되고 있는 오늘날, 라이허의 문학과 그것의 신문학운동에 대한 교훈을 돌이켜보는 것은 식민지 작가들의 내적 비상과 억압을 보다 깊이 있게 이해하기 위해서이다. 라이허의 작품을 원형으로 양쿠이와 왕스랑에 대한 그의 영향을 관찰하는 것은 일제강점기 타이완 지식인의 좌익사상 전승 경로를 더 정확하게 탐색하도록 한다. 이 글의 목적은 바로 여기에 있다.

2. 라이허 문학의 명과 암

린루이밍林瑞明의 연구에 의하면 라이허의 작품 창작 생애는 세 시기로 나뉠 수 있다. 제1기는 1925년에서 1928년까지로 신문학운동의 계몽기에 해당한다. 제2기는 1929년에서 1932년까지로 대략 신문학운동의 전개 시기와 부합된다. 제3기는 1934년에서 1935년까지로 신문학운동이 성숙기에서 고조기로 접어든 시점이다.[2] 이러한 구분은 물론 논의의 편의를 위한 것이다. 만약 문학 창작 정신을 통해 실증한다면 이러한 구분은 적절하지 않을 수도 있다. 린루이밍은 제1기의 라이허는 문학혁명의 역할을 맡았으며 제2기에는 '신문학의 보모新文學保姆'라는 임무를 짊어진 것으로 보았다. 제3기에 이르러 라이허는 본토 의식이 강해져 의식적으로 타이완어를 사용해 창작에 종사하지만, 결국 실패하고 붓을 꺾었다. 린루이밍의 설명은 기본적으로 문학 형식의 관점에서 출발한 것이지 라이허 소설과 객관적인 정치 현실 간의 상호 관계를 통한 관찰은 아니다.

좌익문학의 발전은 좌익정치운동의 발전 후에 이루어졌다. 만약 좌파 정치집단이 탄생하지 않았거나 사회주의 사상이 타이완에 전파되지 않았다면 좌익문학이 잉태될 토양도 없었을 것이다.[3] 근대적인 타이완의 민족·민주운동은 1921년에 조직된 '타이완문화협회'로

---

2 林瑞明, 「賴和與台灣新文學運動」, 『台灣文學與時代精神－賴和研究論集』, 台北 : 允晨出版社, 1993, 79～80면.

3 타이완좌익문학 탄생의 시대적 배경에 대한 논의는 陳芳明, 「先人之血, 土地之花－日據時期台灣左翼文學的背景」, 『放膽文章拼命酒』, 台北 : 林白出版社, 1988, 135～155면 참조. 좀 더 상세한 연구는 黃棋椿, 『日治時期台灣新文學運動與社會主義思潮之關係初探(1927～1937)』, 新竹 : 國立清華大學文學研究所碩士學位論文, 1994을 참조.

부터 시작되었다. 이때부터 타이완 지식인은 민족주의와 사회주의를 항일의 주제로 삼는 새로운 단계로 접어들었다. 신문학운동에 개입하기 전에 라이허는 정치운동에 참가했다. 일본의 식민지 체제에 대한 그의 인식과 타이완사회의 성격에 대한 이해는 분명 타이완문화협회에 참가한 자신의 직접적인 경험으로부터 비롯되었다.[4] 따라서 라이허 문학의 내면세계를 들여다보기 위해서는 정치운동의 맥락으로부터 추출해 관찰할 수밖에 없다. 즉 그의 문학 생애와 정치활동을 결합시켜야만 그의 저항정신의 진면목을 온전히 파악할 수 있는 것이다.

만약 라이허 문학창작의 발전을 나눈다면 대략 두 단계로 개괄할 수 있다. 첫 번째 단계는 1925년 8월 26일에 발표한 「무제無題」부터 1942년 4월에 완성한 장시 「남국의 애가南國哀歌」까지로 타이완 좌익문학의 정치운동이 가장 활발하게 전개된 시기였다. 이 시기에 라이허는 얼린사건二林事件(1925)과 타이완문화협회의 분열(1927), 타이완민중당의 재분열(1929), 우서사건霧社事件의 발발(1930)을 목도하였다. 정치사건이 발생할 때마다 좌익운동은 더욱 고조되고 성장하였다. 이와 같은 흐름 속에서 라이허의 문학 창작 역시 이에 부응하였으며, 비판정신이 철저하게 발휘되었다. 두 번째 단계는 1931년 발표한 「저기압의 산봉우리低氣壓的山頂」부터 1935년 12월에 발표한 「어느 동지의 편지一個同志的批信」까지로 좌익정치운동이 실패하고 좌익문학운동이 성숙기로 접어든 시기였다. 두 번째 단계에서 라이허는 1931년의 타이완문화협회와 타이완민중당의 강제해산, 타이완공산

4 林瑞明, 「賴和與台灣文化協會」, 위의 책, 144~263면 참조.

당원에 대한 대대적 체포를 목격하였다. 동시에 그는 1933년의 타이완공산당에 대한 공개재판을 목도하였다. 1934년에 라이허는 타이완문예연맹의 결성에 참가하였고 1935년에는 이 연맹의 분열을 경험하였다. 의심의 여지없이 좌익 지식인의 집산과 쇠락은 그에게 상당한 충격이었다. 그의 작품이 부분적으로 좌절감과 상실감을 드러내는 것은 이러한 소홀히 다룰 수 없는 배경적 요소 때문이다.

라이허 작품의 스타일에 나타난 명과 암을 집중적으로 논의하기 위해 본고는 중요한 정치사건의 발생 순서에 따라 그의 문학적 주제의 변화를 탐색하고자 한다. 타이완의 좌익정치운동이 시작된 중요한 지표는 1925년에 장화彰化에서 일어난 얼린사건이다.[5] 이 사건은 타이완 농민운동의 새로운 장을 열었으며 타이완문화협회에 계급적 색채를 덧씌웠다. 문화협회의 중요한 구성원이었던 라이허는 그의 고향 장화에서 발생한 얼린사건을 체험한 후 문학적 호기를 억누르지 못하고 그의 첫 번째 신시新詩 「자각하의 희생－얼린사건의 전우에게覺悟下的犧牲－寄二林事件戰友」를 썼다.[6] 그러한 전기의 시 작품에서 라이허는 약자의 입장에서 일본 통치자의 약탈을 분명하게 규탄하였다. 이 시의 2절과 3절은 아이러니한 언어로 그의 저항을 표현하고 있다.

> 약자의 애절한 요구가
> 획득한 하사품은
> 횡포한 행위와 심각한 피해, 억압뿐.

---

5 얼린사건 관련된 논의는 林柏維, 「二林事件(1925)－日治時期台灣農民運動的發軔」, 『南台工商專校學報』 16號, 1991, 39～48면 참조.

6 라이허의 「覺悟下的犧牲」은 李南衡 主編, 『賴和先生全集』, 日據下台灣新文學・明集 1, 台北 : 明潭出版社, 1979, 139～142면에 수록.

약자의 노동력이
획득한 보수는
바로 비웃음과 책망, 힐책뿐.

우리에게서 흐르는 땀과
우리에게서 떨어지는 피
이것이 바로 — 강자들의
자선과 동정의 발로이며
연민과 도움의 은택이다.

라이허의 신시 창작 기교를 20년대 문학의 맥락에 놓고 관찰한다면 이미 상당히 성숙됐다 할 수 있다. 그는 대구의 사용에 능했으며 이를 통해 정과 반의 대비 효과를 만들어냈다. 얼린사건에서 드러난 농민의 저항 행위를 선명하게 표현하기 위해 라이허는 '강자'와 '약자'라는 두 선명한 이미지를 운용하였다. 한편에는 호랑이, 늑대, 매, 개를, 다른 한편에는 '산송장'을 배치하여 약소민족의 처지를 그려냈다. 좌익작가의 사고에서 약자는 농민과 노동자를 암시하며, 통치자의 권력 및 약탈과 대조를 이룬다. 마르크스주의에 대한 라이허의 사고가 충분하지 않았을 지라도, 그의 표현 수법은 그를 좌익작가의 대열에 편입시키기에 충분하다.

이 소식을 듣자
분노와 불평이 온몸을 사로잡았다.
어찌해볼 수가 없는 고통과 횡포한 상황에서

마음껏 울 수도 없다.
다만 눈을 부릅뜬 그 사람들을 뒤로하고
나의 남자답지 않은 눈물을 몰래 흘릴 뿐이다.

시의 제8절은 결코 약자의 눈물이 아니며 용감한 자의 항의의 소리를 표현하고 있다. 항일운동이 농민의 의식 속에 스며들기 시작했을 때가 바로 라이허가 문학운동에 투신하던 시기였다. 그래서 그의 시는 농민운동에 대한 그의 지지를 구체적으로 반영하고 있으며 내면에 가득 쌓인 '분노와 불평'이 얼린사건을 통해 터져 나온 것이다. 얼린사건을 계기로 라이허의 향후 문학창작은 타이완사회의 현실을 벗어나지 않게 되었다.

1927년의 타이완문화협회의 분열은 항일 진영이 좌우로 나뉘어 논쟁을 벌인 결과였다. 문화협회의 지도권은 롄원칭連溫卿, 왕민촨王敏川 등 좌익청년들 수중에 떨어지게 되었다. 문화협회 소속이었던 간부급 좌익인사들은 이탈하여 타이완민중당을 조직하였다. 항일 진영의 좌우분열이라는 새로운 형국에 대해 라이허는 자신의 입장을 공개적으로 표명하지 않았지만 1928년에 그가 발표한 산문 「전진前進」은 그의 태도를 분명하게 반영하고 있다. 구체적으로 말한다면 라이허는 분열을 결코 중요하게 취급하지 않았으며, 그의 주요 관심사는 어떻게 항일의 역량을 행동으로 옮겨 계속 전진할 것인가 하는 점에 있었다.

「전진」은 타이완 항일운동 진영 분열에 대한 중요한 문학적 증거이다. 이 산문은 좌경화된 문화협회의 기관지였던 『타이완대중시보』 창간호에 발표되었다.[7] 라이허는 원래 『타이완신민보』 학예란 편집인이었으며 문협이 분열된 후에는 타이완민중당이 『타이완신민보』의 편집권을 장악하게 되었다. 라이허는 신문협의 성원이자 동시에 타이완민중당의 당원이었기 때문에 『타이완대중시보』와 『타이완신민보』에 동시에 글을 발표할 수 있었다. 이 사실은 라이허가 정치집단의 분열에 따른 자아의 분열을 겪지 않았음을 충분히 증명한다. 그와 반대로 타이완사회의 돌파구를 분명하게 인식하고 있었는데 그것은 일본의 식민지 체제를 돌파하는 것이었다. 고도의 상징적 의미로 가득한 산문인 「전진」은 의심할 여지없이 타이완문학사의 걸작이다. 라이허는 관습에 구애받지 않고 타이완사회가 처한 시대를 "어둠으로 꽉 막힌 대지"로 형용하고 있다. 그리고 좌익과 우익이라는 정치운동상의 두 세력에 대해서는 손을 잡고 나아가야 하는 형제로 표현하였다. 라이허는 망망한 전도를 다음과 같이 생동적으로 묘사하고 있다.

> 얼마나 많은 시간이 흘렀는지 몇 번의 비바람이 불어왔는지 모르지만 비와 바람의 합주가 진행되는 속에서 갑자기 도도히 흐르는 냇물 소리가 들려온다. 냇물은 수천 개의 운석이 하늘에서 떨어지듯 세차게 흐른다. 그 거센 소리 속에 인간이 생명을 기탁한 화전火田이 얼마나 많이 유실되었는지 알지 못하며, 인간을 위해 봉사한 영웅들이 얼마나 죽어갔는지 알 수 없다. 그러나 어둠 속에서는 수면 위의 반딧불마저 빛을 내지 못한다. 냇물의 광활함은 그 폭마저 알 수 없다.

---

7 『台灣大衆時報』의 창간 배경과 관련해서는 陳芳明, 「台灣抗日運動史上的兩份重要左翼刊物—『台灣大衆時報』與『新台灣大衆時報』」, 『台灣史料研究』 第2號, 台北 : 吳漣台灣史料基金會, 1993.8.20, 60～72면 참고.

이를 통해 단어를 선택하고 문장을 만드는 라이허의 능력을 알 수 있다. 그는 타이완청년들의 용감한 전진을 고취하면서 인민적 역량의 축적과 성장을 은유적으로 표현하였다. 그는 좌익과 우익 운동의 발전을 다음과 같이 표현하고 있다. “이 둘은 본래 차이가 없는 것으로, 길로 가든 길이 아닌 것으로 가든, 육지든 교량이든, 전진! 전진만 하게 된다면 걱정할 필요가 없다. 교량이 끊겼든 다리기둥이 기울었든 두려워하지 않고 태연히 전진하면 된다. 서로 손을 잡고 전진하면 결국 피안에 도착하게 될 것이다.” 이것이 라이허 내면의 가장 절절한 희망이다. 타이완인들이 단결하면 길에서 마주치는 모든 장애는 자연히 해결될 것이다. 그러나 그가 바라는 단결이란 결국 개인의 주관적인 희망일 뿐이었다.

라이허는 예술적 수법을 동원하여 항일운동이 약화되어가는 상황을 개괄적으로 보여준다. 좌우익 쟁론이 과열되는 상황을 라이허의 산문은 이렇게 묘사하고 있다. “그들 둘은 피로를 느꼈다. 사상도 점차 모호해졌다. 근육은 이미 두뇌의 명령을 받아들이지 않게 되었다. 체구도 지탱할 수 없게 되었다. 신체의 중력으로 인해 거꾸러졌다. 그들은 여전히 전진하는 것을 잊지 않았고 꿈의 나라로 난 길을 따라 그들의 여정을 계속하고 있다.” 그는 좌익과 우익의 충돌을 ‘사상적 모호함’에서 온 것이라고 적확하게 비유한다. 이데올로기적 대립에 대해 라이허는 결코 실망을 느끼지 않았다. 그는 두 파의 지식인들이 ‘꿈의 나라’에 대한 탐색을 잊지 않았음을 잘 알고 있다. 여기에서 말하는 꿈의 나라는 의심의 여지없이 당시의 타이완이 동경했던 이상사회이다.

항일정치운동은 결국 분열의 운명을 피하지 못했다. 라이허는 반항 역량의 분산을 형제가 반려자를 잃어버린 것으로 묘사했다. 이 산문은 『타이완대중시보』에 발표되었기 때문에 그가 가리킨 반려자를 잃어버린 형제는 분명 신문협일 것이다. 라이허는 슬프지만 상당히 힘 있는 언어로 자신의 심정을 서술하고 있다. "이때서야 그는 자신이 고독하게 전진하고 있으며, 이전에 서로 의지했던 반려자를 잃어버렸음을 의식하게 되었다. 두려워 뒤돌아보니, 땅 위에 비친 자신의 그림자가 보였다. 이를 자신을 뒤따르는 동료로 여기고, 그는 기쁨의 탄성을 내질렀다. 서둘러! 광명이 앞에 있으니 따라와! 서둘러!" 라이허는 동시기 문학 종사자 가운데 가장 치밀하게 글을 쓴 사람일 것이다. 그는 신문협의 동지들이 목적을 달성하는 길을 계속가야 한다고 남김없이 격려하였으며 한편으로는 뒤떨어진 타이완민중당이 서둘러 따라올 것을 고취하였다.

「전진」은 라이허 산문의 걸작이다. 그는 정치운동의 변화에 관심을 가졌으며, 그가 굳건히 지켜온 문학적 신념도 버리지 않았다. 이렇게 함축적인 문학 언어를 통해 중대한 정치적 사건을 온전히 파악하는 면모는 라이허의 창작 기교를 잘 보여준다. 일제강점기에 라이허는 여전히 능숙하게 한문 구사 능력을 보여주었다. 라이허의 펜은 특히 정치 산문에서 더욱 냉정을 유지했기 때문에 교조적이거나 선동적이지 않았으며 예술적 완성도를 유지할 수 있었다. 한 차례의 격렬한 정치사건이 한 편의 원숙한 산문에 녹아들었다는 사실은 라이허가 문학과 정치 사이의 합당한 조화를 만들어낼 수 있었음을 충분히 증명한다.

라이허의 약자의식과 항일 사상은 1930년에 우서사건이 발생했을 때 고조된다. 장시 「남국의 애가」는 라이허의 비판정신을 옹골지게 보여준다. 일본군의 폭격으로 죽은 원주민에 대해 그는 최대한의 동정을 표하는 한편으로 원주민의 반항적 행동을 지지하였다. 이 시는 정반합의 변증법적 구조로 전개된다. 이 작품은 시의 시작이 곧바로 이야기의 결말이 되는 대담한 수법을 갖고 있으며, 그런 후 플래시백 방식으로 원주민의 저항 과정을 자세히 진술하고 있다.

> 전사들은 모두 죽어버렸다.
> 남은 자들은 여성과 아이들뿐.
> 이 기막히는 변화에 대해
> 누가 감히 잠시라도 말을 할 수 있겠는가?

죽음을 시의 출발점으로 삼았기 때문에 독자들은 이것을 만가輓歌로 오독하게 된다. 그러나 제2절로 들어서면 뜻밖에도 생명이 다시 살아난다. 원래 희생된 사람들은 정의를 위해 죽은 것이다. 그는 에두르는 어투로 일본인이 어떻게 원주민의 재산을 약탈했는지 원주민의 인격을 모독했는지를 기록하고 있다. 때문에 손상당한 존엄성을 지키기 위해 원주민들이 일거에 항의를 하게 되는 것이다. 시의 결말은 역설적으로 생명의 부활이다.

> 우리의 여성들은 결국 노리개에 불과하다.
> 그들 마음대로 희롱하고 유린할 수 있다.
> 천진난만하지 않는 아이가 어디에 있겠는가만
> 흉악한 그들은 아낌없이 학대한다.
> 우리가 받은 고통을 헤아려보면

그 누구든 슬퍼할 것이다!
형제들이여 오라! 오라!
이 한 몸 버려 그들과 싸워보자!
우리는 이런 상황에 처해 있다.
구차하게 사는 것이 무슨 소용이 있겠는가.
눈앞의 행복은 누릴 수 없지만,
자손을 위해 싸워야 한다.

만약 범속한 시인이라면 이 마지막 한 절을 아마 시의 도입부에 위치시켰을 것이다. 라이허의 처리기법은 전혀 다르다. 그는 고심 끝에 가장 반항적이고 격렬한 시구를 시의 마지막에 위치시킴으로써 반항운동에 대한 지지를 돋보이게 만들었다. 전사들은 모두 죽어버렸지만 그들의 저항정신은 죽음으로 인해 사라지지 않음을 더욱 깊게 암시하고 있다. 저항을 행동으로 보여준 전사들의 정신은 오랫동안 사람들 사이에 전해진다. 이 시는 30년대 타이완 신시의 대표작이다. 시의 이미지가 거친 면은 있지만, 구조와 전개 면에서는 딱히 지적될 만한 결점이 없다. 「남국의 애가」는 애조 섞인 전통 만가와는 달리 상상력이 풍부한 송가로 타이완의 문학사에 남게 되었다.

「자각하의 희생」, 「전진」, 「남국의 애가」 이 세 작품은 타이완의 좌익운동이 활발하게 전개되었던 1931년 이전 라이허의 창작정신이 시종일관 격앙되고 흥분되어 있었음을 보여준다. 그와 같은 명확한 혁명성은 고동치는 정치적 맥박의 연속임에 틀림없다. 그러나 라이허는 혁명을 위해 문학의 기율을 버리지는 않았다. 이와는 상반되게 반항정신의 숭고함을 정밀하게 유지하기 위해 그는 더욱 신중하게 문학의 유희 법칙을 지켰다. 바꾸어 말해 그는 결코 문학을 정치에 봉사하는 도구로 여기지 않았다. 라이허는 상징과 은유, 비유 등의 수법을 적절하게 운용하여 객관적 사실을 그려냈다. 그토록 억압적이고 혼란한 시대에 라이허는 드물지만 날카로운 비판의 태도를 견지한 채 타이완사회를 위해 현실적이고 반항적인 상상의 공간을 만들었다. 거센 정치적 파도는 라이허를 과소평가할 수 없는 웅장한 역사적 형상으로 만들었다.

3. 좌절 속의 라이허

그러나 라이허의 전투 의지는 1931년이 지나면서 점차 잦아드는데 이는 이해할 수 있는 부분이다. 타이완의 항일 정치단체는 1931년에 모두 해산되었다. 1920년대 초부터 제어할 수 없을 정도로 많은 근대적 정치조직이 끊임없이 만들어졌다. 장장 10여 년의 발전과 집산 끝에 일본 식민통치자들은 결국 이러한 조직들의 존재를 용인하기 어렵게 되었다. 일본 군벌이 1931년에 계획적으로 9・18사변을 일으켜 중국에 대한 침략을 시작하면서부터 타이완총독부는 모든 항일단체에 대해 해산 명령을 내려 철저하게 후환을 없애버렸다. 지명도 높은 좌익지도자들이 하나하나 체포되었는데 이는 사회주의 사상운동에 있어서는 커다란 좌절이었다. 당시 타이완 전역에서 사람들이 공포에 떨었으며 타이완공산당과 연계된 모든 인사들이 체포되었다. 라이허는 수많은 동지들이 투옥되는 것을 목격하면서 항일운동이 나날이 어려워짐을 감지하게 되었다. 우울하고 비장한 심정으로 라이허는 장시 「저기압의 산봉우리－팔괘산低氣壓的山頂－八卦山」을 썼다.

하늘은 음침한 잿빛
교외는 흙빛 안개로 뒤덮였다
멀고 먼 촌락의 인가엔
닭과 개의 숨소리마저 분간할 수 없다
발밑의 떠들썩한 도시도
그 소리를 잃어버렸다
눈에 들어오는 모든 것은 죽음의 빛을 발하고
나 자신도 호흡이 멈추리라 생각했다.
아! 그렇지 않은가?
세상의 종말은 한 순간이다.

이 시는 산 위에서 먼 곳을 조망하는 모습을 기록한 듯하지만 그 배후에서는 사실 폭풍과 같은 정치사건을 암시하고 있다. 라이허는 '세상의 종말'을 통해 좌익운동의 좌절을 형용하며 은연중에 암담한 자신의 내면세계를 되비추고 있다. 모든 작품 가운데 처음으로 라이허는 자신을 '죽음의 빛'으로 비유하고 있으며 "호흡이 멈추리라"라는 표현으로 자신의 무기력한 심정을 암시하고 있다. 이와 같은 의지의 변화는 타이완어에 대한 실험이 야기한 피로감에서 비롯된 것이기 보다는 해결할 수 없는 시대적 비극이 만들어낸 중압감 때문이라고 보아야 할 것이다.

상징으로 충만한 이 풍경시에서 라이허는 분투하고 있는 각종의 생명체를 빌어 자신의 굳센 의지를 보여주고 있다. 그러나 금수들이 아무리 도망가려 발버둥을 쳐도 결국은 '자연의 진노'를 벗어날 수는 없다. 여기에서 말하는 자연계의 힘이란 미치지 않는 곳이 없는 식민주의자들의 힘이다. 제국주의의 간섭이 터무니없이 견고하다는 것을 깨달았을 때 내적으로 쌓인 그의 비분이 극에 달했다고 할 수 있다. 시에서 말하는 "이렇게 큰 세상에 고요한 곳은 전혀 없다"라는 언급은 분명히 타이완사회의 혼란을 상징한다. 파멸적 시간의 도래를 맞이하면서 라이허는 일찍이 없었던 복잡하고 모순적인 심정을 표현하였다.

> 인류가 쌓은 악이 무겁기 짝이 없어
> 일찍이 멸망했어야 마땅한데
> 이 냉혹한 세상은
> 왜 인간을 남겨두었는가?
> 모든 것을 파괴하는 이 폭풍은
> 얼마나 위대하고 비장한가!
> 나는 외로이 폭풍 가운데 서서
> 목구멍을 열고 힘을 다해
> 큰 소리로 이 파멸을 찬미한다
> 또 미래의 알 수 없는
> 인간 세상을 축복한다

만약 이 시의 탄생배경에 대해 무지한 독자라면 궁금해 할 것이 있다. 라이허가 뜻밖에도 왜 이처럼 세상의 파괴를 찬미한 것일까? 이 시의 주제를 이해하려면 라이허가 처했던 시대의 역사적 맥락으로 돌아가서 시의 풍자적 의미를 이해해야 한다. 일본의 식민지 체제에 대한 타이완의 투쟁이 그 파고가 잦아들었을 때, 라이허는 훨씬 힘든 시대가 도래할 것임을 예감하고 있었던 것 같다. 그것은 사람들에게 하나의 예언, 즉 '모든 것을 파괴하는 폭풍'이 몰려오고 있음을 알려주고자 하는 것이다. 부패한 역량에 대한 그의 찬미는 비록 통치자의 잔인함을 풍자하고 있지만 그의 어쩔 수 없음과 고립무원에 대한 진실한 표현이기도 하다. 그래서 그가 알 수 없는 장래를 축복하기로 결정했을 때에도 실의에 찬 정서가 저절로 드러나는 것이다. 「저기압의 산봉우리」라는 시는 그의 문학 창작의 분수령이다. 이때 이후로 라이허가 보여준 「'저울' 하나一桿'稱仔'」에서의 투쟁의지, 「뱀선생蛇先生」의 유머러스한 풍자, 「모욕辱」의 비판 등은 조용히 사라졌다. 열정에 넘쳤던 라이허는 문장의 곳곳에서 끝없는 좌절감을 드러냈다.

'꿈의 나라'를 찾던 전기의 라이허는 확실히 이상주의적 색채를 보여주는데, 이것은 사회주의 운동을 주장한 자가 갖는 특유의 성격이다. 1935년에 쓴 「봄 연회에 갔다가 돌아오다赴了春宴回來」와 「어느 동지의 편지」는 몰락한 라이허의 심정을 한눈에 보여준다. 왜 그렇게도 심각한 변화가 일어났을까? 이는 정치사와 문학사의 발전과정으로부터 이해가 가능할 것이다. 정치사적 측면을 보면 타이완 공산당에 대한 공개 심판이 1933년에 있었다. 당시의 신문과 잡지는 체포된 좌익인사들의 법정답변 실황을 게재하도록 처음으로 허가를 받았다.[8] 이 소식을 접한 라이허는 세차게 일어났던 투쟁의 시대가 지나가버렸음을 분명하게 인식하게 된다. 체포된 좌익 친구들은 공판 1년 후 감옥 밖으로 소식을 전할 수 있었다.

「어느 동지의 편지」는 분명 이런 배경하에서 완성되었을 것이며 작품에서 뿜어져 나오는 자신에 대한 조롱은 바로 라이허의 내면 깊은 곳에서 나오는 한탄일 것이다. 문학사적 측면에서 본다 해도 라이허가 낙관할 만한 것은 없었다. 1934년 5월 6일에 남북에서 활약하는 작가들을 규합하여 타이완문예연맹이 성립을 선포했다. 그러나 『타이완문예』를 발행하던 이 단체는 1935년에 이내 분열되었다. 사회주의에 대한 신념이 특히 견고했던 양쿠이와 왕스랑은 염분지대 시인을 규합하여 또 다른 단체를 만들고 『타이완신문학』을 창간했다.[9] 문학운동은 이전의 정치운동처럼 분열의 전철을 밟게 되었다. 이 사건은 아마도 라이허를 보다 낙담하게 했을 것이다.

「봄 연회에 갔다가 돌아오다」라는 소설은 작가의 자아비판이 상당히 진지하게 이루어지고 있는 작품이다. 설령 허구적인 글이라 하더라도 거기에 토로된 "감히 어머니의 교훈을 그르치고자 함은 아니다. 정이 깊을수록 미인을 어기기는 더욱 어렵다"라는 표현은 투쟁의지를 상실한 라이허의 진실한 감정을 보여주고 있다. 장화 출신 작가 천쉬구陳虛谷 역시 라이허에게 보낸 편지에 아무런 숨김없이 다음과 같은 시구를 남겼다. "마을에서는 모두 성품과 학문이 뛰어나다고 말하지만 소년은 풍류를 이해하지 못하는데 해마다 변하는 심경을

8 체포된 좌익인사의 동정에 대한 신문의 기록은 이후 黃師樵 編, 『台灣共産黨秘史』, 台北 : 海峽學術出版社, 1999.

9 王錦江(왕진장, 즉 왕스랑)의 「台灣新文學雜誌始末」은 원래 『台北文物』 第3卷 第3號(台北 : 台北市文獻委員會, 1954.12.10)에 수록되었다가 나중에 李南衡 編, 『文獻資料選集』(日據下台灣新文學 · 明集 1, 台北 : 明潭出版社, 1979, 402~405면)에 수록되었다.

누가 알겠는가. 한가할 때면 술집에 가서 즐길 뿐."[10] 성품과 학문이 뛰어난 지식 청년에서 술집에서 만년의 한가함을 즐기는 한량으로 변화되는 것은 그의 생명이 환멸로 향하고 있음에 부합되는 묘사가 아닌가? 이 소설에는 또한 다음과 같은 묘사가 있다. "나 자신은 성인의 제자로 불리지 않았던가? 그럼에도 이제 술집에 불려 나와 고기와 술 냄새, 여인의 부드러움과 아름다움에 파묻히기를 한 번, 두 번, 마음에도 생기가 돈다." 이는 허무의 심연에 빠진 좌절의 정서를 표현하는 것이며, 또한 라이허 만년의 문학생애를 반영한 것이다.

라이허의 허무는 여기에서 그치지 않는다. 그가 마지막으로 발표한 소설 「어느 동지의 편지」는 '재灰'라는 필명으로 본명을 대신하였다. 그것의 깊은 뜻은 말할 필요가 없다. 소설은 모두 독백체로 쓰였으며 거의가 타이완어로 서술된다. 이 작품은 철저하게 타이완어를 실험한 작품으로 읽기가 쉽지는 않다. 그러나 이 소설의 자아 풍자는 그 어느 것보다 강렬하다. 작품의 주인공 '스휘施灰'는 감옥에 수감돼 도움을 구하는 동지의 편지를 받는데, 이 동지가 좌익 청년임은 의심의 여지가 없다. 스휘는 이전에 조롱 끝에 전향한 낙오자였으므로 동지를 돕는 것을 중요하게 여기지 않는다. 그러나 결국 연민의 정이 발동하여 사나흘 안에 감옥으로 돈을 부치기로 마음먹는다. 풍자적인 것은 그가 가지고 있던 돈을 술집에서 탕진하고 얼마 뒤 일본 경관이 그에게 모금을 요구하자 경관과 심하게 다툰 후 어쩔 수 없이 나머지 돈마저 깡그리 기부해버린다는 사실이다. 감옥의 동지에게 부치려고 했던 돈은 이렇게 모두 소진된다. 동지의 편지를 마주하며

10 천쉬구, 「贈賴雲」, 『賴和先生全集』, 408면. 이 시는 葉榮鐘의 미완성 원고 「詩醫賴懶雲」, 같은 책, 450면에 인용되었다.

스휘는 "이것은 너의 운명이다"와 같은 한탄조로 답할 뿐이다.

이 소설이 특히 풍자성이 돋보이는 이유는 감옥에 있는 동지는 승화된 역량을, 술집은 타락의 장소를, 일본 나리는 적대자를 암시한다는 데 있다. 스휘는 승화의 길을 버리고 타락과 배반을 선택함으로써 결국 과거에 가졌던 이상주의와 완전히 상반되는 길을 간다. 「어느 동지의 편지」는 라이허 개인을 서술한 것은 아닐 것이다. 그러나 이 소설의 주제에는 당시의 젊은 좌익 지식인에 대한 그의 절망감이 스며들어 있다. 눈앞에 펼쳐진 길이 구원을 향하고 있지 않게 되었을 때 그의 문학 생애는 지속될 수 없었다.

전기의 항쟁과 후기의 쇠퇴는 라이허의 작가적 생명에서 선명한 대비를 만들어냈다. 타이완 좌익운동의 기복은 그 정도로 컸다. 라이허의 심정적 변화는 그 개인의 타락으로만 귀결될 수는 없다. 사실 좌익 신봉자들은 객관적인 현실 조건으로 인해 줄곧 행동미수증行動未遂症을 앓고 있었다. 라이허는 「수필」이라는 산문에서 행동력이 부족한 타이완인을 지나칠 정도로 강하게 꾸짖었다.[11] 「수필」은 그의 비판력이 왕성했던 1930년에 완성되었다. 그러나 그는 자신이 스스로를 비판하게 될 날이 오리라는 것을 전혀 예측하지 못했다. 시대라는 커다란 환경은 기세가 드높았던 정치운동을 흔적도 없이 사라지게 하기에 충분했다. 라이허 일개인의 힘으로는 대처하기가 더욱 어려웠다. 좌익 지식인의 비극성은 라이허의 작품 속에 그렇게도 깊게, 쉽게 마모되지 않는 궤적을 남긴 것이다.

---

11 스수施淑는 라이허의 「수필」이라는 산문에 대한 좋은 해석을 제공하고 있다. 施淑의 「稱子與稱錘－論賴和小說的思想性」은 張恆豪 編 『賴和集』, 台北作家全集, 台北 : 前衛出版社, 1991, 277면에 수록되었다. 또 施淑 編, 「賴和小說的思想性質－代序」, 『賴和小說集』, 台北 : 洪範書店, 1994, 5면에도 수록되었다.

4. 밝은 양쿠이와 어두운 왕스랑

라이허 작품의 밝음과 어둠은 타이완 좌익문학 발전에 두 가지 스타일을 만들어냈다. 라이허 전기의 밝은 스타일은 모두 외부에서 온 일본식민주의자들에 대한 비판에 초점이 맞추어졌다. 타이완 지식인의 이상 추구와 의식적 항쟁은 모두 라이허의 전기 작품에서 수립된 모델이었다. 후기에 완성된 작품은 라이허가 내면으로 침잠하면서 지식인 자체에 대해 진행한 자아비판이다. 라이허의 생활 기율이 점차 느슨해지고 허무에 대한 생각이 나날이 커지면서 지식인에 대한 냉소주의적인 풍자가 만들어졌다. 그의 사상적 암흑은 이제 문학적 생애의 전부가 되었다. 라이허는 후대의 문학청년들을 계몽하고자 했기에 그의 밝고 어두운 두 스타일 역시 일정한 영향을 미쳤다. 가장 현저한 예로 양쿠이와 왕스랑을 들 수 있는데, 그들은 각각 라이허의 두 가지 정신을 계승했다.

양쿠이는 감성적인 필치로 「라이허 선생을 기억하며憶賴和先生」라는 글을 써서 직접적으로 라이허를 '명명의 아버지命名之父'라 부른다.[12] 그가 언급하고 있는 것은 라이허가 그에게 '양쿠이'라는 필명을 붙였다는 점을 가리키지만 더욱 중요한 것은 그의 문학적 스타일이 라이허로부터 계발받은 점이 꽤 많았다는 점이다. 좌익작가 가운데 사회주의적 색채가 가장 짙고 비판성이 가장 왕성한 작가가 양쿠이이다. 그의 「신문배달부」라는 소설은 라이허의 추천으로 『타이완신

12 양쿠이의 「憶賴和先生」은 『賴和先生全集』, 416~417면 수록.

민보』에 발표되었다. 이후 일본 잡지 『문학평론』 2등상을 받으며 동경으로 진출한 최초의 타이완 작가가 되었다.

주제와 구조적인 면에서 양쿠이의 짜임새가 라이허에 비해 훨씬 넓다. 그러나 그가 관심을 보인 사회 현실의 방향은 의심의 여지없이 라이허로부터 비롯되었다. 양쿠이가 라이허의 비판정신을 이어받은 것은 분명했다.

농민과 노동자 대중의 생활에 대한 라이허의 관심은 줄곧 벗어난 적이 없던 주제였다. 라이허의 「야단법석鬥鬧熱」과 「'저울' 하나」로부터 이후에 나온 「풍작豊作」은 일제강점기 타이완사회의 가장 뛰어난 증인이다. 양쿠이의 「신문배달부」, 「무의촌」, 「모범촌 」, 「거위엄마 시집가다鵝媽媽出嫁」 등은 이와 주제가 유사하다. 라이허는 지식인과 하층계급의 상호 관계를 강조했다. 양쿠이 역시 그러했으며 직접적으로 지식인을 반항 운동의 사상적 조력자로 여겼다.[13] 특히 반식민 정신의 배양에 있어 양쿠이는 라이허를 계승한다.

양쿠이의 문학적 세계가 라이허보다 큰 주요한 원인은 그가 사회주의 외에도 국제주의적 색채를 가지고 있기 때문이다. 「신문배달부」를 예로 들면 그는 타이완 노동자와 일본 노동자가 단결하여 공동으로 악독한 일본의 자본가에게 대항해야 할 것을 함축적으로 주장한다. 대조적인 두 지식인을 표현한 「모범촌」에서 양쿠이는 집중적으로 국제 좌익운동의 시야를 가지고 있는 행동가를 주요인물로 드러내는 데 바로 이러한 행동가들에 의해 항일운동의 수준이 높아졌다. 억압받는 자는 지역과 국경을 불문하고 존재한다. 양쿠이 문학

13 陳芳明, 「放膽文章拼命酒－論楊逵作品的反殖民精神」, 앞의 책, 35~60면.

의 항쟁 주제는 이렇게 끊임없이 일깨워진다.

양쿠이가 적극적이고 진취적인 주제를 만들어낼 수 있었던 것은 일찍이 농민운동에 개입했기 때문이다. 실제적인 투쟁 경험이 그의 향후 문학 내용을 풍부하게 한 것은 의심의 여지가 없다.[14] 이것이 그가 라이허에 비해 훨씬 밝고 격정적이었던 커다란 이유이다. 마찬가지로 지식인의 타락을 쓴 라이허의 「봄 연회에 갔다가 돌아오다」와 「어느 동지의 편지」는 비교할 수 없을 만큼 감상적지만, 양쿠이는 그렇지 않다. 「맹아萌芽」라는 편지 형식의 소설에서 양쿠이는 여성적 어투로 감옥의 남편에게 글을 쓴다. 소설은 "타이완의 문학계는 최근에 타락했다. 일본 침략주의의 등불을 들고 출세하려 드는 사람들이 수없이 많아졌다"라고 쓰고 있다. 편지를 쓰는 여성의 어투를 차용하여 양쿠이는 이렇게 당차게 당시의 지식인을 비판한다. 이 편지는 여기에서 그치지 않는다. 한 걸음 더 나아가 편지를 쓰는 그녀는 타이완의 민족운동을 위해 "목전의 민중운동의 잠재력을 가슴에 새길" 것을 옥중의 청년에게 격려한다. '잠재력'이라는 단어로 양쿠이는 일본인에게 반항적인 후대의 사람들이 소수에 머물지 않고 있음을 암시했다.

양쿠이의 작품에서는 그 어떤 '패배감'도 찾아볼 수 없다. 그러한 질긴 저항정신은 일찍이 라이허가 가졌던 전투 의지를 다시 한 번 발양하는 것이다. 문학사적 측면에서 양쿠이는 라이허 다음 세대이지만 그의 문학적 경지는 라이허를 훨씬 초월했다.

양쿠이와 같이 『타이완신문학』의 성원이었던 왕스랑은 라이허의 전기 스타일을 계승하지 않았다. 분명 왕스랑 역시 라이허로부터 중

14 黃惠禎,『楊逵及其作品研究』, 台北 : 麥田出版社, 1994.

요한 영향을 받았지만 그가 계승한 것은 라이허 후기의 침울한 스타일이다. 라이허의 작품에 대해 왕스랑은 「라이허에 대해賴懶雲論」이라는 평론에서 다음과 같이 평가하고 있다.

> 그는 약자를 동정하였다. 그는 빈곤한 사람들의 비참한 생활을 보면 탄식을 금하지 못했던 인도주의자이다. 그러나 그의 기질은 자연적인 발로였다. 그래서 근대 이데올로기의 범주로 그의 사상을 규범 짓는 것은 쓸모없는 일일 것이다. 양쿠이가 그를 두고 '어떤 의미에서 그는 대중의 생활에 관심을 가진 타이완의 원로작가'라고 말했는데 이 말은 이러한 측면에서만 옳다. 바꿔 말해 그는 계급문제의 필연성을 믿었으며 빈곤층을 동정했지만 그는 결코 두각을 나타내 운동을 이끌지는 않았다. 의협심이 넘치는 정의감이야말로 그의 사상의 진면모이다.[15]

왕스랑의 평가는 정확하게 라이허의 성격을 지적하고 있다. 라이허는 사회주의적 성향을 지닌 작가였지만 결코 직접 정치운동에 투신하지 않았다. 왕스랑에게 라이허의 가장 큰 행동은 문학이라는 형식으로 도탄에 빠진 대중에게 관심을 보인 점이다. 의심의 여지없이 그가 긍정한 라이허의 문학은 전기의 비판적인 작품이다. 그때 라이허는 과감하게 개입했다. 왕스랑은 노골적으로 라이허의 작품 「봄 연회에 갔다가 돌아오다」와 「어느 동지의 편지」를 좋아하지 않는다고 밝혔다. 마찬가지로 「라이허에 대해」라는 평론에서도 왕스랑은 거리낌 없이 라이허를 비판한다. "라이허는 결코 시대를 앞서 나간

15 王錦江, 明潭 譯, 「賴懶雲論」, 『賴和先生全集』, 400면.

영웅이 아니었기 때문에 보다 크고 많은 고통을 받았다. 방치되고 이상을 잃어버린 그는 도취의 길을 찾지 않을 수 없었다. 그래서 술과 미인이 그의 유일한 거처가 되었다."

이와 같은 힐난에 근거해 보면 1935~1936년 사이에 쓰여진 왕스랑의 「몰락」과 「교차로十字路」라는 두 편의 소설은 마치 라이허의 퇴폐성에 대한 응답인 듯하다.[16] 「몰락」의 야오위안耀源과 「교차로」의 장張은 라이허 후기 소설에 대한 변주를 방불케 한다. 라이허의 「봄 연회에 갔다가 돌아오다」는 주지육림에 빠진 젊은 지식인의 처지를 묘사하였으며 「어느 동지의 편지」는 과거의 좌익 동지에 대한 지식인의 배반을 그리고 있다. 이 두 편의 소설을 기초로 왕스랑은 「몰락」에서 야오위안의 현실도피를 그렸으며 「교차로」에서는 장의 자아비판을 표현하였다.

양쿠이와 왕스랑의 작품을 놓고 비교한다면 인물에 대한 두 사람의 처리 방식이 분명하게 대비되는 것을 알 수 있다. 양쿠이의 소설에서 일본 식민주의자에 반항하는 좌익 청년들은 모두 형상이 선명하고 성격이 도드라지며 영웅적 면모를 가지고 있다. 두려움에 떠는 지식인들의 면모는 비교적 모호하다. 왕스랑의 소설은 이와 상반된다. 그가 그려낸 좌익의 투쟁 선동가들은 종종 인물형상이 불확실하며 심지어 특별한 성격을 가지고 있지도 않다. 우유부단하고 비판력이 부족한 청년들을 왕스랑은 보다 많이, 보다 깊이 있게 묘사하고 있다. 양쿠이의 인물은 영웅적이지만 왕스랑의 소설 인물은 반영웅적이다. 이 두 가지 필법은 곧 라이허 전·후기 스타일을 계승한 것이다.

16 왕스랑의 「몰락」과 「교차로」 두 편과 관련된 논의는 陳芳明, 「王詩琅小說與左翼政治運動」, 『左翼台灣』, 台北 : 麥田出版社, 1998 참조.

5. 나가며—좌익문학의 재평가

라이허의 작품은 타이완 좌익문학의 원형이다. 명과 암이라는 그의 두 스타일은 사실상 타이완의 비판적 문학에 두 가지 노선을 열었다. 하나는 불공정하고 불의한 체제에 대한 비판이고 하나는 타이완 지식인에 대한 자아비판이다. 그의 전기 작품은 분명 일본제국주의의 가치관을 전복하고 전진할 것을 지향했다. 그는 문학이라는 형식으로 식민지 체제를 비판해야 함을 깨우친 타이완의 몇 안 되는 초기 지식인이었다. 그는 20세기의 모든 식민지 지식인들처럼 제국주의자의 사상적 세뇌를 거부하였다.

그의 작품은 통치자에게 빌붙는 지식인을 풍자하고 조롱했다. 반대로 그는 식민주의자의 억압과 유혹에 저항하는 인물들에게 긍정적 형상을 부여하였다. 「'저울' 하나」의 친더찬秦得參, 「달갑지 않은 설不如意的過年」의 차査 대인, 「그녀의 가련한 죽음可憐她死了」의 아진阿金 등은 식민지 통치하 긍정적 인물과 부정적 인물의 가장 대표적인 예라고 하겠다. 소설에서 그는 종종 비판을 감춘 채 식민지 사회의 불공평과 사람들의 마음에 쌓인 분노를 끄집어낸다. 문학은 문제를 해결하기에는 부족하지만 그러한 시대의 증거로 남게 된 것이다. 「모욕」이라는 소설에서 라이허는 논리적인 문구를 동원하여 노천극이 민간에서 환영받는 이유를 설명하고 있다.

> 노천극은 의협심이 강한 영웅의 전기로, 전체 극이 주야로 연속 공연되기 때문에 본 사람들이 전례를 깨뜨릴 정도로 많다. 나는 시대가 그러하기 때문에

> 모든 사람들이 말할 수 없는 슬픔, 압박을 받는 듯한 고통, 분명하지 않는 불평등, 대상이 없는 원한, 공허한 증오를 느끼게 되고 끊임없이 그 슬픔의 해소, 고통의 제거, 불평등의 해소, 원한에 대한 복수, 증오의 소멸을 희망하는 것이라 생각한다. 그러나 모든 사람들은 자신들이 그러한 힘을 갖고 있지 않다고 생각하고 기적이 나타나기를 막연히 기대할 뿐이다. 즉 초인이 세상에 나타나 그들이 희망하지만 할 수 없는 일들을 처리해주기를 바라는 것이다. 모든 사람들은 이것이 있을 수 없는 일임을 알지만 마음속으로 이렇게 생각하지 않을 수가 없다. 그래서 이런 극을 보면, 횡포하고 흉악한 자들이 제거되고 선량하고 약한 자들이 최후의 승리를 얻는 듯해 더할 수 없는 즐거움을 느끼는 것이다. 이런 이유 때문에 관중들이 그렇게 많았다. 그 밖에 인형을 조종하는 재주가 좋았던 것도 무시할 수 없는 이유 가운데 하나이다.

이처럼 소설에 작가의 견해를 집어넣는 것을 라이허의 작품에서 자주 볼 수 있다. 이 비판은 인간에 대한 불만을 표출한 듯하지만 사실은 식민지 사회의 고민과 우울을 고발하고 있는 것이다. 이러한 표현법은 의심의 여지없는 저항정신의 극치를 보여준다.

라이허는 후기에 좌익운동의 실패를 직접 경험하였으며 이에 따라 그의 심정도 격앙에서 위축으로 변화되었다. 그의 시와 소설은 일찍이 없었던 좌절감을 표현하고 있다. 의기소침했을 때 남긴 작품은 자신과 동시대의 지식인에 대한 자아비판을 전개하고 있는데, 라이허는 분명 영혼의 각성이 비판적 행동보다 더 중요하다는 것을 인식하고 있었다. 마지막에 발표한 두 편의 소설은 필체를 바꿔 지식인의 타락을 분석하고 있다. 반항 주체에 대한 정신적 검증을 시도한 것이다. 이러한 내재적 혁명은 형식적으로는 상당히 퇴폐적이지만 뼛속 깊은 곳에는 또 다른 분발의 에너지가 내장되어 있었다. 이때부터 라이허는 붓을 꺾었으나 마지막 두 편의 작품은 사람들을 반성하게 하고 더욱 침잠케 하였다.

라이허의 추종자인 양쿠이와 왕스랑은 각각 외부세계 비판과 자아비판이라는 두 개의 다른 방법을 채택하였지만 분명 라이허로부터 영향을 받은 결과였다. 양쿠이 작품의 정면충돌과 왕스랑 소설의 깊은 자아성찰은 타이완의 좌익문학이 이때부터 두 방향의 발전을 하게 되었음을 보여준다. 양쿠이와 왕스랑 두 사람이 보여준 사례는 사회주의에 대한 믿음을 가진 타이완의 작가들이 모두 파괴의 기운으로 가득한 것이 아니었음을 충분히 설명해준다. 식민지의 지식인은 저항의 면모와 좌절의 면모를 가지고 있다. 이 두 성격이 문학창작에 투사되어 똑같이 비판적 정신을 갖게 되었다. 양화楊華와 양서우위楊守愚, 주뎬런朱點人 등을 포함한 양쿠이, 왕스랑과 동시대의 작가들은 거의 모두 이 밝음과 어둠이라는 두 스타일로 그들의 작품의 주제를 고찰할 수 있다. 이러한 전승의 근원이 라이허임은 의심의 여지가 없다.

일제강점기 타이완 좌익문학운동의 형성과 발전*

최말순崔末順

1. 들어가며

일제강점기 타이완의 좌익문학운동은 사회주의 민중운동의 영향을 받아 형성, 발전되었다. 타이완에 사회주의 사상이 도입된 것은 식민지 자본주의가 급속하게 성장하던 시기였다. 1926~1927년 당시 미쓰이三井, 미쓰비시三菱, 후지야마藤山 등 일본 대기업들은 당시 타이완의 핵심 산업이었던 제당업 부분 총생산량의 95.3%, 총생산액의 98%를 차지했다. 이러한 기업들은 제당업 부문의 수탈로 획득한 이윤을 기반으로 금융업에까지 뛰어들어 그 자신의 자본 규모를 끊

* 이 글은 김종석이 번역하였다.

임없이 증식시켰다. 일본기업들은 차, 장뇌樟腦, 쌀, 파인애플, 바나나 등 전통산업과 신흥산업 뿐 만 아니라 토목, 전력, 기계, 비료, 시멘트 등 기간사업에도 적극 참여하였다. 총독부의 견고한 보호망을 배경으로 일본의 독점 자본가들은 타이완의 모든 산업을 완전히 지배했으며 독점 자본주의의 구조를 더욱 발전시켰다.[1]

타이완 인민의 입장에서 이러한 급속한 자본주의화는 일본 제국과 일본 자본에 의해 이루어진 피동적인 근대화에 불과했으며 그들의 이익을 박탈하는 방향으로 진행된 것이었다. 가령 일본은 농업부문에서의 이익을 확보하기 위해 자본주의적 방식을 시행했지만 토지 소유권의 관계에서는 여전히 봉건적인 틀을 유지시켰다. 따라서 타이완 농민들은 지주·소작인이란 봉건적 예속 관계에서 빠져 나올 수 없었다. 공업 부분에서도 일본 대기업의 발호와 수탈로 인해 본토 자본가가 몰락하는 상황들이 초래되었다.

이러한 배경 아래 1920년대 중반 전국농민조합과 전국노동자총연맹의 성립을 기점으로 프롤레타리아해방운동이 시작되었다. 1928년 성립된 타이완공산당은 약소계급의 이익을 대변하는 것을 넘어 타이완 민족의 독립을 주장하였다. '해방'의 시기로 규정된 이 무렵[2] 타이완 인민과 지식인은 이미 일본 제국주의의 통치 본질을 꿰뚫어 볼 수 있는 정확한 안목을 구비하고 있었다.

일제강점기 타이완 좌익문학과 관련된 연구는 천팡밍陳芳明의 「일

---

1 관련 내용에 대해서는 台灣銀行經濟研究室, 『日據時期台灣經濟史』, 台北 : 台灣銀行經濟研究室, 1957; 矢內原忠雄, 『日本帝國主義下之台灣』, 周憲文 譯, 台北 : 帕米爾, 1985; 喜安幸夫, 『日本統治台灣秘史』, 台北 : 武陵, 1995 등 참조.

2 陳昭瑛, 「啓蒙, 解放與傳統－論20年代台灣份子的文化省思」, 『跨世紀台灣的文化發展』, 學術研討會發表論文, 1988.10, 22～23면.

제강점기 좌익 문학운동의 발전배경日據時代台灣左翼文學運動的發展背景」 이래[3] 여러 편의 성과가 나와 있다.[4] 이들은 사회주의 운동과 좌익문학의 관계, 타이완화문話文과 향토문학 논쟁 등을 다루고 있으며 민간문학의 수집 연구에 치중한 것도 있다. 이러한 기존 논문들은 각각의 연구 주제에서 상당한 성과를 보여주었다. 그러나 아쉽게도 타이완 좌익문학운동의 형성과 발전 과정의 전면적으로 해명하는데까지는 이르지 못했다. 본고는 이러한 점을 보완하기 위해 선행연구를 기초로 일제강점기 좌익문학운동의 흐름을[5] 고찰하고 동시에 좌익문학운동이 추구한 방향과 지향한 가치를 살펴보고자 한다. 이러한 논의를 통해 여러 문예잡지에서 표출한 좌익문학의 성격과 좌익문학운동에서 그들이 담당했던 역할을 이해할 수 있을 것이다.

---

3 陳芳明,「先人之血, 土地之花－日據時代台灣左翼文學運動的發展背景」,『台灣文藝』88期, 1989.

4 예컨대 다음과 같은 것들이 있다. 胡民祥,「台灣新文學運動時期'台灣話'文學化的探討」,『先人之血, 土地之花』, 台北 : 前衛, 1989; 松永正義,「關於鄉土文學論爭(1930～32)」,『台灣學術研究會誌』, 1989.12; 廖祺正,「三十年代台灣鄉土話文運動」, 成功大學歷史語言研究所碩士論文, 1990.6; 黃琪椿,「日治時期台灣新文學運動與社會主義思潮之關係初探(1927～1937)」, 清華大學文學研究所碩士論文, 1994.6; 施淑,「文協分裂與三十年代初台灣文藝思想的分化」,『兩岸文學論集』, 台北 : 新地, 1997.

5 曾天富는『일제시기 대만좌익문학연구』(세종출판사, 2000)에서 형성기(1920～1926), 정착기(1927～1932), 심화기(1933～1936), 위축기(1937～1944)로 나누고, 타이완 좌익 문학 이론의 형성과 발전 및 그것과 좌익 사회운동 사이의 성쇠의 관계를 고찰하였다. 이 책은 각 단계의 좌익 소설과 시에 대해 분석하였으며, 한국의 프로문학과도 비교하였다. 좌익문학 이론의 전개 과정에 대한 본고의 내용은 이 책 중 일부를 참고하였다.

2. 초기 문학운동 중의 민중 지향

타이완의 신문학운동은 신문화운동의 일환으로 사회, 정치운동의 영향하에서 발전된 것이다.[6] 이 시기의 문학론은 언문일치의 문자개혁과 문학의 사회적, 민족적 임무를 주로 강조하였다. 1925년을 전후해 농민운동 등 민중운동의 급속한 발전으로 좌익문학 단체의 성립이 촉진되었으며 프롤레타리아문예의 주장이 점차 모습을 갖추기 시작했다. 하지만 그 이론은 신문화운동 초기 즉 사회주의 사조의 유입과 동시에 시작되었다.

예를 들어 처음으로 프로문학이 소개된 것은 1922년 린난양林南陽이 제1차 세계대전 이후의 세계문예사조를 소개하면서였다. 린난양은 프로문학이 '인생을 위한 예술' 조류와 사회주의 사조의 결합으로 형성된 것이라고 설명했다.[7] 황자오친黃朝琴은 「한자개혁론漢文改革論」에서 타이완 사회가 정체된 원인이 난삽한 한자를 지식 전파의 매개로 삼았기 때문이라고 주장했다. 그는 지식을 일반 민중, 특히 인구의 대부분을 차지하는 무산대중에게 보급해야 한다고 주장했다.[8] 최초의 백화문 문학잡지 『사람들人人』은 창간사에서 소수의 사람에게 독점된 문학을 해방시켜 일반인의 생활면에까지 확대시켜야 함을 언급하였다. 동시에 인생과 연결된 실용문예 및 일반 민중의 노동

6 천팡밍 등 신문학운동 연구자들은 이에 대해 보편적으로 공통된 관점을 지닌다. 예컨대 다음과 같은 것들이 있다. 葉石濤, 『台灣文學史綱』, 文學界, 1993, 19~24면; 彭瑞金, 『台灣新文學運動40年』, 自立晚報, 1991, 15~20면; 許俊雅, 『日據時期台灣小說研究』, 台北 : 文史哲, 1995, 47~51면.

7 林南陽, 「近代文學の主潮」, 『台灣』 3年 5號, 1922.8.

8 『台灣』 4年 2號, 1923.2.1.

생활을 예술이라 칭하였다.[9]

장워쥔張我軍은 마르크스의 말로 신문학운동의 정당성을 삼았다. 그는 노동자가 땀을 흘린 뒤 빵을 쟁취하는 것처럼, 민중은 자신의 두 손으로 기회를 쟁취해야 하며 그러기 위해서는 현실에서 이탈한 구문학舊文學을 배척하고 신문학운동을 적극 추진해야 한다고 말했다. 그는 자산계급 중심의 의회설립운동과 무저항주의, 그와 유사한 부류의 소극적 저항 행위에 대해서 회의를 표시하였다. 민중을 계몽시켜 그들 스스로 자신의 자유와 행복을 쟁취하도록 해야 하는데, 이것이 바로 신문학운동의 정당성이라 주장하였다.[10] 비록 장워쥔이 사회주의문학의 필요성을 직접 제기하지는 않았지만 그가 세계문학의 조류에 대해 어느 정도의 이해가 있었음을 짐작할 수 있다.

위의 몇 가지 예를 통해 우리는 신문학 초기의 지식인들이 무산대중에게 서서히 다가가고 있었음을 알 수 있다. 차이샤오첸蔡孝乾에 이르면 '프롤레타리아문예'가 바로 신문학의 도리임을 명확하게 천명되었다. 그는 중국 신소설을 소개하면서 다음과 같이 언급하였다.

> 전 세계가 이번 대전의 세례를 받았으며 독일의 군국주의는 소멸하고 러시아의 독재 정치는 붕괴하였다. 세상의 이른바 피압박 계급—노동자, 부녀자 등—이 모두 일어서기 시작했으며 이른바 '개조', '해방'의 소리가 전 세계에 울려 퍼졌다. 동시에 또한 '프롤레타리아적 문예', '제2의 문화' 등의 슬로건이 생겨났다. 따라서 종전의 이른바 '예술을 위한 예술art for art's sake'은 죽은 말이

9 器人, 「發刊詞」, 『人人』, 1925.3에서 "소위 인생예술주의는 노동예술 (…중략…) 예술의 민중화"라고 언급하였다.

10 「致台灣青年的一封信」, 『台灣民報』 2卷 7號, 1924.4.

되었으며 '인생을 위한 예술art for life's sake' 역시 그다지 성행하지 않게 되었다. 지금은 '새로운 사회를 위한 예술art for new social's sake'이 피할 수 없는 추세가 되었다. 이 사실로 말하건대 현대 중국의 신문학 특히 신흥 소설은 이 조류를 벗어날 수 없게 되었을 뿐만 아니라 이러한 조류를 향해 적극적으로 전진하는 중에 있다.[11]

신문학의 내용을 민중문학으로 규정한 이 문장은 타이완의 문학계에서 신흥 프롤레타리아 문예가 바로 장래 문학 추세임을 예고하고 있다. 이어서 간원팡甘文芳은 『타이완』 잡지사 창립 5주년 및 『타이완민보』의 만 부 발행을 기념하여 쓴 글에서 일본의 착취와 자본주의의 유입이 가져온 현대사상의 모순으로 인해 타이완 인민이 고통에 처해 있음을 명백하게 말했다. 또한 그는 이러한 상황을 이해해야 식민지의 불평등한 현실을 제거하고 새로운 타이완을 건설하려는 노력을 전개할 수 있다고 주장하였다. 그리고 새로운 타이완의 건설은 정치적 억압의 탐구와 사상 해방, 두 측면의 노력을 통해 달성되어야만 한다고 주장하였다. 그는 사상해방이 경제 불평등을 해결하는 전제조건이라 판단했다. 마르크스이론을 인용하여 그는 이 점을 설명하였다.

(구사상가들은) 동서의 사정이 다르다고 말한다. 그들은 경제제도의 변화와 도덕, 관습, 법률사이의 인과관계를 알지 못한다. 마르크스의 한 절을 발췌하여 노선생들에게 참고용으로 제공하려 한다. "사회질서의 기초는 모두 사회

11 『台灣民報』 3卷 15號, 1925.5.21.

속의 생산과 교역 형태에 있다. 따라서 인류사회의 가장 원시적이고 근본적인 것을 관찰해 보면 바로 한 나라를 통제하는 도덕과 법률이 또한 그 나라의 사회와 경제에 따라 정해진다는 것이다. 사회와 경제는 사회생활의 물질이요 사회생활의 실체이다. 바꾸어 말한다면 사회와 경제는 기초이다. 법률과 도덕은 이러한 기초 위에 수립된 것이다. 따라서 사회와 경제에 중대한 변화가 생긴다면 사회 질서를 통제하는 것 역시 이에 따라 변화한다." 문예 또한 마찬가지인데 이것이 바로 문예의 시대성인 것이다. 문예가 '시대의 거울'이라 칭해지는 것처럼 시대와 함께 움직이는 색채를 면키 어렵다.[12]

이 문장은 비록 전적으로 문학을 토론한 것은 아니지만 마르크스의 사회구조 이론을 근거로 삼아 문학과 사회 조직의 관계를 설명하였다. 한 사회의 도덕, 법률 등과 같은 상부구조가 이 사회 경제적 기초 위에 세워지는 것이라면 이와 같은 등급의 예술, 문학 역시 의심할 바 없이 사회 경제적 기초와 밀접한 관계를 지니고 있다는 것이다. 따라서 이러한 관련성을 이해한 후에 창작과 직면해야 비로소 자신이 처한 시대를 명확하게 파악할 수 있는 것이다. 이 문장이 나오기 이전에는 사회의 발전을 막연히 문학의 혁신 위에 세우고, 신문학이 사회를 개조하고 문화를 일깨우며 민족 진흥에 유리하다고 생각되었다. 그러나 이에 이르러 문학과 사회의 상호 관계는 마르크스의 상부・하부구조 이론 속에서 필연적인 관련성을 획득하여 사회주의 문예의 이론적 근거가 갖추어졌다.

1925년을 전후해 나타난 이러한 문장들을 통해 당시의 타이완 사회

12 「新台灣建設上的問題和台灣青年的覺悟」, 『台灣民報』 67號, 1925.8.26.

가 이미 민족 모순과 계급 모순이 매우 심각한 상황에 이르렀으며 농민운동 등 프롤레타리아의 자구 노력 역시 발걸음을 떼기 시작했음을 알 수 있다. 20년대 초기부터 여러 해 동안 지속되던 자산계급 중심의 의회설립 운동, 보갑제保甲制 철폐 운동과 악법 철폐 운동 등은 모두 실패로 귀결되었으며 부르주아들은 개량화로 나아갔다.[13] 따라서 사회운동의 중심 또한 서서히 민중 진영으로 옮겨가게 된 것이다.

같은 시기 『타이완민보』는 「타이완의 농민운동」,[14] 「노동자의 자각」,[15] 「중대한 타이완 농민운동」,[16] 「약소민족의 분기」[17] 등 사회주의 이념을 선전하는 문장을 게재했으며 사회운동의 전환 분위기가 갈수록 농후해져갔다. 신문학과 관련된 토론이 이러한 기류의 영향을 받았음은 의심의 여지가 없다. 또한 신문학운동의 주도자들은 대부분 사회운동에도 참여했다. 그들은 민족의 생존과 대다수 민족 구성원의 복지가 위협에 직면해 있음을 깊이 자각했다. 그러 인해 민중에 대한 휴머니즘적 관심과 프롤레타리아를 중시하는 사회주의 문예사조를 더욱 쉽게 받아들였다.

이러한 기류하에 1925년 10월 장웨이셴張維賢, 장치스張乞食 등 무산청년들이 '타이완예술연구회'를 조직하고 『칠음연탄七音聯彈』이란 간행물을 발행하였다. 타이완 최초의 이 무산문예 잡지는 발굴되지

---

13 犬羊禍事件(동경의 대만 유학생이 林獻堂과 楊吉臣의 변절을 풍자하며 이들을 각각 개와 양에 빗댄 犬羊禍라는 표현을 쓴 사건) 외에도 문화협회 총회 개최 당시 의장을 맡았던 林子瑾 또한 훗날 문화협회가 주도한 일부 활동들을 반대하는 公益會에 가입하고 거기서 중요 역할을 담당하였다.

14 『台灣民報』 3卷 12, 13號, 1925.4.21~5.1.

15 『台灣民報』 3卷 16號, 1925.6.1.

16 『台灣民報』 3卷 18號, 1925.6.21.

17 『台灣民報』 61號, 1925.7.19.

않아 상세한 내용은 알 수 없으나 하층계급의 생활로부터 문학예술의 창작 자원을 흡수했다고[18] 알려져 있다. 여기서 '타이완예술연구회'가 무산계급 문학을 표방한 첫 번째 문학 단체이자 이 시기 좌익 문학이론의 형성에 주요한 지표라는 것을 알 수 있다.

이렇듯 1920년대 초기의 사회주의 문예이론의 주요 내용은 고전문학의 귀족적 경향을 비판하고 평민문학의 제창했으며 민중의 범주를 노동자와 농민 등 무산대중을 포함하는 내용을 담고 있었다. 무산계급 문예이론의 형성에서 볼 때 이 시기의 이론가들은 식민지 타이완에서 이른바 일반 대중이란 바로 프롤레타리아 대중임을 이미 명확하게 인식하고 있었던 것이다.

3. 프롤레타리아 문예운동의 전개와 좌익문예잡지의 발행

1927년을 전후하여 타이완 사회에는 일련의 중요한 변화가 발생했다. 문화협회의 분열, 농민운동의 혁명운동화, 노동자 운동의 고조 및 신문협新文協과 타이완공산당의 성립 등 좌익 사회정치운동의 적극적인 전개가 그것이다. 동시에 민중당의 좌경화로 인해 사회주의 시각이 기관지 『타이완민보』에도 스며들었다. 전체적인 구도에서 본다면 이 시기 민족운동의 주도권은 이미 민중진영으로 옮겨갔으

18 林瑞明, 「日本統治下的台灣新文學運動—文學結社及其精神」, 『台灣文學的本土觀察』, 台北 : 允晨, 1996, 2~34면.

며 사회주의 사조가 사회 각 영역에서 이미 상당한 영향력을 발휘하고 있었다. 황치춘黃琪椿의 정리에 따르면 당시 타이완청년들은 마르크스주의뿐만 아니라 무정부주의, 합작주의, 민생주의 등 사회적 공의公義를 강조한 거의 모든 사조를 흡수하여 연구하였다.[19] 하지만 식민지 타이완의 계급모순과 민족모순이 점차 심화되고 전세계 프롤레타리아 혁명운동 발전함에 따라 마르크스레닌주의가 점차 주도적 위치를 차지하였다. 그것은 1927년 코민테른이 「일본 문제에 관한 강령」을 통과시키면서 규정한 '식민지의 완전 독립' 조항의 영향을 받았기 때문일 것이다.

당시의 지식인들은 기본적으로 유산자와 무산자의 대립 국면으로 그들이 처한 타이완의 현실을 이해하고 이를 민족 문제와 상호 결합해 사고했다. 따라서 계급투쟁을 통해 민족운동의 구체적 성과에 이르는 것을 매우 긍정적으로 생각했다. 이는 『타이완대중시보』와 『신타이완대중시보』의 평론들[20]을 통해 확인할 수 있다. 심지어 좌익인사들로부터 반동으로 지목된 『타이완민보』[21] 조차도 계급대립과 무산자 흥기의 관념 및 정보를 게재하였다. 민족운동 진영이 분열된 상황이었지만 양 진영이 모두 사회주의적 태도를 수용하였으며 이러한 상황이 문학계에 신속하게 전이되었다. 프롤레타리아 문예운동이 본격화된 것이다.

---

19 黃琪椿, 『日治時期台灣新文學運動與社會主義思潮之關係初探(1927~1937)』, 淸華大學文學硏究所碩士論文, 1994.6, 5면.

20 두 신문에 관한 자세한 내용은 陳芳明, 『殖民地台灣—左翼政治運動史論』, 台北 : 麥田, 1998, 193~213면을 참조.

21 1927년 '문화협회' 분열 이후 『타이완민보』는 우익 민중당의 기관지가 되었다.

> 타이완 공산주의 운동의 발전으로 인해 프롤레타리아 문학, 연극 등을 포함한 프롤레타리아 문화운동에 대한 세상의 관심이 점차 높아지기 시작했다. 그들은 쇼와 3년(1928) 3월 25일 동경에서 결성된 전일본무산자예술연맹(약칭 NAPF)과 접촉하고 이를 근거로 삼아 공산주의 문학운동의 발전을 선전・선동하는데 전력을 기울였다. 또한 쇼와 6년(1931) 11월 27일에는 일본 공산당의 지도하에 일본 프롤레타리아 문화연맹(약칭 KOPF)이 설립되었다. 문화투쟁과 정치투쟁을 결합시키고 조직의 기초를 공장과 농촌에 두었으며 공산주의 단체의 조직 원칙을 채택하려 하였으니 외관과 내용 모두 일본 공산당의 외곽 단체로서 활동을 전개한 것이다.[22]

대만 총독부가 분석한 것처럼 프롤레타리아 문예운동의 성장은 좌익정치운동의 활발한 전개로부터 그 기회를 얻었다. 좌파의 항일운동이 최고조에 이른 1927, 28년 당시 타이베이 고등학교의 학생들은 잡지 『문예』를 발행하고 사회주의를 선전활동을 시작했다. 1929년 봄, 나프NAPF 기관지 『전기戰旗』가 타이완으로 운송되었고 타이완 내에서의 발행량을 점차 늘렸다. 같은 해 12월에는 전기사의 타이완 지국이 설립되었다. 이와 동시에 타이완공산당 중앙 및 문화협회, 농민조합 등 관련 인사들의 『전기』에 대한 관심이 끊임없이 제고되었으며, 타이완공산당 소속의 국제서국國際書局 역시 이 잡지를 불법적으로 들여와 독자들에게 발송하였다.

이러한 상황에서 좌익사회운동은 시간이 갈수록 상당한 발전을 이루었다. 그 과정에서 서로 다른 이론을 지닌 인사들의 의견 충돌로

22 警察沿革誌編纂委員會, 王詩琅 譯, 『台灣社會運動史—文化運動』, 台北 : 創造, 1989, 505면.

사회주의 세력의 분열이 초래되기도 하였지만 한편으로는 그러한 갈등이 보다 심화된 사회주의 이론에 대한 운동가들의 욕구를 더욱 강렬하게 만들었다. 사회주의 사상의 확산을 위한 선전활동의 전개는 갈수록 치열해져 간 것이다. 이 시기 이러한 요구에 호응하는 신문과 잡지들이 등장했는데 1928년 5월 '신문협'이 창간한 『타이완대중시보』와 1930년 상반기 출현한 『오인보』, 『타이완전선』, 『명일』, 『홍수보洪水報』, 『적도보赤道報』, 『신타이완전선』 등 프로잡지가 그것이다. 타이완 프로문예운동의 선성先聲으로 평가되는[23] 이러한 잡지들 가운데 『타이완전선』만이 문예잡지를 표방했고 다른 것들은 모두 종합잡지의 성격을 지녔지만 이 종합지들은 한편에서 문학과 사회주의 사조가 융화되는 기회를 제공하였다.[24]

이러한 자료들은 공산주의와 무정부주의에 초점을 맞춘 연구와 그 확산이 프롤레타리아 문화운동에 대한 사회적 관심을 제고시켰고 나아가 프로문학운동에까지 연계되는 과정을 잘 보여준다. 『경찰연혁지警察沿革誌』는 『오인보』의 성격을 다음과 같이 언급했다.

> 그 기간은 6개월이 채 안되지만 왕완더王萬得 이외의 타이완 공산당원, 타이완 좌파 문학청년들의 기고문들을 실었고 그 분포망도 타이완 전체에 70여개가 퍼져있었다. 당의 연락처를 따라 일본무산자예술연맹, 센키샤戰旗社, 법률전선사, 농민전선사, 프롤레타리아과학동맹 등 단체와 타이완대중시보사와도 밀접한 연락을 유지하는 등 타이완 프롤레타리아 문예운동의 선구가 되었다.[25]

23 施淑, 「文協分裂與30年代初台灣文藝思想的分化」, 『兩岸文學論集』, 台北 : 新地, 1997, 15면.
24 이 시기 문학 이론이 연구한 초점은 향토문학 논쟁과 타이완화문논쟁이었는데 黃石輝가 『오인보』에 게재한 논문이 바로 이 두 논쟁의 도화선이었다.
25 王詩琅 譯, 앞의 책, 508면.

인용문을 통해 우리는 『오인보』가 타이완 공산당원들과 밀접한 협력관계를 유지하면서 프롤레타리아문학을 전파하고 일본의 프로문학운동과도 긴밀한 관계를 유지하고 있었음을 알 수 있다.

『타이완전선』의 발간선언에 나오는 다음과 같은 내용도 참조해 볼만하다.

> 프로문예를 통해 고통 받는 수많은 군중의 이익을 도모하고 자본가의 발굽 아래 소나 말 같은 생활을 하고 있는 모든 압박받고 고통 받는 군중들을 해방시키기 위해 활동하려한다. 이처럼 중대한 의의와 목적하에 본 잡지를 창간하였다. 우리는 이를 타이완 해방운동의 선봉이 되는 유일한 문학투쟁기관 및 나침반이 되게하려 한다. (…중략…) 이러한 때 우리는 더 이상 주저할 수 없으며 문예를 프롤레타리아의 수중으로 탈환해 와 대중의 소유물이 되게 함으로써 문예혁명을 촉진시키고자 노력해야 한다. 이 과도기에 만약 정확한 이론이 없다면 정확한 행동도 없다. 이는 우리가 잘 알고 있는 사실이다. 따라서 고통 받는 군중들이 자기 뜻대로 마르크스주의이론 및 프로문예를 발표하게 해야만 한다. 이렇게 하여 프롤레타리아의 혁명운동과 합류시키고 그것을 더욱 빠른 속도로 발전시켜야 하며 이로써 역사적 과정을 단축해야 한다.[26]

『타이완전선』의 창간 선언은 '프로문학의 창도'라는 종지宗旨를 밝히고 있다. 인용문에서 볼 수 있듯이 이 잡지는 지식인의 수중에서 문예를 탈취하여 무산대중에게 넘겨 줄 것을 주장했다. 이 글은 무산대중이 이미 문예운동의 중심 지위로 부상했으며 초점이 점차 프롤

26 위의 책, 508~509면.

레타리아 이데올로기의 강조와 구체적 실천의 문제로 발전하고 있음을 암시하고 있다. 문학운동이 프롤레타리아 혁명운동과 결합되고 있었던 것이다. 이러한 잡지들의 전모를 확인할 수 없기 때문에 구체적 내용을 정확히 알 수는 없다. 하지만 단편적인 자료만으로도 1926년 전후 사회주의 이념을 이론적 근거로 삼는 민중진영이 민족운동의 주도권을 행사하였으며 프롤레타리아 문예와 문화운동을 좌익정치운동에 합류시켜나간 정황을 확인할 수 있다.

계급투쟁을 중심으로 전개된 민족운동의 이러한 급속한 성장은 필연적으로 총독부의 엄중한 탄압을 불러왔다. 1931년 전후 대부분의 좌익 인사들은 검거되거나 체포되었다. 하지만 좌익인사들에 대한 검거와 좌익정치운동에 대한 압박은 오히려 프롤레타리아 문학운동의 발전을 조장하였다. 좌익 정치운동의 압박으로 인해 무력함을 느끼던 인사들이 문학운동으로 방향을 전환했기 때문이다.

1931년 전후 두 차례에 걸친 좌익분자에 대한 대량 체포가 이루어지는 가운데 타이완에 체류 중이던 일본의 좌익 청년 히라야마 히사오平山勳, 후지와라 센자부로藤原泉三郎, 벳쇼 고지別所孝二, 하야시 코조林耕三 등은 왕스랑王詩琅, 장웨이셴, 저우허위안周合源, 쉬충얼徐瓊二, 랴오한천廖漢臣, 주뎬런朱點人, 라이밍훙賴明弘 등 타이완 좌익청년들과 연합해 문예단체 '타이완문예작가협회'를 결성하고 기관지 『타이완문학』을 간행하였다. 이 협회는 공산주의 사상연구의 성격을 지녔는데, 특히 프롤레타리아 문화운동과 나프 기관지 『전기』의 영향권 내에 있었다.[27]

27 그 의도가 타이완 공산주의 운동의 일익을 담당하는 프롤레타리아 문화 운동에 있었다는 것은 의심의 여지가 없다. 발기인과 일본 좌파 단체는 매우 밀접한 관계를 유지했다. 연락 방식

그들은 '신문예를 탐구하고 그것을 타이완에 확립시키는 것을 목적'으로 내세우며 마르크스주의에 입각해 타이완의 자주적 문학을 성립시키고 프로문학 이념을 지닌 일본인들과 협력하며 식민지 민중의 고난의 심정을 체험하는 시각에서 문제를 사고해야 한다[28]고 주장했다. 그리고 이에 의거해 조직적인 활동을 전개했다. 협회 설립 전의 「요지문」에는 다음과 같은 기록이 있다.

> 행동에는 이론이 필요하며 이론은 행동을 요구한다. 만약 예술이론이 행동으로 스며들지 않거나 예술운동이 이론의 규정을 받지 않아 이 양자가 변증법적 상호 작용을 낳지 않는다면 그 이론 및 행동은 존재할 이유를 잃을 것이다.[29]

그들은 프롤레타리아운동에서 이론과 실천 중요성을 동시에 강조했는데 여기서 『오인보』와 『타이완전선』 등 좌익 잡지로부터 발전하기 시작한 프롤레타리아 문화운동이 문예운동의 방향으로 자리잡아 가고 있음을 살필 수 있다. 협회의 기관지 『타이완문학』 역시 '신문예의 확립에 매진하고' '문예의 대중화에 매진하는' 것에 목표를 두었고 중심 임무를 '신문예의 탐구 및 그 확립'으로 규정했다. 그리고 노력 방향을 "제재에 대한 선택 방법, 사물에 대한 관점, 그것에 대한 처리 방법 — 작품의 내용과 형식 방면"으로 정했다. 이는 작가의 사상적 경향과 이데올로기가 제재의 선택과 처리방식에 영향을 준다는 점을 그들이 명백히 인식하고 있었으며, 당시에 이미 대중문화

은 주로 『戰旗』와 나프를 통해서였으며 물론 다른 루트도 있었다. 王詩琅 譯, 앞의 책, 520면 참조.

28 塚本照和, 「日本統治期台灣文學管見(上)」, 張良澤 譯, 『台灣文藝』 69期, 1990.10.

29 警察沿革誌編纂委員會, 앞의 책, 409면.

와 대중 문학의 관념과 실천 사이의 근본적 문제에 대해 변증법적 이해를 획득하고[30] 있었음을 알 수 있다.

협회 성립 이후 동경으로부터 온 서명 'J.G.B. 서기국'의 축전은 1930년 하리코프 국제혁명작가 2차 회의에서 한 결의를 반영하여 나프와 관련된 식민지 예술운동의 영향에 관심을 강화하자는 내용을 담고 있었다. 타이완문예작가협회에 대한 건의 중에는 이론과 창작 실천, 계급투쟁, 전위의 눈, 지도권 문제 등의 문구가 있는데 이를 통해 국제프로문예운동의 영향을 받았음을[31] 어렵지 않게 알 수 있다. 협회 또한 회신을 보냈는데, 1932년 초 고베神戶 경찰에 의해 몰수된 세 부의 자료에서 그 내용을 찾을 수 있다. 그 가운데 한 부는 「우리의 긴급 자문我們的緊急諮問」이란 제목의 문건이었다. 그 내용은 협회가 일본의 나프와 마찬가지로 타이완의 프롤레타리아작가동맹이 될 수 있게 지시를 내려달라는 것이었다. 다른 두 부는 히라야마 이사오平山勳가 서명한 문건으로 협회의 연혁과 업무 내용을 상술하고 타이완문화와 민족문제, '신문예의 탐구 및 그 확립'의 문제, 그리고 타이완문예 작가협회의 미래 문제 등을 언급하였다.[32]

그 내용을 자세히 분석하면 타이완문예작가협회는 한편으로 국제프롤레타리아혁명운동의 한 지류가 되기를 희망하고, 다른 한편으

30 『타이완문학』은 아직 출토되지 않아 자세한 내용은 알려지지 않고 있다. 이 잡지의 좌익 성격에 대해서는 다음의 글들을 참조할 수 있다. 明弘, 「談我們的文學之誕生——頂提議」; 林原晉, 「把『台灣文學』帶進大衆之中—給編輯部的一句話」, 『台灣文學』 2卷 1號, 1932.2.1; 「卷頭語－知識分子的社會意義」; 秋本眞一郎, 「台灣文學運動的覇權, 目標,組織—以大衆化爲中心確立文學的黨派性」; 瀧澤鐵也, 「主題的積極性」, 2卷 3號, 1932.6.25.

31 「致台灣文藝作家協會創立大會的賀電」. 그 내용은 施淑, 앞의 글, 19~20면을 참조.

32 平山勳, 「台灣文藝作家協會的歷史」, 『我們和台灣文藝作家協會』. 자세한 내용은 施淑, 앞의 글, 20~22면을 참조.

로 그 자신이 순수한 프롤레타리아문예운동일 뿐 아니라 일본 제국주의의 지배하에서 민족문제를 더욱 깊이 있게 고려하기를 희망했음을 알 수 있다. 다시 말해 이 협회는 계급문학의 당파성, 국제주의, 계급투쟁의 무기 등 1930년대 초 사회주의 문학사상에서 가장 급진적인 관점과 태도를 지니고 있었다. 하지만 문학을 정치에 종속시키는 후쿠모토이즘福本主義의 영향하에 탄생하였음에도 문학노선의 선택에서는 민족문제를 명확히 인식하였고 지역성과 향토성을 중시하여 타이완을 본위로 하는 프롤레타리아작가연맹의 수립을 견지하였다. 이는 그들이 식민지로 전락한 타이완의 특수한 역사 조건에 대해 명확한 인식을 갖고 있었기 때문에 가능했던 것이다.

그렇기 때문에 『타이완문학』은 총독부에 의해 창간호부터 발행금지될 운명에 처했다. 이듬 해 협회는 방침을 바꿔 프로문학의 보급을 강화하는 동시에 나프와의 긴밀한 관계를 유지하기 위해 하야시 코조林耕三를 일본에 파견하였다. 그러나 하야시는 고베에서 체포되었으며 그가 지니고 간 서신에서 프롤레타리아작가동맹을 조직하려는 의도가 드러나 『타이완문학』 5호는 발행이 금지되고 6호도 판매가 금지되어 결국 폐간되었으며 협회 역시 분열되는 운명을 맞이했다.[33] 무산자 문학운동에서의 조직적 단체 설립은 총독부의 압박으로 인해 중도에 유산되었으며 타이완의 통합적 프로문학운동의 전개 역시 이로 인해 실패하게 된다.

이러한 상황은 이후 타이완 무산계급문예운동의 방향에 절대적인 영향을 미쳤으며 같은 시기 동아시아 지역의 무산계급 문예운동과

---

33 '타이완문예작가협회'의 결성 및 『타이완문학』의 발행과 관련된 내용은 河原功, 「台灣新文學運動的展開－日本統治下在台灣的文學運動」, 葉石濤 譯, 『文學台灣』 1~3期, 1991.12~1992.3.6 참조.

도 차이가 생겨나는 원인이 된다. 중국, 한국, 일본과는 달리 문예작가협회가 의도한 프롤레타리아작가동맹 계획이 무산된 후, 타이완 프로 문예운동은 부득이 우익과 연합전선의 형태를 이루며 지속적인 생존을 모색했다. 그리고 좌익정치운동이 완전히 궤멸된 상황에서 문예잡지만을 통해 문예상의 프로운동을 추진할 수밖에 없었던 점 역시 타이완 좌익문학 발전에 제한을 가져왔다. 하지만 타이완 문예작가협회의 기획은 비록 실패했지만 그 노력은 곧이어 진행된 문예대중화 논의의 이론적 기초가 되었으며 계속해서 무산대중을 대상으로 삼아 진행된 타이완화문話文 논쟁을 이끌었다.

4. 좌익 정치운동의 위축과 좌우합작의 조직적 문예운동

1931년 만주사변을 시작으로 급속하게 팽창주의로 기울어진 일본은 그 내부뿐만 아니라 식민지에 대한 사상적 감시를 강화했으며 특히 좌익 정치운동에 대한 탄압이 두드러졌다. 이런 가운데 타이완의 좌익 정치운동은 그 자체 내 끊임없는 분열이 더해져 급속하게 위축되었다. 이 해에 민중당의 해산을 비롯해, 타이완 공산당원과 타이완 노동호조사원勞動互助社員에 대한 대대적인 검거 및 이로 인한 노동자연맹, 신문협, 농민조합의 쇠퇴 등 거의 모든 사회운동이 와해되었다. 식민현실을 인정하고 체제 내의 개혁을 주장한 '타이완지방자치연맹'만이 남아 간신히 명맥을 유지하였다.

단체와 구성원이 검거, 체포되는 가운데 남아있던 사회운동 구성원들은 그 시각을 문학계로 돌렸으며 이로부터 소위 문학 본위의 시대라 불리는 문학운동기에 진입하게 된다. 1931년 이후 각종 문학 동인 단체가 속속 결성되었고 문학잡지도 이러한 시대적 요구에 의해 새롭게 생겨났다. 그러나 타이완문예작가협회의 와해에 따라 조직적인 작가동맹은 성립되기 어려웠으며 지식인들 역시 총독부의 감시를 의식해 전략의 방향을 무당파적 일반 문예잡지로 바꾸어 산발적인 문예 주장을 하였다. 따라서 이후의 타이완문학운동은 좌우익 합작의 문학운동 연합전선 시대로 진입하였다.[34]

연합전선 시기의 첫 번째 단체는 1931년 가을에 결성된 '남음사南音社'[35]이다. 남음사는 "과거 타이완 내에서 각종 잡지의 수명이 길지 않은 것이 대부분임을 감안하여 우리 회원은 글쓰기의 측면에서 응당 일본인을 호되게 꾸짖어야 하겠지만 즉각 칼을 뽑아 활을 잡아당기고 적의 요충지를 곧바로 공격하는 방식으로 검열자의 신경을 건드리는 것은 그다지 바람직하지 않다. 의미 없는 희생을 하는 것보다 어떻게 함축적인 필법을 운용하여 독자들이 쾌재를 부르게 하고 검열자들을 망연자실하게 만들까 고민하는 것이 필요하다"[36]라는 온건한 방식으로 출발하였다.

그 기관지 『남음』 역시 총독부의 검열과 감시를 피하기 위해 당파를 가리지 않는 무사무아無私無我의 정신을 강조하였으며,[37] 심지어 출판 시 일본 관리에게 기념글자를 청탁하는 방식으로 이목을 숨겼

34 陳芳明, 「三〇年代的文學社團與作家風格」, 『台灣新文學史』 第5章, 『聯合文學』 155期.
35 남음사의 회원으로 張垂勝・葉榮鐘・郭秋生・周定山・賴和 등이 있었다.
36 黃邨城, 「談談南音」, 『台北文物』 3卷 2期, 1954.8.
37 起(葉榮鐘), 「發刊詞」, 『南音』 創刊號, 1932.1.1.

다. 하지만 오래지 않아 『남음』은 황스후이가 '문예 대중화' 방안으로 제기한 '타이완화문' 논쟁에서 타이완화문의 문자제정을 위한 실험과 토론의 실천장이 되었으며 사회주의 사상을 지닌 위원毓文의 「최근 소비에트 문단의 전망最近蘇維埃文壇的展望」,[38] 제저우芥舟의 「권두언—사회 개조와 문학청년卷頭言—社會改造與文學青年」,[39] 이허우一吼의 「문학을 자극하는 연구刺激文學的硏究」,[40] 「민중을 팔아넘기다拍賣民衆」[41] 등 사회 개혁을 강력히 주장하고 현재 상황을 구체적으로 개선하기를 촉구하는 문장들을 게재하였다. 따라서 비록 프로문학가 라이밍훙賴明弘과 편집부 사이에 계급 문제 상의 의견 대립이 있었고,[42] 자본주의 계급의 오락 간행물 및 무봉파霧峰派의 졸개들 등의 비판을 받았지만[43] 일본 경찰의 발행금지 처분을 받고 정간될 때까지 줄곧 진보적, 비판적 관점을 지닌 작가의 작품 및 평론들을 지속적으로 게재하였다.[44] 창작의 측면에서도 라이허의 「귀가」, 「일을 저지르다惹事」, 저우딩산周定山의 「노성당老成黨」, 츠쯔赤子의 「구두닦이擦鞋匠」 등 풍부한 비판성과 현실성을 지닌 소설들을 게재하여 일정한 좌익 경향을 드러냈다.

이 시기에 타이완에 비해 총독부의 느슨한 감시를 받았던 동경 유

38 『南音』 1卷 5期, 1932.3.14, 16~21면.

39 『南音』 1卷 11期, 1932.7.25, 2면.

40 『南音』 1卷 11期, 1932.7.25, 1~5면.

41 『南音』 1卷 6期, 1932.4.2, 21~24면.

42 天南, 「合弘仔說幾句閑話」, 1卷 5號, 1932.3.14, 21~22면과 「宣告明弘君之認識不足」, 1卷 6號, 1932.4.2, 24~25면을 통해 『남음』 내부의 의견 대립 상황을 알 수 있다.

43 黃邨城, 앞의 글.

44 『남음』의 반프로문학 성격과 프로문학 성격의 공존과 내부 대립 상황을 施淑는 프로문학운동 중의 민족주의와 프롤레타리아 의식 사이의 모순 문제로 판단했다. 施淑, 「書齋, 城市與鄉村」, 『兩岸文學論集』, 50~83면 참조.

학생들 중 린두이林兌, 우쿤황吳坤煌, 왕바이위안王白淵, 예추무葉秋木 등 좌익청년들이 타이완프롤레타리아문화연맹을 성립하려 계획하였다. 그러나 타이완인들이 동경에서 일본 공산당 계열의 조직이나 기타 특수 조직을 설립하는 것은 모두 코민테른의 지도 원칙에 위배되는 것이었다. 따라서 그들은 이후 조직을 타이완으로 옮긴 뒤 연맹을 재결성하기로 하고 일본 프롤레타리아연맹KOPF의 지도하에 준비조직의 결성을 임시 결의하였다. 1932년 2월, '문화를 골간으로 하여 민중에게 민족 혁명을 이해하게 한다'[45]는 취지를 내걸고 KOPF 소속의 문화 단체 '타이완인문화권'이 설립되고 『시보時報』 70부를 발행하였다. 하지만 얼마 지나지 않아 맹원인 예추무가 반제국주의 시위에 참가하여 체포당한 뒤 조직 결성의 사실이 폭로되어 와해되었다.

그러자 이듬 해 쑤웨이슝蘇維熊, 스쉐시施學習, 왕바이위안, 류제劉捷, 우쿤황, 우융푸巫永福, 장원환張文環 등이 합법적인 문예단체 '타이완예술연구회'를 조직하였다. 이 단체는 목표를 "편협한 정치와 경제의 구속에 절대 복종하지 않고 문제를 높고 심원한 곳으로부터 관찰하여 타이완인의 문화에 적합한 새로운 생활을 창조한다"[46]로 정했다. 이 단체는 선동성이 강렬한 문구를 억제하였으며 또 상당히 신중하게 합법성 여부의 문제를 고려했다.[47] 비록 3호만 발행하고 끝났지만 그 기관지 『폴모사』는 타이완에서 진행된 향토문학 논쟁에 대해 지극한 관심을 보여주었다.[48] 『폴모사』의 출현은 신세대 일본 유

---

45 施學習, 「台灣藝術研究會成立與福爾摩沙創刊」, 『新文學雜誌叢刊』 2, 台北 東方文化書局, 1981, 65~71면.

46 施學習, 위의 글.

47 당사자 중의 하나인 우융푸는 당시 좌익과 중간노선을 채택하는 것 사이에서 논쟁이 있었지만, 멤버 대다수가 학생이어서 극단을 피해 중간노선을 채택했다고 회고하였다. 「台灣文學的回顧與前瞻」, 『風雨中的長青樹』, 台北 : 中央書局, 1986.

학생들이 문학운동에 참여한 하나의 지표였다. 그들은 『남음』에 대해 비판을 제기하고 『남음』이 비록 프로문학을 강조하였지만 여전히 귀족문학의 성분이 남아있다고 생각하였다. 따라서 '타이완인의 문예를 다시 창작한다'는 기치를 내세웠다. 동시에 그들은 『타이완 문학』의 출현을 상당히 긍정적으로 평가하였다.[49] 그들이 제기한 '신생활'과 '신문예'의 주장은 『남음』에 드러난 프로의식과 비교해 볼 때 더욱 구체적이었음을 알 수 있다.

잡지 발기인 중의 한 사람인 우쿤황은 장편 논문 「타이완 향토문학을 논함」[50]에서 상당히 심도 있는 의견을 제기했다. 우선 그는 그 당시의 향토문학 논자들의 향토에 대한 관념이 회고, 낭만과 같은 막연한 정서로 점철되어 있어 타이완의 현실에 들어맞지 않으며 그들의 주장에 일정한 방향이 없어 물거품처럼 금시에 사라질 수 있다고 지적하였다. 그는 이른바 향토문학이 사실상 부르주아적 관점을 거쳐 취사선택한 봉건시대의 문학 유적이며 그것의 내용은 현실과 유리돼 있고 형식면에서의 민족적 특색은 프롤레타리아를 지배하려는 마취약일 뿐이라고 지적하였다. 그리고 자본주의가 이미 제국주의로 발전된 단계에서는 농후한 봉건적 사상과 내용을 가진 향토문학이 무산자를 지배하는 가장 강력한 문화적 무기가 된다고 판단했다.

이러한 관점에 따라 그는 당시의 조건하에서 만약 타이완 향토문학을 제창하려면 반드시 '민족적 동향, 지방적 색채'라는 이 두 가지

---

48 예컨대 다음 문장들이 그러하다. 蘇維熊, 「台灣歌謠に對する一試論」, 『フオルモサ』 創刊號, 1933.7.15, 2~15면; 吳坤煌, 「台灣の鄕土文學わ論す」, 『フオルモサ』 2號, 1933.12.30, 8~19면; 劉捷, 「一九三三年の台灣文學界」 『フオルモサ』 2號, 1933.12.30, 31~34면.

49 楊行東, 「台灣文藝界への待望」, 『フオルモサ』 創刊號, 1933.7.15.

50 吳坤煌, 「台灣の鄕土文學わ論す」, 『フオルモサ』 2號, 1933.12.30, 8~19면.

핵심적 요소를 고려해야 한다고 단호하게 지적하였다. 이러한 논점을 볼 때 그가 철저한 프로문학의 입장에 서서 타이완의 향토문학을 사고하고 있음을 알 수 있다. 이러한 개념들은 전 시기의 『타이완전선』, 타이완문예작가협회의 이념들과 사실상 일맥상통한 것이니, 그가 참여한 『폴모사』는 국제 사회주의의 노선에서 식민지 타이완의 프로문예 창작문제를 해결하려 했음을 발견할 수 있다. 비록 그의 의견이 다른 문인들의 반응을 얻지 못하고 타이완 문예 창작상의 근본문제 역시 구체적인 해결을 거두지 못했지만, 그가 제기한 사고의 방향은 일제강점기 타이완 좌익문학이 국제주의와 민족주의를 동시에 고려했으며 향토문학 논쟁 및 이어 진행된 타이완화문話文 논쟁 모두 무산문예의 범위 내에서 진행됐음을 명확히 알려준다.

동경 유학생들이 타이완예술연구회를 결성하고 기관지 『폴모사』를 발행한 것은 『남음』 이후 활기를 잃었던 타이완문학계에 커다란 자극이 되었다. 1933년 10월, 타이베이의 문인들은 '타이완문예협회'를 설립하였는데 이 협회는 타이베이의 좌익 문학청년 궈추성과 랴오한천이 발기하였고, 황더스黃得時, 왕스랑, 저우뎬런, 차이더인蔡德音, 쉬충얼, 천쥔위陳君玉, 린커푸林克夫, 우이성吳逸生, 황칭핑黃靑萍 등이 중심 멤버로 참여했다. 총독부의 감시와 압박을 피하기 위해 자유주의를 협회의 기본정신으로 표방하였다. 하지만 대부분의 멤버들이 강렬한 프로문인의 성격을 지녔기에, 1934년에 발행된 기관지 『선발부대』는 총독부의 감시대상이 되었고 2호부터 부득이 『제일선』으로 이름을 바꾸었다. 『선발부대』는 우선 이전의 문학운동이 개혁 측면에서 적극성과 노력이 부족했음을 반성하고 선명한 목적의식을 구비한 프로문화 및 문학운동을 제창하였다.

> 분산에서 집약으로, 자연 발생기적 행동에서 본격적인 건설로의 일보 전진은 필연적인 자연 진화의 과정이며 동시에 난관에 부딪친 타이완신문학이 우리에게 가르쳐준 전향적 계시啓示이다. 우리는 이와 같은 행동만이 새로운 획기적인 발전의 도래와 타이완신문학운동의 실제화를 가능케 한다고 생각한다.[51]

위의 「선언」에서 신문학의 내용이 가리키는 것이 무엇인지 구체적인 설명은 없지만 자연발생기의 분산을 언급하고 집약적이고 정식적인 문학운동을 구비해야 한다고 주장하였으니, 목적성의 문학운동이 가리키는 것이 무엇인지는 어렵지 않게 짐작할 수 있다.[52] 궈추성의 「권두언」은 이 협회와 『선발부대』가 지향하는 문학운동의 방향을 비교적 명확하게 보여주는데, 이 글은 『오인보』 등 1930년대 초 프로 잡지의 정신을 계승하고 『남음』, 『효종曉鐘』보다 더욱 적극적인 문학운동을 전개할 것을 주장하였다.[53] 다시 말해 궈추성이 제기한 것은 목적성을 지닌 프로문학운동이며 그가 강조한 전환기란 1930년대의 사회적 상황을 진정으로 반영할 수 있는 사회적 리얼리즘 문학의 진일보한 발전을 의미하고 있다. 『선발부대』의 이러한 각성과 노력은 어쩌면 1931년 6월 좌익 정치운동의 완전한 궤멸 때문이라 할 수 있으며 그 역량을 문학운동을 통해 분출한 하나의 극단적인 예였다.

『선발부대』는 '타이완신문학 출로의 탐구' 특집을 기획하고 목적

---

51 「宣言」, 『先發部隊』 創刊號, 1934.7.15.

52 스수는 「선언」 중의 자연 발생기의 행동, 목적의식, 문학운동의 실제화, 내재 관념과 표현 형식 간의 관계, 정확한 인식 등의 용어를 들어, 그것이 일본 프로 문예 이론가 青野季吉의 논문 「自然生長與目的意識」의 영향을 받았다고 판단했다. 施淑, 앞의 글, 50~83면 참조.

53 「台灣新文學的出路」, 『先發部隊』, 1934.7.15.

의식과 문학 예술성을 겸비한 문예의 길을 동시에 확보할 것을 제기하였다. 예를 들어 「권두언」에서 볼 수 있듯 궈추성은 타이완신문학의 방향 전환을 줄곧 강조하였다. 그는 신문학운동이 시작된 이후 지금까지의 소설은 모두 불행한 현실의 실제 면모를 묘사하는 데만 치중했다고 하면서 앞으로는 반드시 '행동의 본격화·건설화'를 지향해야 한다고 강력히 주장하였다. 그는 일본 작가 기타무라 가쯔오北村壽夫의 『우아한 비구니縹緻的尼姑』를 예로 들며 이 소설이 간절히 이야기하는 것이 바로 자신이 주장하는 것이라고 했다. "그러므로 우리가 보아야 할 것은 열렬한 생명력을 가지고 냉혹하고 나쁜 환경을 극복하여 인생의 개선가를 부르는 새로운 인물의 출현이다."[54] 궈추성이 프로문학의 방향을 능동적으로 문제를 제기하고 실천할 수 있는 새로운 인물의[55] 창조로 전환함으로써 변혁적 현실의 내용을 보다 적극적으로 묘사하려 했음을 알 수 있다.

이 밖에 저우딩산은 과거의 소설을 계급소설, 연애소설과 정치소설로 나누고 이에 대한 견해를 제기하였다. 그중 계급소설은 작가의 충분한 체험이 보편적으로 결핍됐기 때문에 내용의 형상화가 철저하지 못하며 따라서 작가가 농촌 및 농민의 문제에 주의할 것을 호소하였다. 또한 과거의 계급소설이 농민문제를 소홀히 했다고 반성하며 무궁한 보물이 숨겨 있는 빈농 문제를 중시하고 이 옥토를 잘 개간해야 한다고 제의하였다.[56] 농민 인구가 국민의 80% 이상을 차지

---

54 郭秋生, 「解消發生期的觀念 / 行動的本格化建設化」, 『先發部隊』, 1934, 18~29면.

55 여기서의 소위 '새로운 인물'은 사회주의 소비에트 소설에 나오는 민중 혁명가와 같은 전위적 인물, 다시 말해 루카치가 말하는 '완결된 인물'로 해석할 수 있다. 그는 비판적 리얼리즘 소설 속의 '문제적 개인'이 아니라 사회주의 리얼리즘 소설 속의 '긍정된 인물'이다.

56 「還是烏煙瘴氣蒙蔽當待此後」, 『先發部隊』, 1934, 4면.

한 식민지 타이완에서 농민과 농촌의 문제는 타이완의 현실을 가장 잘 표현해낼 수 있는 제재라 할 수 있으며, 프로문예의 발전에서 보면 좀 늦은 감이 없지는 않지만 그래도 핵심적인 문제에 주목할 수 있었던 것은 다행한 일이라 할 수 있다.

양서우위楊守愚 역시 과거의 소설이 남녀 문제의 탐구에만 치중되었던 잘못된 현상을 비판하였으며 농민소설의 대량 창작을 기대하였다.[57] 이 밖에 이 특집을 통해 황스후이, 라이칭賴慶은 문예대중화의 실제 방안을 제기하였고[58] 주뎬런은 글을 쓰는데 있어 창작 방법과 내면 묘사를 중시하였으며[59] 우이성은 문학의 시대성을 강조하였다.[60] 『선발부대』 특집에 발표된 이러한 문장들을 살펴본 결과 타이완문예협회가 더욱 본격적인 계급문예운동을 중시하는 동시에 문학의 예술성에 대해서도 주의를 기울였음을 알 수 있었다. 그들은 전위적 인물의 중요성을 인식하기 시작하였고 작품 속에 현실을 비판할 수 있고 현실을 변혁할 수 있는 인물을 배치해야 한다고 주장하였다. 이는 사회주의 리얼리즘의 서사 수법중 하나인데 바꾸어 말하면 소설 속에 개혁을 담당하는 인물을 설정하고 그의 활동을 통해 현실 변혁의 목적에 이르는 것이다.

이어서 『제일선』은 궈추성의 『왕두샹王都鄉』, 왕진장王錦江(왕스랑)의 『비오는 밤雨夜』 등 사회주의 색채가 농후한 소설들을 게재하였고 「소련 예술의 조망蘇聯藝術的眺望」과[61] 신사실주의적 묘사 방법을

57 「小說有點可觀, 閑卻了戲曲, 宜多促進發表機關」, 『先發部隊』, 1934, 8면.

58 黃石輝, 「沒有批評的必要, 先給大衆識字」; 賴慶, 「文藝的大衆化, 怎樣保障文藝家的生活」, 『先發部隊』, 1934, 1~2·5~7면.

59 「偏於外面的描寫, 應注意的要點」, 『先發部隊』, 1934, 8~11면.

60 「文學的時代性」, 『先發部隊』, 1934, 33~34면.

61 安田保 譯, 「ソビエット藝術の眺望」, 『第一線』, 1935.1.6, 59~65면.

주장하는 평론을 수록하였다.[62] 그 밖에 『제일선』에 게재된 「타이완 민간고사 특집台灣民間故事特輯」은 타이완화문운동이 가져온 중요 성과인데, 이 특집은 민족 고유의 문화유산에 대한 흥미를 제고시켰을 뿐만 아니라 문예대중화 실천의 방안으로 향토문학의 방향을 모색한 것이다.

동경의 타이완예술연구회와 타이베이의 타이완문예협회는 오랫동안 지속될 수는 없었지만 이 단체들의 활동은 전국적 문예조직의 결성을 촉진시켰다. 1934년 5월, '타이완문예연맹'이 타이중에서 설립돼 전체 타이완 문인들이 함께 참여하는 통일된 문학운동의 문을 열었다. 설립 당시 좌우문인들의 의견차이로 인해 일시적인 혼란에 직면하기도 했다. 예를 들어 타이완문예협회의 멤버 왕스랑과 궈추성 등은 "문예를 이야기하려면 자신의 터전을 꿋꿋이 지키지 않으면 안 되며 이러한 통일된 입장을 지니는 것은 이치에 조금도 맞지 않는 것이다"[63]라는 이유로 타이완 전체의 문예대회에 참가하기를 거부하였다. 장화彰化의 회원들 역시 고의로 지각하는 방식으로[64] 연맹 성립을 보이콧했다. 하지만 팔십 여 명의 문인들이 각지로부터 참가하여 대회는 순조롭게 열렸고 전국에 지부를 설립하고 기관지인 월간 『타이완문예』의 발행을 결의하였다.

전국적 문련文聯이 성립된 뒤, 동경의 타이완예술연구회는 이에 흡수 병합되었다. 타이완문예협회 또한 회원의 자유로운 가입을 허락했으며 따라서 연맹은 좌우익 문인들을 망라하는 문예조직이 되

62 HT生, 「傳說的取材及其描寫的諸問題」, 『第一線』, 1935.1.6, 36~39면.

63 林瑞明, 앞의 글, 2~34면에서 재인용.

64 張深切 自傳, 『里程碑』, 台北 : 文經社, 1997, 478면.

었고 조직적이고 계획적인 문학운동을 전개하기 시작했다. 그렇지만 서로 다른 이데올로기를 지닌 문인의 총연합은 얼마 지나지 않아 명확한 입장의 결핍이란 문제를 드러내었다. 특히 『타이완문예』가 동경지부 회원들의 일본어 작품의 게재를 늘리면서 잡지의 주요 경향은 민족성에서 정치성으로, 다시 순문예성으로 바뀌어갔다.[65]

비록 범민족적 문학운동의 필요성이 타이완문예연맹의 탄생을 촉진시켰지만 초기에 장선체와 라이밍홍 두 사람이 견지한 공통 입장, 즉 문학운동을 전개하여 의기소침해진 사회운동을 대체하자는[66] 주장은 점차 작품과 평론 혹은 문예이론 등 게재할 문장을 선택하는 실제 원고 심사와 편집 작업과 충돌했다. 이로 인해 그들의 최초 바램이 끝까지 관철될 수가 없게 되었다. 따라서 『타이완문예』의 출간은 뒤로 갈수록 순문학 방향 쪽으로 편향돼 나아갔으며 동시에 서로 다른 주장이 어지러이 난무하는 국면에 직면했다.

이러한 상황의 지속은 필연적으로 분열을 초래하였다. 농민조합 간부를 맡았으며 농후한 사회주의사상을 지니고 문학의 정치적 기능을 주장했던 양쿠이楊逵는 '문련'의 문학운동을 통해서는 좌익 정치성의 목표를 관철할 수 없다고 여겼다. 그리고 바로 이때 그와 우익인사 장싱젠張星健 사이에 편집권 문제로 충돌이 일어나 '문련' 내부 분열의 공개화가 가속화되었다. 양쿠이가 『타이완문예』에서 나오기 전 일본의 『문학평론』지에 발표한 문장에서 당시 그의 입장을 알 수 있다.

---

65 張深切는 위의 책, 490면에서 "타이완문예연맹의 편집 방침은 실제 상황에 따라 자동적으로 변화할 수밖에 없었는데 민족성에서 정치성을 향해, 다시 정치성에서 순문예성을 향해 방향 전환했으며 창립 당시의 주지는 점차 유지하기 어렵게 되었다"라고 말했다.

66 문련을 주도한 장선체와 라이밍홍은 문련의 조직을 회고하면서 문련이 이민족의 지배에 반대하는 정치운동적 성격을 지녔음을 공통적으로 지적하였다. 林瑞明, 앞의 글 참조.

사상적 측면에서 본다면 지금의 타이완문학운동에서 가장 중시되는 문제는 진보문학의 제휴이다. 그러나 지도부 업무의 이완 때문에 타 단체와 가까이 다가갈 기회를 상실했으니 이는 매우 안타까운 일이다. 약진 중에 있는 타이완문학운동은 반드시 진보적 경향을 포용하고 단결해야 한다.[67]

여기서 그의 불만이 진보적 경향을 지닌 문학의 단결을 이룰 수 없음에서 비롯됐음을 알 수 있다. 결과적으로 양쿠이는 그의 부인 예타오葉陶와 '타이완신문학사台灣新文學社'를 따로 만들었다. 라이허, 양서우위, 우신룽吳新榮, 궈수이탄郭水潭, 왕덩산王登山, 라이밍훙, 라이칭, 예룽중 및 다카하시 마사오高橋正雄, 다나카 야스오田中保男 등이 주요 멤버였으며 1935년 말 중국어와 일본어 합장본 기관지 『타이완신문학台灣新文學』을 발행하였다. 『타이완신문학』은 창간호부터 일본과 조선의 좌익작가 도쿠나가 스나오德永直, 하야마 요시키葉山嘉樹, 이시카와 다쓰조石川達三, 후지모리 세이키치藤三成吉, 장혁주張赫宙 등의 축전과 성원의 글,[68] 「고리키 특집高爾基特輯」[69]을 게재하는 등 깊은 사회주의 경향을 지닌 채 출발했다. 양쿠이가 말한 '진보문학'의 실체가 바로 사회주의의 기조 아래 적극적으로 타이완 현실을 파악하는 좌익문학이었음을 발견할 수 있다.

그러나 사실상 『타이완신문학』은 총독부의 감시를 피하기 위해 창간호에서 "본 잡지는 어떠한 단체의 기관지에도 속하지 않으며 전체 타이완 문예 동호인들의 공통 무대이다. 누구나 무대에 올라 공연

---

67 「台灣文壇の近情」, 『文學評論』 2卷 12號, 1935.11.1.

68 「台灣新文學に所望すること」(對台灣文學之寄望), 『台灣新文學』 創刊號, 1935.12.28, 29~41면.

69 「ゴーリキイ特輯」, 『台灣新文學』 1卷 8號, 1936.9.19, 22~35면.

할 수 있는 권리가 있으며 동시에 누구도 이를 지지할 임무가 있는 것이다"[70]라는 주지主旨로 출발하였다. 그러나 동인들 모두 그들이 '현실 사회생활의 진보 문학을 가일층 제고시킨다'[71]는 지향을 갖고 있다고 여겼다. 타이완문예연맹 기관지 『타이완문예』와 비교하면 그 차이가 분명히 드러나는데, 『타이완신문학』은 확실히 분명한 리얼리즘적 경향을 지녔으며 양쿠이가 주장한 빈곤한 일반 민중과 연합해 일본 식민통치를 와해시키려는 입장을 분명히 하였다. 따라서 일본 좌익 작가들과 긴밀한 연대 관계를 유지했을 뿐만 아니라 일본 나카사那卡社의 『문학평론』, 문학안내사의 『문학안내』 및 『시국신문時局新聞』, 『실록문학實錄文學』, 『노동잡지』 등 좌익잡지의 타이완 지부의 역할도 담당하였다.[72]

양쿠이가 주장한 바와 같이 다른 진보문학 진영과의 제휴를 이룬 것이다. 이는 1931년에 결성되었으나 곧 와해된 타이완문예작가협회 이후 일본 좌익작가와의 연합을 통해 재개한 좌익문학운동이었다. 이러한 사실을 통해 타이완의 좌익문학 진영이 줄곧 국제 사회주의 문예 발전에 관심을 가지고 있었으며 일본 좌익문학 단체와 긴밀한 관계를 유지했음을 알 수 있다. 이후 『타이완신문학』은 그 프롤레타리아 문예잡지 성격 때문에 누차에 걸쳐 내용이 삭제되거나 판매금지 처분을 당했고 1937년 4월 총독부가 중국어 금지 명령을 반포

70 「啓事」, 『台灣新文學』 創刊號, 1935.12.28, 99면.

71 吳兆行(新榮), 郭水潭, 「台灣新文學社に對する希望」(對台灣新文學社的希望), 『台灣新文學』 創刊號, 1935.12.28, 65~66면.

72 양쿠이 역시 이러한 잡지들에 타이완문학의 발전 개황과 관련된 많은 글을 게재하였다. 예컨대 「台灣の文學運動」, 『文學案內』 1卷 4號, 1935.10.1; 「台灣文壇の近情」, 『文學評論』 2卷 12號, 1935.11.1; 「台灣文學運動の現況」, 『文學案內』 1卷 5號, 1935.11.1; 「台灣文壇の明日を擔ふ人」(台灣文壇的明日旗手), 『文學案內』 2卷 6號, 1936.6.1 등이 그것들이다.

할 때까지 모두 15호가 발행되었다.

지금까지 『남음』과 『타이완신문학』 등 1930년대 좌익문학의 발전 경과를 개략적으로 정리하였다. 앞에서 언급한 것처럼 이 시기의 좌익문학운동은 총독부의 감시 등 객관적 조건으로 인해 우익과 연합해 발전을 모색할 수밖에 없었으며 따라서 『남음』, 『타이완문예』, 『타이완신문학』 등의 간행물 속에는 좌우세력이 심각하게 의견 대립하는 현상이 상당히 뚜렷하게 나타나 있다. 이 뿐만 아니라 좌익문학 진영 자체의 내부 대립 상황 역시 '정확한 이론' 및 그 응용문제를 토론하는 데서 분명하게 드러났다.[73] 예컨대 왕스랑은 당시의 좌익이론 진영에 대해 "공식적인 이론은 어떤 곳이나 적용할 수 있는 것이 아니다"라는 비판을 제기했다. 다른 곳에서 베껴 온 추상적 이론은 아무 쓸모가 없다고 생각한 것이다. 그는 프로문학의 세계성 뿐만 아니라 타이완 지역의 특수성 또한 중시되어야 한다고 주장한 것이다.[74]

이와 비교해 볼 때, '타이완의 구라하라 고레히토'이자 '공식주의자'라는 칭호를 얻고 있던 류제劉捷는 세계적인 차원의 공산주의 문예 발전 추세를 특히 강조했다. 그는 일본의 이론과 관념을 수용했을 뿐 아니라 소련 혁명 이전의 사회민주주의자 벨린스키, 소련의 문예이론가 루나찰스키, 사회주의 리얼리즘을 수립한 고리키까지를 모두 타이완에 소개하였다.[75] 그의 글은 부르주아 유미주의, 예술지상주

---

73 린커푸는 「詩歌的重要性及其批評」(『台灣新文學』 1卷 7號, 1936.8, 85~86면)에서 1935년 문련 대회 때 양쿠이와 류제 사이에 종파화 문제로 인해 격렬한 토론이 일어났다고 말했다. 玄影은 「沈默」(『台灣新文學』 創刊號, 90~91면)에서 류제를 타이완의 구라하라 고레히토, 도쿠나가 스나오, 루쉰 운운하며 풍자했는데 이런 기록들을 통해 종파 분쟁이 있었음을 알 수 있다.

74 王錦江(王詩琅), 「一個試評」, 『台灣新文學』 1卷 5號, 1936.5.4, 94~96면.

75 郭天留(劉捷), 「創作方法に對する斷想」, 『台灣文藝』 2卷 2號, 1935.2.1, 19~20면; 「台灣文

의 비판에 국한됐지만 이데올로기와 세계관, 자연 발생과 목적의식 등의 문제에서 이미 단순한 구호의 외침에서 벗어나 이론적 근거를 제기하는 등 타이완 좌익문학 이론 중 비교적 심도를 갖춘 문장으로 평가된다.[76]

이 시기의 좌익 문학운동은 30년대 초기의 프로 문학 정신을 계승했고 식민지 타이완의 현실을 명확히 인식하였으며 주로 문학결사를 통해 목적의식성을 강력하게 드러냈다. 일제 통치하의 이른바 프롤레타리아는 곧 노동자・농민 등 절대 다수의 타이완 사람들을 가리키는 것이었으니 이러한 역사 현실에서 본다면 그들이 주장한 프로문학이 민중 연대성을 확보하였고 강렬한 목적지향성을 지녔으며 식민지 현실의 곤경 및 현실 변혁을 우선적인 방향으로 설정했음을 알 수 있다.

5. 나가며

이상의 정리를 통해 타이완의 좌익문학운동은 1920년대 신문학운동 초기부터 시작되었으며 프롤레타리아 운동의 성장에 따라 프로문학운동으로 발전되었음을 알 수 있었다. 1930년대 초, 좌익 정치운

學に關する覺え書」, 『台灣文藝』 2卷 5號, 1935.5.5, 44~49면.

76 施淑, 「書齋, 城市與鄉村－日據時代的左翼文學運動及小說中的左翼分子」, 『兩岸文學論集』, 台北 : 新地, 1997, 71면.

동에 대한 일본의 탄압이 극심해지자 운동가들이 문예운동으로 집결했고 언론에 대한 감시를 피하기 위해 좌우합작의 문예운동으로 발전의 방향을 정하였다. 이 과정에서 좌익문단은 구체적 이론으로 '문예대중화' 방안을 제기하며 진정한 무산대중 문예가 짊어져야 하는 시대적 사명을 심각하게 사고하기 시작했다.

문예대중화론이 강조한 것은 수많은 군중과 함께 느끼고 무산대중과 함께 호흡하며 작가가 고통받는 군중을 대상으로 문예활동을 할 것을 호소하는 것이었다. 이러한 주장은 타이완신문학 건설에서 매우 중요했던 언어문제와도 관련되며, 따라서 찬반 양측의 의견의 대립이 곧 일어나 향토문학과 타이완화문논쟁으로 발전되었다. 그 중 향토문학논쟁은 주로 타이완 무산대중의 현실과 처지를 문학의 중심내용으로 하자는 논의였으며, 타이완화문논쟁은 무산대중에게 문예를 보급하기 위해서 타이완화문話文과 중국 백화문 중 어느 것이 더 효과적일지에 대한 쟁론이었다.

논쟁의 초점이 비록 언어, 즉 타이완화문話文의 사용 여부 문제에 집중되었지만 향토문학의 내용과 관련해서는, 즉 타이완의 무산대중 현실을 문학의 내용으로 해야 한다는 점에서는 어느 언어를 사용할 것인가에 관계없이 의견이 일치했다. 즉 논쟁에 참가한 좌익 문인들은 거의 똑같이 프롤레타리아 문예 입장에서 무산대중이 진정 이해하고 감상할 수 있는 문예의 내용과 형식을 사고한 것이다. 민중을 문예의 주체로 설정하는 이러한 관점은 사회주의 문예이론인 예술대중화론, 즉 예술은 민중에 속하고, 민중은 예술 창조 및 향유의 주체이며, 동시에 예술 또한 민중의 이해관계를 반영하고 민중에게 봉사한다는 데서 나온 것이다.

무산대중이 곧 전체 타이완 인민을 대표하는 당시의 현실적 상황에서 좌익문학운동의 발전과 그것이 제기한 문학이론은 정확한 역사인식과 현실인식을 구비했다 할 수 있다. 그리고 그 의의는 문학의 민중 연대성 및 민족해방을 추구하는 시대적 사명의 강력한 요구에 부응했다는 점에 있다.

이처럼 1920년대부터 전통적이고 인습적인 구문학과의 투쟁으로부터 출발한 타이완신문학은 대다수 타이완인들의 처지와 민족현실을 인식하는 수단으로 좌익문학이론을 수용하는 한편, 그 문학이념과 방법론으로 무산대중을 중심으로 하는 반제·반봉건의 정신과 리얼리즘을 채택하여 타이완 근대문학의 길을 개척했다.

서재, 도시 그리고 향촌*

일제강점기 좌익문학운동과 소설 속의 좌익 지식인

스수施淑

1.

1920년대 중기 타이완의 사회·정치운동이 활발해지면서 사회주의, 식민문제, 민족해방 등에 관한 담론과 타이완과 밀접한 관련이 있는 중·일 양국의 농민운동에 관한 보도가 『타이완민보』에서 중요한 위치를 차지했다. 이러한 현상은 객관적인 현실이 빚어낸 것이기도 하지만 한편으로는 이를 통해 당시 지식인들의 사상 동향을 엿볼 수 있다. 1925년부터 1927년까지를 예로 들면 얼린사탕수수농민사건二林蔗農事件과 무정부주의 단체인 '흑색청년연맹'의 조사, 일본 '시정기념일始政記念日'에 문협文協과 프롤레타리아 청년 강연자를 체포한 '육일칠사건六一七案', 그리고 문협의 좌우 분열 등의 중대한 사

* 이 글은 김희경이 번역하였다.

건을 겪으면서 『타이완민보』는 계속해서 중국의 내전과 정치적 동향을 주시하는 외에 일본 프롤레타리아운동과 노동자・농민 조직의 발전, 무산자 정당의 당 강령과 정책 등을 번역하였다.[1]

『타이완민보』는 타이완의 특수한 상황을 겨냥하여 1925년 12월부터 1926년 사이에 일본에서 설립되었던 다섯 개 프롤레타리아 정당의 분합과 사상동향에 대해서도 분석했다. 『타이완민보』의 논평은 이러한 정당들이 똑같이 핍박받는 자의 입장에서 타이완의 반식민운동에 대해 당강령과 정책에서 식민지적 차별 대우를 철폐하자는 항목을 두었지만 구체적인 방법이 없어 그저 유명무실한 식민지정책에 그치고 말았다고 비판하고, 타이완 사람들이 스스로 분발하여 힘쓰지 않고 타인에게 기대려고만 해서는 안 될 것이라고 지적했다.[2]

타이완 정치사회운동에 관한 담론도 『민보』에 시의적절하게 번역되어 소개되었다. 그중에서 특히 주목할 만한 것은 일본 사회주의 이론가인 야마카와 히토시山川均의 「약소민족의 비애弱小民族的悲哀」이다. 1926년 잡지 『개조改造』 5월호에 발표된 이 논문은 곧바로 장워쥔張我軍에 의해 번역되어 1926년 5월 16일부터 7월 25일까지 총 10회에 걸쳐 연재되었다. 「'일시동인', '내지연장주의', '순화융합정책' 하의 타이완在'一視同仁''內地延長主義''醇化融合政策'下的台灣」이라는 부제를 달고 있는 이 논문은 각각 경제, 정치, 정신의 세 방면으로 나누어 타이완 사람들이 일본 통치자들의 지배와 핍박을 받게 된 정황을

1 「無産農民勞動黨被禁僅三月勞動農民黨的無産黨又再世」, 『台灣民報』 제95호, 1926.3.7; 「勞動農民黨之前途與台灣」, 「勞動農民黨的宣言」, 『台灣民報』 제96호,1926; 「左翼無産政黨的出現」, 『台灣民報』 제135호, 1926.12.12; 「又生一個無産政黨日本勞農黨」, 『台灣民報』 제136호 1926.

2 「無産政黨與殖民地」, 『台灣民報』 제137호, 1926.12.26; 「日本無産政黨的分析」, 『台灣民報』 제148호, 1927.3.13.

고찰하고 있다. 야마카와는 이론적 분석과 통계자료를 인용하는 것 외에도 일본 점령 초기에 미쯔비시사三菱公司가 정부와 결탁하여 주산竹山, 더우류斗六, 자이嘉義 등지의 죽림竹林을 약탈해 간 것과 당시에 막 발생했던 린번위안 제당공장林本源製糖廠이 사탕수수 농민을 착취한 '얼린사건二林事件'에 대해서도 언급하였다. 검열을 당하여 적잖이 삭제된 민감한 문제에 관한 담론들은 그것의 불완전함과 공백이 오히려 타이완과 일본 사회개혁자들의 공통된 사상적 귀추 및 국제주의 정신의 교류를 보여주고 있다.

야마카와 히토시의 논문을 번역한 뒤로도 1927년 6월 26일 및 7월 3일자 『타이완민보』는 정덩산鄭登山이 번역한 후세 다쯔지布施辰治의 「계급투쟁과 민족운동階級鬪爭與民族運動」을 연속해서 게재하였다. 이 글은 후세 다쯔지가 타이완에서 얼린二林 사탕수수 농민들의 변호를 맡아 열흘간 머무르며 30차례 강연을 하면서 프롤레타리아 해방운동을 선전한 원고 가운데 하나이다. 타이완에 가기 전 후세는 도쿄의 '타이완청년회' 정기모임에서 타이완 문제에 대해 강연했는데, 그는 타이완 해방 운동 속에 나타난 계급투쟁과 민족운동의 분열 경향에 대해 우려를 표시했다.[3] 『타이완민보』에 게재된 정덩산의 번역문은 문협의 분열로 인해 폭로된 타이완 지식계의 사상갈등에 대해 직접적으로 제기한 간언이다.

강연에서 후세 다쯔지는 급진분자라 일컬어졌던 계급투쟁 노선을 견지한 마르크스주의자들과 점진적인 개혁을 주장하는 사회문화운동 인사들 간의 사상충돌 문제에 대해, 식민지의 해방운동에는 반드

3 「東京台灣青年會例會－布施氏講演中被中止」, 『台灣民報』 제162호, 1927.6.19. 이것으로 볼 때 이 강연은 1927년 6월 12일에 했던 것으로 생각된다.

시 민족정신과 전세계의 단결을 동시에 존중하는 프롤레타리아가 필요하다고 지적했다. 민족운동은 종적 단결이고 계급투쟁은 횡적 단결이므로 둘은 불가분의 관계이며 억압 받는 타이완인들은 마땅히 이러한 공동전선의 의의와 필요성을 자각하고 인식해야만 한다는 것이다.

같은 해 3월, 야나이하라 타다오矢內原忠雄는 타이완에 머무르며 종교적 인류애 및 인도주의의 관점과 식민지 연구를 통해 얻은 신념을 결합하여 타이완 민중들에게 '친선과 융화의 길', '행복한 사회', '인도주의와 인류평화의 토대' 등의 도리를 연설하였는데, 그 청중이 최소 일만 명에 이르렀다. 그는 또한 후세 다쯔지와 같이 '민족운동과 계급운동'이라는 제목으로 타이완 주재 일본 고관과 상인들에게 식민통치자의 이론과 실정을 강연하였다. 그가 발표한 모든 논의들은 타이완의 일부 좌파인사와 『경세신보經世新報』 등 어용 신문의 공격을 받았다.[4] 야나이하라 타다오와 후세 다쯔지의 이론과 정신에 관심이 집중되었던 상황을 통해 당시 타이완 지식계와 군중들이 느꼈던 식민지의 사상적 곤혹과 정신적 고뇌를 엿볼 수 있다.

『타이완민보』는 전통적인 민족과 문화 감정 때문에 중국문제에 관한 보도와 토론에 더욱 더 진력을 다하였다. 사회정치적 사건들에 관한 보도를 제외하면 중국에 관한 논술들은 거의 똑같이 약소민족의 입장에서 중국의 사회와 역사 발전을 예로 들어 핍박당하고 침략당하는 국가의 해방의 길을 탐구하고 연구하는 내용이었다. 식민지의 절실하고도 구체적인 문제들로부터 출발하여 이와 관련된 일본

4 「矢內原教授在台灣講演的概要」, 『台灣民報』 제156호, 1927.5.8; 「矢內原氏的台灣視察」, 『台灣民報』 제157호, 1927.5.15.

의 논술을 번역 소개하고 그 속에서 타이완이 대처할 방안을 찾았는데, 사회주의 이론과 실천의 쟁론 특히 마르크스, 엥겔스, 레닌의 경전적 저작들의 선역選譯이 중국 관련 논술의 중심과 성과였다.

1926년 8월의 『타이완민보』 제120호부터 1927년 2월의 『타이완민보』 제143호까지 천펑위안陳逢源의 「나의 중국 개조관我的中國改造觀」으로 시작되어 쉬나이창許乃昌, 차이샤오첸蔡孝乾, 천펑위안 간에 장장 반년에 걸쳐 이어졌던 논쟁이 바로 그 대표적인 예이다. 이 논쟁에서 쉬나이창과 천펑위안 두 사람은 마르크스 「정치경제학 비판 서언政治經濟學批判序言」의 생산력, 생산관계, 사회발전 단계와 레닌의 자본제국주의 등 이론적인 문제를 탐구하고 그것을 중국사회의 성격과 혁명 노선에 적용하여 분석했다. 그 논쟁 중에 인용한 가와카미 하지메河上肇, 사노 마나부佐野學, 로자 룩셈부르크, 니콜라이 부하린, 카를 카우츠키 등 사회주의 이론가와 저술을 통해 쉬나이창과 천펑위안 두 사람을 비롯해 당시 타이완 좌파지식인들의 이론 수준과 사회적 실천과 내용을 대략적으로 짐작할 수 있다.

이외에도 『타이완민보』는 '사설', '평론', '잡록'을 통해 타이완 사회운동에 대한 고찰과 좌우파 사상에 대한 평석, 세계사조의 신동향에 대한 문장들을 자주 발표했다. 이와 관련하여 롄원칭連溫卿의 번역과 평론은 시야나 사상의 깊이 면에서 모두 간과할 수 없는 의의를 지닌다. 예를 들어 「소 잃고 외양간 고치기亡羊補牢」에서는 일본이 러시아 맹인시인 에로센코를 추방한 일과 이른바 '적화선전' 문제를 말하였고, 「소비에트와 교육蘇維埃與教育」에서는 새로운 교수법을 소개하였으며, 「징병제도에 반대하는 선언反對徵兵制度的宣言」에서는 징병제도와 군국주의에 대해 논하였다. 「어떻게 봐야 하는가要怎麼看」에서는 타이완 자본주의가 선진 공업국가들과 같이 자연스럽게 발전하지 못하고 일본의 식민통치 정책과 경제정책에 의해 그 방향이 결정될 수밖에 없음을 논증했다.[5] 그의 이러한 문장들 가운데 1926년 10월부터 네 차례에 걸쳐 발표한 「에스페란토주의란 무엇인가什麽是世界語主義」는 각별한 의의를 지니고 있다. 이 문장을 통해 1920년대에 서방의 자유주의와 무정부주의, 각종 유토피아 사상의 세례를 겪은 타이완 사회개혁자들이 현실적 실천 후 찾아낸 사상적 출로와 사고방식을 알 수 있다. 동시에 타이완 문화협회의 좌우익 분열이 필연적일 수밖에 없다는 점도 파악할 수 있다.

「에스페란토주의란 무엇인가」는 에스페란토와 '인류인주의Homaranismo'의 발생과 전파, 그 발전의 문제를 분석하였다. 롄원칭은 에스페란토의 발생을 러시아의 폴란드 '분할 통치'가 경내 서로 다른 민족들 간의 알력을 일으켜 민족의식이 왜곡되었던 문제와 연계하여 설명했다. 이러한 시대적 조건 아래 에스페란토의 창시자 자멘호프는 언어와 종교를 통해 민족과 국가 간의 모순을 해결할 수 있다고 보았다. 그는 '에스페란토주의의 핵심이 '민족관념의 초월', '국가의 적개심 허물기', '전 인류가 한 가족처럼 단결하기'에 있다고 주장했다. 이러한 구호와 에스페란토는 1차 세계대전 후 삽시간에 전세계로 보급되었다.

롄원칭은 이것이 협소한 국가 관념에 대한 반동이며, 당시의 '민족자각' 관념과 서로 영향을 준 결과라고 분석하였다. 그는 일본의 아나키스트 이시카와 산시로石川三四郎가 제시한 '혀의 반역'이란 견해를 비판했다. 그는 핍박받는 민족의 '세 치 혀가 봉쇄되었기' 때문에 자

5 連溫卿의 이 문장들은 순서대로 『台灣民報』 제123, 124, 127, 135호에 보인다.

유롭게 다른 민족들과 융화하고 친선할 수 없으므로 에스페란토를 통해 반발을 기도한 것이라는 판단은 정치의 작용을 무시한 것이며 동기를 원인으로 보는 것이라고 생각했다. 왜냐하면 유럽 강대국의 통치자들은 에스페란토를 지지하지 않고 그것을 사회주의운동으로 보았으며, 약소국가의 통치자들은 비록 그것을 지지하기는 하였으나 그 목적이 일반 민중이 기대하는 것과는 달리 그것을 통해 국가민족의식을 일깨워 다른 국가와 민족에 대항하려 했을 뿐으로 이는 근본적으로 에스페란토주의의 이상을 위배한 것이기 때문이다.

렌원칭은 자멘호프가 제기한 '인류인주의 선언'에 대해서도 논의했다. 그는 이 선언이 비록 에스페란토주의의 평등・정의・호애互愛 등의 사상을 근거로 삼고 있지만 실행 방법에 있어 미국 대통령 윌슨의 평화조약과 다르지 않으며 국제연맹과 같은 조직을 통해 국가 민족 간의 분쟁을 해결하기를 희망하였던 것에 불과했다고 판단했다. 실제로 국제연맹은 1차 세계대전 후 유럽 열강들이 회복하지 못한 경제적 손상 때문에 일시적으로 경제적 경쟁 상태에서 벗어나 휴식을 취한 것이었을 뿐이었다.

이에 근거하여 렌원칭은 인류인주의와 에스페란토주의가 사회 개혁에 미치는 효과가 '지극히 미미하다'고 생각했다. 그 이유는 인류의 사회조직이 억압과 피억압, 통치와 피통치의 계급관계에 있으며 경제구조가 정치세력에 힘입어 수탈과 착취의 상태를 유지한다면 에스페란토와 인류인의 이상이 실현될 수 없을 것이기 때문이다. 미래사회 개조에 대한 에스페란토의 역할에 관해서도 렌원칭은 유보적인 태도를 지니고 있었다. 에스페란토의 탄생은 시대성의 반영이므로 러시아혁명의 성공과 소비에트 제도의 건립이 증명하듯이 사회상황이 변하게 되면 그 역할을 잃게 된다고 본 것이다.

새로운 사상이 솟아나고 사회운동이 전환점을 맞았던 1926년을 지내고 새해를 맞은 1927년 1월 2일 『타이완민보』 제138호에는 차이페이훠蔡培火, 장웨이수이蔣渭水, 롄원칭 세 사람의 회고성 문장이 실렸다. 이 글들은 과거의 운동성과를 총결하고 미래의 행동 방향을 전망하는 내용이었다. 차이페이훠는 「내가 문화운동에서 정한 목표我在文化運動所定的目標」라는 글에서 문화는 인격이 만들어낸 결과인데 인격은 진위와 선악을 판별하고 미추를 구분하며 나아감과 그침을 결정하는 등 인간능력의 총체라고 주장했다. 그는 문화운동이 곧 인격운동으로 인격을 해방하고 각성시킴으로써 적절한 신문화를 만들어 낼 수 있다고 여겼다. 그는 미국의 민주정치가 사람들을 자유롭고 즐겁게 해준다고 찬미했다. 그는 타이완 문화운동의 가장 중요한 무기가 '좋은 문자'이며 그것이 새로운 지식을 흡수하는 데 편리하고 인격을 발전시킬 수 있을 것이라고 믿었다. 그것은 바로 로마자 타이완어였다.

장웨이수이 글의 제목은 「동포는 단결해야 하며 단결만이 힘이 있다同胞須團結, 團結眞有力」였는데, 그는 이것을 새로운 한 해의 구호로 삼았다. 그는 단결이 생물계의 공통적 본능으로 타이완인의 유일한 무기이자 고난을 탈피하고 행복을 추구하는 실마리라고 여겼다. 따라서 "세계 각국의 노동자들은 반드시 단결해야 한다"는 마르크스의 말을 인용하여 타이완 노동자와 농민 대중이 분기하여 억압에 저항하기를 기대하였다.

이러한 의견들과 앞서 롄원칭이 언급했던 에스페란토주의를 비교해보면 사고의 깊이와 사상적 차이를 바로 판단할 수 있다. 롄원칭은 앞서 언급한 『타이완민보』에 발표한 「과거 타이완의 사회운동」에서 1927년 이전 각 단계 운동의 발전 궤적을 검토한 후, 특별히 1926년 11월 일본 잡지 『개조』에 게재된 아카마쓰 가쓰마로赤松克麿의 「우익결성은 필연적 대세右翼結成是必然的大勢」와 같은 달 『타이완민보』 제132호의 '평론'란에 게재된 「좌우경변左右傾辯」에 대해 언급하였다. 서명이 되어 있지 않은 이 문장은 『타이완민보』의 입장을 대변했다. 이 문장은 일본의 사회운동가들이 소련에서 온 혁명이론과 공산주의에 도취되어서는 안 된다는 사실을 알고 있었기 때문에 야마카와 히토시는 '방향 전환론'을, 아카마쓰 가쓰마로는 '과학적 일본주의'를 주장했던 것이라고 하였다. 이에 근거하여 「좌우경변」의 작자는 전통과 국정을 무시한 개조주의에 반대하고, 이상을 지키고 우경의 타협에 빠지지 않으며, 사실을 정확히 인식하고 좌경의 소아적 공상주의를 배척해야 한다고 '우리의 태도'를 표명하였다.

이 모든 것들에 대해 롄원칭은 그의 문장 끝에서 "일본의 '붉은 소나무'가 타이완에 와서 흰 속살의 고구마로 변하는 것을 반드시 막아야 한다須防日本的'赤松'到了台灣, 卽變做白心底蕃薯罷"고 타이완의 사회운동가들을 일깨우고 있다. '붉은赤' 소나무와 '흰白' 속살 고구마, 즉 좌우익 사상의 변증 사이에서, 그리고 식민지배의 험난함 속에서 일제강점기 타이완 좌익지식인들은 문협文協분열 후 타이완문학 안에서만 그들의 가시밭길을 걸어가야 했다.

2.

1927년 타이완 사회문화 활동의 좌우 노선 분열을 상징하는 문협이 개편되었다. 『타이완민보』에 의해 '계급투쟁을 주장하는 마르크스주의자와 전민족운동을 취하는 민족주의자의 사상 대립'[6]이라 일컬어졌던 이 상황으로 인해 문예이론과 창작경향에도 상응하는 변화가 일어났다. 개편 후의 새로운 문협은 좌익사상의 주도 아래 원래의 민족주의 계몽문화단체에서 프롤레타리아 문화투쟁 조직으로 바뀌었을 뿐만 아니라 '타이완의 대중문화 보급'을 그 총강령으로 명확히 정립했다.[7] 이때부터 '대중문예'와 '대중문학'이라는 관념과 이에 대한 요구가 생겨났으며, 그것은 1920년대 말부터 1930년대 사이에 타이완 문예단체들이 보편적으로 추구하는 방향이 되었다. 이시기 잇달아 창간된 『남음』, 『폴모사』, 『선발부대』, 『타이완문예』, 『타이완신문학』과 같은 문예잡지들의 '대중문학'에 대한 정의와 그 성질 및 창작방법에 대한 이해는(타이완 언어와 중국 백화문 등의 문제에 대한 관점 차이로 격렬한 논쟁에 이르기도 하였지만) 사회주의 사상의 계발과 당시 국제 프로문학운동의 영향을 받은 것이 명백하다.

앞에서 서술한 바와 같이 문협 분열 전후 타이완 문화계는 중・일 양국의 사회 정세 및 새로운 국제 사조에 대해 줄곧 세심한 주의를

6 「過去一年的回顧」, 『台灣民報』 제189호, 1928.1.1. 이 문장에서는 또한 이 '두 개의 큰 조류가 타이완 내부에서 범람하고 있고', '이 두 사상의 논쟁과 선전은 작년에 가장 뜨거웠으며 지금도 여전히 계속되고 있다'고 하였다.

7 林書揚 等 編譯, 제5절 「台灣文協會」, 『文化運動』 제1책(『台灣社會運動史』, 原 『台灣總督府警察沿革誌』 第2篇), 台北 : 創造出版社, 1989, 258・268면.

기울이고 있었고 이와 유사한 상황이 문예소식의 소통에서도 나타났다. 시가, 소설 등 작품의 번역소개 외에도 문예사조 방면에서 1930년에 타이완 내 인사가 창간한 『오인보』, 『명일』, 『홍수』, 『적도』, 『타이완전선』 등의 간행물이 먼저 프로문학운동의 서막을 열었다. 조직 구성원에 공산주의자, 무정부주의자, 민족주의자를 모두 포괄한 간행물은 1928년에 일본에서 성립된 '전일본 프롤레타리아예술연맹'(약칭 NAPF) 및 일본 사회주의 운동조직과도 관련이 있다.[8]

이 단계에서 일본 프로문학 관념을 주도한 것은 '나프'의 발기인이자 이론계의 권위자인 구라하라 고레히토藏原惟人가 제기한 '신사실주의'지만, 자료상의 한계로 구라하라 고레히토의 이론이 위에 서술한 간행물들에 번역, 소개되었는지의 여부를 알 수가 없다. 현존하는 제2기와 제4기 『적도』에 근거하면 「우리는 프롤레타리아 문예운동에 어떻게 참가해야 하는가我們要怎樣去參加無產文藝運動」라는 글은 자본주의와 18・19세기 서방 문예발전의 궤적을 통해 문예의 내용과 형식, 사회배경과 계급실천의 내재적 관계를 논증하고, 플레하노프의 "예술가는 사회를 위해 존재하는 것이다. 예술은 반드시 인류의식의 발전과 사회창건의 개선을 돕는 일이어야 한다"라는 말을 인용하며 결론을 맺었다.[9] 『적도』에 실린 이 짧은 논술은 맹아기 타이완 좌익문예이론을 대표하는 것이라고 볼 수 있다.

---

8 林書揚, 위의 책, 401~402면.

9 『赤道』 제2호, 1930.11.15, 2면. 같은 호에는 「新俄詩選」, 「馬克思進文廟」 등의 번역 작품이 실려 있고 논저로는 「無產階級與兩性問題」이 연재되었으며, 일본 프로문예이론가 秋田雨雀 원작의 「ソウエート, ロツセノ槪觀」과 중국 혁명문학 작가 馮乃超의 시 「快走」가 전재되었다. 제4호(1930.12.19)에는 「無產階級與兩性問題」가 연재된 것 외에도 독일 프롤레타리아 혁명가 바벨I. Babel의 생애에 대한 간략한 소개와 노동자를 묘사하고 사회 운동가를 풍자하는 소설과 시작품이 실렸다.

문예이론 자료가 상당히 결핍되어 있던 1930년 당시의 좌익 간행물들은 활동방침과 전략 부분에서 상당히 명확한 목적을 보여준다. 예를 들어 타이완 공산당원과 좌익 문예청년이 지지하고 투고한 『오인보』는 조사를 받아 금지되고 난 뒤에도 15기를 더 발행하였고 타이완 전역 70여 곳에 발행망을 건립하였다.[10] '백색테러가 횡행하는 가운데 최소한도의 합법성을 이용해야 한다'고 천명한 『타이완전선』은 발간선언에서 '프로문예로써 고생하는 여러 군중들의 이익을 모색하고 자본가의 횡포 아래 우마와 다름없는 생활을 하는 모든 핍박받는 군중들의 해방을 책동'하여 이 잡지가 '타이완 해방운동 상 첫 논쟁기구이자 나침반이 되게' 하겠다는 명확한 목적을 표명했다.

이 잡지는 '정확한 이론'으로 문예혁명을 촉진하고 고생하는 군중들이 자유롭게 마르크스주의 이론과 프로문예를 발표하게 하며 프롤레타리아의 혁명이론과 프롤레타리아의 혁명운동을 하나로 융합시켜 역사의 과정을 축약"할 것을 언명하였다.[11] 이 영웅적 색채가 충만한 선언은 발간금지를 당하였고 총 4기를 발행한 『타이완전선』도 모두 조사되어 금지 당하였다. 그러나 그 혁명적 열정과 조직의식, 특히 '정확한 이론'에 대한 요구는 잇달아 일어난 좌익 문예단체와 간행물로 계속 이어졌으며 국제 프로문예와 연결된 '통일전선'의 구성부분 가운데 하나로 발전했다.

『타이완전선』의 뒤를 이어 1931년 '타이완문예작가협회'가 성립되었다. 일본과 타이완 본토의 좌익청년으로 이루어진 이 문예단체는 '신문예를 탐구하고 그것을 타이완에 확립시키는 것을 목적'으로 하

10 林書揚, 앞의 책, 402~403면.

11 위의 책, 403~404면.

며 중심임무는 문예운동의 주관화, 자아도취 등 '무정부주의적 배타주의' 경향을 극복하는 데 있다는 '규약'을 발표했다. 활동방침에서 문예이론과 문예비판의 중요성을 특별히 강조하였다. '제재의 선택 방법, 사물을 보는 방식과 작품속에서의 처리 방법—작품의 내용과 형식면에서', 그리고 '신문예의 탐구와 방향의 건립에 성실한 노력을 기울여야 한다'는 것이었다.[12]

'타이완문예작가협회'는 일본 '나프'의 기관지 『전기』의 영향을 받아 탄생한 '나프'와 유사한 조직이다. 따라서 전반적인 활동 목표에서 문예의 당성과 국제주의 정신 및 그것을 계급투쟁의 무기로 삼는 것 등에 대한 주장이 매우 강렬했다. 이 단체가 창립된 후 'J.G.B.서기국' 명의로 일본에서 온 축전이 있었는데 축전에서는 먼저 1930년 11월 우크라이나의 수도 하리코프에서 거행된 혁명문학 국제국 제2차대회에서 이루어진 일본 예술운동에 대한 결의를 인용하였다. 그 결의 가운데 '나프'의 식민지 예술에 대한 관심이 부족함을 지적하는 내용이 있었고 축전은 이에 근거하여 다음과 같은 의견을 제시했다.

첫째, 올바른 식민지문학은 반드시 식민지 자체의 예술단체에 의해 진행되는 강력한 투쟁을 주체로 삼고 그것을 본국 내(일본을 가리킨다—필자주) 예술단체의 공동투쟁과 결합시킬 때 비로소 가능하다고 하였다. 둘째, 타이완사회의 물질생산력이 이미 국제적인 수준으로 발전한데다 점점 복잡해지는 양상을 띠고 있었으므로, 타이완의 민족적 수요는 이미 노동자계급의 계급 수요와 떼려야 뗄 수 없는 상황에 도달하였다. 이러한 상황 아래 만약 예술이 민족의 심리, 사상, 감

12 위의 책, 410~412면.

정 등을 국가주의적 보수성 또는 부르주아성으로 체계화한다면 그 예술은 노동자계급의 이익과 서로 대립하게 될 뿐만 아니라 민족 전체의 이익, 민족투쟁 자체와도 대립하게 될 것이다. 따라서 일본 제국주의와 투쟁하는 타이완 프로문예 종사자들은 투쟁과정 속에서 보수주의적 민족사상감정과 부르주아적 계급성을 반드시 배제해야만 한다고 보았다. 셋째 '타이완문예작가협회'가 목표를 애매하게 "새로운 문예를 탐구하여 그것을 타이완에 확립시킨다"라고 정의한 것을 비판했다. 'J.G.B.서기국'은 이 규정이 '여러 가지 반동적 위험성을 내포하고 있다'고 판단했다. 왜냐하면 '새로운'은 예술지상주의를 의미하는 것일 텐데 이렇게 되면 '신흥계급'이란 말은 완전히 대중 앞에서 덮여져 버리기 때문이다. 이러한 기회주의적 심리를 극복하기 위해 축전은 '협회'의 구성원이 마땅히 타이완에서 일어나는 민족, 계급운동에 참가해야 하고 반드시 혁신적인 안목으로 예술내용을 얻어야 한다고 보았다. "이론을 발전시키는 동시에 작품의 실천을 널리 시행하지 않으면 안 된다. 작품의 실천을 널리 시행하기 위해서는 투쟁의 과정 속에서 정확하고 전망있는 견해를 얻기 위한 투쟁의 일원이 되지 않으면 안 된다"고 지적한 것이다.

그러나 "만약 혁신적인 안목이 대중의 투쟁으로부터 동떨어져 있다면 절대로 프롤레타리아적 사실주의를 살릴 수 없다"고 하여 축전은 '협회'의 구성원에게 오직 한 가지 길만이 있다고 지적하였다. 그것은 '바로 식민지에 혁명문학을 수립하는 것'으로 단지 입으로만 '레닌주의 만세!'라고 떠들어대는 트로츠키주의를 따르지 말고 파벌관념을 가지지 말아야 하며 '창의성과 프롤레타리아의 패권'을 쟁취하기 위해 모든 구성원은 반드시 프로예술의 조직 안으로 침투해야 한

다는 것이다.[13]

프로문예운동의 관방의식 형태를 꿰뚫는 'J.G.B.서기국'의 문건이 제기한 문제는 단지 '타이완문예작가협회'의 개별현상에 대한 것만은 아니며 1930년대 좌익 문예운동에 대한 전면적인 비판으로 보아야 할 것이다. 왜냐하면 그 안에 제기된 지적들은 모두 훗날 좌익문예종사자들 사이에 격렬한 논쟁거리가 되었고 또한 조속히 극복하고자 하는 이론과 창작실천 상의 핵심 난제가 되었기 때문이다.

1932년경부터 대중문예를 발판으로 삼은 잡지에서 이론부터 실천에 이르기까지 '벽에 부딪치는' 소리가 곳곳에서 들려오기 시작했다. 예룽중葉榮鐘은 1932년 1월 『남음』 창간사 첫머리에서 '지금의 타이완은 팔면이 벽에 부딪친 격이라고 말할 수 있다'고 주장했다. 1934년 7월에 발간된 『선발부대』도 권두언의 첫머리에서 '타이완신문학의 발전 행로는 벽에 부딪쳤다'고 일갈했다. 선언문에서는 한층 더 나아가 '우리 타이완의 모든 분야는 이미 극단의 벽에 부딪쳤다'고 솔직하게 토로했다. 이 벽에 부딪친 것 같은 느낌이 사회주의사상에서 출발하여 '어떤 방법과 도구, 형식으로 사상과 문예를 일반 민중들의 마음속으로 침투시킬까'를 사명으로 했던 『남음』으로[14] 하여금 '대중에 가깝고 대중에게 오락과 위안을 공급'하는 '통속화된 대중문예'의 창작으로 그 방향을 바꾸게 만들었다.

『남음』은 곧 '타이완의 특수한 문화'와 '사회의식'에 입각한 '제3문학'을 제창하고 '민중을 파는 것'에 반대를 표명하였고 에스페란토와 중국어를 배워야만 프로문학이라고 할 수 있다는 의견에도 동의하

---

13 자세한 내용은 「致台灣文藝作家協會創立大會的賀電」 참고. 林書揚, 앞의 책, 413~416면.

14 「發刊詞」, 『南音』 창간호, 1932.1.1; 葉榮鐘, 「'大衆文藝'待望」, 『南音』 제2호, 1932.

지 않았다. '몇 권의 소책자 속에서 뽑아내어' '레닌과 마르크스의 허울 아래 경제공황 자본주의 제3기라는 신조어를 베껴 쓰는 것'을 과연 프로문학이라고 할 수 있는가 하는 의문도 제기하였다.[15] 『남음』의 입장 변화는 1932년 중국 사회주의 문예진영에서 분화되어 나와 '자유인'과 '제3인간第三種人'의 신분으로 중국 좌익작가연맹과 대립하면서 어떤 하나의 문학이 문단을 독점하는 것에 반대하여 거세게 일어났던 그 유명한 '문예자유논쟁'과 유사하다. 이러한 모든 문제들에 관해 여기서는 논할 겨를이 없지만 타이완의 '제3문학'이든 중국의 '제3인간 문학'이든 모두 사회주의 문예운동 내부의 모순으로 인해 나타난 것이다.[16]

따라서 『남음』은 프로문예에 반대하면서도 타이완 노동자와 농민의 어려운 처지를 묘사한 작품을 중시하였고, 30년대 타이완과 중국 좌익문예운동에 깊은 영향을 주었던 일본 프로문예이론가 쇼무 노보리昇曙夢의 「최근 소비에트 문단의 전망最近蘇維埃文壇的展望」을 게재하기도 하였다. 당시 소련의 가장 급진적인 노동 소재 신사실주의 작품을 소개한 이 논문의 번역자는 바로 언어 문제에서 『남음』의 기본 입장과는 다르게 중국의 백화문으로 창작하는 것을 고수하였던 랴오위원廖毓文이었다.[17] 칼럼인 '문예시평'에서 칭윈擎雲은 「루쉰에 관한 소식關於魯迅的消息」을 발표하였다. 이 글은 중국의 대규모 공산당 숙청사건으로 1929년 이후 루쉰의 작품을 읽지 못하여 고독하다고 말

15 이상의 인용문들은 각각 葉榮鐘, 「第三文學提唱」, 『南音』 제8호, 1932; 葉榮鐘, 「再論'第三文學'」, 제9·10호 합간, 1932 등에 보인다. 一吼(周定山), 「拍賣群衆」, 제6호, 1932, 22~23면.

16 施淑, 「中國社會主義文藝理論的發展(1923~32)」, 『理想主義者的剪影』, 台北 : 新地文學出版社, 1990, 209~221면 참고.

17 『南音』 제5호, 1932, 16~21면.

하며 기쿠치 칸菊池寬 등 일본 작가들만 아는 타이완 독자들이 이 중국작가의 걸작을 읽어볼 수 있게 되기를 희망했다. 아울러 머지않은 장래에 루쉰의 '좌경 이후 신작'을 읽을 수 있게 되기를 기대했다.[18]

『남음』의 입장변화 과정은 상술한 J.G.B. 서기국의 축전 가운데 프로문예운동 속의 민족주의와 프롤레타리아 의식 사이의 모순관계를 설명하는 하나의 예증이 될 수도 있을 것이다. 이것은 '대중문예'에 대한 『남음』의 관점을 설명하는 것에서 시작해야 한다. 예룽중이 집필한 몇 편의 '권두언'에 나타난 대중문예와 제3문학에 관한 글들을 보면 『남음』은 모든 면에서 벽에 부딪친 정치, 경제, 사회적 곤경 속에서 '문학적 계몽운동'을 위해 창간되었고 그 목적은 혼란스럽고 참담한 분위기 속에 살고 있는 타이완 민중들이 문예창작을 통해 문화 및 정신생활의 수준을 끌어올리게 하는 데 있었다.[19]

이러한 관점은 문화협회가 민중들의 지식을 계발하기 위해 설립되었던 최초의 목적과도 유사하다. 예룽중은 그러한 목적에 도달하기 위해서 문예가 통속화되지 않으면 안 된다고 여겼기 때문에 당시 일본에서 유행했던 대중문예의 관념을 끌어다 사용했다. 그의 표현에 따르면 그것은 '문화적 교양이 비교적 낮은 일반 대중들을 위해 쓰는 통속문예'였다. 그는 이 방법을 통해서만 문예를 대중들에게 접근시킬 수 있고 '참담하고 어려운 환경'에 직면한 다수의 타이완 사람들이 필요한 오락과 위안을 얻을 수 있다고 생각했다. 그는 당시 타이완의 이른바 '예술소설'은 대부분 '허황되고 기묘한 작품'으로 작가가 단지 자신의 개성과 심경을 표현하기만 하고 독자의 흥미를 도외

18 『南音』 제3호, 1932, 14~15면.
19 「發刊詞」, 『南音』 창간호, 1931.

시하였다고 비판하였다.

뿐만 아니라 그러한 작품들은 대부분 중국작가의 손으로 창작된 것이라 타이완의 '환경과 다르고 심경과도 거리가 있어서' 일본의 '줄거리를 중심으로 하는 대중소설'처럼 사람들의 마음을 사로잡지 못한다고 하였다. 이러한 이유들을 근거로 그는 타이완의 풍토, 인정, 역사, 시대를 배경으로 하는 흥미롭고 유익한 타이완 자체의 대중문예가 탄생하기를 기대하였다.[20]

대중문예에 대한 예룽중의 관념은 문협 분열 후 좌익 사조의 지배하에 제기되었던 '정확한 이론' 지도를 선결조건으로 했던 대중문예와는 관념상 근본적으로 다른 것이었다. 그는 민족심리, 사상, 감정의 측면에서 '타이완 전체 집단의 특성'[21]을 반영하는 '제3문학'을 제창한 것으로 이것은 혁명적 프롤레타리아 의식과 대립될 여지가 있었다. 이는 1930년대 초 사회주의 사상이 발전하는 상황에서 그가 프롤레타리아 해방운동의 '동반자' 신분에서, 프로문예의 행렬에서 점점 멀어져갔음을 말해 준다. 예룽중은 '제3문학'을 제창하는 문장 속에서 마르크스와 레닌의 이름을 늘어놓고 사회주의 소책자의 신조어를 베껴 쓴 프로작품들을 조롱하였다.[22]

저우딩산周定山은 잡문인 「가마니ABC草包ABC」에서 중국의 혁명문학이론가 첸싱춘錢杏邨을 '문학의 폭군'이라 칭하고 그가 생사여탈적 비평권을 발휘하여 타이완 사상계도 덩달아 '프로'를 가져와 팔게 되었다고 하였다.[23] 타이완화문을 고수했던 궈추성郭秋生은 중국의 백

20 「'大衆文藝'待望」, 『台灣民報』 3卷 12・13號, 1925.4.21～5.1.
21 「再論'第三文學'」, 『台灣民報』 3卷 16號, 1925.6.1.
22 「第三文學提唱」, 『台灣民報』 3卷 16號, 1925.6.1.
23 吼(周定山), 「文學的暴君」, 『南音』 제9・10호 합간, 1932, 26～27면.

화문을 인정하는 사람을 '사대주의자'라 칭하며 타이완화문을 세우는 것이 '타이완인의 해방을 위한 선행조건'이라고 여겼다.[24] 『남음』에 자주 출현했던 이러한 감정적 문장들은 그 자체로 비판적 가치와 의의를 지니고 있다. 그러나 더욱 중요한 것은 문협 분열 이후 대중을 대상으로 한 타이완 좌익문학 사조에서 프로문학의 '정확한' 이론이 직시하지 않을 수 없었고 또 그렇다고 정확하게 해결하지도 못한 문제, 즉 대중문예 내부에 잠재되어 있는 민족주의적 요구와 정서를 드러낸 것이다.

오락과 위안의 대중문예 제창과 타이완의 특수성에 주목한 '제3문학'을 추구하여 좌익인사에 의해 '도련님 계급의 오락기관'이라는 이름이 붙여진[25] 『남음』 이후 1933년부터 창간된 『폴모사』, 『선발부대』, 『타이완문예』, 『타이완신문학』 등은 모두 대중문예와 관련된 문제를 언급했다. 그중에서도 『선발부대』는 1930년대 좌익문학이론의 전환적 발전을 가장 잘 파악하였다. 단지 2기만을 발행한 이 간행물(제2기는 『제1선』으로 개명)은 '타이완문예협회' 기관지로 그 구성원에 타이완 언어의 이론적 권위자 궈추성과 중국 백화문의 사용을 강력히 주장하는 랴오위원, 린커푸林克夫 등이 포함되어 있고 협회의 '회칙'에서 '자유주의'를 조직의 정신으로 삼고 있기는 하지만,[26] 이론의 운용에서는 앞에서 인용한 『적도』와 『타이완전선』, '타이완 문예작가협회'와 일맥상통하여 프로문예 관념의 영향을 충분히 드러내었다.

---

24 郭秋生, 「再聽阮一回呼聲」, 위의 잡지, 36면.

25 天南(黃春成), 「宣告明弘君之認識不足」, 『南音』 제6호, 1932, 24면. 또한 그의 회고문 「談談南音」에서 당시에 『南音』이 말만 그럴싸하게 하고 행동을 하지 않는 '자본계급의 오락물이며 霧峰派의 졸개'라고 비판하는 이들이 있다고 언급하기도 하였다. 『台北文物』 第3卷 第2期, 1954.8, 台北文藝委員會出版 참고.

26 「台灣文藝協會會則」, 『先發部隊』, 1934, 마지막 면.

발간 「선언」에서 『선발부대』는 '벽에 부딪친' 타이완의 현실적 처지를 제기하고 당시 타이완신문학의 황량한 분위기와 '시대적 수준과 병행'하지 못하는 현상을 겨냥하여 그 근본적인 원인 가운데 하나가 창작상의 '산만하고 자연발생기적인 행동' 때문이라 지적했다. 이로 인해 문예적 표현이 진보하지 못하고 개인의 좁은 세상 속에 국한되어 비자각적으로 되었다고 비판했다. 이에 근거하여 「선언」은 '방향전환'의 요구를 제기하였다.

> 산만에서 집약으로, 자연발생기적 행동에서 본격적이고 건설적인 일보 전진으로 가는 것은, 분명 자연스럽게 진보하는 과정인 동시에 타이완신문학이 벽에 부딪친 우리에게 전향하라고 부추기는 것이다. 우리는 오직 이와 같은 행동이 새롭고 획기적인 발전의 도래를 약속하는 것과 타이완신문학운동의 실제화를 바라는 데서 출발하였다고 생각한다.

위에 서술한 자연발생기·본격적 건설·문학운동의 실제화 등과 같은 관념은 같은 시기 궈추성의 장편논문 「발생기적 관념 해소 / 행동의 본격화·건설화解消發生期的觀念 / 行動的本格化建設化」에 자세한 논술이 있다. 궈추성은 논문의 첫머리에서 '타이완신문학의 난관은 그 내재적 관념의 문제인 동시에 표현 형태상의 문제'라고 지적했다. 그의 견해에 의하면 이러한 현상이 생겨난 것은 어떤 주의나 주장에 의해 발생한 모든 문학이 창작표현상에서 대부분 일맥상통하는 유사성, 즉 '유형'을 가지고 있기 때문이다. 당시의 타이완문학은 바로 관념상 그것이 발생하게 된 '봉건 반역적 관념형태의 전제'에 머물러 있었기 때문에 표현상으로도 '약속하지 않았으나 똑같이 일종의 유형적 형태를 이루게 된 것'이고 그것이 바로 작품의 내용과 형식에 나타난 유형화, 공식화라고 했다.

> 필경 어떤 주의나 주장을 기조로 하여 발생한 문학은 그 내재의식의 요구에 따라 그 외적인 형태가 규정되므로 주의나 주장을 바꾸지 않으면 행동의 태도를 바꿀 수가 없게 된다. 행동의 태도를 바꿀 수가 없다면 형태의 유형화·공식화는 피할 수 없는 결과물이 된다.[27]

이러한 견해에 의거하여 그는 당시 타이완의 객관적인 상황이 이미 신문학 맹아기의 반봉건적 관념 형태의 흥분기에서 냉정하고 명백한 '비평의식'으로 약진하였고 따라서 창작에서도 자연히 '구식의 죄상과 반역을 반복하여 폭로하는 데 그치는 것'은 필요치 않으며 '옛날 양식을 대체하는 새로운 양식을 창조할 수 있도록 해야 한다'고 지적했다. 이에 근거하여 그는 한편으로는 당시 문학을 오락물 또는 도피처로 삼았던 작가들이 '약진의 출로를 잃어버리고 목적의식에서 벗어나 생활선 밖으로 떨어졌다'고 꾸짖고 다른 한편으로는 다음과 같이 호소하였다.

> 타이완의 신문학은 그 방향을 바꾸지 않으면 안 된다. 이 전환은 약진을 의미하는 동시에 발생기에 바탕이 되었던 행동을 폐기하는 것을 의미한다. 이것을 통해 제2기로 뛰어드는 본격적인 행동을 만들어나가야 한다. 이렇게 했을 때 우리는 타이완신문학을 전면적인 발전의 길로 이끄는 여정에 들어설 수 있으

27 『先發部隊』 創刊號, 台灣文藝學會, 1934, 19면.

며 타이완신문학의 새로운 출발점을 찾을 수 있다. 이것이 기성의 생활양식에 불만을 품은 타이완인 전체의 고민과 초조감에 호응하는 길일 것이다.[28]

이렇게 목적의식을 갖춘 건설적이며 본격적인 문학에 대한 궈추성의 해석은 상당히 모호하지만 총괄해보면 그가 기대하는 것은 '열렬한 생활력을 지니고 냉대 받는 악조건을 극복함으로써 인생의 개선가를 연주하는 새로운 인물의 출현'이다. 창작 실천에서 그는 몇 가지 원칙을 제시하기도 했다. 예를 들어 발생기 문학의 폭로와 파괴의 태도를 해소하고 병적 상태를 드러내는데 그치지 말고 구체적인 해결을 보여주는 새로운 형태와 새로운 세계를 창조해 내어야 한다. 새로운 태도에 입각하여 새로운 대상을 관찰하고 발생기적 안목이 새로운 현실을 정확히 인식하는 데 장애가 되는 것을 배제하며 주관적인 감각과 인간의 내부 심리세계에 대한 탐구에 주목한다는 것 등이다.[29]

『선발부대』의 선언과 이론 강령의 뜻을 가진 이 궈추성의 문장은 프로문학운동의 개념을 교조적으로 가져다 쓴 것은 아니지만 자연발생기적 행동, 목적의식, 문학운동의 실제화, 내재관념과 표현형식의 관계, 정확한 인식 등에서 일본 프로문예 이론가 아오노 스에키치 青野季吉의 '자연생장과 목적의식'의 이론적 그림자가 느껴진다. 아오노 스에키치는 1926년과 1927년에 잇달아 「자연생장과 목적의식」과 「자연생장과 목적의식을 다시 논함」 두 편의 글[30]을 발표하였다. 그는 프로문학운동의 자연생장은 제1단계의 발전이므로 반드시 그것

28 『先發部隊』 創刊號, 20면.

29 위의 잡지, 21~23면.

30 青野季吉, 「自然生長と目的意識」, 「自然生長と目的意識再論」, 『青野季吉・小林秀雄集』, 38~42면; 『日本現代文學全集』 제68책, 東京 : 講談社, 1962.

을 목적의식적으로 끌어올리고 자각적 의식을 지녀야만 비로소 그 목표를 달성할 수 있다고 주장하였다.

"프로계급의 투쟁 목적을 자각하기 시작해야만 비로소 계급의 예술이 된다. 즉 사회주의 사상으로 지도해야만 비로소 계급의 예술이 된다"[31]는 아오노 스에키치의 이론은 훗날 소련 '프롤레타리아문화파Proletcult'의 관념론의 영향을 받은 레닌의 「무엇을 할 것인가」라는 글 속의 자연생장성과 목적의식성에 관한 정치이론을 기계적으로 답습했다는 비판을 받기도 했다. 하지만 당시 일본의 프로문예운동에서 중국의 프롤레타리아 혁명문학이론에 이르기까지 매우 깊은 영향을 끼쳤다. 『선발부대』의 구성원들이 중국어와 일본어를 모두 구사했던 조건을 고려해 볼 때 아오노의 영향은 분명 동일한 사상적 흐름의 산물이었다.

자연발생이 목적의식을 향해 약진해야한다는 관념 아래 랴오위원과 궈추성이 집필한 『선발부대』의 서시序詩 두 수는 건설, 목표, 진군, 무장, 기치, 통일전선 등의 어휘로 가득하다. 타이완 신시기 문학의 자각의식을 드러내는 이러한 어휘들도 이 잡지를 선발부대에서 제1선의 위치로 끌어올리는 역할을 했다. 『제1선』의 후기에서 편자는 "제1선으로 이름을 바꿈으로써 선발부대의 한 과정을 보여주고 평론과 창작에서 모두 상당한 약진이 있을 것이라 자신한다"고 말했다.

여기에는 궈추성의 「왕두샹王都鄉」과 웨펑越峰의 「월하정화月下情話」 등과 같이 사회주의사상 색채를 짙게 띠는 소설들 외에도 궈모뤄郭沫若 방문기와 야스다 야스시安田保가 번역한 「소비에트예술의 조

31 위의 책, 39면.

망蘇維埃藝術之眺望」, 린커푸가 쓴 「전설의 소재 채택과 그 묘사의 제문제傳說的取材及其描寫的諸問題」 등이 게재되었다. 린커푸는 문장에서 역사유물론의 관점으로 전설을 정리하고 고대문화의 의식형태를 탐구해야 하며, 아울러 신사실주의를 묘사의 방법으로 삼아야 한다고 주장했다.[32] '신사실주의'에 관한 것은 바로 아오노 스에키치 이후 일본 프로문예이론의 권위자인 구라하라 고레히토가 1928년에 제기하여 중·일 좌익문예사상 발전에 영향을 주었던 권위적인 이론이다.

구라하라 고레히토의 신사실주의 이론은 일본 프로문예조직 '나프'의 지도사상으로 소련 공산당 중앙위원회가 지지하는 '러시아프롤레타리아작가동맹RAPP'의 문예창작에 대한 주장을 그대로 받아들인 것이다. '라프'가 제창한 유물론적 글쓰기 방법인 살아있는 사람living man을 묘사하고 가면을 찢어버리자Tear off the masks는 등의 구호에 근거하여 구라하라 고레히토는 1928년부터 1929년까지 「생활조직으로서의 프롤레타리아예술作爲生活組織的無產階級藝術」, 「프롤레타리아 현실주의에 이르는 길到無產階級現實主義之路」, 「신사실주의를 다시 논함再論新寫實主義」 등의 논문을 발표하였다. 이러한 논문들에서 그는 소련의 '프롤레타리아 현실주의' 개념을 사용하여 프롤레타리아 작가의 현실에 대한 태도는 반드시 객관적이어야 하며 일체의 주관적인 구조에서 탈피하여 현실을 관찰하고 묘사해야 한다고 요구하였다. 이는 다시 말해 '현실을 현실로 여기고 어떠한 주관적 수식도 없어야 한다'는 것이다.

그는 자신의 견해를 다음과 같은 두 가지 요점으로 귀결시켰다.

---

32 이 문장은 H.T.生이라는 필명으로 『第一線』, 36~39면에 보인다.

"첫째는 프롤레타리아 전위의 눈으로 세계를 보는 것이고 두 번째는 엄정한 현실주의적 태도로 묘사한다"[33]는 것이다. 구라하라 고레히토의 이러한 신사실주의 이론은 1930년 전후 중・일 좌익문학의 이론적 근거가 되었고 소련 정부가 '사회주의적 현실주의'를 유일한 창작방법으로 규정하기 이전의 중・일 양국의 프로문예운동을 좌우하였다.[34]

그러한 사상적 연원 때문에 타이완의 문예계도 자연히 예외가 될 수 없었다. 그러나 타이완은 중국과 일본의 소식을 따로따로 받아들이고 중・일 양국의 이론 발전 시간차에 일본 '나프'의 개조(1931)와 프로문예운동의 퇴조(1933)가 더해져 일본, 중국과는 다른 양상을 보였다. 즉 타이완의 좌익 문학사상은 1934년 '타이완문예연맹' 성립 이후 앞서 언급한 러시아 프롤레타리아문화파・라프・아오노 스에키치・구라하라 고레히토 및 기타 프로문예 이론가들의 주장이 섞여져 한꺼번에 수입, 소개되었다. 이러한 상황은 '문예연맹'의 기관지 『타이완문예』와 1936년에 『타이완문예』에서 갈라져 나온 『타이완신문학』에 반영되어 있다.

『타이완문예』와 『타이완신문학』 속의 좌익문예 종사자들은 비록 모두 '문예연맹'이 제시한 문예대중화, 반동 작품에 대한 배격, 자신의 과오 청산을 주제로 삼고 창작노선, 표현형식, 의식형태, 계급성 등의 문제를 중시하고 있지만, 관점상의 차이와 운동방향에 대한 의혹이 잡지에서 주관한 좌담회의 발언과 관련 논술 등에서 드러났다.

33 藏原惟人, 「ブロレタリア・レアリブムへの道」, 『日本現代文學全集 제69책－ブロレタリア文學集』, 東京 : 講談社, 1962, 309～314면.

34 艾曉明, 「太陽社與日本新寫實主義」, 『中國左翼文學思潮探源』, 湖南文藝出版社, 1991, 123～165면.

이 모든 상황에 대해 줄곧 프로문예운동의 선봉에 서있던 린커푸는 일본의 '나프'가 해산된 후 문학계가 사분오열되어 타이완의 문학계가 직간접적으로 막대한 영향을 받았는데, 특히 당시의 열혈 진보작가들은 이 폭풍우에 심각한 피해를 입어 전향하는 이들은 전향하고 퇴보하는 이들은 퇴보하는 등 긴박하고 불안한 분위기가 타이완 전체에 가득 찼다고[35] 지적했다.

이러한 현상은 한편으로는 좌익문예단체의 종파분열을 초래했지만[36] 다른 한편에서는 반성하고 비판하는 의식을 만들어내기도 하였다. 예를 들어 왕스랑王詩琅은 당시의 좌익이론 진영을 겨냥하여 "공식적 이론이 어디에나 다 적용될 수 있는 것은 아니다"라는 의견을 제시하고 또한 "과거 우리는 식상하고도 추상적이고 답습적인 이론으로 가득 차 있었다. 지금 이렇게 착실하게 전진하는 분위기에서 대담하게 한 마디 하자면 대수롭지 않은 이론들은 내버려 두면 된다"[37] 라고 주장했다. 왕스랑과는 달리 '타이완의 구라하라 고레히토'와 '공식주의자'라는 칭호를 동시에 가지고 있던 류제劉捷는 일본의 이론뿐만 아니라 소련혁명 전의 사회민주주의자 벨린스키, 소련 문예정책 제정자인 루나찰스키, 사회주의적 현실주의의 기초를 다진 고리키까지 정리되지 않은 다양한 이론적 연원을 가진 인물이었다. 그는 여전히 부르주아적 유미주의와 예술지상주의론에 대한 비판에서 초

35 H.T.生(林克夫),「詩歌的批評及其問題的二, 三」,『台灣文藝』第2卷 4號, 1935.4, 100면.

36 린커푸는「詩歌的重要性及其批評」에서 1935년 문련 대회 때 양쿠이와 류제 사이에 종파화 문제로 인해 격렬한 토론이 일어났다고 말했다(『台灣新文學』第1卷 第7號, 1936.8, 85~86면). 玄影은「沈默」에서 류제를 타이완의 구라하라 고레히토, 도쿠나가 스나오, 루쉰 운운하며 풍자했는데 이런 기록들을 통해 종파 분쟁이 있었음을 알 수 있다. 이 문장은『台灣新文學』창간호, 90~91면에 보인다.

37 王錦江(王詩琅),「一個試評」,『台灣新文學』第1卷 第4號, 1936.5, 94면.

점을 두고 있었지만[38] 분석과 설명에서는 교조나 구호만을 외치는 조잡한 분위기를 탈피하여 타이완 좌익문예이론의 깊이를 보여주었다.

'정확한 이론'의 추구에서 이론과 공식으로의 함몰에 이르기까지 린커푸와 왕스랑의 망설임과 고뇌, 부정적인 소리가 있기도 했지만, 1930년대의 타이완 좌익문학사상은 여전히 문예대중화와 민족해방의 시대적 명제에 대한 토론을 통하여 문협 분열 이전의 자유주의적이고 계몽적인 시각으로는 닿을 수 없었던 문학과 이데올로기, 작품 속 관념과 표현형식의 내재적 관계, 국제적 프롤레타리아 해방운동으로서 식민지 타이완의 프로문학 성격 등과 같은 문제에 대해 심각하게 고민하였다. 이러한 사고와 이론의 깊이가 창작의 새로운 시야와 새로운 인물 유형의 출현을 가져왔으며 소설 속에서 그것은 선각자적 지식인의 역할 및 그들의 세계로 표현되었다.

3.

1928년 『타이완민보』는 1월 22일(192호)부터 2월 12일(195호)까지 연속 4기에 걸쳐 「벚꽃이 지네櫻花落」라는 제목의 극본이 게재했다. 그 작가는 사오옌少嵒이었다. 일제강점기에 수량이 많지 않았던 희극 작품들 중에서 이 극본은 특별한 상징적 의의를 지니고 있다. 이 극

38 郭天留(劉捷), 「創作方法に對する斷想」, 『台灣文藝』 第2卷 第2號, 1935; 「台灣文學に關する覺え書」, 『台灣文藝』 第2卷 第5號, 1935, 참조.

본은 타이완청년문학가 린리성林隷生이 일본 유학 중 민족차별을 넘어 일본 소녀 사쿠라코櫻子와 연애결혼을 한 뒤 타이완으로 돌아와 정착하지만 사쿠라코가 타이완에서의 생활과 현지 일본인들의 경시를 견디지 못해 고국으로 돌아가려했지만 뜻을 이루지 못하고 결국 자살을 택한다는 이야기를 담고 있다. 1928년 봄, 타이완의 모처를 배경으로 시작되는 제 1막의 공간은 리성의 서재인데 작자는 서재의 세부적인 모습과 무대에 오르는 남녀 주연배우의 모습에 대해 다음과 같이 묘사하고 있다.

> 좌우 벽에는 두 장의 마르크스와 레닌의 사진이 걸려있고 실내 중앙에는 장방형의 탁자 하나가 놓여 있는데 탁자 위에는 신문과 몇 권의 잡지가 펼쳐져 있다. 양쪽 옆에는 두 개의 의자가 놓여 있다. 막이 열리자 중앙의 네모난 탁자 앞에는 한 청년이 앉아 있는데 마르고 약간 신경질적으로 보인다. 왼편의 큰 거울 앞에는 아름다운 젊은 부인이 서있는데 세련되게 화장을 했고 연신 기름을 바르고 있다. 그 청년은 만년필을 쥐고 계속 글을 쓰고 있다.

이는 분명 타이완 역사의 한 장면일 것이다. 마르고 신경질적이며 계속해서 글을 쓰고 있는 문학청년과 아름답고 세련된 모던 여성도 분명 이야기가 발생한 그 시대의 대표적 인물일 것이다. 애정과 개인의 의지가 모든 것을 해결할 수 있다고 믿고 자본주의 문명 자유국가에서 온 사쿠라코가 대면한 것은 '찌는 듯한 더위와 비위생적인' 식민지 타이완, '성정이 우둔하고 노예근성이 심한' 타이완 사람들, 그리고 해결할 수 없는 민족 정체성의 문제였다. 그런데 리성이라는 이름 자체에 바로 노예의 운명이 드러나 있는 이 타이완 좌익청년은 "모두 똑같은 인류이기 때문에 강하고 우월하다고 해서 그것을 영원히 유지할 수 없고 약소하고 힘이 없다고 해서 영원히 진보할 수 없는 것도 아니라는" 신념을 가지고 있었다. 그는 꿈속에서 소련에서 돌아와 신청년・새로운 사회・인류의 미래를 열정적으로 추구하는 일본 프롤레타리아 친구가 묘사하는 미래상을 듣지만, 그들의 애정과 그들의 이상으로써는 바꾸어지지 않는 현실과 죽음으로 대면하는 아내의 자살을 목도하게 된다. 마르크스와 레닌의 사진이 주시하는 가운데 죽음으로써 역사의 난제에 대답하는 이 비극은 한밤 사원의 종소리 속에서 서서히 역사 속으로 흘러 들어갔다.

「벚꽃이 지네」 속에서 나타난 혁명과 연애 같은 주제와 린리성과 같은 사회주의 청년은 1930년대 초의 소설 속에서 비로소 출현하기 시작하였다. 시대의 첨단에 서있는 이들 지식청년들은 자신의 마음대로 할 수 없는 혼인에 직면하여 혁명적이지만 비극적이지는 않은 방식의 해결책을 찾기도 했다. 예를 들어 랴오위원의 작품 「상흔創痕」의 여주인공은 애인과 결혼할 수 없어 '더러운 타이완'을 떠나기로 결심한다. 그녀는 '힘들고 고통스러운 혁명의 현장이야말로 내가 동경하는 고향'이라 굳게 믿고 그녀의 오빠와 함께 중국으로 가서 혁명운동에 참가했다가 국민당 정부의 총에 죽게 된다.[39] 웨펑의 「월하정담」은 봉건가정에 불만을 품은 연인 한 쌍을 묘사하고 있다. 여주인공이 자살을 생각하며 죽은 뒤에 '하나의 아름다운 사회'가 그들을 기다리고 있을 것이라 믿었고, 남주인공은 사랑보다 더 중요한 임무를 완수해야 한다고 생각했다. 마침내 '깨달음을 얻은' 연인들은 여

39 毓文, 「創痕」, 『先發部隊』, 1934, 78～83면.

명이 밝아오는 동방을 바라보며 '사회의 횃불이 되어 함께 정의의 전선으로 나아가자'고 결심한다.[40]

서재를 나와서 깊은 죽음의 골짜기를 벗어난 후, 타이완 본토의 사회주의자들은 1930년 이후의 소설 속에서 대부분 이름 없이 '문명을 말하는' '과격한 인물' 같은 표현으로 거리와 군중들 속에 등장하는데 그들의 형상은 모호하고 종적이 일정치 않다. 그 가운데 비교적 뚜렷한 형상은 '무慕'의 「개학」과 '즈타오自滔'의 「실패」에 나오는 인물이다. 첫 번째 작품의 주인공은 문화협회에 참가했다는 이유로 장기간 실업을 당한 뒤 일본경찰에 의해 다시 어렵사리 찾은 시골교사 자리조차 강제로 빼앗기게 된다.[41] 두 번째 작품 속의 젊은 의사는 "일찍이 계몽운동에 참가한 적이 있고 지배자의 억압하에 몇 개월간 감옥생활을 한 적이 있다." 출옥한 뒤 "그는 해방운동의 전선에서는 벗어났지만 가난한 사람들을 위해 이익을 쟁취하는 투사들과 가깝게 지냈다." 격정이 지나간 후 다시 소부르주아의 생활로 돌아온 그는 어용신사와 사회운동자의 가장자리를 맴돌았고 그의 눈 속에서 반짝이는 것은 '홀로 남들보다 한 수 위에 있다는 거만함' 뿐이었다.[42] 이러한 실패한 반대자들의 소리와 행동은 양서우위楊守愚의 소설세계에 이르러 비로소 점점 뚜렷하고 명확해진다.

1931년 양서우위는 「어느 날 밤一個晩上」, 「혐의」, 「꿈」 등 지식인을 묘사한 소설들을 발표했다. 「어느 날 밤」에서는 대가족의 규제를 반대하던 무성穆生 부부가 가난과 질병에 시달리며 떠돌다가 결국은 가

---

40 越峰, 「月下情話」, 『第一線』, 1934, 159~162면.

41 慕, 「開學」, 『台灣新民報』 제366・367호, 1931.5.30~6.6.

42 自滔, 「失敗」, 『南音』 제12호, 1931.11.

난한 사람들이 공공육아원과 공공식당 등의 시설을 갖춘 '집단조직'에서 살 수 있게 되는 날을 희망한다. 마지막으로 젊은 아내가 자살하기 전에 남편에게 남긴 유언은 '인류의 장래를 위한 계책'으로 '다시 가서 공회 일에 힘써야 한다'는 것이다. 「꿈」과 「개학 첫날開學的頭一天」, 「그럼 문학가의 생활이나 맛볼까?就試試文學家生活的味道吧」, 「아! 원고료啊! 稿費」는 양서우위의 단편소설 시리즈이다. 이 소설들의 공동 주인공 왕선생은 몰락한 쁘티 부르주아로 원래 글방 선생으로 생계를 이어나가다가 1929년 이후 세계적인 경제대공황에 앞날이 캄캄해지자 글이라도 써서 생활비를 보태고자 한다. 「꿈」은 이 시리즈의 세 번째 작품으로 이 작품에서 왕선생은 시대의 흐름에 따라 '방향 전환'을 하기로 결심하여 문학가 생활을 시도한다. 어느 날 밤 그는 꿈속에서 20세기 세계 프로문예 작가들이 공통으로 부딪히는 문제인 잡지 발간 금지, 체포의 운명을 경험하게 된다. 꿈속에서 왕선생은 중국 좌익작가연맹의 주요 구성원 및 그 밖의 진보작가들과 악수하고 담소를 나눈다. 그가 체포되는 이유는 바로 그가 주간한 잡지 『전초前哨』가 "궈모뤄, 장광츠蔣光慈 등 좌익작가들의 원고를 많이 실었고 프로문학 이론을 많이 소개하였기 때문이었다."

꿈에서 깨어 현실로 오면 「혐의」의 주인공 쩡치홍曾啓宏은 1927년 2월 12일 일본 헌병경찰에 의해 검거된 타이완 무정부주의 조직 '흑색청년연맹'의 구성원 가운데 한 명이다. 실제 사실에 근거한 이 소설은 양서우위가 자신의 경험을 써낸 것이다. 그 자신이 사건 속에서 검거된 30여명 가운데 한 명으로 소설 속에서 그는 주인공 치홍의 입을 빌어 다음과 같이 선언한다. "나는 정부가 정말로 이유 없이 문제를 너무 잘 일으킨다고 생각한다. 이것은 인민들을 강요하여 혁명을 일으키는 것과 다르지 않으며 더욱이 사회주의를 위해 전단지를 뿌리는 것과 다를 바 없다." 그가 우려하는 것은 "언제가 되어야 나의 자유를 회복할 수 있고 다시 투쟁을 위해 활약하는 동지들을 만날 수 있나?" 하는 것이다.

「혐의」의 뒤를 이어 1933년에 양서우위는 역시 좌익지식인의 문제를 다룬 소설 「결별決裂」을 발표했다. 이 작품과 『타이완신민보』(1932)에 발표했을 때 검열로 중간이 잘려나간 양쿠이楊逵의 「신문배달부送報伕」는 일제강점기 타이완 좌익문학 발전사에서 이정표적인 의의를 지니고 있다. 이 두 편의 소설에 이르러서야 모호하고 의심받았던 신분이거나 꿈속에서만 호소하는 형식으로 등장했던 사회주의 운동가와 프로작가들의 행동과 방향이 비로소 타이완 사회현실 속에서 뿌리를 가지게 되었고 좌표를 찾게 되었다. 또한 이 두 편의 소설이 나오고 나서야 문협 분열 이전의 『타이완민보』에 번역, 소개되어 논쟁을 불러일으켰던 마르크스주의 명제와 문협이 분열된 후에 발전하기 시작한 사회주의문학이론, 그리고 극본 「벚꽃이 지네」의 서재 안에서 발생한 약소민족 해방운동과 국제주의 정신, 혁명과 연애 등의 세계적인 프로문예 주제들이 비로소 필요한 예술적 가공을 얻게 되고 현실주의문학 특유의 광채를 꽃피울 수 있게 되었다.

양서우위의 「결별」은 한 쌍의 부부가 애정지상주의로 결합하였다가 결국 그 주의와 신앙 때문에 결별하여 각자의 길을 가게 되는 과정을 다룬다. 이야기 속의 남편 주룽朱榮은 일본 유학에서 돌아와 농민조합에 몸담고 있는 대학 졸업생으로 타이완에 온 뒤 '밤낮으로 운동하면서' '반역의 무리들과 어울려 지내고 자본가와 정부와 철천지 원수가 되고자 하며' '심지어 친척과 친구들에게조차도 인정을 남기지 않는' 사람이다. 이렇게 그는 일본 경찰이나 가족친지의 위협과 꾐에도 주저하지 않고 용감하게 계급적 사회주의자의 길을 걸어갔다. 이야기 속의 아내 상윈湘雲은 '교육받은 신시대의 여성'으로 일본 특고경찰이 한 달이나 보름에 한 번은 반드시 들이닥쳐 가택수사를 하는 것이 견딜 수 없었고 그녀가 '사랑의 배반자'라고 생각하는 남편과 농민조합 여동지의 계급적 감정이 더더욱 견딜 수가 없었기 때문에 결국 지주계급 가정이라는 자신의 보루로 돌아가는 것을 택한다. 이러한 이야기에 소설에서 사용된 성숙한 5.4 백화문이 더해져 흔히 사람들에게 비웃음을 사는 1930년대 중국 좌익문예문학 속의 '혁명 더하기 연애의 공식'에 포함될 여지가 없지는 않다. 그러나 소설 속에서 폭로된 백색공포, 타이완 본토의 자산계급과 일본 식민정부의 정신적·경제적 동맹, 그리고 사랑에서 시작하였기에 개인의 일생에 가해지는 첨예한 모순을 드러내어 같은 시기 국제적인 프로문학과 비교하여 하등의 손색이 없는 작품이 되었다.[43]

「결별」보다 1년 빨리 씌어졌고 「결별」과 마찬가지로 식민지의 곤경과 지식인의 성장을 논한 「신문배달부」는 1930년대 좌익문학 가운데서도 특히 주목을 끄는 작품이다. 양쿠이는 소설의 주인공 양군楊君이 동경에서 신문배급소 소장에게 기만당하고 착취당했던 경험과 일본 제당회사가 농촌의 토지를 강제 매입하여 그와 고향 사람들이 패가망신하게 되는 비참하고 고통스러운 줄거리를 빌어, 자산계급의 탐욕스럽고 교활한 본질에 대한 인식과 타이완 농촌의 파산과 식민주의 사이의 구조적 관계에 대한 비판을 정확하고 힘있게 표현하였다.

43 여기서 인용한 楊守愚의 소설들은 모두 張恆豪 編, 『台灣作家全集·楊守愚集』, 台北 : 前衛出版社, 1991 참조.

이러한 예술적 성취는 사회문제의 구체적 인식이나 사상적 깊이에서 이전의 타이완 소설에서는 없었던 것이다. 타이완과 일본의 프롤레타리아 사이의 깊고 두터운 애정으로 충만한 이 작품은 타이완 소설 속의 지식인 역할이 형상적인 면에서 국제주의 정신의 새로운 폭을 얻게끔 하였다. 소설의 주인공 양군은 「결별」의 주롱과 마찬가지로 1920년대 말의 세계적 경제위기, 1929년 타이완 본토의 농민조합 간부를 체포한 '2·12사건', 일본 국내의 공산당과 진보인사를 탄압한 '4·16사건', 그리고 1931년 타이완의 전면적인 좌익운동 탄압, 농민조합의 마비, 타이완 공산당과 문협 활동의 정체 등의 현실적 곤경 속에서 솟아오른 인물이다. 그의 긍정적이고 활발한 성격은 작품 속의 지식인을 시종일관 사회비판자와 행동자의 자세를 가지게 하는 동시에 그의 소설 창작을 프로문학 특유의 낙관적인 분위기로 가득차게 만들었다.

「신문배달부」 이후 양쿠이는 지식인의 시각으로 식민지 타이완의 사회문제, 인성 발전, 일본의 군국주의 사상과 전쟁 죄악을 폭로하고 비판하는 소설들을 발표하였다. 이들 작품 속의 인물들은 「신문배달부」의 양군과 마찬가지로 대부분 실제 현실에 개입하여 행동한다. 「악동 귀신토벌기頑童伐鬼記」의 주인공 이노우에 켄사쿠井上健作는 미술학교 출신으로 아름다운 섬 타이완을 동경하여 타이완을 여행하며 그림을 그리는 일본 청년이다. 타이완의 빈곤과 낙후를 목격한 뒤 어린이들의 놀이터가 공장 사장의 정원이 되어 진입이 금지되자 자신도 모르게 타이완에 파병되었다가 전사한 자신의 아버지와 타이완에 와서 발전을 모색하는 큰형을 떠올리고 생명의 의의가 어디에 있는지를 생각하게 된다. 이노우에 켄사쿠는 미술전에 입선하여 귀족들에게 고가로 팔리는 자신의 작품 활동을 '단지 유한계급에게 서비스를 제공하는 것에 지나지 않는 것'이라고 회의한다. 마지막에 그는 한 폭의 그림을 그려 어린이들이 공장 사장과 문을 지키는 개에 맞서 잃어버렸던 낙원을 되찾도록 일깨웠다. 이 경험은 '그가 이렇게 해야만 비로소 진정한 대중미술이라고 믿기 시작하게' 만들었다.

「무의촌」의 주인공인 글쓰기 좋아하는 의사는 가난함과 의료제도 부족 때문에 사망진단서가 필요할 때에야 비로소 의사를 부르는 사람들을 경험한 뒤 자기도 모르게 격분하며 의사인 자신이 '진료의가 아니고 예방의도 아니며 검시인이 되어버렸다'고 자책한다.

생명묘사에서 인성묘사로 넘어가 보자. 「진흙 인형泥娃娃」(1942)은 여가활동으로 글을 쓰는 묘목원 사람이 군국주의 교육의 영향으로 어린 딸이 흙으로 빚은 무기로 전쟁놀이 하는 것과 일본식으로 이름을 바꾼 동창 푸강富崗이 난징에 가서 전쟁 횡재를 꿈꾸는 것을 보는 이야기를 통해 가정생활에까지 침입한 전쟁의 그림자와 불난 집에서 약탈하는 것과 다름없는 일에 대한 양쿠이 본인의 증오와 비판을 표현하고 있다.

위에서 언급한 몇 편의 소설들은 예술, 식민지, 사유재산, 의료 또는 전쟁에 관한 것을 막론하고 모두 자본주의적 사회제도 및 관념에 대한 재고찰이다. 소설의 표현 역시 모두 1930년대 좌익문예이론의 정신적 요구에 호응하고 있다. 이처럼 농후한 사회주의 의식경향을 가지고 있는 소설주제와 인물은 1937년에 씌어진 「모범촌」(원제 「전원소경田園小景」)과 1942년에 발표된 「거위 엄마 시집가다鵝媽媽出嫁」에서 보다 집중적이고 전면적으로 표현된다. 이 두 소설의 주요인물 롼신민阮新民과 린원친林文欽은 모두 지주의 아들로 자신들의 원래 계급에 반발하여 뛰쳐나온 지식청년들이다. 「모범촌」의 롼신민은 일본 유학에서 돌아와 '도처에서 농민을 선동하여' 농촌 청년들에게 '위험한 사상'을 퍼뜨리는 위험인물이다. 「거위 엄마 시집가다」의 린원친은 인류 전체의 이익을 목적으로 '공영경제의 이상을 고찰'하고자 하나 결국 뜻을 이루지 못한 채 죽고 만다.

이 두 인물을 둘러싸고 양쿠이는 한편에서 현실주의적인 냉정하고 객관적인 필치로 일본의 식민정책과 전쟁 침략 및 경제 불황하에 형성될 수 있는 사람들의 사회생활 및 정신상의 기형적 변화를 고찰했다. 다른 한편에서는 타이완에 잔존하는 봉건세력과 새로운 권력계급 사이에서 솟아난 신청년 및 그들의 새로운 이상의 맹아를 열정적으로 상상, 묘사하고 찬양하였다. 타이완의 출로를 파노라마식으로 탐색한 이 두 편의 작품에서 소설의 예술적 장치는 롼신민이 군중 속으로 걸어 들어가고, 추상적인 인류공영의 경제이념을 가졌던 린원친이 가난과 질병으로 죽는 것을 통해 작가 양쿠이의 사상적 변화와 귀착점을 보여준다는 데 있다.

린원친의 공영이념과 현실상의 패가망신, 그리고 강제로 재물을 빼앗긴 묘목원 사람과 엄마를 잃은 거위 가족 등의 줄거리 등이 일본제국주의가 자신들의 침략전쟁을 합리화하기 위해 제기한 대동아공영권의 논조를 풍자, 비판하고 있음을 알 수 있다. 이를 통해 국제주의 정신에서 출발한 양쿠이가 시종일관 고수한 자세를 어렵지 않게 읽어낼 수 있을 것이다. 이 모든 것은 분명 '팔방에서 벽에 부딪친' 상황에서 생겨나고 발전하기 시작한 1930년대 타이완 프로문예이론에 대한 창작실천상의 구체적이고 적극적인 반응이다.[44]

양쿠이 작품 속의 적극적인 지식인과는 달리 같은 시대의 소설 속

비슷한 처지의 좌익청년들은 몹시 곤궁하고 갈피를 잡지 못하는 모습으로 그려졌다. 이러한 인물들은 대부분 사회주의 사상에 관한 저작을 읽음으로써 열정적으로 현재 상황에 대한 개혁자와 비판자의 길을 걷게 되지만 그들의 뜻은 현실의 횡포로 인해 완전히 좌절되고 가난과 질병, 죽음에 의해 끝나기도 하였다. 전자의 예로 사회과학을 연구하여 몰래 운동에 참가하였다가 파직당하는 공립학교 교원 더싱德興을 그린 캉다오러康道樂의 「실업」이 있다.[45] 여고를 졸업하고 레닌과 스탈린, 부하린의 저술을 끼고 살다가 훗날 농민조합에 투신하여 남편과 함께 감옥에 들어가 날마다 경찰에게 시달리는 여성 투사 메이잉梅英이 등장하는 탕더칭唐得慶의 「기형적인 집畸形的屋子」도 전자에 속한다.[46]

후자로는 룽잉쭝龍瑛宗이 1937년에 발표한 「파파야가 있는 작은 마을植有木瓜樹的小鎭」 속 린싱난林杏南의 큰 아들이 대표적이다. 소설 속에서 자신의 이름조차 없이 23살로 요절해 버리는 이 사회주의자 청년은 타이완을 상징하는 파파야 나무가 심어져 있는 작은 마을에서 '감상과 공상이 섞이지 않는 엄정한 과학적 사색'의 힘을 빌려 부패하고 끔찍한 생활 공기에 저항하고, '역사의 동향에 대한 탐구'와 '역사법칙'으로 절망적인 폐병과 절망적인 시대 속에서 방황하는 이중의 고통을 해소하려 한다. 그의 독서 대상에는 일본, 조선, 중국의 문학작품 외에도 엥겔스의 『가족・사유재산과 국가의 기원』, 모건

44 이 글에서 논한 楊逵의 소설들은 모두 張恆豪 編, 『台灣作家全集・楊逵集』에 보인다. 인용문들은 소설이 원래 발표되었던 간행물을 근거로 한 외에 黃惠禎, 제5장 제1절 「作品的改寫」, 『楊逵及其作品硏究』, 台北 : 麥田出版社, 1994, 132~140면 참조.

45 康道樂, 「失業」, 『台灣新文學』 第2卷 第5號, 1937.6・7, 42~58면.

46 唐得慶, 「畸形的屋子」, 『台灣新文學』 第2卷 第4號, 1937.4・5, 48~63면.

의 『고대사회연구』 등 마르크스주의적 이론저작들이 포함되어 있었다. 임종에 이르러 그는 비록 개인 역량의 미약함을 알지만 작은 마을의 어둠과 부패 속에서 부유하는 소설의 주인공 천유산陳有三에게 '가능한 범위 내에서 생활을 개선하고 정확하게 살아나가지 않으면 안 된다'며 여전히 확신에 찬 권고를 한다. 그가 남긴 유고에는 다음과 같은 문장이 있다.

> 나는 깊은 사유와 참된 지식으로 사물의 해석을 얻었다. 지금은 비록 끝도 없이 어둡고 비참하지만 머지않아 아름다운 사회가 도래할 것이다. 나는 한편으로는 행복으로 가득한 세상의 아름다운 모습을 묘사하고 한편으로는 차가운 지하로 걸어 들어가 영면하기를 원한다.[47]

룽잉쭝의 이 요절한 사회주의 청년 옆에서, 왕스랑의 소설은 정신적으로 요절한 이상주의자들이 인류의 아름다운 미래로 영면하기 이전의 공허한 심리를 기록하였다. 아마도 그 자신이 유토피아 사회주의자이고 일찍이 타이완 무정부주의 조직인 '흑색청년연맹'의 주요 구성원이었으며 이 때문에 두 차례 감옥에 들어간 적이 있는 왕스랑이었기에 그가 서술하는 좌익지식인은 모두 환멸적이고 패배적인 낙인이 찍힌 듯하다.

그가 일제강점기에 저술한 오직 5편뿐인 소설 가운데 지식인의 사상과 심리변화를 다루고 있는 것은 「청춘」, 「몰락」 그리고 「교차로」 등 3편이다. 1935년에서 1936년에 걸쳐 잇달아 완성된 이 작품들은

47 龍瑛宗, 張恆豪 編, 「植有木瓜樹的小鎭」, 『台灣作家全集・龍瑛宗集』, 台北 : 前衛出版社, 1991, 65~66・68・70면 참조.

당시 타이완의 도시 속 일부 지식인들의 실루엣을 그리고 있다. 「청춘」의 주인공 웨윈月雲은 피아노를 칠 줄 알고 노래 부르는 것을 좋아하는 여고생이다. 그녀는 '학교 안의 종달새 같은 낭만적 생활'을 열렬히 사랑하여 장래 성악에서 이룬 성취로 타이완 여성들을 위해 세계적 명성을 얻는 데 뜻을 두지만 결국 폐병이 그녀의 모든 꿈을 빼앗아 버린다. 「교차로」는 상류사회로 올라가기 위해 힘쓰지만 낮은 학력과 민족차별로 인해 진급하지 못하는 은행 하급직원을 그리고 있다. 자칭 삶에 의해 '거세된' 이 퇴폐자의 주변에는 사회운동에 참가했다가 형을 선고받은 동료와 흐리멍덩하게 살아가는 친구들, 행적이 일정치 않고 빠르고 기민하여 샤먼, 상하이, 광둥 등지에 간적이 있고 '사회문제에 관한 서적을 탐독하고 문화협회에 출입하며' '타이완◯◯단체'에서 중요한 위치를 차지하고 있는 사촌동생 완파萬發가 있다. 이러한 인물들의 이상과 절망, 파멸과 무력함, 좌절과 억압이 한데 결합된 인물이 1935년에 발표된 「몰락」 속의 야오위안耀源이다.

「몰락」은 일제강점기 타이완 좌익 사회운동가의 자기 고백이자 심리 비사秘史라고 할 수 있다. 주인공 야오위안은 왕스랑 자신, 그리고 그와 동시대에 활약했으나 결국 실의하여 추락하게 된 일부 좌익 지식인들의 상징이다. 이 퇴폐자의 모습을 통해 1930년대 타이완 사회문화운동의 축소판을 볼 수 있다. 이 소설 속에는 경제 불황하의 곤궁하고 음울한 소시민 가정과 이와는 달리 카페, 축음기, 아스팔트 도로, 네온사인과 이리저리 오가는 사람들, 자동차들이 달리는 이제 막 현대화되기 시작한 타이베이 시가지가 등장한다. 이 속에서 소학생은 만국기를 들고 돌아다니며 메이지 천황의 찬란한 전공을 기념하고, 남녀들은 '솔직하게 주의를 말하고 사회를 논하며 연애를 추구한다.' '막연한 민족주의'에서 사회 참여를 결심하게 된 이후 '감옥에 갇히는 사람은 갇히고 전향하는 사람은 전향하였으며' 남은 것은 출옥 후 '창백하고 기력이 없으며' 모든 것에 대해 '무감각'해진 주인공 야오위안 자신이었다. 이 모든 과정을 작가인 왕스랑은 야오위안의 입을 빌어 말하고 있다.

> 용감하고도 침착하게 정의를 위해 희생하고 큰 소리로 외치고 통쾌하게 논하는 것이 무슨 희한한 일이겠는가? 오래도록 참담하고 고생스럽게 가시나무로 가득 찬 고난의 길을 걸어가는 것이야말로 쉬운 일이 아니다. 길은 분명하고 확실하다. 단지 험난하고 평탄치 않은 것을 두려워하지 않고 시종일관 용감하게 앞으로 나아갈 수 있는 이가 지금 몇 명이나 되겠는가?[48]

렌원칭이 1927년 정초에 타이완의 사회운동가들에게 내린 '붉은 소나무'와 '흰 속살의 고구마'에 관한 경구는 여기에 이르러 참언이 되었다.

1940년 이후 일본 식민정부의 황민화운동 아래 문학봉공과 증산, 건설의 집단주의가 요구하는 구호 속에서 뤼허뤄呂赫若와 양쿠이를 포함해 본질적으로 집단정신을 믿는 좌익작가들은 지식인들이 전국적으로 동원되는 것을 그린 「증산의 배후增産之背後」,[49] 「산천초목」, 「풍두수미風頭水尾」[50] 등 자아개조적 소설을 썼다. 황민문학으로 해

48 이 글에서 인용한 王詩琅의 소설은 『台灣作家全集・王詩琅朱點人合集』, 台北 : 前衛出版社, 1991을 참고하였다.

49 楊逵, 張恆豪 編, 「增産之背後 ― 老丑角的故事」, 『台灣作家全集・楊逵集』, 台北 : 前衛出版社, 1991 참조.

석될 수 있는 이런 소설들은 어쩌면 일제 말기 소부르주아적 도시를 떠나 다시 가시밭길을 걷게 되는 좌익지식인들이 노동개조에 의한 '황민'이라는 위장 아래 '인민'을 향해 방향을 바꾸고자 노력하는 또 한 편의 심리 비사일지도 모른다. 그것의 '배후'와 그것이 드러내는 진실이 사람들을 깊이 사고하게 만든다.

50 呂赫若・張恆豪 編, 「山川草木」, 「風頭水尾」, 위의 책 참조.

타이완 문단의 좌향좌*

양쿠이와 30년대의 문학비평

천팡밍陳芳明

1. 들어가며

1930년대 초 양쿠이楊逵가 문단에 등장했을 때 타이완 좌익정치운동은 분열된 상태였으며, 신문학운동은 문학사가들이 말하는 성숙기에 접어들고 있었다. 농민운동 경험이 있던 양쿠이가 마르크스주의의 기치를 높이 들고 문학운동에 개입함으로써 그의 좌절된 사회주의 사상은 문학적 형식을 빌려 연속되는 기회를 얻게 되었다. 정치운동이 문학운동으로 전환되는 시기에 양쿠이가 맡은 역할은 우리가 더 많은 주의를 기울여야 할 부분이다.

20년대 마르크스주의의 전파가 정치조직의 확장에 힘입어 퍼지게 되었다면, 30년대 문학과의 동맹관계에서는 어떠한 형식의 의존관

* 이 글은 고점복이 번역하였다.

계를 맺게 되었을까? 20년대 좌익 지식인의 주장이 정치혁명 노선이었다면, 30년대 좌익 작가가 주장하는 것은 또 어떤 문학적 노선이었을까? 타이완 농민운동 인사들이 1929년에 대대적인 체포를 당하고 타이완 공산당이 1931년에 크게 파괴되면서 마르크스주의적 전통은 거의 궤멸되었다. 이 같은 위급한 시기에 아직 투옥되지 않은 좌익 지식인들은 어떤 전략을 통해 마르크스주의를 퍼뜨렸을까? 역사의 안개 속에 감춰진 이 문제들은 양쿠이의 실천운동에서 그 답안을 찾을 수 있을 듯하다.

정통 마르크스주의의 관점과 양쿠이의 사상이 완전히 부합되는 것은 아니었다. 하지만 그의 이데올로기를 식민지 운동의 특수성이란 관점에서 보면 그 의의가 분명히 나타난다. 타이완 좌익정치운동은 1927년에 좌우로 분열되었으며 점차 급진적 노선이 출현했다. 타이완 문화협회의 좌경화, 타이완 농민조직의 좌경화 및 타이완 공산당의 좌경화는 모두 급진적 노선의 구체적 반영이었다. 1927년에 타이완 농민조합에 참여한 양쿠이는 사상적, 실천적으로 충분히 좌경화되지 않아 결국 1929년에 농민운동 진영에서 쫓겨났다.

양쿠이의 사회주의 노선은 사실 좌파의 혁명적 주장과 우파의 개량주의 사이에서 균형을 취하는 데 있었다. 정확하게 말하면 그의 반식민 행동은 선명한 계급적 입장을 견지하면서도 합법적인 투쟁 노선을 지지했다. 이것이 1920년대의 좌익 정치조직이 그를 우파로 여겼던 이유이면서 1930년대 문학동맹이 그를 좌파로 간주했던 이유이다. 이처럼 양측에서 다 인정받지 못하는 견해로 결국 그는 참여한 조직을 떠나야했다. 그는 농민조합에서 퇴출되었으며(1929), 타이완문예연맹에서도 퇴출되었다(1935). 이는 기싸움의 결과이기보다 생각의 차이로 보는 것이 더 타당하다. 양쿠이의 두 번에 걸친 퇴출에 대해서는 수많은 연구에서 자세하게 논의되었다. 이 논문의 목적은 사건의 인과관계를 토론하는데 집중하기보다 양쿠이의 좌파적 사유방식과 이론적 실천을 분석하여 그의 마르크스주의가 어떤 내용이었는가를 새롭게 검토하는 데 있다.

동시에 20년대 말기의 양쿠이와 30년대의 양쿠이는 사상적으로 연속성을 가지는가? 그는 또 어떻게 정치적 주장을 문학비평 이념으로 전환시켰는가? 그의 좌익적 입장은 1930년대의 문학비평에서 어떤 발언 위치를 가지고 있었는가 등도 검토해야 할 과제이다.

양쿠이는 말년에 기억을 돌이키면서 '인도적 사회주의자'라는 말로 자신을 정의했다.[1] 이러한 명명은 분명 그의 평생의 좌익 노선을 총결한다. 만약 이 호칭이 성립할 수 있다면 이를 그의 정치경험과 문학경험에 투사해 볼 수 있을 것이다.

2. 농민운동가 양쿠이

청년 마르크스주의자 양쿠이가 1927년 유학하고 있던 일본에서 타이완으로 돌아왔을 때 그의 나이는 겨우 27세였다. 타이완에서 그

1 1980년대에 젊은 기자의 방문을 받은 楊逵는 재삼 '인도적 사회주의자'로 자칭했다. 林進坤 訪問, 「楊逵訪問記」, 『進步雜誌』 창간호, 1981.4, 25면; 陳春美 訪問, 「追求一個沒有壓迫, 沒有剝削的社會－訪人道的社會主義者」, 『前進廣場』 제15기, 1983.11. 이 글은 彭小妍 主編, 『楊逵全集』 第14卷 자료권, 國立文化資產保存研究中心, 2001, 266～271면에 실렸다.

가 직면한 정치운동 정세는 타이완문화협회가 분열을 선언하였고, 농민운동이 나날이 발전하고 있는 때였다. 20년대는 타이완문화협회가 주도한 계몽운동의 시기였는데, 즉 민족주의 의식을 환기시키는 것이었다. '타이완은 타이완인의 타이완'이라는 깃발 아래 문화협회는 심혈을 기울여 모든 상이한 정치적 입장의 구성원들을 단결시키고자 했다. 이 시기 문화협회의 계급적 노선은 명확하지 않았으며 전체 민족全民 노선을 강조하는 데 치중했다. 그러나 일본 자본가와 재벌들의 타이완 진출 이후 타이완 농민과 노동자가 받는 압박은 나날이 심화되었으며 결국 타이완 사회 내부의 계급적 각성을 자극하여 계급운동의 전개를 촉진시켰다. 1926년 타이완 농민조합의 성립은 바로 식민지 정치운동이 계급화된 하나의 증거였다.

1927년 9월 농민조합에 가입할 때 양쿠이는 뒤늦게 뛰어든 운동가였다. 농민운동은 1925년의 얼린사건二林事件 발생 후 반식민운동 중 가장 활발하게 진행된 부문이었다. 계급의식이 고조된 데다가 좌익 지식인이 가입함으로써 농민운동의 역량은 문화협회의 조직에 충격을 가하기 시작했다. 객관적 정세의 요구는 문화협회로 하여금 사상 계몽 사업에만 종사할 수 없게 만들었으며 계급운동에서 주도적 임무를 맡도록 하였다. '실제적인 운동에 뛰어들라'는 요구는 바로 이와 같은 정세하에서 지식인들 사이에서 제기된 것이다.[2] 문화협회의 분열은 이 단체가 이미 계급운동을 이끌 수 없게 되었음을 보여주는 하나의 결과였다.

---

2 '投入實際運動'이라는 구호는 20년대 타이완 지식인의 사회운동 투신에 대한 각오를 대표한다. 謝春木, 『台灣人の要求－民衆黨の發展過程を通じて』(복각본), 東京 : 龍溪書社, 1974, 33면 참조.

양쿠이가 실제적인 운동에 참여했을 때 농민조합은 젠지簡吉의 지도하에 전성기를 맞이하고 있었다.[3] 따라서 양쿠이는 농민조합의 최초 투쟁과 건설과정의 어려움을 경험하지 못했다. 그럼에도 불구하고 뒤늦은 운동가일지라도 양쿠이는 이미 충분한 마르크스주의 사상과 이를 실제 운동으로 실천할 수 있는 식견을 가지고 있었다. 그는 농민조합의 성원이 된 후 같은 해 10월 분열된 후의 좌경 문화협회에도 가입했다. 이 두 조직에서 그는 중앙위원으로 선출되었다. 이는 신참자인 그의 사회주의 이념이 두 좌익단체로부터 이미 중시되었음을 증명한다.

1928년 일본이 경제공황에 휩쓸릴 때, 타이완의 좌익운동가들은 모두 혁명의 시기가 도래했다고 믿었다. 이런 신념은 타이완 공산당이 같은 해에 성립되면서 더욱 강화되었다. 그러나 혁명의 시기가 정말로 도래했는가? 이 문제에 대한 인식에서 타이완 좌익 지식인들의 의견은 매우 엇갈렸다. 양쿠이의 입장에서 보면 혁명은 결코 그렇게 즉각적이고 긴급하지 않은 듯 보였다. 이러한 그의 정치적 이해는 결국 농민조합 지도자 젠지와 어긋나게 된다. 1928년에 양쿠이가 제명된 원인을 분명히 하기 위해서는 혁명의 문제를 다시 고찰해야 답안을 얻을 수 있다.

타이완 농민조합의 최초 노선은 기본적으로 일본 노동당의 지도를 받는 것이었다. 운동 전략상 농민의 권익을 보호하기 위해서 일본 노동조합과 비슷한 투쟁방식을 채택했다.[4] 그러나 양쿠이가 농민조

3 簡吉이 이끈 농민조합은 20년대 말기 정치운동의 고조기를 이끌어냈다. 陳芳明, 「簡吉－日治下左翼運動的實踐者」를 참고. 黃秀慧 주편, 『漫漫牛車路－簡吉與台灣農民組合運動』, 台北 : 台北市文化局, 2004, 80~81면에 수록.

4 『台灣總督府警察沿革誌』, 台北 : 台灣總督府警務局, 1939(복각본은 『日本統治下の民族運

합에 참가하면서 견지한 태도는 일본 노농당의 방식, 즉 합법적인 투쟁을 지지하는 것이었다. 이는 결코 그가 마르크스주의자가 아니라는 것을 의미하지는 않는다.

그의 초기 글을 보면 양쿠이의 사회주의 사상은 지극히 농후하다. 타이완 문화협회가 1928년 발행한 기관지 『타이완대중시보』에서 그는 계급의식과 투쟁이론을 선전하고 있다.[5] 양쿠이는 이 간행물의 주필 가운데 한 사람이었으며, 양구이楊貴라는 본명을 사용하여 「현재의 국제정세當面的國際情勢」라는 정치평론을 발표하였다. 이 짧은 문장은 크게 4단락으로 나뉘는데, 첫 번째는 제국주의가 소련에 대해 전개한 반혁명 전쟁이고, 두 번째 단락은 이 전쟁은 사실 제국주의 자산계급과 전 세계 무산계급 간 투쟁의 재확대란 점이며, 세 번째 단락은 일본이 영미와 연합하여 장차 중국을 침략하고 간섭하게 될 것임을 예견하였고, 네 번째 단락은 일본 자본주의의 운명과 전 세계 자본주의의 운명은 같은 것임을 지적하고 있다.[6]

이 네 개의 논점을 종합하여 양쿠이는 국제적 모순의 격화는 반드시 일본 국내 계급 모순의 격화를 야기할 것이라고 보았다. 비록 '일본이 영미와 연합할 것이다'고 한 예측은 정확하지 않았지만, 문장의 논리적 사유는 지극히 엄밀했다. 20여 세 정도의 좌익 청년에게 이와 같은 정치적 분석력은 분명 그의 나이를 초과하는 것이다. 더욱 주목할 만한 것은 양쿠이의 이러한 견해가 레닌 사상, 특히 레닌의 저명

動』으로 바뀜, 東京 : 台灣史料保存會, 1969), 586~587면.

5 『台灣大衆時報』 발행의 始末은 陳芳明, 「『台灣大衆時報』與『新台灣大衆時報』」, 『殖民地台灣－左翼政治運動史論』, 台北 : 麥田, 1998, 193~214면 참고.

6 楊貴, 「當面的國際情勢」, 『台灣大衆時報』, 창간호, 1928.5.7(복각본, 台北 : 南天書局, 1995). 이 글은 彭小妍 主編, 『楊逵全集』 第9卷 詩文卷(上), 台南 : 國立文化資産保存研究中心, 2001, 80~82면에 수록.

저작인 『제국주의는 자본주의 발전의 최고 단계이다帝國主義是資本主義發展的最高階段』의 영향을 받았다는 점이다. 이 글에서 레닌은 제국주의가 붕괴되는 시점이 바로 자본주의가 무너지는 시기라고 보았다. 양쿠이는 이러한 인식에 기초하여 일본 자본주의가 제국주의처럼 확장되고 위기에 직면할 것임을 예언한 것이다. 이는 양쿠이가 계급투쟁에 뛰어들기로 결심한 주요한 원인이기도 했다.

그러나 그는 비록 계급투쟁 노선을 견지하고는 있었지만 모험주의자는 아니었다. 합법적 단체인 농민조합은 양쿠이에게 행동을 취할 만한 합당한 자리를 제공했다. 그러나 자신이 적극적으로 농민운동에 헌신한 그 시점에 타이완공산당의 세력이 점차 합법적 단체의 권력구조에 침투해 들어오기 시작했다는 것을 감지하지 못했다. 이와 같은 노선 조정은 합법적 계급운동이 비합법적인 혁명운동으로 발전하기 시작했음을 의미한다.

타이완 농민운동이 시작되었던 1925년 무렵 그 성격은 순수하게 타이완 제당주식회사의 약탈과 착취에 대항하기 위한 것이었다. 젠지는 그런 투쟁, 즉 사탕수수 농민의 문제를 전체 농민의 소유권 문제로 확대하려고 했다. 다시 말해 농민조합의 관심사는 단순히 제당공장의 토지 병탄과 사탕수수 수매 가격의 문제만이 아니라 '소작 문제의 개선小作改善', '지주 / 소작인 사업業佃事業' 등등 농민의 권익과 관련된 문제에까지 확대되고 있었다.[7] 1928년 타이완공산당 창당 후 셰쉐훙謝雪紅은 상하이에서 체포되어 강제로 타이완으로 송환되었다. 이 송환은 역설적으로 셰쉐훙이 타이완 내부에서 타이완공산당

7 타이완 농민조합의 1927년 이전 합법 투쟁 노선에 대해서는 宮川次郎, 『台灣の農民運動』, 台北 : 拓植通信社支社, 1927 참조.

조직의 활동을 전개할 기회를 제공하였다. 이 타이완공산당 지도자가 적극적으로 흡수한 중요 활동가는 농민조합의 젠지와 문화협회의 왕민촨王敏川이었다.[8] 그녀는 성공적으로 젠지의 입당을 이끌었으며, 왕민촨과는 맹우 관계를 맺었다. 농민조합과 문화협회는 이 동맹으로 인해 타이완공산당의 외곽 조직이 되었다. 그래서 원래는 합법 단체였던 이 두 단체는 운동 전략을 조정하지 않을 수 없었다. 훨씬 더 좌경화되고 더욱 급진적 운동에 호소하는 단계로 진입하게 된 것이다.

양쿠이가 농민운동으로부터 이탈하게 된 것은 그의 이데올로기와 타이완공산당의 정치노선이 달랐기 때문이다. 만약 '인도주의자'라는 단어가 성립될 수 있다면 양쿠이의 그런 사상은 분명 이 시기에 이미 형성되기 시작했어야 한다. 농민조합의 노선변경을 이해하기 위해서는 타이완공산당의 농민운동 강령을 고찰해야 하는데, 그 내용을 통해 양쿠이가 배척된 원인을 탐구해보자.

정통 마르크스주의에서 농민문제는 결코 핵심적인 관심사는 아니다. 마르크스는 서구 자본주의 사회의 발전, 특히 공업혁명 이후 노동자 계급의 의식이 성숙하여 사회혁명의 주요한 동력이 되었음을 간파했다. 마르크스는 농민이 아닌 노동자가 사회혁명을 주도하여 자본가의 경제적 지배를 전복시킬 것으로 보았다. 노동자의 혁명에 대한 마르크스의 예측은 결국 역사적으로 실현되지는 않았다. 이러한 혁명을 사실로 만든 것은 역설적으로 러시아와 중국의 농민혁명이었다. 이는 마르크스의 혁명이론이 레닌의 수정을 수용한 결과이

8 陳芳明, 『謝雪紅評傳』, 台北 : 前衛, 1991, 103~106면 참조.

다. 레닌은 차르 시대의 러시아 사회에서 러시아의 무산계급은 노동자가 아니라 광범위한 농노라고 정확하게 관찰하였다. 일찍이 1893년에 작성된 「농민생활 속의 새로운 경제변동農民生活中新的經濟變動」에서 러시아 농민은 현격한 경제적 불평등 속에서 자신의 농산품을 파는 것에서 자신의 노동력을 파는 상황으로 전락했다고 지적했다.[9] 농민문제에 대한 레닌의 중시는 마르크스주의 발전사를 새로 썼다. 이로 인해 농민과 노동자를 같이 논하는 것이 사회주의 사상 가운데 가장 중요한 의제가 되었다. 즉 무산계급은 더 이상 노동자계급만을 가리키는 것이 아니라 농민계급까지 그 안에 포괄하게 된 것이다.[10]

마르크스주의에 대한 이와 같은 확장 해석은 중국의 마오쩌둥毛澤東에게 영향을 주었을 뿐 아니라, 동시에 식민지 지식인에게도 무한한 각성과 계시를 가져다주었다. 양쿠이의 사회주의적 신념이 이 사실을 증명한다. 정치운동에 참여했든 문학운동에 참여했든 상관없이 평생 동안 그는 타이완 농민운동에 대한 관심으로부터 멀어질 수 없었다. 만년에 회고할 때조차도 양쿠이는 여전히 "타이완신문학은 타이완인의 운명, 특별히 농민의 생활과 혈육의 관계를 맺고 있다"고 강조했다.[11]

양쿠이의 유고 가운데 미완성의 번역문인 「전략가 레닌」은 사상 형성 과정에서 그가 레닌에게서 받은 영향을 충분히 반영하고 있다.[12] 양쿠이는 물론 레닌 사상의 영향을 받은 유일한 타이완 지식인

---

9 레닌, 「農民生活中新的經濟變動」, 중국공산당 레닌 저작 編譯局 編譯, 『레닌전집』 제1권, 北京 : 人民出版社, 1990, 155면.

10 레닌, 「無產階級和農民」, 『레닌전집』 제12권, 88~91면.

11 楊逵, 「台灣新文學的精神所在－談我的一些經驗與看法」, 彭小妍 主編, 『楊逵全集』 第14卷 자료권, 34면.

12 楊逵 譯, 彭小妍 主編, 「전략가 레닌」, 『楊逵全集』 第13卷 미완 유고권, 522~528면.

은 아니다. 사실 모스크바 제3 인터내셔널 지도자의 영향을 받은 공산당원은 모두 레닌의 이론과 전략을 따랐다. 일본 공산당이 그러했으며 타이완공산당도 마찬가지였다. 그러나 양쿠이가 농민조합에 참가했을 때, 지도자 젠지는 아직 타이완공산당의 셰쉐훙과 접촉하지 않고 있었다. 때문에 정확히 말하면 농민조합 내부에서 진정으로 마르크스주의와 레닌주의 사상을 가지고 있던 사상가는 양쿠이 뿐이었다. 이는 양쿠이가 조직에 가입한 뒤 신속하게 중앙위원에 선출된 원인이기도 하다. 상대적으로 젠지는 좌익사상에 대해 아직 낯설었던 것으로 보이는데, 이는 그가 기본적으로 운동가였지 이론가가 아니었기 때문이다. 다시 말해 젠지는 농민조합을 이끌 때에도 명확한 계급운동관이 없었던 것이다. 그러나 양쿠이에게 농민운동은 명확한 계급운동과 같은 것이었다.

양쿠이가 농민조합에 참가한 시간은 전후 1년이 되지 않는데 1927년 9월부터 1928년 6월까지였다. 시간은 짧았지만 이 경험은 이후 그의 문학 생애에 커다란 충격이 되었다. 그것은 현실사회에 개입하는 경험을 풍부하게 해주었을 뿐 아니라 그의 정치이념을 배양시켜 주었다. 농민조합 문제에 있어서 그의 사회주의사상이 당시에는 수용되지 않았지만 그는 줄곧 합법적 노선을 견지했다. 바로 이 합법성 문제에 있어서 양쿠이는 점차 젠지와 소원해졌다.

그가 번역한 「노동자 계급의 진영勞動者階級的陣營」이라는 글은 '합법성과 비합법성'의 문제에 대해 다음과 같이 언급하고 있다. "자본가계급에 대한 공산당의 각종 공격이 실패하지 않으려면 어쨌든 합법적 조직과 병행해야 하며 비합법 조직을 건설하여 합법적 조직이 유린된 후의 정치투쟁이 지속될 수 있도록 준비해야 한다."[13] 이 역문에서 말하는 바는 좌익운동가(공산당원을 포함한)들은 그 어떤 합법적 투쟁의 기회를 버려서는 안 된다는 점이다. 합법으로 비합법을 보호하는 것이 필요하다. 이러한 인식으로 인해 양쿠이는 농민조합이 반드시 합법적 투쟁 노선에서 농민의 권익을 쟁취해야 한다고 이해하게 되었다. 그는 농민조합이 일단 비합법적 활동으로 전환하게 되면 투쟁의 공간을 잃을 것이라고 분명하게 인식했다. 당시 양쿠이는 타이완공산당이 이미 성립되었음을 몰랐던 것 같다. 설령 알았더라도 그는 타이완공산당 활동의 성격이 비밀스러운 것에 속하기 마련이며, 합법적 조직의 배후에 숨어 있어야 함을 충분히 분별했을 것이다. 만약 합법적 조직이 존재하지 않으면 타이완공산당과 같은 비합법 조직이 제일선에 나설 수밖에 없었기 때문이다.

같은 역문에서 "공산당은 결코 변론 클럽이 되어서는 안 된다"고도 말한다. 이 말을 통해 양쿠이의 행동을 검토해 볼 수 있는데 그의 신념에는 모든 이론은 실천을 위한 것이지 공담에 그쳐서는 안 된다는 생각이 녹아 있었다. 좌익운동에는 노선의 문제가 있기 마련이지만 노선은 공허한 주장이어서는 안 되며 반드시 객관적 정세의 요구에 부합해야 한다. "당은 연설만 할 것이 아니라 투쟁을 강화하여 노동자 대중을 지도할 능력이 있음을 증명해야 한다. 만약 작은 모임이나 만들어 노동자의 승리 여부만을 토론한다면 그것은 종파에 불과하지 당이 아니다."[14] 이 부분을 번역하면서 양쿠이는 동시대의 좌익 활동가들보다 훨씬 깊은 체득을 했을 것이다. 그는 시비만을 일삼는 지식인을 보아 왔을 것이며, 또 당 조직에 가입한 적지 않은 사람들이

13 楊逵 譯, 彭小妍 主編, 「勞動者階級的陣營」, 『楊逵全集』 第13卷 미완 유고권, 480~481면.
14 위의 책, 481면.

종파를 나누는 데만 열중하고 행동과 실천에는 겁을 낸다는 것을 목격했을 것이다. 당과 종파의 문제는 바로 타이완 농민조합의 이합집산에서 핵심적인 원인이었다.

양쿠이가 제적된 것은 조합 내부의 종파와 필연적으로 관련되어 있었다. 이 사건은 타이완공산당의 개입에서 비롯되었다. 타이완공산당은 1928년 4월 상하이에서 창당되었으며 그때 이미 농민문제에 대한 강령을 제시했다. 타이완공산당 역시 제3인터내셔널의 지휘를 받았기 때문에 레닌의 영향이 컸다. 레닌은 노동자혁명 노선을 농민혁명으로 변화시켰는데 이는 러시아가 고도로 공업화된 국가가 아니고 동시에 성숙한 자본주의 사회도 아니었기 때문이다. 따라서 정통 마르크스주의 노동자 운동을 견지하는 것은 러시아 사회의 인구 구성에 부합되지 않았다.

타이완공산당도 농민혁명의 전략을 수용했는데, 이는 식민지 타이완이 성숙한 자본주의 공업사회가 아니고 노동자 의식도 아직 성숙하지 않았으며 노동자운동 역시 형성될 수 없다는 생각에서 연유한 것이다. 이에 비해 농민이 타이완 인구에서 차지하는 비율은 80% 이상이었으며 그중에서도 소작농이 대다수였다. 일반적인 농업사회에서 소작농과 지주 간의 갈등은 종종 개별적이거나 국부적이다. 그러나 타이완은 식민지였기 때문에 지주는 일본의 제당회사와 거대 재벌이었다. 다시 말해 타이완 소작농이 마주한 대상은 개별적인 지주가 아니라 모든 권력을 독차지한 식민 통치자였다. 이는 결코 한 집단의 압제가 아니라 정부의 집단적인 억압이었다. 후일 양쿠이가 말한 것처럼 타이완 농민이 마주한 대상은 "일본의 제당회사, 미쓰이三井, 미쓰비시三菱 재벌"이었던 것이다.[15] 20년대 타이완 농민운동이 대항해야 했던 것은 타이완 총독부, 즉 식민 체제 전부였다. 타이완공산당의 농민운동 전략은 이런 인식에서 양쿠이와 일치했다.

그러나 가장 큰 차이점은 양쿠이는 농민을 식민 체제에 저항하는 주력군으로 본 점이다. 반면 타이완공산당은 성립 초기에 제시한 「농민문제 대책」에서 다음과 같이 지적한다. "타이완 혁명의 주도권이 노동자계급에게 있다는 것은 의심의 여지가 없다. 타이완 각 계급의 세력관계와 계급구조로 볼 때 노동자야말로 타이완 혁명의 지도자이다. 따라서 혁명의 지도권은 농민에게 있는 것이 아니다. 그러나 농민은 타이완 혁명의 유일무이한 동맹군이다."[16] 이러한 견해는 양쿠이의 생각과 경계선이 분명했다. 타이완공산당의 견해는 농민은 식민지 저항운동의 동맹일 뿐이다. 노동자가 타이완 저항운동의 주력군이 될 수 있는가 여부는 본고의 핵심은 아니나 양쿠이와 젠지 간의 긴장 관계 배후에 타이완공산당이 간여하고 있었다는 점은 의심의 여지가 없다.

양쿠이가 농민조합에서 가장 크게 활약했던 시기는 제명되기 바로 전이었다. 1928년 2월에서 6월까지 그는 주산竹山, 샤오메이小梅, 푸즈朴子, 마더우麻豆, 신화新化, 중리中壢 등지에서 농민운동에 깊숙이 참가했다. 그러나 셰쉐훙은 이 시기에 타이완공산당 조직 건설에 착수했다. 셰쉐훙은 사람도 적고 세력도 약했기 때문에 타이완 농민조합과 타이완 문화협회라는 양대 조직을 빌어 타이완공산당의 역량을

15 戴國煇・內村剛介 訪問, 葉石濤 譯, 「一個台灣作家的七十七年」, 『楊逵全集』 제14권 자료권, 254면.

16 타이완 공산당의 「農民問題對策」이라는 이 문건은 山邊健太郎 編, 「日本共產黨台灣民檢支部東京支部員檢擧顚末」, 『台灣 (2)』(現代史資料 22), 東京 : みすず書房, 1971, 156~164면에 수록. 타이완공산당과 「農民問題對策」과 관련된 논의는 陳芳明, 「林木順與台灣共產黨的建立」, 『殖民地台灣－左翼政治運動史論』, 台北 : 麥田, 1998, 47~48면 참조.

강화할 필요가 있었다. 그러나 농민조합 내부의 가장 큰 장애물은 양쿠이였으며, 문화협회의 주요 방해세력은 롄원칭連溫卿이었다. 그들 두 사람의 운동관은 타이완공산당과 상당히 달랐다. 양쿠이와 롄원칭은 모두 사회주의자이자 동시에 풍부한 실무경험을 가지고 있었기 때문이다. 특히 롄원칭은 마침 적극적으로 '타이완노동자총회 台灣總工會'의 조직을 준비하고 있었는데 이로 인해 '타이완 적색노동자총회 台灣赤色總工會'를 설립하려고 준비 중이던 타이완공산당과 주도권 충돌이 발생했다.[17] 셰쉐훙은 결국 농민조합과 문화협회에 대해, 그리고 양쿠이와 롄원칭에 대해 비판과 배척을 개시했다.

논자들이 항상 말하듯 롄원칭과 양쿠이의 운동 전략은 일본 '야마카와주의山川主義'의 정치 노선에 가깝고 셰쉐훙과 젠지의 사상적 입장은 일본 '후쿠모토주의福本主義'의 주장에 가깝다. 롄원칭이 야마카와주의에 가까웠던 원인은 1921년의 일본 좌익여성 야마구찌 코시즈山口小靜 때문이다. 이 여성은 야마카와주의 사상에 경사되어 있었는데, 그녀를 매개로 하여 롄원칭은 야마카와주의 노선을 받아들였다.[18] 야마카와주의는 일본 좌익운동가 야마카와 히또시山川均의 주장이다. 야마카와 히또시는 급진적인 공산당 운동이 만약 상응하는 조건의 호응을 얻을 수 없다면, 적절한 시기에 해산하고 합법적인 정치운동으로 바꾸어야 한다고 보았다. 만약 이런 주장이 성립된다면 롄원칭과 양쿠이의 합법 투쟁 노선은 분명 야마카와주의의 요구에

17 連溫卿이 정치운동에 참여한 始末과 타이완 문화협회와의 이합집산 관계에 대해서는 陳芳明, 「連溫卿與抗日左翼的分裂－台灣反殖民史的一個考察」, 『殖民地摩登－現代性與台灣史觀』, 台北 : 麥田, 2004, 265～292면 참조.

18 山口小靜의 타이완에서의 정치활동과 관련해서는 宮川次郎, 「台灣に於ける極左傾的內地人」, 『台灣の政治活動』, 台北 : 台灣實業會社, 1931, 280～283면 참조. 山口小靜은 靜修女中에서 작문 선생을 맡았으며 1924년에 폐병으로 타이완에서 죽었다.

부합하는 것이다. 후쿠모토주의는 일본 공산당원 후쿠모또 카즈오福本和夫가 제창한 데서 연유했다. 그는 공산당 운동은 엘리트식의 동맹 운동을 취해야 하며 노선의 요구에 부합하지 않는 것은 운동 밖으로 배제해야 한다고 강조했다. 이렇게 보면 셰쉐훙의 행동 방식은 비교적 후쿠모토주의에 가까운 듯하다. 후쿠모토주의가 말하는 엘리트는 사실 앞서 언급한 양쿠이의 번역문에서 제시된 '종파'의 관념이다.

양쿠이와 젠지 간의 관계에는 사적인 감정도 있었던 듯하다.[19] 그러나 이데올로기적 관점에서 보면 젠지는 타이완공산당의 좌경노선 주장을 수용했으며 양쿠이는 합법 투쟁 전략을 견지하고 있었다. 일본 경찰 문서를 통해 농민조합 내부가 두 파로 나뉘어 있었음을 알 수 있다. 첫 번째는 '간부파'로 여기에는 젠지, 자오강趙港, 옌스지顏石吉, 장싱張行, 천더싱陳德興, 펑위둥彭宇棟, 좡완성莊萬生, 천쿤룬陳崑崙이 포함된다. 다른 한 파는 '反간부파'로 양구이楊貴, 셰진라이謝進來, 셰선차이謝神財, 천페이추陳培初, 유밍저尤明哲, 장창하이張滄海, 우스린吳石鱗, 라이퉁야오賴通堯, 예타오葉陶 등이 포함되어 있다. 문서는 젠지 등이 따른 노선은 일본공산당의 1927년 강령임을 보여주며 이것은 타이완공산당이 선택한 노선이었다. 양쿠이 등은 '좌익 사회민주주의'라는 야마카와 노선, 즉 합법성과 실천 경향이 강한 노선에 속해 있었다.[20]

1929년 6월 24일부터 27일까지 농민조합은 타이중台中에서 중앙위

---

19 楊逵는 만년에 기억을 더듬으며 농민조합에서 葉陶를 알게 되었다고 여러 번 말했다. 葉陶는 젠지의 영향으로 농민운동에 가입했다. 楊逵는 스스로 "일본에서 귀국한지 얼마 되지 않아 견문도 넓고 이야기 거리도 많았으며 또 나이도 젊어 葉陶와 가까이 지냈다"라고 했다. 젠지는 아마도 이로 인해 배척하려는 생각이 싹 텄을 것이다. 王麗華의 기록 「關於楊逵回憶錄的筆記」, 『楊逵全集』 第14卷 자료권, 78면에 보인다.

20 台灣總督府 編, 『台灣警察沿革誌』, 1939, 1081~1082면.

원회를 개최하였다. 회의에서 양쿠이는 조합을 어지럽게 하는 지도자라고 비판받았다. 간부파 계열이 압도적으로 많았기 때문에 양쿠이는 결국 제명되었다. 결국 양쿠이는 예타오, 셰진라이와 함께 성명서를 발표하여 중앙위원회가 죄명을 날조하여 중상모략을 하고 '반동'이라는 모자를 씌웠는데 이는 전혀 사실에 맞지 않다고 지적했다. 또 성명서에서 일본 식민주의자들의 압박이 강화되고 있는 시기에 타이완 정치 운동가들은 통일 노선을 더욱 강화해야 한다고 강조했다. 따라서 성명서에는 통일 노선을 반대하는 자는 바로 '계급에 반대하는 것'임을 명시하고 있다. 성명서 끝부분에 다음과 같은 5개의 호소문을 싣고 있다.

① 사상 대립의 이유로 제명되는 것에 반대한다.

② 투쟁이 만들어낸 분열을 극복하자.

③ 비판의 자유와 공개적인 이론 투쟁을 확립하자.

④ 민주주의를 확립하고 각종 위원의 관료식 임명을 반대한다.

⑤ 폐쇄주의를 반대한다.[21]

양쿠이가 절대적으로 실천성을 견지하고 있는 운동가임은 명백하다. 그는 좌파였지만 결코 종파를 좋아하지는 않았다. 그는 이론을 구비하고 있었지만 공론을 숭상하지는 않았다. 비록 억압에 의해 농민조합에서 그의 그림자를 찾을 수 없게 되었지만, 그는 여전히 식민지 저항운동 진영에서 활약했다. 타이완공산당에게 양쿠이는 충분

21 위의 책, 1084면.

한 좌파가 아니었을 것이다. 그러나 라벨 붙이기 식의 노선문제가 결코 필연적이지 않다는 것은 정확한 판단이었다. 1929년 농민조합 요인들이 전 타이완에서 대대적으로 체포되는데 바로 극단적인 좌경화가 만든 결과였다. 혁명의 조건이 미성숙한 시기에 급진적인 주장은 필연적으로 식민지배자의 반대를 불러일으키기 마련이다. 소위 '인도적 사회주의'는 이러한 역사적 경험을 통해 이해되어야 명확한 의미를 알 수 있을 것이다. 그가 선택한 합법적이고 투쟁적인 노선이 새로운 국면을 만들어낼 수 있는지에 대해서 역사는 아무런 명확한 답도 주지 않는다. 그러나 그가 주장한 상호 포용의 온건 노선과 억압이 있으면 반항한다는 것이야말로 '인도적 사회주의자'의 참모습일 것이다.

3. 좌익문학 비평 노선의 형성

양쿠이의 좌익정치 활동 경험과 정치운동 과정에서 견지한 사회주의적 견해는 이후 그의 문학이념에 깊은 암시를 주었다. 좌익진영에서 그가 따른 것이 급진적 노선이 아니라 합법투쟁 전략이었다면 이러한 중도 좌편향적인 입장은 30년대 그의 문학운동 가운데 매우 분명하게 나타났다. 30년대에 문학에 종사한 작가들이 민족과 계급이라는 두 의제에 대해 고뇌했음은 부정할 수 없는 사실이다. 이 두 견해의 타협과 충돌은 또한 제3세계 지식인이 공통적으로 마주친 문제이기도 했다.

제국주의의 위협과 침략에 마주쳤을 때 제3세계 작가들은 본능적으로 민족주의를 통해 단결, 대항할 방법을 찾는다. 그러나 식민지 사회에서 피식민자들이 받는 모욕은 민족에 대한 억압에서만 비롯되는 것이 아니라 계급에 대한 억압에서도 비롯되었다. 식민지 타이완에서 일본인들은 민족주의적인 우월감에서 정치적으로 타이완인을 억압했던 것은 아니다. 더욱 중요한 것은 그들이 자본주의적 약탈을 통해 경제적으로 타이완인을 억압한 점이다. 민족과 계급의 문제는 중첩되어 있으며 결코 분리하여 사고할 수 없는 것이다.

그러나 자본주의가 타이완에서 확장될 때 민족자본가 계급도 만들어졌다. 심지어 린셴탕林獻堂과 같은 소수의 민족자본가는 타이완 민족운동에 적극적인 지지를 보내기도 했다. 민족자본가의 개입은 정치운동에 참여한 많은 지식인들에게 착각을 가져왔다. 어떤 이는 지나치게 계급 대립을 강조하는 것은 민족이 분화되는 결과를 낳을 수 있다고 보았다. 이로 인해 민족주의를 통해 적과 아를 구분하게 되었으며, 계급문제는 사회 내부의 모순에 속하게 되었다. 바로 이러한 인식으로 인해 20년대 타이완 정치운동은 노선 상의 엇갈림이 나타났다. 기본적으로 우익 운동가들은 민족주의의 입장에서 합법 투쟁을 진행했으며, 좌익운동가들은 계급의 입장에서 비교적 모험적인 투쟁을 전개했다. 1927년 문화협회의 분열은 이 두 노선의 상호 충돌이 빚어낸 결과였다. 천펑위안陳逢源과 쉬나이창許乃昌이 1926년과 1927년 사이에 전개한 '중국개조론'이라는 논전은 우파와 좌파 간의 중대한 대결이었다.

천과 쉬의 '중국개조론'이라는 논전은 마르크스주의가 타이완 사회에 전파된 정도를 전형적으로 반영하며, 얼마 후 발생한 문화협회의 좌우분열을 예고했다. 우익을 대표하는 천펑위안은 자본주의가 발달하기 전에는 쉽게 공산 혁명을 논할 수 없다고 보았다. 그는 중국 사회에 비유하여 타이완 사회의 발전 단계를 고찰했는데, 우선 자본주의가 크게 발전해야 외래의 상공업 자본에 대항할 실력을 갖출 수 있다는 점을 강조했다. 이러한 인식에 근거하여 천펑위안은 민족의식을 환기시켜 전 민족을 단결시킬 것을 호소했다. 그는 애써 계급문제를 회피하고 민족주의 깃발을 높이 들어 전 사회가 제국주의의 지배에서 벗어나야 한다고 했다.

좌파를 대표하는 쉬나이창은 문제를 계급문제의 토론으로 되돌렸다. 그는 자산계급이 일정 부분 제국주의와 공모 관계에 있다고 보았다. 자산계급은 결코 '부국강병'을 촉진할 수 없으며 당시의 역사 단계에서는 오직 무산계급의 역량만이 진정한 사회 개조, 즉 공산 혁명을 완수할 수 있다고 생각했다. 따라서 쉬나이창은 자산계급이 아닌 무산계급만이 계급투쟁과 민족해방을 동시에 진행할 수 있다고 강조했다.[22]

천과 쉬의 두 견해를 종합해보면 좌우 양파의 노선이 민족주의와 계급문제에서 크게 나누어졌음을 분명히 알 수 있다. 천펑위안은 지나치게 민족주의 입장에 서 있었으며 자본주의를 변호하기 위해 제국주의가 사회 내부에 침투하여 사회를 분화시키는 점을 완전히 무

22 陳逢源과 許乃昌의 '중국개조론' 논전에 대해서는 芳園(陳逢源), 「我的中國改造論」, 『台灣民報』 第120號, 1926.8.29; 許乃昌, 「駁陳逢源氏的中國改造論」, 『台灣民報』 제126~129호, 1926.10.10~31; 芳園, 「答許乃昌氏駁中國改造論」, 『台灣民報』 제130~139호, 1926.11.7~1927.1.9; 許乃昌, 「給陳逢源氏的公開狀」, 『台灣民報』 제142호~143호, 1927.1.30~2.6 참조. 이 논전 과정에 蔡孝乾, 「駁芳園君的中國改造論」, 『台灣民報』 第134號, 1926.12.5도 같이 실렸다.

시했다. 이는 사회주의 청년들이 우익 정치운동가의 견해를 수용하지 않고 타이완 문화협회 내부에서 직접 주도권을 쟁취하게 된 배경이다. 양쿠이가 타이완으로 돌아왔을 때 문화협회의 분열은 기정사실이었다. 또 그가 농민운동에 간여하던 1927년경, 그는 풍부한 마르크스주의 경험을 가지고 있었지만 그의 중도좌파 노선은 결국 앞뒤에서 공격을 받을 수밖에 없었다. 그는 민족 입장에 서 있었지만 또한 계급의 문제를 고민했고 계급의 입장을 견지하면서도 우파적 민족주의 색채를 보였다. 좌파 진영에게 양쿠이는 분명 우파였으며 우파 조직에게 그는 또 좌파로 분류되었다. 바로 이러한 입장 때문에 그와 롄원칭은 동시에 좌익 진영에서 제명되었다.

1929년 양쿠이가 농민조합을 떠날 때 타이완 문단에서는 전대미문의 '향토문학논쟁'이 전개되기 시작했다. 이 논쟁의 중요성은 대략 다음 3가지이다. 첫째, 타이완 제2세대 작가들이 이 논쟁의 세례를 통해 탄생했다. 여기에는 류제劉捷, 린커푸林克夫, 리마櫪馬, 주뎬런朱點人, 라이밍훙賴明弘, 궈추성郭秋生, 황스후이黃石輝, 황더스黃得時, 랴오위원廖毓文 등이 포함된다. 그들은 논쟁을 통해 자신의 문학관을 세웠으며, 30년대 문학의 성황을 이루어 내었다. 둘째, 20년대에 전파된 마르크스주의가 정치집단이 해산된 후에도 문학논쟁을 통해 지속적으로 전개되었다. 질적으로 30년대 좌익문학 노선의 형성은 사실 앞선 시기 좌익정치운동이 전환된 것이었다. 사실주의와 비평풍격의 건설은 논쟁 가운데 분명하게 나타났다. 셋째, '향토문학'의 개념 역시 작가들의 논쟁 과정에서 만들어졌다. 바꾸어 말해 타이완 문학 주체성에 대한 논의는 역사적으로 이 시기의 논쟁으로 소급된다. 따라서 양쿠이의 좌익문학적 견해를 검토하기 위해 타이완 향토문학 논쟁의 내용을 검토할 필요가 있는 것이다.

이 논쟁은 1930년에 시작되어 1934년에 끝났다. 당시의 거의 모든 문학잡지가 논쟁의 내용을 게재했으며 좌파 잡지 『오인보伍人報』, 『타이완문학』, 『폴모사福爾摩沙』와 우파의 간행물 『남음』, 『타이완신문』, 『신고신보新高新報』, 『타이완신민보』가 소용돌이에 휩쓸렸다. 전체 내용으로 볼 때, 이 논쟁은 사실 타이완화문 문제와 향토문학 문제라는 두 의제로 양분할 수 있다. 전자는 작가들이 어떤 언어를 사용해야 하며 문학은 누구를 위한 것인가에 대한 논의였으며, 후자는 작가가 무엇을 써야 하며 문학적 내용을 어떻게 표현할 것인가를 집중적으로 논의했다. 논쟁에 참가한 작가들은 비록 문학 언어와 내용이라는 두 가지 의제를 둘러싸고 논의를 진행했지만 여전히 좌우 양파의 이데올로기를 떨쳐내지 못했다.

이는 이해 가능한 것이다. 왜냐하면 타이완문학 좌익노선의 성장은 일본 자본주의가 세계경제 대공황에 편입되면서 촉발된 정치위기에 근거하고 있기 때문이다. 식민지 지식인은 문화운동의 중요성을 절감하였는데 이 문화운동에서 이미 사회주의적 견해를 강조했다. 1930년 6월에 『오인보』가 창간되었다. 이는 타이완 공산당원 왕완더王萬得가 좌익작가 저우허위안周合源, 황바이청즈黃白成枝 등과 연합하여 설립한 문학잡지였다.[23] 이 간행물은 타이완 총독부에 의해 처음으로 프로문학 잡지로 규정되었으며, 타이완 향토문학 논쟁의 불꽃을 피어올린 시발점이기도 했다. 황스후이黃石輝는 이 잡지에 장문의 연재물인 「왜 향토문학을 제창하지 않는가?怎麼不提倡台灣鄉土

23 『警察沿革誌』, 台北 : 台灣總督府警務局, 1939, 291면.

文學」를 발표하여 타이완 대중을 주체로 한 자신의 문학관을 설명했다. 그는 널리 인용되는 진술에서 다음과 같이 말했다.

> 당신은 타이완 사람이다. 당신의 머리는 타이완의 하늘을 이고 있고 발은 타이완의 땅을 밟고 있다. 눈이 바라보는 것은 타이완의 상황이며 귀로 듣는 것은 타이완의 소식이다. 시간을 거쳐 온 것은 타이완의 경험이며 입으로 말하는 것 역시 타이완의 언어이다. 따라서 당신의 서까래 같은 건필로, 꽃을 피우는 아름다운 펜으로 마땅히 타이완의 문학을 써나가야 할 것이다.[24]

황스후이의 주장은 투박한 면이 없지 않지만 그래도 타이완문학을 일정한 시간의식과 공간의식 속에서 자리매김하고 있다. 시간의식이란 그가 지칭하는 타이완의 역사의식이다. 공간의식이란 황스후이가 분명하게 지적하고 있는 타이완의 하늘과 사물, 언어이다. 타이완문학 탄생의 현실적 조건을 확립한 후 그는 진일보한 논의를 전개한다.

> 당신은 광대한 군중을 감동시키고 자극할 수 있는 예술작품을 쓰려고 하는가? 당신은 광대한 군중들이 당신과 같은 느낌을 받기를 바라는가? 당신이 지배계급의 대변인이건 아니면 노동 군중의 지도자이건 당신은 반드시 노동하는 광대한 군중을 대상으로 삼아 문예를 창작해야만 한다.[25]

---

24 黃石輝, 「怎麼不提倡台灣鄉土文學」, 『伍人報』 제9~11호, 1930.8.16~9.1. 원 잡지는 이미 유실되었으며 여기에서는 中島利郎 編, 『1930年代台灣鄉土文學論戰資料彙編』, 高雄 : 春暉, 2003, 1면에서 인용.

25 위의 책, 5면.

'향토문학'이라는 중요한 개념이 여기에서 정식으로 제시되었다. 다시 말해 타이완문학이 분명한 시간과 공간 의식을 기초로 만들어진다면, 그러한 문학은 더욱 더 구체적인 군중을 대상으로 해야 한다는 것이다. 황스후이의 눈에 군중은 고통 받는 군중이다. 더 명확히 말해 그것은 농민과 노동자 위주의 무산계급이다. 문학이 만약 고통 받는 군중을 대상으로 한다면 창작의 언어는 그들의 언어로 하지 않을 수 없다. 이 언어가 곧 황스후이가 말하는 타이완화문이다. 식민지 사회에서 작가가 자신의 토지와 언어로 회귀하여 문학창작에 종사한다는 것은 문화주체를 다시 세우려는 의미가 짙다. 그러나 그의 주장을 볼 때 사회주의 문학의 건설에 대한 경사도 은연 중 드러나고 있다.

30년대 프로문학운동은 보편적이고 국제적인 현상이었다. 작가가 강조한 것이 향토문학이든 대중문예이든 관계없이 기본적으로 독자의 계급의식을 각성시켜 사회 최하층의 농민과 노동자의 생활 상황에 관심을 갖도록 하고자 했다. 문학의 전파를 통해 지식인들은 식민체제와 자본주의의 진정한 본질을 인식하고 저항의식을 키울 수 있음을 인식했다. 1931년 7월 황스후이는 계속하여『타이완신문』에 「다시 향토문학을 논함再談鄉土文學」을 발표했는데 작가는 마땅히 타이완 백화문을 건설해야 한다고 했다. 그의 타이완 백화문 주장은 기존의 한자를 기초로 하여 타이완어로 표현하는 것이며 만약 사용할 수 있는 글자가 없으면 '대체자를 쓰거나' '새로운 글자를 따로 만드는' 것이었다. 그 목적은 타이완 독자가 쉽게 문학의 내용을 이해할 수 있게 하는데 있었다. 그는 말한다. "우리가 쓰는 것은 우리에게 가장 가까운 사람이 보도록 하기 위함이지 특별히 멀리 있는 사람이 보도록 하는 것이 아니기 때문에 우리는 가장 친근한 언어와 사물을 사용해야 한다. 즉 타이완어로 타이완의 사물을 묘사하는 것이다." 이러한 문학적 주장이 널리 수용되도록 하기 위해 황스후이는 문장에서 '향토문학연구회' 결성에 대한 구상을 제시했다.

황스후이의 향토문학관에 대한 가장 강렬한 호응자는 궈추성郭秋生이었다. 이 홀시되었던 문학가에 대해 우선 소개를 하고자 한다. 궈추성(1904~1980)이 사용한 필명은 제저우芥舟, TP生, KS, 거리사진사 등이었으며 타이베이 신좡新莊 사람이다. 그는 사회주의적 성향이 선명하며 소설과 산문의 창작에 능했다. 향토문학 논쟁 기간에 황스후이의 견해를 적극적으로 지지했으며, 오히려 그보다 더욱 급진적이었다. 1931년의 『타이완신민보』에 궈추성은 「'타이완어문' 건설을 위한 제안建設'台灣話文'一提案」을 발표하여 작가는 시정의 소시민에게서 언어적 자원을 얻어야 할 것을 건의했다.

> 그래서 우리 세대가 당면한 일은 우선 가요와 민가를 우리가 정한 원칙에 맞춰 정리하는 것이다. 그런 후 다시 '환경이 좋지 않은' 대다수의 형제에게로 되돌려 주어야 한다. 이렇게 되면 길거리의 약 파는 형제도 분명 선생이 될 수 있고 목동도 자연히 전도사가 되어 전파할 수 있다. 모든 문맹의 형제자매들도 여가 시간을 통해 위안을 받을 수 있고, 글자를 익힐 수 있으며 가정의 교사가 될 수도 있다.[26]

궈추성의 문학관은 아는 글자가 많지 않은 사람, 심지어 문맹을 대상으로 한다. 그는 타이완문학을 건설하기 위한 목전의 작업은 민가

26 郭秋生, 「建設'台灣話文'一提案」, 『台灣新民報』, 1931.8.29.

와 동요의 정리이며 이를 매개로 하층민중과 소통할 수 있다고 보았다. 그의 견해는 분명 문학을 사상 전파의 도구로 삼아 문맹을 퇴치하는 목적을 달성하는데 있었다. 따라서 궈추성에게 중요한 점은 지식의 계몽에 집중되었으며 문학예술의 향상에 있지 않았다.

황스후이와 궈추성은 30년대 사회주의 사상을 문학비평에 들여온 최초의 작가다. 그들의 견해를 좌익문학 노선 형성의 기점으로 보는 것은 가능하다. 그들의 글에서 언급된 '대중'은 사실 계급성을 띄고 있는 농민과 노동자를 가리킨다. 그러나 바로 그들의 글이 강렬한 사회주의적 성향을 가지고 있었기 때문에 신속하게 다른 작가들의 반응을 이끌어냈다. 언어 문제와 관련된 토론은 명확하게 양대 파벌로 나뉘었는데, 하나는 타이완화문파이고, 하나는 중국 백화문파였다. 타이완화문을 지지하는 논자로는 황스후이, 궈추성, 정쿤우鄭坤五, 좡쑤이싱莊遂性, 황춘칭黃春靑, 리셴장李獻章, 황춘청黃春成, 라이허賴和 등이 있었다. 중국어를 지지하는 논자로는 랴오위원, 린커푸, 주뎬런, 라이밍훙賴明弘, 리웨펑林越峰 등이 포함된다.[27]

그러나 이 논쟁의 가장 큰 성과는 언어 방면에 있지 않고, 향토문학 개념의 건립에 있었다. 왜냐하면 식민지 사회의 언어 사용과 보급에 대한 권한은 타이완인에게 있지 않았기 때문이다. 당시 문단에서 기정화된 사실 하나는 아주 분명했는데 그것은 작가들이 일본어, 중국 백화문, 타이완화문 등 세 종류의 언어를 혼합하여 사용했다는 것이다. 타이완화문을 지지한 황스후이와 궈추성이 문학에 계급성이 있음을 강조했지만, 중국 백화문을 찬성한 랴오위원도 문학에는 계

27 廖毓文, 「台灣文字改革運動史略」, 『台北文物』 4卷 1期, 1955.5.5; 李南衡 編, 『日據下台灣新文學5－文獻資料選集』, 台北 : 明潭, 1979, 495면에 실렸다.

급의 견해가 있음을 주장했다. 랴오위원은 황스후이의 글에 응답하면서 19세기 독일 향토문학의 가장 큰 목표는 향토의 특수한 자연 풍경과 향토의 감정·사상을 묘사하는 데 있었다고 지적했다. 그러나 그는 또 이러한 향토문학의 내용은 지나치게 궁핍하여 시대성이 떨어지고 계급성도 없어 오늘날에는 이미 사라지게 되었다고 말한다. 랴오위원 역시 문학은 계급성이 있다는 주장을 지지하고 있다.[28] 만약 향토문학이 반드시 타이완화문을 사용해야만 가능하다면 일본어를 사용한 타이완 작가들은 배제되어야 할 것이다. 그러나 일본어를 사용하는 타이완 작가들은 향토문학을 쓸 수 없는 것일까? 이 문제는 사실 논쟁 중에 이미 해결되었다.

'칭예淸葉'라는 서명의 작가는 1933년 『타이완신민보』에 일어로 발표한 글에서 향토문학은 반드시 타이완화문으로 쓸 필요는 없다고 지적했다. 그는 '타이완문학'으로 '향토문학'을 대신할 수 있다고 보았다. "나는 타이완 전체를 나의 향토로 여기고 이 향토에서 나온 모든 문학을 향토문학이라 부르기를 주장한다. 당연히 도시문학, 전원문학, 농민문학, 좌익문학, 혹은 기타 특정분야의 전문적인 문학 등을 막론하고 모두 이에 포함된다." 그는 또 다음과 같이 주장한다. "만약 향토가 도시와 전원에 국한된 것이 아니라면 나는 우리의 타이완을 향토로 부르는 것도 타당하게 여길 것이다. 타이완으로 인해 생긴 모든 문학을 향토문학이라고 부르는 것은 위와 같은 원인에 근거한 것이다."[29] 칭예의 이 글은 언어 논쟁의 초점을 향토문학으로 전환

28 廖毓文, 「給黃石輝先生－鄉土文學的吟味」, 『昭和新報』 제140~141호, 1932.8.1~8; 中島利郎 編, 『1930年代台灣鄉土文學論戰資料彙編』, 高雄 : 春暉, 2003, 65~66면에 수록.

29 淸葉, 吳枚芳 譯, 「具有獨特性的台灣文字之建設－我的鄉土文學觀」, 『台灣新民報』 제913호, 1933.9.4. 이후 中島利郎 編, 『1930年代台灣鄉土文學論戰資料彙編』, 2003, 328~329면에

시킨 듯하다. 이후부터 논쟁은 열렬히 향토문학의 내용에 대해 토론하기 시작했다.

린커푸 역시 그 가운데 한 사람이다. 그는 향토문학의 내용은 "타이완의 방언, 풍속, 습관, 지리와 생활 상황, 경제문제, 계급문제, 그리고 대자연을 배경으로 한, 특히 타이완의 특수한 사정의 이데올로기"[30]와 같은 객관적 현실의 제재를 표현해야 한다고 지적한다. 그는 향토문학은 처첩제도, 약혼지참금제도, 농촌, 공장 등등의 사회문제를 묘사하고 반영하는데 집중해야 한다고 보았다. 이러한 내용은 봉건문화에 대한 비판임과 동시에 자본주의 제도에 대한 비판으로 계급적 견해가 선명하다. 린커푸는 중국어를 지지한 작가 가운데 한 명이다.

여기에 이르러 논쟁은 언어문제와 향토문학 문제로 점차 분화되었다. 이 문제에 대한 장선체張深切의 언급이 명확하게 이를 보여준다. "타이완 향토문학과 타이완화문은 원래 전혀 다른 두 개의 문제인데 왜 굳이 향토문학이라는 간판을 걸고 타이완화문의 싸움을 하나?"[31] 그의 명석한 관찰은 혼란스런 논쟁을 새로운 방향으로 전개될 수 있게 했다. 그러나 향토문학의 내용에 대해서는 장선체도 그다지 깊이 있는 의견을 내지 못했다. 그는 다만 추상적으로 "향토문학은 형식론, 내용론, 가치론, 사용가치론, 교환가치론 등으로 나눌 수 있다"고 말했다. 이와 같은 일반론을 말하고 장선체는 훌쩍 떠나버렸다. 그러나 분명한 것은 타이완 향토문학을 꼭 언어문제와 섞어 논의

수록.

30 克夫, 「對台灣鄉土文學應有的認識」, 『台灣新民報』 제940~945호, 1933.10.2~7; 中島利郎 編, 『1930年代台灣鄉土文學論戰資料彙編』, 2003, 372~373면에 수록.

31 張深切, 「觀台灣鄉土文學論戰後的雜感」, 『台灣新民報』 제 972호, 1933.11.3; 中島利郎 編, 위의 책, 417면에 수록.

할 필요는 없었다는 점이다.

1933년 동경 타이완예술연구회는 『フォルモサ(폴모사)』를 발행하면서 발간사에서 '타이완 문예운동'의 확충을 주장했다.[32] 타이완문학을 문예운동으로서 추진한 것은 30년대 문단의 활기찬 상황을 예고하는 것이다. 주의할 것은 좌익 비평가 우쿤황吳坤煌이 이 간행물 제2기에 발표한 「타이완 향토문학을 논함」이라는 글인데 여기서 향토문학 논쟁을 결산하고 있다. 이글은 매우 중요한 문건이었는데, 여기서 향토에 대한 낭만적이고 정서적인 사랑에 대해 매서운 비판이 가해졌으며, 작가들이 더욱 엄숙하게 타이완의 사회현실과 마주할 것이 요구되었다. 다시 말해 향토문학은 결코 아름다운 남국을 읊는 표상에 머물거나 감상적으로 눈물을 흘리며 유약한 향수를 표현하는데 그쳐서는 안 되며 사회의 현실적 모순을 파헤치는 용기를 지녀야 한다는 것이었다.

우쿤황은 잔혹한 언어로 표현했다. "현실의 타이완에 이미 과거의 그림자는 없으며 타이완은 20세기적인 면모로 우리에게 다가오고 있다. 이러한 고향이 왜 여전히 과거의 낭만적 전설을 품고 있겠는가? 하물며 타이완은 세계의 한 작은 지역 중 하나이다. 그러나 일단 세계 역사의 한 페이지에 편입되면, 예외란 없다. 타이완 역시 세계적인 경제공황이나 사상적인 파도의 충격에서 벗어날 수 없다."[33] 그는 특별히 자신의 마르크스주의 견해를 피력하면서 향토문학은 비판정신의 건설을 향해 발전해야 한다고 보았다. 그는 레닌의 관점을

32 편집부, 「創作之辭」, 『フォルモサ』 제1호, 東方文化書局, 1933.8, 1면. 이 간행물의 편집 및 발행인은 蘇維熊이었으며, 발간사는 그의 손으로 작성되었다.

33 吳坤煌, 「台灣の鄉土文學を論ず」, 『フォルモサ』 제2호, 1933.12, 11면. 번역문은 中島利郎 編, 「論台灣的鄉土文學」, 『1930年代台灣鄉土文學論戰資料彙編』, 2003, 479면에 수록.

인용하여 무산계급의 문화는 전통문화에 대한 전반적 부정이 아님을 강조했다. 비록 과거의 문화 형성 과정에서 자산계급의 가치관이 그 가운데 침투한 것은 사실이지만 그렇기 때문에 자산계급 문화에 대해서 완전한 부정도 완전한 수용도 안 된다는 것이다. 이러한 방법은 기계론에 빠지는 것과 같다. 따라서 그는 레닌의 말에 찬성하여 자산계급문화에 대해 마땅히 "가공하여, 더욱 비판적으로 노동운동 위에 확립하여야 한다"고 말한다. 이 중요한 문장의 마지막 부분에서 우쿤황은 스탈린의 문학관을 인용한다.

> 민족 자산계급 통치하의 민족문화는 어떠한가? 이 문화는 내용적인 측면에서 자본주의적이며 형식적인 측면에서는 민족적이다. 그 목적은 민족주의를 이용하여 대중을 마취시키고 자산계급 통치보다 더 견고한 세력을 형성하려는 데 있다. 무산계급××(독재)하의 민족문화는 어떠한가? 이 문화는 내용적인 면에서 ××(공산)주의적이며 형식면에서 민족적이다. 그 목적은 대중에게 국제주의 정신을 교육하여 ××(자본)주의 사회보다 더 견고한 사회를 건설하는 데 있다.[34]

인용문 가운데 '××' 부분은 당시 식민지 검열제도하에서 정치적으로 민감한 글자를 자발적으로 삭제한 것이다. 매끄러운 이해를 위해 이 부분은 특별히 상하 문맥에 맞추어 원래의 문자를 복구했다. 우쿤황은 향토문학을 논의할 때 끊임없이 독자들에게 타이완문학에는 민족주의적 견해만 있는 것이 아님을 환기시켰다. 그는 스탈린을

34 中島利郎 編,『1930年代台灣鄕土文學論戰資料彙編』, 2003, 489면.

인용하여 여기에서 민족주의라는 마취약이 때로는 자산계급 통치에 대한 본질적인 인식을 감출 수 있음을 지적했다. 여기에서 식민지 지식인이 우선적으로 마주쳤던 과제, 즉 민족이 중요한가 아니면 계급이 중요한가라는 문제로 돌아갔다. 우쿤황의 글은 계급이 해방되어야 민족의 해방이 완성된다는 것이다. 만약 이러한 이해가 잘못이 없다면 우쿤황의 이 글의 중요성은 홀시될 수 없다. 이는 양쿠이의 좌익문학 비평이 나타나기 전, 향토문학의 민족 견해와 계급적 입장에 대해서 진술한 가장 명료한 문장이기 때문이다.[35]

4. 양쿠이의 좌익문학 비평

양쿠이가 향토문학 논쟁에 참가했다는 기록이 있다. 황스후이의 글에 근거하면 양쿠이가 1932년 『타이완신문』에 관련 글을 발표했음을 알 수 있다. 아직 구해보지 못한 관계로 오늘날까지 그의 입장과 관점을 분명히 알 수는 없다.[36] 그러나 그의 다른 비평글에서 이 논쟁에 대한 그의 몇 가지 관찰을 볼 수 있다. 언어 사용의 태도에서 그는 식민지 지식인의 곤경을 상당히 알고 있었다. 조금 늦은 1935년에 양쿠이는 일본의 『문학안내』에 「타이완의 문학운동」이라는 글을

35 吳坤煌 논문의 요점적인 토론에 대해서는 施淑, 「文協分裂與三十年代台灣文藝思想的分化」, 『兩岸文學論集』, 台灣的文學運動 : 新地, 1997, 26~28면 참고.

36 黃石輝, 「答負人」, 『南音』 제1권 제8기, 東方文化書局, 1932.6.13, 26면.

썼다. 이 글은 르포르타주 성격의 글이지만 타이완 작가들의 언어적 고민을 정확하게 표현하고 있다. 양쿠이는 지적한다. "타이완 주민은 본래 거의 한족이기 때문에 문학 방면에서는 대륙의 식민지였다. 그러나 일본 제국주의가 타이완을 접수한 후 점차 한문 교육을 금지하고, 초중급 교육에서 일본어를 강제적으로 사용하게 하여 언어적인 기형아가 만들어졌다."[37]

기형아라는 말로 타이완 작가들의 언어적 혼란의 역사적 배경을 개괄한 것은 대단히 예리한 관찰이다. 그는 동시대의 작가들이 일본어, 중국어, 타이완어 방면에서 갖는 표현의 빈곤함을 자각하고 있었다. 이는 당연히 역사적 요인으로 인한 것이다. 청나라 이민사회에서 타이완은 대륙의 문학적 식민지였다는 말은 작금의 일본 통치하에서 타이완은 일본의 문학적 식민지임을 암시적으로 지적하고 있는 것이다. 바로 이러한 역사적 요인에 의거해 그는『오인보』이후의 언어 논쟁을 "마지막까지 여전히 해결할 수 없는 현안을 남겨두었다"라고 보았다. 바꿔 말해 장장 4년 이상 동안 진행된 타이완화문논쟁에 대해 그는 결코 긍정적인 평가를 하지 않은 것이다. 사실 양쿠이 본인은 언어문제에 대해 발언할 아무런 입장이 없었다. 그 자신이 전형적인 '기형아'였는데, 그 시기에 일본어로 문학창작과 문학사상의 표현에 종사할 수 있을 뿐이었다. 좌익작가의 한 사람으로서 그는 황스후이나 궈추성처럼 향토문학은 반드시 타이완화문을 사용하여 창작해야 함을 주장할 수 없었다. 그것은 논전이 만연했을 때 양쿠이가 개입, 발언하지 않은 이유이다.

---

37 楊逵,「台灣の文學運動」,『文學內案』제1권 4호, 1935.10; 彭小妍 主編, 涂翠花 譯,「台灣的文學運動」,『楊逵全集』第9卷 詩文卷(上), 台南 : 國立文化保存研究中心, 2001, 365면.

따라서 문학비평의 출발선에서 양쿠이는 분명 의도적으로 언어라는 민감한 문제를 피했다고 하겠다. 혹은 더 정확하게 말해 그의 향토문학 개념에서 언어와 문자라는 표현 도구는 결코 프로문학의 충분조건이 아니었다. 그에게는 계급문제가 향토문학의 주요 내용이었다. 이는 그가 타이완 사회 현실 가운데 '기형아', 즉 식민지의 심각한 실어증 현상에 주의를 기울였기 때문이다. 더 중요한 것은 타이완 사회에 자본주의의 영향이 증대되어 문화적 내용과 문학의 형식이 더욱 철저하게 개조된 점이다. 타이완화문이 식민체제를 비판하고 도전하는 임무를 맡을 수 있을지, 현대화 운동이 가져온 파괴를 어떻게 표현할지 등에 대한 문제는 전체 논쟁 과정에서 정확하고 분명하게 논의되지 않았다. 양쿠이가 관심을 가졌던 것은 타이완문학의 계급문제와 예술성의 문제였다.

1934년 5월 양쿠이는 소설 「신문배달부」로 일본 문단에 등장하여 타이완문학계를 놀라게 했다. 이 작가의 탄생은 동시기의 수많은 작가들과는 많은 다른 점을 가진다. 우선 그는 마르크스주의자로서 이론적인 면에서 일정한 훈련을 받았다. 그는 또 실제적인 경험이 있는 농민운동가로서 실천적인 면에서 사회 하층에 깊이 개입했다. 「신문배달부」의 수상은 그가 확실히 걸출한 문학 창작가가 될 수 있는 능력이 있음을 증명했다. 예술성의 창조에서도 그는 절대적으로 동년배의 작가들을 넘어섰다. 마지막으로 그는 문학비평가로서 예술 감상과 예술 비평 작업에 종사할 수 있었다. 우쿤황의 경우 문학 비평은 우수하지만 뛰어난 작가는 아니었다. 비록 그가 몇 편의 시를 쓰기는 했지만 말이다. 따라서 양쿠이가 향토문학논쟁에 참여하지 않은 것은 상당히 이례적인 것이다.

최초의 비평문장에서 그의 계급적 입장이 아주 견고함을 알 수 있다. 특히 농민계급적 견해가 아주 두드러지는데, 이는 그의 농민운동 경험과 밀접한 관계가 있을 것이다. 바로 농민조합 활동이 그의 문학적 사고를 프롤레타리아 계급 운동 방향에서 벗어나지 못하게 한 것이다. 이러한 경험에 기초하여 양쿠이는 사회주의적 사고를 30년대의 문학비평에 가져왔다.

양쿠이는 말한다. "노동자의 심리를 평론하기 위해서는 반드시 작품 속의 노동자와 유사한 처지의 노동자의 심리 상태를 연구할 수 있는 방법을 생각해야 한다."[38] 이러 방법이 가능하기 위해서는 비평가가 실제적 경험이 있어야 하며 그렇지 않으면 불가능하다. 「신문배달부」에 대한 비판의 답변에서 이렇게 말했는데 그가 얼마나 자신의 작품에 대해 당당했는지를 보여준다. 구체적으로 양쿠이의 계급적 입장은 결코 공허하거나 이론적 추론이 아니라 실제적 운동의 참여 경험에서 나온 것이다. 그는 특히 마르크스주의 전통 가운데 실천 Praxis정신을 강조했다. 농민운동을 떠난 후에도 여전히 문학적 형식을 통해 그의 좌익사상을 전달하였던 것이다.

문학비평에서 계급적 입장을 견지한 점은 양쿠이의 '대중화' 개념에서 입증할 수 있다. 양쿠이는 여러 번 미학자 크로체의 "예술가는 자아실현을 목적으로 창작할 뿐 아니라, 타인이 동일한 태도를 갖도록 촉진하기 위해 창작을 한다"라는 견해를 인용한다. 인용한 글을 통해 그는 작가는 자아 표현만을 위해서는 안 된다고 거듭 말한다. "역사적 사명으로 볼 때 프로문학은 본래 노동자, 농민, 소시민을 독

---

38 楊逵, 「台灣文學1934年の回顧」, 『台灣文藝』 第2卷 第1號, 1934.12. 邱振瑞 譯, 「台灣文學1934年的回顧」, 『楊逵全集』 第9卷 詩文卷(上), 2001, 122면.

자로 하여 씌어져야 한다. 당연히 중점은 노동자와 농민의 생활이지만, 여기에 제한받을 필요는 없으며 노동자의 입장과 세계관으로써 적극적으로 지식인, 소자산계급, 자산계급 등과 그들의 적 및 그들의 동반자의 생활을 써야 한다. 이러한 세계관은 개념적이어서는 안 되며, 충분히 소화한 후 구체적으로 작품에 서술되어야 한다."[39] 그가 마음속으로 생각하는 대중 독자는 사실 노동자, 농민, 소시민이었다. 더 정확히 말해 그가 가리키는 대중은 선명한 계급성을 지니고 있다. 양쿠이는 작가가 지식인이기 때문에 창작 시 자신을 노동계급에 동일화시켜야 한다는 것을 분명하게 알고 있었다. 그러나 기계적으로 교조적으로 프로대중만을 묘사할 필요는 없고 비판적으로 유기적으로 자산계급과 지식인을 묘사해야 한다고 설파했다.

양쿠이의 이러한 계급적 견해는 트로츠키의 영향을 받은 듯하다. 트로츠키는 지식인의 역할에 대해 다음과 같이 말한다. "우리의 예술은 지식인이 표현한 것으로 그들은 농민과 프롤레타리아 계급 사이에서 동요하며 그중 어느 계급에도 녹아들 수 없다. 그러나 그들은 비교적 농민 쪽으로 기울어 있는데 이는 그들의 중간자적 위치 때문이며 또 그들의 연계성 때문이기도 하다. 지식인은 농민이 될 수 없지만 농민을 노래할 수는 있다."[40] 비록 농민운동에서 배척되었지만 양쿠이는 여전히 농민에 대한 관심을 잊지 않고 있었다. 「신문배달부」 이후 양쿠이가 완성한 「물소」, 「모범촌」, 「무의촌」은 모두 농촌 생활을 배경으로 하고 있다. 이러한 주제의 선택은 바로 그의 계급적

39 楊逵, 「藝術は大衆のものである」, 『台灣文藝』 제 2권 제2호, 1935.2; 邱振瑞 譯, 「藝術是大衆的」, 『楊逵全集』 第9卷 詩文卷(上), 2001, 138면.

40 Leon Trotsky, Translated by Rose Strunsky, *Literature and Revolution*, New York : International Publishers, 1925, p.11.

입장의 표현이다. 그는 농민을 노래하며 그들을 위해 그들이 하지 못한 마음속의 소리를 대신하였다.

이러한 사고의 연장선에서 양쿠이는 예술비평의 준칙을 제시했다. 그는 비평가가 국부적이고 지엽적으로 문자 기교와 언어적 운율을 논하는 것을 수용하지 않았다. 그는 이것은 작품을 '해부대 위'에 올려놓는 것이라고 지적한다. 그는 "그들은 다만 전력을 다해 해부할 뿐이다. 살아있는 사람을 해체하여 시체처럼 처리한다"[41]라고 생동감 있게 비유했다. 양쿠이에게 문학작품은 총체적 구조를 가지고 있어야 하며 사회 대중의 현실을 온전하게 반영해야 했다.

양쿠이의 비평 견해는 결코 폐쇄적이지 않았다. 사실 생동적인 정치운동 경험과 활발한 문학창작 경험을 가지고 있었기 때문에 그는 상상과 허구가 창작 가운데 스며드는 것을 용인했다. 특별히 그는 다음과 같이 지적한다.

"소설의 본래 목적은 하나의 주제에 생명을 주는 것으로 몇 개의 사건과 각양각색의 인물로 구성되며 결코 고정불변의 사실에 따라 쓰는 것이 아니다. 따라서 소설을 쓸 때는 작가의 상상력, 현실 사회에 대한 광범위한 지식, 개성이 다른 인물의 심리변화에 대한 지식이 필요하다. 조금 거북하게 말하면 거짓말의 천재가 필요한 것이다."[42] 이런 견해는 30년대의 문단에서 상당한 예술적 성취였음에 분명하다. 화문논쟁이 가열되었을 때 거의 모든 작가들은 전력을 다해 언어 문제를 논의하고 향토문학의 명명과 정의를 찾는데 힘을 쏟았지만

41 楊逵,「文學批評の基準」,『台灣文藝』第2卷 第4號, 1935. 增田政廣・彭小姸 譯,「文學批評的標準」,『楊逵全集』第9卷 詩文卷(上), 2001, 165면.

42 위의 글, 168면.

창작 기교면에서 예술적 사고를 제시한 사람은 거의 없었다. 양쿠이가 지적한 '거짓말의 천재'라는 견해는 80년대 포스트모더니즘이 문단을 휩쓸었을 때에야 장다춘張大春, 양자오楊照 등에 의해 유사한 견해가 제기되었다. 식민지사회에서 작가의 정서와 사고는 긴장 상태에 처해 있는 것이 일반적이므로 양쿠이가 이와 같이 일반성에서 벗어나 제안을 했다는 것은 대단히 의외적인 것이라 하겠다.

그는 교조적인 좌익작가에게도 다음과 같이 제안한다. "마르크스의 잉여가치론을 치켜들고 마르크스 추종자들의 고담준론을 묘사하면 대중은 당연히 떠나갈 것이다. 그러나 묘사한 것이 공장에서 일어나고 있는 현실이라면, 예를 들어 제아무리 일을 해도 배불리 먹을 수 없고 항상 참극만 겪는 노동자라면, 그리고 자가용을 타고 여기저기 다니며 하루 종일 다방에서 소일하면서도 수만, 수천의 돈을 만지는 자본가의 이야기라면 노동자는 분명 떠나가지 않을 것이며 마르크스 사상도 이해할 수 있을 것이다."[43] 이는 생활의 관점에서 마르크스주의 사상을 문학형식에 전파하는 것인데, 그가 얼마나 창작과 이론을 생동감있게 결합하고 있는가를 설명해준다.

이와 같은 인식론적 기초에서 양쿠이는 '사실주의'라는 단어를 제출했다. 양쿠이가 1935년에 발표한 장문의 글 「신문학에 대한 소견新文學管見」은 그의 문학창작과 문학비평 경험을 총괄하여 보여준다. 이 글은 '문학의 본질에 대해', '문학사 일별', '새로운 문학', '결론' 등의 네 부분으로 나눠 그 개인의 문학 태도를 반복적으로 논하고 있다. 그 가운데 가장 주목할 만한 것은 그가 언급하고 있는 사실주의

43 楊逵, 「お上品な藝術観を排す」, 『文學評論』 제2권 5호, 1935.5; 涂翠花 譯, 「摒棄高級的藝術觀」, 『楊逵全集』 第9卷 詩文卷(上), 2001, 176면.

의 의미이다. "사실주의 병의 뿌리는 사실주의 자체에 있는 것이 아니라 자연주의의 말류를 사실주의로 착각한 데 있다. 사실주의는 자연, 인생, 사회의 진실성 안에서 그것들의 개념을 이해하고자 하며 결코 유심론적 관념론이나 유물론적 기계론이 아니다. 사실주의는 결코 개체를 개체로 놓고 관찰하지 않는다. 개체를 전체 가운데 하나로 관찰하며, 개체와 전체의 상호 관계 및 전체 속의 개체와 개체의 관계로부터 개체를 이해하고자 한다. '나무만 보고 숲은 보지 못한다'와 같은 생각은 사실주의와 관련이 없다."[44]

서구 사실주의적 전통에서 보면 양쿠이의 견해에 특수한 점은 없다. 그러나 30년대 식민지 타이완에서 그의 문학관은 동년배 작가들 가운데 분명 출중하다. 자산계급이 편애한 자연주의의 천박한 반영론과 퇴락한 무비판론에 대해 양쿠이는 고도의 비판적 태도를 견지하고 있었다. 양쿠이는 여기에서 현실reality과 진실truth을 엄격하게 구분했다. 현실사회에서 사실은 종종 가상이나 허상에 감추어지기 때문에 양쿠이는 문학적 진실을 강조한다. 전술한 「문예비평의 표준」처럼 문학은 허구일 수도 있지만 사회학적이고 심리학적인 기초가 있어야 한다. 그의 소설 속 인물은 개체에 불과할 수도 있지만 모든 사회의 축소판이다. 「모범촌」이 특정한 한 마을이 아니라 타이완의 구체화인 것처럼. 이와 같은 개체와 전체 간의 유기적이고 변증법적인 연계가 바로 양쿠이 사실주의의 정수이다. 사소한 단서로 사건의 본질을 파악할 수 있는 것, 작은 것으로 큰 것을 알 수 있는 것이 그의 문학비평의 진정한 힘이다.

---

44 楊逵, 「新文學管見」, 『台灣新聞』, 1935.7.2~8.14; 陳培豐 譯, 「新文學管見」, 『楊逵全集』 第9卷 詩文卷(上), 2001, 315면.

이러한 사유를 확장해보면 그가 문학비평에서 견지한 계급적 견해는 민족주의적 입장과 맞물리게 된다. 우익작가에게 민족주의적 입장은 종종 '모든 민족의 입장'으로 대체된다. 그러나 양쿠이는 이렇게 정의가 분명하지 않은 명사를 사용하지 않았다. 민족주의라는 마취약은 계급문제에 대한 독자의 인식을 가리는 것이다. 양쿠이는 민족이라는 말로 계급문제를 감추는 유심론적 관념론을 반대했다. 동시에 그는 계급이라는 말로 민족의 문제를 개괄하는 유물론적 기계론도 반대했다. 그는 민족과 계급 간의 변증법적 관계를 알고 있었다. 따라서 1934년 타이완 문예연맹에 가입하자마자 그는 연맹의 지도자 장선체와 충돌했다. 이는 장선체가 전 민족의 문학이란 관점에서 좌익의 계급문학을 배척했기 때문이다. 문학이념면에서 두 사람은 의사소통 통로가 없었던 듯하다. 양쿠이가 가입한 지 1년도 되지 않아 탈퇴를 선택하고, 따로 타이완신문학사를 창립한 것은 충분히 예견되는 일이었다.

장선체의 문학관은 민족노선을 기초로 하며 양쿠이의 문학이념은 계급노선 위주였다. 식민지 사회에서 이 두 노선은 중첩되기도 하고 분리되기도 했다. 이는 주로 계급문제가 순수하게 민족내부의 모순에 속하는 것이 아니라 외래 식민지배자와 나의 관계에도 연관되기 때문이다. 중첩되는 부분은 식민지사회 타이완의 모든 계급이 정도는 다르지만 모두 억압을 당하고 있었다는 것이다. 따라서 억압을 당하는 관점에서 보면 이는 전 민족이 공동으로 마주해야 할 문제이다. 이러한 관점에서 민족노선은 당연히 일정한 의의를 갖는다. 그러나 나누어 생각하면 민족문제는 결코 계급문제와 같을 수 없다. 이는 타이완 사회 내부가 민족자본가·소자산계급·농민·노동자로 나뉜다고 하더라도 인구 구성면에서 자산계급과 소자산계급은 결국 소수이고 대다수의 하층인민은 농민과 노동자에 속하며 더구나 농민이 노동자보다 많았기 때문이다. 바꾸어 말해 민족주의 노선만을 주장하는 것은 계급문제의 존재를 가볍게 볼 수 있다. 그러나 만약 계급문제를 돌출시키면 민족 억압의 문제는 자연히 그 안에 포함되게 된다.

1929년 야나이하라 타다오矢內原忠雄는 그의 저작에서 "마르크스주의의 사회투쟁 이념에서 주도적인 지위는 공업노동자계급이 잡아야 한다. 공업이 결핍된 타이완은 발달이 충분하지 않다"라고 지적했다. 그는 타이완의 사회적 기초는 "아직 순수한 무산계급 운동의 성립에는 부족하다"[45]라고 말했다. 야나이하라 타다오는 정통 마르크스주의자로 계급운동에 대해 여전히 노동자를 주체로 하는 인식에 머물러 있었다. 그는 타이완 농민이 식민체제의 약탈하에 완전히 무산계급화되었음을 인식하지 못했다. 양쿠이는 이 문제에 대한 관점에서 야나이하라 타다오와는 분명히 달랐다. 그는 레닌 사상의 영향으로 타이완의 저항운동을 계급운동으로 자리매김했는데, 이는 주로 대다수의 자본가가 일본인이었기 때문이다. 자본가에 대한 비판은 일본인에 대한 저항의 의미를 함축하고 있었다. 질적으로 식민지 타이완에서 민족문제는 계급문제를 포괄할 수 없지만 계급문제는 필연적으로 민족문제 안에 포함된다.

따라서 양쿠이가 '대중문학'의 구호를 제시한 것은 사실 대중은 계급적이며 문학 역시 계급적임을 보여주기 위한 것이었다. 그는 「작가 · 생활 · 사회」라는 미발표 원고에서 분명하게 지적했다.

45 矢內原忠雄, 周憲文 譯, 『日本帝國主義下的台灣』, 台北 : 帕米爾, 1987, 184면.

> '소설'은 가장 현실적인 계급을 배경으로 현실적인 길을 따라 전진한다. 우리는 양자를 부르주아 소설과 프롤레타리아 소설로 구분할 수 있다. 지난날 봉건제도에 반대했던 부르주아 계급은 진실했다. 따라서 이 계급을 반영한 소설 역시 진실했다. 그러나 그들은 사유제에 빠진 후 과학적 방식으로 사유할 수 없었고 모순이 생겨났다. 이때 비교적 진지한 사람들은 회의론을 형성하게 되었으며 다른 사람들은 이 방향을 옹호하며 노동자 계급의 이목을 가리기에 급급했다.[46]

양쿠이는 여기에서 계급관념을 가장 분명하게 표현했다. 문학에 계급성이 있다고 한다면, 봉건제도의 비판 과정에서 만들어진 부르주아의 문학 역시 깊이가 있고 진실하다. 그러나 부르주아 문학이 진지성을 잃어버리게 된 것은 그들이 자아비판을 상실하고 사유제의 점유에 빠져 노동자 계급에게 진실을 감추었기 때문이다. 더 분명하게 말해 양쿠이의 진지성은 사실 비판정신을 가리킨다. 이러한 견해는 식민지사회의 맥락에서 분명 비범한 면이 있다. 타이완에서 부르주아라고 불릴 수 있는 대다수는 일본 자본가가 차지하고 있었으며, 그들은 자아비판정신이 전혀 없었기 때문이다. 이 관점에서 문학의 계급문제는 적극적인 의의를 가진다.

1935년 2월호 『타이완문예』에 장선체의 「타이완의 신문학 노선에 대한 제안對台灣新文學路線的一提案」과 양쿠이의 「예술은 대중의 것이다藝術是大衆的」가 동시에 실렸다. 이 두 문장은 두 작가의 미학관념이 완전히 다르다는 것을 선명하게 보여주었다. 장선체의 글은 네 가

46 楊逵, 「作家・生活・社會」, 『楊逵全集』, 2001, 549면.

지 문학적 변혁 즉 노선, 형식, 제재, 묘사의 변혁에 대해 논의할 예정이었다. 그러나 노선 변혁을 쓴 후 장선체는 주제에서 벗어났으며 결국 초점을 잃어버렸다. 이 글은 구조가 산만하고 전혀 논리적이지 않은 것으로 보아 장선체의 문학 견해가 혼돈상태에 머물러 있었음을 알 수 있다. 그러나 글의 마지막 결론 부분에서 그의 문학적 주장을 유추해볼 수 있다.

> 타이완에는 타이완의 특수한 기후, 풍토, 산물, 경제, 정치, 민정, 풍속, 역사 등이 있다. 우리는 이런 것들을 깊이 있게 과학적인 방법으로 연구・분석하여 — 타이완의 특수성으로부터 생산된 것을 고찰하고 형성된 것을 인식하며 그 기능을 알아내어 — 정확하게 사상을 파악하고, 생동감 있게 문자로 표현하며, 선입견에 사로잡히지 않고 특정한 목적을 가지지도 않고 다만 '진과 실'을 관철하기 위해 노력하고 마음을 다해야 하며 '선과 악'을 심판하기 위해 연구하고 일해야 한다. 이렇게 하면 타이완문학은 노선이 없는 상황에서 정확한 노선을 건축해 낼 수가 있을 것이다.[47]

장선체가 강조한 것은 계급문학이 아니라 전 민족의 문학이었다. 즉 작가는 진지하게 타이완의 특수한 문화적 성격을 발굴해야 한다고 주장했다. 그는 '선입견에 사로잡힌' 사상을 반대하고 생동감 있게 진실과 선악을 표현해야 한다고 보았다. 만약 이것이 문학노선이라면 장선체의 견해는 30년대 초기 향토문학논쟁의 연장적인 사고로 보인다. 장선체가 연이어 발표한 「타이완의 신문학 노선에 대한

47 張深切, 「對台灣新文學路線的一提案」, 『台灣文藝』 第2卷 第2號, 1935.2.1, 86면.

제안(속편)對台灣新文學路線的一提案(續篇)」은 더욱 주제에서 멀어졌다. 전편에 걸쳐 문학과 도덕의 관계만을 반복적으로 논의할 뿐이다. 그 가운데 주목할 만한 것은 그가 "문학적 도덕을 도덕 안에 놓고 보면 여기에는 좌파와 우파의 구별이 없다"고 본 점이다. 이뿐 아니라 그는 또 "계급투쟁은 인류 역사의 혈흔이지만 도덕투쟁은 역사 전편의 혈흔이다"[48]고 지적한다. 장선체는 문예연맹에서 결코 중요한 문학 창작가가 아니며 문학비평에서도 무게감이 크지 않다. 그의 도덕관과 계급관은 전혀 문학과 연계시킬 수 없다. 그러나 『타이완문예』 편집자 가운데 그는 지도적 인물이었다. 이러한 견해는 분명 양쿠이가 받아들일 수 없는 것이었다.

5. 나가며

좌익문학에 대해서나 사실주의에 대해서나 양쿠이의 심미관은 분명 동시대의 작가들을 초월한다. 그가 소설의 창작에 "거짓말의 천재가 필요하다"는 견해를 제기했다는 것은 문학의 본질에 대해 인식하고 있었음을 말해준다. 모든 문학적 글쓰기는 인간의 진실을 발굴하는 데 있다. 상상을 통해, 인물의 심리를 통해 문자가 도달할 수 없는 경지에 이를 수 있다. 양쿠이는 경직되지 않았고 또 교조적으로 당시

48 張深切, 「對台灣新文學路線的一提案(續篇)」, 『台灣文藝』 第2卷 第4號, 1935.4.1, 94~99면.

사실주의의 '반영론'을 고수하지 않았다. 역으로 작가가 현실 속에서 허구를 만들어내야 한다고 격려했다. 이렇게 말할 때에도 그는 계급으로부터 멀어지지 않았다. 입장만 분명하다면 문학이 어떤 방식으로 표현해도 다 수긍될 수 있다는 것이 그의 관점이었다.

30년대의 타이완 문단은 일본 군국주의의 기세가 왕성했던 시기였다. 그렇게 위급한 시대에 양쿠이는 계급적 견해를 가벼이 버릴 수 없었다. 특히 일본 자본주의의 타이완 사회에 대한 광포한 약탈에 직면하여 계급을 버리는 것은 민족을 버리는 것과 같았다. 그는 결국 『타이완문예』 탈퇴를 선택하게 되는데 이는 편집권이 농단된 데서 비롯되었을 것이다. 그러나 가장 중요한 것은 그가 서둘러 간행물을 창간하여 타이완 사회의 계급적 견해를 충분히 드러냈다는 점이다. 1935년에 창간된 『타이완신문학』은 계급노선의 요청하에 탄생한 것이었다. 이 간행물이 창간되었을 때 타이완의 민족적 입장 역시 이로 인해 분명해졌다. 이 부분에 대해서는 또 다른 논의가 필요하다.

양쿠이가 농민운동을 떠난 것은 강압에 의한 것이었다. 그러나 문예연맹에서의 이탈은 자발적인 것이었다. 진퇴 사이에서 양쿠이의 이념과 행동은 시종일관했다. 좌익 지식인으로서 그는 실천이 이론보다 중요하다는 것, 그리고 정확한 실천이 정확한 이론보다 더 추구할 만하다는 것을 분명하게 알고 있었다. 역사적으로 그는 '분열'을 주동했다는 오명을 뒤집어 쓴 적이 있었다. 그러나 그가 보여준 행동방식은 그를 변호해 주기에 충분하다. 쓸모없는 논의를 일삼는 지식인과 실천을 두려워하는 이론가들은 양쿠이로부터 이러한 풍모를 배워야할 것이다.

초출일람

1부

100년 이래의 타이완문학과 타이완적 특징
陳芳明,「百年來台灣文學與台灣風格－台灣新文學運動史導論」,『中外文學』23卷 9期, 1995.2, 47～55頁.

'관습'에서 '민속'으로 - 일본의 근대 지식생산과 식민지 타이완의 문화정치
張隆志,「從「舊慣」到「民俗」－日本近代知識生產與殖民地台灣的文化政治」,『台灣文學研究集刊』2期, 2006.11, 33～57頁.

문학 근대성의 이식과 전파 - 타이완 전통문인의 세계문학 수용, 번역과 번안
黃美娥,「文學現代性的移植與傳播－台灣傳統文人對世界文學的接受, 翻譯與摹寫」,『重層現代性鏡像』, 台北 : 麥田出版社, 2004, 285～342頁.

근대성과 일제시기 타이완 제일세대 작가
陳芳明,「現代性與日據台灣第一世代作家」,『殖民地摩登－現代性與台灣史觀』, 台北 : 麥田出版社, 2004, 27～50頁.

일제 말기 본도인의 두 가지 정체성 - 서민소설과 지식청년 텍스트의 분석
方孝謙,「日據後期本島人的兩極認同－庶民小說與知青文本的分析」,『殖民地台灣的認同摸索－從善書到小說的敘事分析(1895～1945)』, 台北 : 巨流出版社, 2001, 129～174頁.

2부

라이허와 타이완 좌익문학의 계보
陳芳明,「賴和與台灣左翼文學系譜」,『左翼台灣』, 台北 : 麥田出版社, 1998, 47～73頁.

일제강점기 타이완 좌익문학운동의 형성과 발전
崔末順,「日據時期臺灣左翼文學運動的形成與發展」,『20世紀臺灣文學專題 I－文藝思潮與論戰』, 台北 : 萬卷樓出版社, 2006, 107～132頁.

서재, 도시 그리고 향촌 – 일제강점기 좌익문학운동과 소설 속의 좌익 지식인

施淑,「書齋, 城市與鄉村－日據時代的左翼文學運動及小說中的左翼知識分子」,『兩岸文學論集』, 台北 : 新地文學出版社, 1997, 49～83頁.

타이완 문단의 좌향좌 – 양쿠이와 30년대의 문학비평

陳芳明,「台灣文壇向左轉－楊逵與30年代的文學批評」,『台灣文學學報』7期, 2005.12, 99～128頁.

핵심어

작가 / 인물

고바야시 세이조小林躋造(1877~1962) : 제17대 타이완 총독(1936~1940). '황민화, 공업화, 남진기지화'를 내걸고 황민화운동을 추진하였다.

고토 신페이後藤新平(1857~1929) : 타이완 총독부 민정장관, 도쿄시장, 남만철도회사총재, 외무대신과 내무대신 등 요직을 두루 역임한 일본 기술 관료의 대표적 인물이다. 타이완 민정장관 임기(1898~1906)내에 농업, 공업, 위생, 교육, 교통, 경찰제도 등 기간시설과 제도의 완비에 힘써 타이완 근대화의 주역으로 평가받고 있다.

궈수이탄郭水潭(1907~1995) : 필명은 郭千尺. '염분지대' 주요시인이며 가족 간의 정을 표현한 시로 긍정적인 평가를 받았다. 주요작품으로는 「고향의 편지－옥중의S군에게故鄉的書簡 — 致獄中的S君」(1934), 「연무꽃蓮霧之花」(1937) 등이 있다.

니시카와 미쓰루西川滿(1908~1999) : 일본 시인, 소설가. 타이완의 역사와 풍토를 특유의 낭만적인 색채와 이국적이고 탐미적인 정조로 그려내 일본인 '외지문학'의 대표로 알려져 있다. 1939년 '타이완시인협회台灣詩人協會'를 결성하고 잡지 『화려도華麗島』를 발간했다.

라이허賴和(1894~1943) : 본명은 賴河. 필명으로 懶雲, 甫三, 安都生, 灰, 走街先 등이 있다. 의사 겸 근대초기 문학가로 소설, 산문, 시 등 장르를 불문하고 근대문학의 기초를 마련하였을 뿐 아니라 『타이완민보台灣民報』의 문예란을 통해 작가들을 발굴하고 초기 문학의 발전에 힘을 써 '타이완신문학의 아버지'로 불린다. 주요작품으로 「야단법석鬥鬧熱」(1926), 「'저울' 하나一桿'稱仔'」(1926), 「남국애가南國哀歌」(1931) 등이 있다.

롄헝連橫(1878~1936) : 자는 武公. 호는 雅堂, 劍花. 고전한문작가로 『타이완통사台灣通史』, 『타이완어사전臺灣語典』, 『타이완시승臺灣詩乘』, 『검화실시집劍花室詩集』 등이 있다. 신구문학논쟁 시 구문학의 대표로 전통고문의 중요성을 역설하고 신시체를 비판하였다.

룽잉쭝龍瑛宗(1911~1999) : 본명은 劉榮宗. 1937년 「파파야가 있는 작은 마을植有木瓜樹的小鎮」로 일본 잡지 『개조』의 공모에 가작으로 당선하여 등단하여 일제 말기까지 활동하였다. 그의 소설은 농후한 자연주의 경향으로 알려져 있다. 1940년 西川滿이 성립한 '타이완

문예가협회台灣文藝家協會'에 참여했고 이 협회의 기관지인 『문예타이완文藝台灣』의 편집인으로 활동했다. 주요작품으로는 「파파야가 있는 작은 마을植有木瓜樹的小鎮」(1937), 「오전의 낭떠러지午前的懸崖」(1941) 등이 있다.

뤼허뤄呂赫若(1914～1951) : 본명은 呂石堆. 1935년 일본 문학잡지 『문학평론』 2권 1호에 첫 소설 「소달구지牛車」를 발표하면서 문단의 주목을 받았다. 그의 소설은 대부분 식민지의 현대화 모습부터 봉건적 요소가 잔재한 전통가정에 자본주의 논리가 스며들면서 일어나는 각종 비극, 그리고 황민화 시기의 국책문학요소를 포함한 작품 등 매우 다양하다. 주요작품으로는 「소달구지牛車」(1935), 「재자수財子壽」(1942), 「풍수風水」(1942), 「옥란화玉蘭花」(1943), 「청추清秋」(1944), 「산천초목山川草木」(1944) 등이 있다.

린셴탕林獻堂(1881～1956) : 타이완 중부의 대지주 집안 출신으로 일제시기 타이완 비폭력반일운동의 대표적 인물. '신민회新民會', '타이완문화협회台灣文化協會', '타이완 민중당台灣民衆黨', '타이완 지방자치연맹台灣地方自治聯盟' 등 조직에서 요직을 담당했으며 '타이완 의회의 아버지'로 불린다.

사토 하루오佐藤春夫(1892～1964) : 일본 소설가, 시인, 평론가. 1920년 타이완 여행을 마치고 일본으로 돌아간 후 『여계선기담女誡扇綺譚』(1926), 『우서霧社』(1936) 등을 발표했다. 그의 작품은 일본인의 식민지에 대한 상상과 남방의 이국적인 정조에 대한 동경을 드러내어 일본인 작가의 타이완 글쓰기 전범으로 평가된다.

셰춘무謝春木(1902～1969) : 필명은 追風. '타이완문화협회台灣文化協會'와 '타이완 민중당台灣民衆黨' 성원. 1922년 『타이완台灣』잡지에 일본어로 첫 근대소설로 알려진 「그녀는 어디로 갔나她將往何處去」와 1924년 역시 첫 근대시로 알려진 신시 「시의 모방詩的模仿」을 발표하였다.

야나이하라 타다오矢內原忠雄(1893～1961) : 일본 경제학자, 식민정책 연구자. 1927년 타이완에서 개인적으로 실제 조사한 통계를 토대로 타이완 경제상황을 분석한 『제국주의하의 타이완帝國主義下的台灣』(1929)을 발간했으나 총독부에 의해 출판규칙 위반으로 발행이 금지되었다.

양서우위楊守愚(1905～1959) : 본명은 楊松茂, 필명으로 守愚, 村老, 洋, 翔, Y生 등이 있다. 근대작가와 전통시인의 이중신분으로 대량의 한시작품도 남기고 있으며 그의 근대소설은 선명한 사회주의 경향을 보여준다. 주요작품으로 「흉년에는 죽을 수밖에凶年不免於死亡」(1929), 「취醉」(1930) 등이 있다.

양츠창楊熾昌(1908～1994) : 필명으로 水蔭萍, 南潤 등이 있다. '풍차시사風車詩社'의 주요 성원으로 일본을 통해 초현실주의 사조를 타이완 문단으로 들여왔으며 일본문단의 신감각파 영향을 받은 것으로 평가받고 있다. 주요작품으로 「말리화茉莉花」(1943), 『타오르는 얼굴燃燒的臉頰』(1979) 등이 있다.

양쿠이楊逵(1906～1985) : 본명은 楊貴. 필명으로 伊東亮, 公羊, SP, 狂人 등이 있다. 타이완의 대표적인 좌익작가로 일본유학시기 사회주의 사상을 접하고 타이완으로 돌아온 후 농민운동에 적극 참여하였다. 1934년 그의 「신문배달부送報伕」가 일본 잡지 『문학평론』 공모에 2등으로 당선되어 일본문단에 진출한 최초의 타이완 작가가 되었다. '타이완문예연맹台灣文藝聯盟'에도 참가했으나 이념적 문제로 따로 나와 『타이완신문학台灣新文學』을 창간하였다.

양화楊華(1906～1936) : 본명은 楊顯達. 필명으로 楊位, 楊華, 揚花, 器人 등이 있다. 1926년 『타이완민보台灣民報』의 시 모집에 「작은 시小詩」로 2등을 하면서 등단했다. 그의 시와 소설은 저항정신으로 충만하며 타이완의 고난에 대한 비탄과 동정심이 돋보인다. 시집으로 『흑조집黑潮集』이 있고 소설로 「한 노동자의 죽음一個勞動者的死」(1935), 「박명薄命」(1935) 등이 있다.

예스타오葉石濤(1925～2008) : 일제시기에 등단하여 해방 후에 주로 활동한 소위 '언어전환 세대'의 선두주자이며, 산문과 소설, 일본어 작품의 번역으로 잘 알려져 있다. 일제시기 西川滿이 주도한 『문예타이완文藝台灣』의 편집을 맡았고 해방 후에는 타이완문학사인 『타이완문학사강台灣文學史綱』(1987)을 펴냈다.

왕바이위안王白淵(1902～1965) : 미술교사, 평론가, 시인. 1931년 시집 『가시밭길荊棘之道』이 일본 프로문단의 호평으로 주목을 받게 되었다. 1932년 동경의 타이완 유학생들과 문예동인 조직 '타이완 예술연구회台灣藝術研究會'를 조직하고 기관지 『폴모사フォルモサ』를 창간했다.

왕창슝王昶雄(1916～2000) : 본명은 王榮生. 치과의사이며 소설가. 1943년 『타이완문학台灣文學』에 「급류奔流」를 발표했다. 지식인의 정체성에 대한 갈등과 고민으로 가득한 이 작품은 황민화 시기 당국의 정책에 부합하는 면이 있어 황민작품으로 평가된다.

우신룽吳新榮(1907～1967) : 시인으로 자는 史民, 호는 震瀛, 兆行 등이 있다. '염분지대鹽分地帶' 주요시인으로 그의 시는 대부분 고향의 대지를 노래하고 자본주의를 비판하는 내용으로 좌익경향을 보여주고 있다. 주요작품으로 「고향과 봄잔치故鄉與春祭」(1935), 「망처기亡妻記」(1942) 등이 있다.

우융푸巫永福(1913～2008) : 시인, 소설가. '타이완 예술연구회台灣藝術研究會' 회원. 1979년 타이완 최초의 문학평론상인 '巫永福 평론상'을 제정했고 1993年에는 재단법인 '巫永福 문화기금회'를 설립, '巫永福 문학상'을 제정하는 등 타이완문학의 이론건설과 창작을 위해 힘을 기울였다. 주요작품으로 「머리와 몸首與體」(1933), 「동백꽃山茶花」(1935) 등이 있다.

웡나오翁鬧(1910～1940) : '타이완 예술연구회台灣藝術研究會' 성원. 문학기교와 심리묘사에 치중한 작품으로 타이완 모더니즘 소설의 선구로 평가받고 있다. 작품의 주요경향은 도시의 퇴폐와 사악함, 그리고 이와는 이질적인 향토적인 색채로 나뉜다. 주요작품으로 「잔설

殘雪」(1935), 「동트기 전의 연애이야기天亮前的戀愛故事」(1937) 등이 있다.

이자와 슈지伊澤修二(1851~1917) : 일본 교육가. 1895~1897에 타이완총독부의 학무장을 역임. 임기 내에 일본어교육을 통한 동화정책을 추진하였다.

장원환張文環(1909~1978) : 1941년 황더스黃得時 등과 '계문사啟文社'를 조직하고 『타이완문학台灣文學』을 창간하여 일본인 작가 西川滿이 주도한 『문예타이완文藝台灣』과 대립하였다. 그의 작품은 농후한 사실주의와 향토색채를 가진 것으로 평가되고 있다. 주요작품으로는 「예단의 집藝旦之家」(1941), 「거세한 닭閹雞」(1942) 등이 있다.

장워쥔張我軍(1902~1955) : 본명은 張清榮. 필명으로 一郎, 劍華, 以齋, 四光, 大勝, 廢兵, 野馬, M.S. 老童生 등이 있다. 1924년부터 『타이완민보台灣民報』에 발표한 「타이완청년에게 보내는 편지致台灣青年的一封信」, 「엉망진창인 타이완 문학계糟糕的臺灣文學界」, 「타이완문학계를 위해 통곡한다爲臺灣的文學界一哭」 등의 신문학주장 문장은 '타이완신구문학논쟁'의 발단이 되었다.

저우진보周金波(1920~1996) : 치과의사이며 소설가. 1942년 「지원병志願兵」으로 제1회 '문예타이완상' 수상. 황민화 시기 타이완인의 정체성 문제를 다른 이 소설의 친일입장으로 인해 황민작가로 불린다. 작품으로 「수암水癌」(1940), 「지원병志願兵」(1942)이 있다.

주뎬런朱點人(1903~1951) : 본명은 朱石頭. 朱石峰으로 개명. 필명으로 朱點人, 描文, 文苗 등이 있다. 그의 소설은 식민자와 피식민자의 관계 및 자본주의하 타이완인의 인간관계 변화를 주로 그리며, 주요작품으로는 「기념수紀念樹」(1934), 「가을편지秋信」(1936) 등이 있다.

차이츄통蔡秋桐(1900~1984) : 필명으로 愁洞, 秋洞, 蔡落葉, 匡人也, 元寮 등이 있다. 보정保正을 맡으면서 식민자, 자본가, 농민 등 각 계층과 교섭하고 이들 사이를 주선한 경험을 제재로 하여 사실적인 소설을 썼다. 주요작품으로는 「신흥의 비애新興的悲哀」(1931), 「홍형興兄」(1935) 등이 있다.

천쉬구陳虛谷(1896~1965) : 자는 虛谷. 호는 一村. 필명으로 一村, 依菊, 醉芬 등이 있다. 한시, 신시, 근대소설 등 많은 작품을 남겼는데 일본 경찰의 횡포와 타이완 서민들의 이야기를 주로 그렸다. 주요작품으로는 「금의환향榮歸」(1930), 「그가 부자가 되다他發財了」(1928) 등이 있다.

천훠취안陳火泉(1908~1999) : 1943년 자전적 소설 「길道」을 『문예타이완文藝臺灣』에 발표. 일본인의 차별적인 시선 속에서 타이완인이 직면한 정신적인 압박감과 일본인이 되기 위한 눈물겨운 노력을 보여주는 내용으로 대표적 황민문학으로 불린다.

소설

가을편지秋信 : 朱點人 지음. 『타이완신문학』 3월호(1936)에 게재. 1935년 타이완 박람회를 배경으로 전통문인의 가치관과 현대화를 표방하는 식민 상황 사이의 간격을 보여주면서 식민정부가 문명진보를 전시하는 배경에 깔려있는 식민자의 문화우월성과 차별대우에 대해 비판적인 시각을 보여주고 있다.

견양화犬羊禍 : 柳裳君(謝星樓) 지음. 『타이완台灣』 제4년 제7호(1923)에 게재. 장회소설의 체제로 당시 타이완 어용신사들의 행위와 지주계급의 개량주의적 성격을 비판한 내용이다.

교차로十字路 : 王詩琅 지음. 『타이완신문학台灣新文學』 제1권 제10호(1936)에 게재. 한 은행말단직원과 공산주의운동에 참가했다 검거된 그의 친구들 이야기를 중심으로 현대화된 도시의 번화함 이면에 자리하고 있는 허무, 퇴폐의 정조와 억압된 내면을 그려내고 있다.

귀가歸家 : 賴和 지음. 『남음南音』 창간호(1932)에 게재. 학교를 졸업하고 귀향한 청년이 고향의 서민들에 대해 느끼는 강렬한 소외의식, 즉 지식의 무용과 자신의 무력함 등에서 오는 유기된 공포를 그리고 있다.

급류奔流 : 王昶雄 지음. 『타이완문학』 제3권 제3기(1943)에 게재. 황민화운동하에서 타이완 지식인이 느끼는 심리적 갈등과 민족 정체성에 대한 고민이 주요내용이다.

길道 : 陳火泉 지음. 『문예타이완』 제6권 제3호(1943)에 게재. 1940년대 황민화운동과 전쟁동원의 상황에서 타이완 지식인이 겪는 내면갈등을 매우 자세하게 묘사한 작품이다.

머리와 몸首與體 : 巫永福 지음. 『폴모사』 창간호(1933)에 게재. 동경 유학 중인 두 타이완 청년의 대화를 통해 이상과 현실, 정신과 육체간의 모순된 심리를 머리와 몸을 대립시켜 드러내고 있다.

모범촌模範村 : 楊逵 지음. 1948년 『타이완문학총간』 제3집에 처음으로 중국어로 발표되었다. 선량한 백성들이 일본이 추진한 의무노동에 시달리는 내용으로 비록 모범촌의 명예를 얻지만 주민들의 생활은 개선되지 않고 모범촌의 건설과정에서 더욱 더 가난해지는 아이러니한 상황을 보여준다.

몰락沒落 : 王詩琅 지음. 『타이완문예台灣文藝』 제2권 제8호(1935)에 게재. 주인공의 집안은 1차 대전 후 세계적인 경제공황으로 몰락하고 이로 인해 일찍이 학생운동에도 참여하고 상해대학에서 사회주의 사상과 접촉하면서 사회개혁의 포부를 가졌던 주인공 청년은 옥중에서 고초를 당하고 전향하면서 모든 일에 환멸을 느낀다.

무거운 짐重荷 : 張文環 지음. 『타이완신문학台灣新文學』 창간호(1935)에 게재. 산촌에서 바나나를 따서 시장에 내다파는 모자의 이야기로 시장과 도시에 대한 두 모자의 상반된 기대와 인식을 보여준다. 식민지 신식교육에 대한 동경을 가지고 있던 어린 아들은 상인들의 교활함과 가혹한 세금제도에 대해 알게 되면서 학교에 대해 기대가 환멸로 바뀌고 생활을 위해 애쓰는 어머니의 고통에 대해 이해하게 되면서 같이 산중의 집으로 돌아온다.

바둑판에서棋盤邊 : 賴和 지음. 『현대생활』 창간호(1930)에 게재. 그러나 당시에는 전문이 삭제되었고 해방 후 李獻章이 편집한 『타이완소설선』에 수록되었다. 대량의 타이완 본토언어를 사용하였으며 대화위주로 1929년 총독부가 실시한 아편특허문제를 둘러싼 구신사들의 의론을 보여준다.

뱀선생蛇先生 : 賴和 지음. 『타이완민보台灣民報』 제293, 295~296호(1930)에 게재. 두꺼비를 잡아 생계를 유지하는 관계로 뱀에 대해서도 박식한 뱀선생을 주인공으로 하여 식민지 법률의 임의적인 적용과 전통 비방에 대한 비판적 시각을 보여주면서 동시에 진정한 근대성에 대한 질문을 던지고 있다.

신문배달부送報伕 : 楊逵 지음. 1932년 『타이완신민보台灣新民報』에 발표되었으나 전반부만 실리고 나머지는 삭제되었으며, 1934년 10월 전문이 일본의 문학잡지 『문학평론』 제1권 제8호에 실렸다. 타이완에서 동경으로 공부하러 온 양군이 신문배달을 하면서 느끼는 경제침체와 계급차이를 그리고 있다. 그의 고향 타이완은 대기업인 제당회사가 농민들의 토지를 강제로 매수하면서 부친의 죽음과 모친의 자살 등 집안이 몰락하는 비극을 맞게 되고, 동경에 온 양군 역시 신문보급소의 사장의 착취에 시달리는 내용을 통해 무산계급의 국제적 연대를 통해 현실을 개선하고자 하는 취지를 보여준다.

신비한 자치도神秘的自制島 : 작자 미상. 전통 우언소설의 특징을 가진 단편소설로 『타이완台灣』 제4년 제3호(1923)에 게재. 당시 타이완 인민들이 식민자의 고압적인 정책하에서도 반항하지 못하는 상황과 새로운 문명을 받아들이지 못하는 실정을 풍자한 내용이다.

야단법석鬥鬧熱 : 賴和 지음. 『타이완민보台灣民報』 제86호(1926)에 게재. 작가는 신지식인의 관점으로 타이완 구사회의 전통신앙행사에서 벌어지는 낭비와 시대착오적이고 의미없는 경쟁에 대해 비판을 가하고 있다.

소달구지牛車 : 呂赫若 지음. 일본 잡지 『문학평론』(1935)에 게재. 현대화된 교통과 기계가 전통적인 우차와 물건들을 대체하면서 주인공 일가의 생활이 점점 어려워지는 상황을 통해 1930년대 타이완 농촌의 모습을 보여준다.

의사가 없는 마을無醫村 : 楊逵 지음. 『타이완문학台灣文學』 제2권 제1기(1942)에 게재. 민중의 의학에 대한 상식의 결핍과 환자의 생활궁핍과 비위생적 환경을 통해 당시 타이완 민중의 생활상을 그리고 있다.

'저울' 하나一桿 '稱仔' : 賴和 지음. 『타이완민보台灣民報』 제92~93호(1926)에 게재. 주인공 秦得參이 당하는 일련의 비극적인 사건을 통해 일본 식민체제가 타이완 서민에게 가하는 경제적 약탈과 일본경찰의 잔혹한 행위를 강렬하게 비판하고 있으며 동시에 약자에 대한 무한한 동정을 보여준다.

지원병志願兵 : 周金波 지음. 『문예타이완』 제2권 제6호(1941)에 게재. 타이완인 지원병을 제재로 황민화운동 아래 세 명의 청년이 일본인이 되는 방식을 둘러싸고 토론을 벌이며, 각자의 논리에 의해 지원여부를 결정하는 내용이다.

타이완낭자 비사臺娘悲史 : 施文杞 지음. 『타이완민보台灣民報』 제2권 제2호(1924)에 게재. 우언형식을 빌어 일본이 폭력을 통해 중국으로부터 타이완을 탈취한 과정을 그리고 있으며 이 밖에도 경제적인 탈취 위주의 식민정책과 타이완 민중에 대한 우민정책 실시에 대해서도 비판적 시각을 보여준다.

파파야가 있는 작은 마을植有木瓜樹的小鎭 : 龍瑛宗 지음. 일본 잡지 『개조』 제19권 제4기(1937)에 게재. 중등학교를 졸업하고 면사무소 회계 조리로 일하는 한 타이완청년의 일상을 통해 식민통치 40년 후의 타이완 사회의 전반적인 모습을 보여주고 있다. 지식무용론과 취직의 어려움, 개선되지 않은 구사회의 악습과 활기를 잃은 작은 읍내의 모습과 청년의 이상이 환멸로 바뀌어 가는 궤적이 잘 드러나고 있다.

단체, 문학잡지

남음南音 : 일제시기의 한문문학잡지이며 1931년 葉榮鐘, 郭秋生, 賴和, 陳逢源 등이 조직한 '남음사南音社'의 기관지로 모두 12기를 발행했다. 사상과 문예를 대중화를 목적으로 했으며 1930년대 향토문학과 타이완화문논쟁의 토론과 실험에 지면을 제공했다.

사람들人人 : 1920년대 발행된 초기의 타이완문예잡지. 楊雲萍과 江夢筆이 창간인이며 1925년 3월 창간호와 4월호 2기 발행에 그쳤으나 타이완신문학운동의 첫 문예잡지이며 백화문을 사용한 첫 문학잡지이기도 하다.

선발부대先發部隊 **제일선**第一線 : 1933년 廖漢臣, 郭秋生, 朱點人, 黃得時 등 타이베이 문예애호가들이 조직한 '타이완문예협회 臺灣文藝協會'의 기관지. 『선발부대』는 백화문 잡지이며 일본어 문장은 싣지 않았으나 관방의 요구로 제2기 『제일선』은 중일문을 병용했다. 회원 대부분이 전국적 문예조직인 타이완문예연맹의 회원과 중복되지만 연맹에 비해 비교적 농후한 좌익성향을 보여주고 있다.

오인보伍人報 : 1930년 6월 타이완공산당원 王萬得이 주도하고 陳兩家, 周合源, 江森鈺, 張朝基 등이 함께 조직한 '오인보사伍人報社'의 간행물. 초기에는 좌익연합전선의 색채를 띠었으나 갈수록 농후한 공산주의로 전환되어 갔다. 『오인보』는 창간초기부터 여러 차례 발행금지 등 탄압을 받았으나 15기(『공농선봉』으로 개명)까지 나왔으며 좌파청년들의 지지를 받았고 일본의 나프, 전기사戰旗社, 법률전선사法律戰線社, 농민전선사農民戰線社, 플로레타리아과학동맹 등과 관계를 맺고 있었으며 타이완 프로문학운동의 선봉으로 평가되고 있다.

타이완 대중시보台灣大衆時報(1928)와 **신타이완대중시보**新台灣大衆時報(1930) : 타이완 일제시기 좌익운동단체의 대표적 언론매체. 『타이완대중시보』는 1927년 문화협회 분열 후의 신문협의 기관지로 공산주의 사상의 선전에 목적을 두고 있었으며 1928년 4월 성립한 타이완공산당과도 밀접한 관련을 가지고 있다. 주요 참여자는 楊逵, 蔡孝乾, 黃石輝, 賴和, 簡吉, 連溫卿 등이며, 『신타이완대중시보』는 타이완공산당의 지도를 받은 더욱 좌경화한 문협의 기관신문이다. 이 두 신문의 발행경과와 게재된 논술은 타이완 좌익운동의 이데올로기와 운동전략의 추이와 깊은 관련을 가진다.

타이완신문학台灣新文學 : 1935년 楊逵와 葉陶 부부가 '타이완문예연맹'으로부터 따로 나와 진보적 문학을 주장하며 창간한 중일문 병용의 문학잡지. 중국어 창작을 제창하고 민간문학, 향토적 색채의 작품게재를 통해 예술대중화를 실천했으며, 타이완의 노동대중의 현실생활을 제재로 한 농후한 사회주의 색채와 민족의식을 보여준다. 1936년 쇠퇴해가는 중문창작을 제고하기 위해 기획한 '한문창작특집'이 금지되었고, 1937년 중일전쟁의 시국에서 정간되기까지 모두 15기가 발간되었다.

타이완문예가협회臺灣文藝家協會 : 1939년 12월 '타이완시인협회'에서 개편된 조직으로 타이베이에서 성립. 黃得時, 西川滿 등이 준비위원이며 당시 참여한 타이완 작가로는 王育霖, 王碧蕉, 郭水潭, 邱永漢, 黃得時, 吳新榮, 周金波, 莊培初, 張文環, 水蔭萍, 楊雲萍, 藍蔭鼎, 龍瑛宗, 林精鏐 등이다. 1940년 1월 기관지 『문예타이완文藝台灣』을 창간했으며 일본인 작가 西川滿이 주도한 잡지로 낭만적, 탐미적인 예술지상주의적 작품으로 일본 외지문학의 상징이 되었다. 1941년 2월 이 협회는 일본 제국주의의 침략 체제와 황민화운동에 부응하기 위해 또 다시 개편되었다.

타이완문예연맹臺灣文藝聯盟 : 1934년 5월 6일에 성립한 일제시기 타이완의 최대 민간문학조직으로 노선과 파벌이 다른 문인들의 총단결이며 기관지 『타이완문예台灣文藝』를 발간하였다. 嘉義, 埔里, 佳里, 東京 등에 지부를 두었으며 곧 台北, 台南 등으로 확대하여 전국적인 문인조직으로 발전하였고 각 지부에서 문예좌담회를 개최하는 등 신문학운동을 추진했다. 그러나 노선이 다른 문인들의 결합으로 인해 문학이념, 잡지운영과 관련된 내부분쟁을 거쳐 1935년 좌익성향의 楊逵가 연맹을 탈퇴하여 따로 『타이완신문학台灣新文學』을 간행하였다.

타이완문예台灣文藝 : 1934년 결성된 전국적인 문인조직인 '타이완문예연맹台灣文藝聯盟'의 기관지. 월간으로 백화문, 일본어, 타이완화문 을 병용했으며 내용은 평론, 소설, 희곡, 시, 수필 학술연구 등 6개 부문으로 나뉘어 문장을 실었으며, 광범위한 타이완신문학의 창도를 내걸었다. 특정한 이데올로기를 표방하지 않고 좌우합작의 연합전선 성격을 띠었지만 문예대중화 논의의 구체적인 무대가 되었다. 1936년까지 모두 15기를 발행했다.

타이완문예협회臺灣文藝協會 : 1933년 10월 타이베이의 문인들이 조직한 문예단체로, 자유주의와 타이완문학의 건전한 발전을 목표로 내세웠지만 좌익성향으로 인해 기관지 『선발부대先發部隊』와 『제일선第一線』은 규제를 받았다. 주요성원으로 郭秋生, 廖漢臣, 朱點人, 林克夫, 蔡德音, 黃得時, 王詩琅, 陳君玉, 李獻璋, 吳逸生, 黃啟瑞, 黃湘頻, 林月珠, 徐瓊二 등이 있다.

타이완문학臺灣文學 : 1941년 張文環, 黃得時, 中山侑 등이 西川滿 주도의 『문예타이완文藝臺灣』에서 나와 '계문사啓文社'를 성립하고 발행한 문학잡지. 분열의 원인은 『문예타이완』의 낭만주의와 이국정조 및 경영권을 둘러싼 주도권 갈등이며 『문예타이완』과는 달리 사실주의를 제창하고 일본문인이 제기한 타이완문학의 식민지 특수성을 부정하였다. 『타이완문학』은 일제 말기 일본인 주도의 문학계에서 유일하게 타이완 작가들이 주도한 문학잡지로 알려져 있다.

타이완민보계열台灣民報系列 : 일제시기 타이완 지식인들에 의해 발행된 신문과 잡지. 신문화의 보급과 민지의 계발을 목표로 한 비판적인 입장의 본토언론으로 '타이완인의 유일한 언론기관'으로 지칭된다. 1920년 林呈祿, 蔡培火, 彭華英 등 동경유학생들이 '신민회新民會'를 조직하고 잡지 『타이완청년台灣青年』을 발간하였다. 그러나 식민정책에 대한 비판 내용이 많아 타이완으로의 이입과 판매에 많은 규제를 받게 되자 1922년 『타이완臺灣』으로 이름을 바꾸었고, 1923년에 다시 『타이완민보臺灣民報』로 개명하여 발행, 타이완으로 이입하였고 1927년 신문사를 타이완으로 옮겨와 현지에서 발행했으며, 1929년 『타이완신민보臺灣新民報』로 개칭하였고 1932년 정식으로 일간신문이 되었다. 그러나 1937년 한문란이 강제적으로 폐지되고, 1941년 전쟁시국의 압력하에서 국책에 부응하여 『싱난신문興南新聞』으로 다시 이름을 바꾸었으며 1944년 『타이완신보臺灣新報』로 합병되었다.

타이완시인협회台灣詩人協會 : 1939년 재타이완 일본인 작가 西川滿, 北原政吉, 中山侑 등과 楊雲萍, 黃得時,龍瑛宗 등 타이완 작가들이 설립한 조직으로 기관지 『화려도華麗島』를 간행하였다. 황민문학운동의 개시와 더불어 1939년 12월 '타이완문예가협회台灣文藝家協會'로 개편되었다.

타이완예술연구회臺灣藝術研究會 : 1933년 일본 동경 유학생이던 張文環, 王白淵, 吳坤煌, 蘇維熊, 劉捷, 巫永福, 施學習 등이 성립한 문화조직으로 그 전신은 1932년에 張文環, 王白淵, 吳坤煌, 葉秋木 등이 조직한 '타이완인 문화동호회台灣人文化同好會'로 일본의 좌익인사들과 관련이 있다고 알려져 있다. '타이완예술연구회'의 기관지 『폴모사フォルモサ』는 3기 발간에 그쳤지만 침체된 타이완 도내의 문화, 문학운동을 활성화하는데 영향이 컸다.

폴모사フォルモサ : 1932년 3월 蘇維熊, 張文環, 吳鴻秋, 巫永福, 黃波堂, 王白淵, 劉捷, 吳坤煌 등이 동경에서 조직한 '타이완예술연구회'의 기관지로 타이완 신문예의 창조를 종지로 내세웠다. 3기로 막을 내렸지만 선명한 사회주의 사상과 당시 타이완문예에 대한 평론, 장래 방향에 대한 제안을 내 놓는 등 타이완 도내의 문학운동에 영향을 미쳤다.

사건, 개념

공학교公學校 : 일제시기 타이완인 자제를 위한 6년제 초등교육기구로 일본인 자제를 위한 소학교와 달리 주로 수신, 도덕 교육과 일본인으로서의 국민성을 함양하는 일본어를 위주로 교육하였다. 1941년 일본 내지의 '국민교육령' 반포에 따라 타이완의 150개 소학교와 820개 공학교가 국민학교로 개칭되었으며 1943년에는 의무교육이 실시되었다.

루꺼우챠오 사건盧溝橋事件 : 7・7사변이라고도 하며, 1937년 북경부근에서 군사 연습 중이던 일본의 중국주둔군이 야간에 일어난 일본군 병사의 실종사건을 조사하기위해 중국 경내 宛平縣으로 진입하기를 요구하자 이에 중국이 거절한 것을 구실로 8일 새벽 宛平縣과 盧溝橋에 군사행동을 개시하였다. 이에 중국군이 저항하게 되면서 대규모 군사충돌로 이어졌는데 7・7사변은 일본의 대중국 전면 침략전의 기점이며 제2차 세계대전의 아시아지역 전쟁의 시작이 되었다.

보갑제保甲制 : 1989년 타이완 총독부가 '보갑조례保甲條例'를 반포하고 10가구를 1甲, 10甲을 1保로 하는 보갑제를 부활시켰다. 保에는 保正이 甲에는 甲長을 두었는데 모두 무급직이며 보갑원들간에는 연좌제의 책임을 물어 사회통제의 수단이 되었다. 보갑민에게는 호구조사에 응하고, 전염병 예방, 도로와 다리의 보수, 의무노동의 추진 등 의무가 주어졌다.

신구문학논쟁新舊文學論爭 : 신구문학논쟁은 1920년대 문화계몽기에 일어난 문학논쟁으로 주로 일제시기 타이완 신구세대의 신문학과 고전문학의 특색, 기능과 가치, 미래방향에 대한 의견이 개진되었다. 신문학의 대표적인 주장자는 張我軍으로 구문학에 대한 비판을 가한 일련의 문장을 통해 신문학의 정당성을 주장했고 이에 張梗, 蔡孝乾, 賴和 등도 가담해 구문인의 보수적인 면을 비판했으며, 구문학 진영은 連橫, 鄭坤五, 黃文虎 등이 대표자로 나서 구문학의 가치를 옹호했다.

신문화운동과 타이완문화협회臺灣文化協會 : '타이완문화협회'는 타이완 문화의 계발을 내세우고 1921년 17일 타이베이에서 성립되었다. 당시 의사, 지주, 공학교 졸업생, 유학생 등 신지식인 계층이 주도하였는데 주요 인사로 林獻堂, 王敏川, 林呈祿, 蔡惠如, 李應章, 林幼春, 蔣渭水, 蔡培火, 連溫卿 등이 있다. 문협은 『타이완민보台灣民報를 선전 수단으로 하여

台北, 新竹, 台中, 員林, 台南 등 십여 곳에 讀報社를 설치하고 강연과 강습회를 통해 대중에 대한 문화계몽과 민족자각을 일깨웠다. 정치운동을 내세우지는 않았지만 문협의 신문화운동은 향후 타이완의 농민운동과 노동운동의 태동에 깊은 영향을 주었다.

악법철폐운동惡法撤廢運動 : 1918년 총독부에 지나친 권한을 부여한 육삼법 철폐를 요구하며 타이완을 일본제국의 헌법체제로 편입시키려는 운동. 육삼법의 규범 아래 타이완은 일본 법률에 완전히 적용되지 않고 총독이 각종 특별법을 제정해 타이완에서만 단독으로 시행하였다. 이 운동은 1920년대에 '타이완의회설립청원운동台灣議會設置請願運動'으로 전환되었다.

양문회揚文會 : 타이완 신사계급을 회유하기 위해 1900년 3월 총독 兒玉源太郎이 타이완 각지의 문사들을 초청해 개최한 문학활동. 모두 72명이 참가했으며 창작활동 이외 타이베이의 신식 관아와 학교 등 근대적 문물, 제도를 참관하게 했다. 일본은 이 밖에도 '饗老典', '詩會' 등 활동을 통해 타이완 전통문인들의 지지를 얻고자 했다.

염분지대문학鹽分地帶文學 : 1930년대 台南州 北門郡 에서 형성된 자생적인 문학단체. 佳里街를 중심으로 한 몇 명의 문학청년이 창작한 작품을 일컫는데 농후한 향토색채와 염촌의 정경을 제재로 하여 '염분지대鹽分地帶문학'이라 일컫는다. 1934년 타이완문예연맹이 결성될 때 염분지대 작가들은 佳里지부에 소속되어 문예잡지와 신문에 작품을 발표하였다. 대표적 작가로 郭水潭, 吳新榮, 王登山, 莊培初 등이 있으며 프로문학과 사회주의 사상경향을 보여준다.

우서사건霧社事件 : 1930년에 일어난 원주민들의 일본에 대한 무장저항사건. 사건의 발단은 일본당국의 폭정으로 인한 것이며 이에 불만을 품은 원주민족이 연합하여 일본인을 살해하자 총독부가 비행기, 폭탄, 독가스 등 대량의 살상무기로 무자비하게 진압하여 더욱 격렬한 저항을 불러왔다. 이는 타이완 총독부의 원주민정책에 대한 광범위한 실패를 의미한다.

타이완박람회台灣博覽會 : 일본이 타이완을 통치한 지 40년이 되는 1935년 시정40주년기념 타이완 박람회가 성대하게 개최되었다. 일본은 식민지배의 치적을 선전하기 위해 대규모의 자금을 들여 1935년 10월 10일부터 11월 28일까지 50일에 걸쳐 타이베이의 세 장소에서 박람회를 거행했는데 참관인수는 275만에 달했다고 하며, 진열회장은 각종 산업관, 임업관, 교통토목관, 남방관, 조선관, 만주관, 일본제철관, 동경관 등등이 있었다.

타이완의회설립청원운동台灣議會設立請願運動 : 1920년대 타이완 자산계급의 자치운동. 일본입헌정치의 정신에 입각해 타이완 의회를 설치하고 타이완 총독부의 입법권을 인민에게 교부할 것을 요구하였다. 1921년부터 1934년까지 14년에 걸쳐 15차례 제국의회에 운동단을 파견하고 타이완의회설치청원서를 제출하였으나 끝내 받아들여지지 않았고 제3차 청원 시 타이완의회기성동맹회가 조직되어 추진했으나 총독부의 탄압으로 치경사건治警事件

으로 비화되었다.

타이완화문논쟁台灣話文論爭**과 향토문학논쟁**鄕土文學論爭 : 1930년 黃石輝의 "어찌 향토문학을 제창하지 않는가"라는 문장에서 제기한 '타이완문학은 타이완화문으로 타이완의 사물을 그리는 것이어야 한다'는 내용에서 시작된 논쟁으로 일제시기 일본어 환경에서 타이완문학의 내용과 사용 언어를 둘러싸고 갖가지 의견이 개진되었다. 이 논쟁은 동시에 타이완문학의 특수성과 문예대중화 등 의제와 관련되어 많은 문인들이 참가했다. 郭秋生, 賴和, 莊遂性, 李獻璋 등 타이완화문의 주장자들은 타이완화문을 통해 문예보급은 물론 타이완 민족의식을 제고할 수 있다고 주장했고, 이에 대해 廖毓文, 林克夫, 朱點人 등 중국 백화문 주장자들은 타이완화문이 표기문자가 없어 문학 언어로써 부적합하며 장래 광대한 중국 노동계층과 교류가 가능한 중국 백화문의 보급에 힘을 써야 한다고 주장했다. 이 논쟁은 2년여에 걸쳐 진행되었으나 별다른 진전이 없었으며 곧 이은 중일전쟁의 발발, 황민화정책과 한문금지정책으로 인해 타이완화문운동은 더 이상 진전되지 못했다.